中国城乡金融关系

（1949～2019年）

HISTORY OF THE RELATION BETWEEN
URBAN AND RURAL FINANCE IN CHINA (1949-2019)

陈 俭 著

社会科学文献出版社
SOCIAL SCIENCES ACADEMIC PRESS (CHINA)

前　言

本书以中国城乡金融关系发展的历程（1949～2019 年）为研究对象，主要围绕城乡金融制度变迁，从城乡金融互动入手，全面分析各历史时期城乡金融关系的发展演变及其特点、形成原因与影响，探讨城乡金融关系演进的基本规律，总结城乡金融关系发展的经验教训。中国城乡金融关系发展演变的历史共分为四个阶段。

第一个阶段是 1949～1957 年，城市金融对农村金融的扶持与新型城乡金融关系的构建。

新中国成立初期，金融市场极其紊乱。在城市，各种性质的金融机构并立、多种货币混杂流通、恶性通货膨胀持续多年、金融投机活动盛行；在农村，高利贷猖獗：这些现象严重影响了生产的恢复和人民生活。党和政府在接管城市后，立即清理整顿金融市场，重建以国有金融为主导的金融体系，即在城市建立以中国人民银行为核心的金融体系。中国人民银行把机构延伸到县、区和主要的镇，并在农村帮助农民建立自己的合作金融组织——农村信用社，这就形成了"银行+信用社"的金融模式。这是延续革命根据地时期金融实践所形成的金融模式。

在新中国金融体系的建立过程中，农村金融是在城市金融的扶持下建立起来的，城市金融在组织机构、资金、制度供给、人员培训等方面对农村金融进行大量的扶持和帮助，而农村信用社代理银行在农村的业务，并把闲散资金存到国家银行，以支持工业化建设，这样就形成了新型城乡金融关系。新型城乡金融关系具有"互助型"特点，在其运行中，农民称农村信用社为自己的"小银行"，农村信用社是国家银行的助手，而国家银行是农村信用社的"联合社"。我国互助型城乡金融关系在建立的一开始就与其他国家不同，走的是一条具有中国特色的、独特的发展道路。

这一时期，新型城乡金融关系的建立对农村经济社会产生了重要影响，它终结了高利贷统治农村金融市场的历史，使农村成为资金的"净流入地"，使农民获得相对廉价、便利的金融服务。这解决了农民生产生活困难，促进了农村经济恢复与发展，同时还促进了农业合作社集体经济的建立和发展。

第二个阶段是1958~1978年，城乡金融关系的"统一化"与城乡金融低水平、低层次发展。

从1958年开始，随着国民经济管理体制的变动，我国城乡金融关系进入了"统一化"时期。城市金融与农村金融的管理权不断被"下放—集中"，使城乡金融走向了"统一化"。在这一过程中，作为农村金融主体的农村信用社逐渐失去了合作金融属性，成为国家银行在农村的基层机构。农村信用社"银行化"使这两种金融机构的界限逐渐模糊，二者越来越"同质化"，即城乡金融机构具有同一性。在信贷资金管理上，城乡金融实行"统存统贷、统收统支"政策；在利率管理上，城乡金融实行统一的低利率政策；在结算管理上，城乡金融实行统一的银行转账结算制度：这就是城乡金融制度的统一性。在这一时期，银行的地位和作用已经被扭曲，成为财政的会计、出纳机构，无论是城市金融还是农村金融，都成为财政的"附庸"，导致城乡金融功能的财政化。而且，在这一时期，国家实行信贷配给政策，扭曲利率、汇率的作用，限制金融产品，使得城乡金融发展受到抑制。这些都是城乡金融关系"统一化"的特点。

在这一时期，城乡金融关系"统一化"的主要原因是全国金融"一盘棋"，为实物化的国民经济计划服务；集中全国金融资源，为重工业化战略服务；构建城乡统一的、单一的国家银行体制，受苏联计划金融工作的影响；等等。城乡金融关系"统一化"使我国城乡金融关系由"互助型"变为"汲取型"，本质是城市金融通过计划手段汲取农村金融资源以支持重工业发展。城乡金融关系的"统一化"，不仅使我国城乡金融锁定在低水平、低层次发展阶段，而且促使城乡二元结构形成和固化。

第三个阶段是1979～2005年，城乡金融关系的分化与城乡金融非均衡发展。

从1979年开始，我国开始了经济市场化趋向的改革，金融领域的"大一统"体系被分解，城乡金融关系也进入分化时期。在这一时期，城市金融体系与农村金融体系都得到了重塑，但是城乡金融发展拥有不同的路径：城市金融由专业化向商业化、公司化发展，稳步迈向现代金融；而农村金融的改革发展比较曲折，农村金融多呈突变的发展轨迹，主要金融机构表现出"脱农"趋向，如合作金融制度"异化"的农村信用社、"脱农进城"的中国农业银行、"与农户无关"的中国农业发展银行、"被取缔"的农村合作基金会、"只存不贷"的邮政储蓄机构、"作用欠佳"的农业保险，农村金融发展缓慢，还处于传统金融阶段，不仅滞后于城市金融，也与农村经济发展不匹配。

在这一时期，在"城市偏向"导向下，农村金融资源向城市流动，支持城市经济发展，这促进了城市金融现代化发展，使得农村金融与城市金融之间形成巨大的差距。它们在金融结构、金融中介、金融市场、金融基础设施与服务、金融业务与经营环境方面存在非均衡发展的现象。城乡金融非均衡发展的主要原因是农村金融发展存在双重金融抑制、农村金融资源外流严重和农村金融供给不足、国家发展战略及其政策偏好的影响等。城乡金融非均衡发展的本质是城市金融通过市场手段汲取农村金融资源以支持其城市化、工业化建设。

在这一时期，农村金融资源外流对农村经济社会发展产生很大的影响。农村金融资源外流加剧了农村金融市场的资金短缺，制约了农村经济社会发展，拉大了城乡收入差距，造成了农村正规金融市场的萎缩与农村高利贷的兴起。

第四个阶段是 2006~2019 年，城乡金融关系的统筹联动与城乡金融均衡化发展。

从 2006 年中国银监会放宽农村金融市场准入标准开始，我国城乡金融关系进入了统筹联动发展时期。一方面，政府加强农村金融改革，让农村金融充分发展，引导农村金融资源留在农村。政府主要采取以下措施：加强农村信用社改革，巩固其农村金融"主力军"地位；加强中国农业银行面向"三农"的改制，建立"三农事业部"；扩大中国农业发展银行业务范围，强化其政策性职能定位；成立中国邮政储蓄银行，建立"三农事业部"；开放金融市场，增加农村金融供给；加强政策性农业保险建设；畅通并拓宽涉农领域直接融资渠道，并加强农村信用、担保、支付服务体系等农村金融基础设施建设。另一方面，把城市金融资源引入农村，畅通城市金融支农渠道。各金融机构主要采取以下措施：国家开发银行大力发挥"开发性"金融支农作用，加快涉农业务发展；国有大型商业银行、股份制商业银行、城市商业银行等城市金融机构发起设立村镇银行，并开展农村普惠金融和金融扶贫工作，把资金投向农村，不断加大对"三农"和小微企业的支持力度。其间，城市互联网金融向农村拓展，不断提高农村金融服务效率。

在这一时期，城乡金融关系统筹联动发展，取得了一定的成效，促进了城乡金融差距的缩小，使城乡金融呈现均衡化发展趋势。这种均衡化发展趋势主要表现在城乡金融结构、金融中介、金融市场、金融基础设施和服务、金融业务发展水平与经营环境等方面的差距有所缩小。城乡金融关系统筹联动的特点是政府对涉农金融机构进行了大量的政策扶持。在财税扶持政策方面，采取财政补贴和奖励政策、农业保险保费补贴政策、不良贷款呆账核销与重组减免政策、涉农税收优惠政策；在货币信贷扶持政策方面，采取差异化的存款准备金率、支农再贷款政策、支农再贴现政策、"新增存款一定比例用于当地贷款"的政策；在监管政策方面，对农村商业银行服务"三农"机制建设进行监管、对农村金融机构实行差异化监管、把普惠金融纳入监管评价体系，督促行业金融机构履行社会责任。

在这一时期，城乡金融关系统筹联动发展，使城乡金融发展呈现均衡化发展趋势，实质是城市金融对农村金融的"反哺"。城乡金融关系的统筹联动发展对农村经济社会发展产生重大影响。它有利于遏制农村金融资源外流，提升农村金融供给能力；有利于促进农村经济社会发展；有利于增加农民收入，缩小城乡收入差距；有利于推进农村正规金融市场的兴起与农村高利贷的萎缩。

对中国城乡金融关系发展 70 年的历史考察，有必要从政治经济学的视角对中国城乡金融关系发展及其影响机制进行反思，既要从国家发展战略、资源禀赋出发，认识城乡金融制度安排的内生性，又要从农村自身内部因素出发，认识城乡金融支农的动力先天不足，需要政府的特别支持。通过历史考察，可以总结出中国城乡金融关系发展的经验教训，即坚持党对城乡金融工作的集中统一领导，明确城市金融与农村金融的共生关系，重视建立城市金融与农村金融的互联—互助机制，积极发展内生于"三农"经济的非正规金融，建立城市金融支农的长效机制。同时，本书提出了统筹城乡金融关系下一步改革的方向及措施：提高农业收益率，赋予农村土地金融属性，激发城乡金融支农的动力；积极引导、规范内生于农村经济的非正规金融发展，加强城市金融、农村正规金融与农村非正规金融的纵向合作；加快农村金融创新，以互联网金融与金融科技发展为契机，发展农村数字普惠金融，不断缩小城乡金融差距；进一步完善农村金融补贴与配套支持政策，调动城乡金融服务"三农"的积极性。

目　录

导　论

第一节　研究的目的和意义

随着中国特色社会主义进入新时代，实施乡村振兴战略、促进城乡融合发展成为贯彻新发展理念和建设现代化经济体系的核心内容。然而，我国长期存在的城乡二元结构造成城乡经济发展不平衡，尤其是城乡金融发展不平衡、农村金融发展不充分以及由此形成的城乡金融分割，导致"农村资金持续外流与农村金融供给不足""城市金融流动性过剩与城市金融支农渠道不畅"并存，这已经严重影响了乡村振兴战略的实施，制约着城乡融合发展。解决这一关键问题需要厘清城乡金融关系及其历史发展脉络，本书旨在努力厘清70年来我国城乡金融关系发展脉络，从而为新时代乡村振兴、城乡融合发展提供历史经验，也为经济史学科建设做出贡献。

对中国城乡金融关系发展70年进行研究的主要目的如下。

学术上，本书更加系统深入地梳理和总结中国城乡金融关系发展的历程，注重中国城乡金融关系构建的历史渊源问题，而且时间上包含1949~2019年，对中国城乡金融关系发展做长时段的整体性研究，以期为准确、全面把握中国城乡金融关系提供坚实的学理依据。视角上，本书从城乡金融互动入手，深入考察中国各历史时期城乡金融关系及其特点，探讨中国城乡金融关系变迁对农村经济发展的作用规律，总结中国城乡金融关系发展的基本特征和中国经验，为乡村振兴与城乡融合发展提供宝贵经验，为探索中国特色金融发展道路提供理论阐释，为建立中国特色金融理论体系提供史鉴支撑。方法上，本书采取历史学、经济学与金融学等方法进行综合分析，弥补已有研究中仅仅利用量化分析而缺乏必要的历史资料支撑或仅梳理历史资料而缺乏量化分析的不足，并在收集整理大量一手资料的基础上，对中国城乡金融发展进行精准的理论分析。

对于中国城乡金融关系发展的 70 年历程，学术界主要侧重于改革开放以来有关城乡金融关系的现实问题研究，尚无论著对中国城乡金融关系发展做长时段的专题研究。本书的研究主要有三重意义。

第一，在研究内容、时间跨度上弥补已有研究的不足，使我国城乡金融关系发展的研究更加系统、完善。把新中国成立初期城乡金融关系的渊源追溯到革命战争时期，补充和完善改革开放前 30 年和后 40 年的研究，展现 1949~2019 年 70 年中国城乡金融关系发展的真实面貌，这是现有研究所没有的。

第二，以城乡金融制度变迁为脉络，从城乡金融互动入手，梳理二者的关系变化与演进逻辑，为解决城乡金融发展不平衡、农村金融发展不充分问题，促进金融助力乡村振兴，实现城乡融合与经济高质量发展提供经验镜鉴。新中国成立后的历史表明，只要城乡金融关系处理得好，特别是城市金融支持农村金融发展，且农村金融与农村经济契合度高，农村经济发展速度就比较快，国民经济就能持续健康发展。在中国特色社会主义进入新时代的历史背景下，本书的研究可以为相关行业和政府部门提供借鉴和参考，对促进城乡金融协调发展、发挥金融服务在乡村振兴中的支撑作用、健全城乡融合发展体制机制、实现经济高质量发展尤为重要。

第三，总结中国城乡金融关系的发展经验，为中国特色金融理论体系的构建提供有益的历史借鉴。中国金融业走过了曲折而光辉的历程，特别是改革开放以来成功抵御两次世界性金融危机的冲击，形成了不同于西方的金融发展道路，其间城乡金融各扮演什么样的角色，需要有完整的阐释，并形成中国特色金融理论来指导金融业的全面改革开放。因此，反思城乡金融关系发展政策之得失，总结城乡金融关系的发展经验，可以为探索中国特色金融发展道路、建立具有中国风格和中国气派的金融理论体系奠定基础。

第二节　国内外研究现状述评

对中国城乡金融关系发展的研究，学界和理论界并没有专门的著作进行专题性、系统性的论述，但是已有的一些成果也对中国城乡金融关系有所涉及，主要分为三类。

第一类是关于中国金融（含银行业）发展的通史类，如尚明主编的《当代中国的金融事业》《新中国金融五十年》，杨希天等编著的《中国金融通史》（第六卷），李扬等的《新中国金融60年》，李德主编的《新中国金融业发展历程》（上、下卷），兰日旭的《中国金融业发展研究》，卢汉川和王福珍主编的《我国银行业务工作四十年》，卢汉川等编著的《中国农村金融四十年》，中国人民银行编著的《中国人民银行六十年：1948—2008》，何德旭的《新中国金融体制变迁与金融业发展》（英文版），宋士云的《中国银行业市场化改革的历史考察（1979—2006）》，赵学军的《中国金融业发展研究（1949—1957年）》，李德编著的《中国金融改革开放四十年》（上、下卷），刘明康主编的《中国银行业改革开放30年（1978—2008）》（上、下册）等。这些成果在论述我国金融发展的时候，虽然对农村金融有所分析，但主要内容集中在城市金融领域，零零散散地涉及城乡金融关系及其发展，需要不断去挖掘相关内容。

第二类是关于农村金融发展的专史类，如路建祥编的《新中国信用合作发展简史》，卢汉川等编著的《社会主义初级阶段的信用合作》，石丹林主编的《农村金融简史》，伍成基主编的《中国农业银行史》，卢汉川主编的《当代中国的信用合作事业》，徐笑波等的《中国农村金融的变革与发展（1978—1990）》，陈俭的《中国农村信用社研究（1951—2010）》。这些文献在分析我国农村金融发展历史，或从某一方面来考察农村金融发展史的时候，如分析农村金融资源外流、农村金融改革滞后、农村金融市场不完善等问题以及考察农村信用社发展、村镇银行发展等的历史时，虽然没有明确研究城市金融，但是农村金融是整个金融系统的一部分，农村金融的发展与城市金融息息相关，相关内容必然暗含城乡金融的互动关系及其发展脉络。

第三类是历史资料与研究报告类，如卢汉川主编的《中国农村金融历史资料（1949~1985）》，中国社会科学院、中央档案馆编的《1949—1952 中华人民共和国经济档案资料选编：金融卷》《1953—1957 中华人民共和国经济档案资料选编：金融卷》，张承惠等编著/主编的《中国农村金融发展报告》（2014~2020 年），中国人民银行农村金融服务研究小组编的《中国农村金融服务报告》（2008~2020 年），中国银行业协会村镇银行工作委员会编的《村镇银行十年发展报告（2006—2016）》，等等。这些历史资料与研究报告大多为研究农村金融改革与发展提供了翔实的资料，为研究城乡金融关系发展奠定了重要基础。

另外，还有许多公开发表的期刊论文，虽然没有明确提出"中国城乡金融关系发展"，但是有以"城乡金融"为主题的研究，其显然涉及城乡金融关系及其发展的部分内容。如邱兆祥、王修华的《城乡统筹视野下金融协调发展对策研究》，鲁钊阳的《中国城乡金融发展非均衡化的测度及发展趋势——基于国家层面城乡金融发展的视角》，李树、鲁钊阳的《中国城乡金融非均衡发展的收敛性分析》，等等。虽然这些成果主要是对某一时段城乡金融关系的某一方面、某一特征进行实证研究，但是，这些成果不仅可以与本书研究中国城乡金融关系发展演变的一些观点相互印证、相互支撑，而且可以为本书研究提供一些有价值的论据与重要启示。

综上，在此结合中国城乡金融关系发展的相关资料，对国内外关于中国城乡金融关系发展的研究成果进行学术史梳理和评述，相关研究主要集中在以下几个方面。

一　城乡资金的流动与农村资金外流

一般来说，"城乡资金流动"是指我国农村资金通过财政、金融、投资、价格等渠道向城市的净流出，而本书研究的"城乡资金流动"主要指金融渠道的城乡资金流动。那么，金融渠道的城乡资金流动在中国是什么情况呢？国内外许多学者进行了有益的探索，得出了一些有价值的结论，在这方面的研究主要分为对改革开放前后两个阶段的分析。关于改革开放前的城乡资金流动，武力（2007）认为，在资本短缺背景下，农村资金通过各种渠道流向城市以支持城市工业发展，这是城乡资金流动的主要特征，也是形成城乡之间差距以及城乡二元结构的重要原因，显然这里说的"各种渠道"包括金融渠道。关于计划经济年代的城乡资金流动，周立（2007）、张杰（2011）认为，由于资本的稀缺性，在农村金融资源流向城市的过程中，农村金融机构主要扮演着储蓄动员机器的角色。然而，这个时期究竟有多少资金是通过金融渠道流出的，还没有专门的研究，学术界尚未取得一致的看法。

关于改革开放后的城乡资金流动，研究金融渠道的农村资金外流情况的学者就比较多。其中，何广文（1999）、张杰（2015）一致认为，金融渠道的农村资金外流支持城市化建设，是我国改革开放以来城乡资金流动的事实与特征。周脉伏等（2004）利用改革开放以来农村信用社制度变迁中的存贷差来分析资金外流情况；何广文（2001）利用改革开放以来农村信用社上缴的准备金的转存款以及存贷差估算农村资金外流规模；武翠芳（2009）、周振等（2015）对1978年后我国农村资金外流的渠道进行整体考察，对农村信用社、中国农业银行、邮政储蓄机构等涉农金融机构的存贷款"剪刀差"情况进行综合分析，并对金融渠道的农村资金外流进行了初步估算；Huang等（2006）提出金融渠道下农村资金净流出的机理与测算方法，并测算出改革开放以来我国农村金融资源外流的规模，其非常庞大。

关于农村资金外流的原因与影响，张杰（2015）认为，偏向城市的政策导向下，金融渠道的农村资金外流到城市，是我国城市化、工业化加速发展的必然选择。陈刚和尹希果（2008）认为，我国农村资金外流实际上是由于实施了"城市金融优先发展"战略，政府通过实施严格的利率管制与设置市场准入壁垒，在全社会动员金融资源为城市发展服务。杨小玲（2011）从经济发展战略视角剖析农村金融资源外流的原因，尤其是在分析 2004～2009 年社会主义新农村建设中，认为农村资金回流和"失血"问题仍没有得到根本性的解决，这种农村金融改革及其资金外流的"悖论"形成的深层次原因是工业化的经济发展战略未能适应微观环节的改变，二元经济结构的影响及其惯性思维依然存在。朱盛华和杨森（2009）全面评估农村资金外流对农村金融改革的负效应，这种负效应不仅使农民收入增长缓慢及拉大了城乡差距，而且使城乡二元结构问题得不到根本解决。而许月丽和张忠根（2013）认为农村金融资源转移并非简单的"失血"，从长期看是一种资源的跨期最优配置，体现了经济结构转型的内在要求。

二 城乡金融非均衡发展

改革开放以来，政府对金融行业的控制有所减弱，城乡金融机构的数量开始增加，但城乡金融发展路径不同，导致二者呈非均衡发展。赵建群（2014）、李树和鲁钊阳（2014）认为与城市金融相比，农村金融发展滞后，城乡金融发展存在显著失衡，这种失衡主要表现在农村金融发展缓慢，信贷市场不完善，缺乏证券市场、债券市场等方面，其与城市金融存在巨大的差距。唐双龙（2006）认为城乡金融在改革进度、资金投入、网点覆盖、业务发展、风险程度、人员素质、管理水平和经营环境等八个方面存在非均衡性，城乡金融之间存在显著的差距。王永龙（2009）对 1990～2006 年城乡金融发展进行比较，结果表明，城乡金融在结构、制度、服务和资源配置方面存在非均衡性。其中，城乡金融机构的非均衡性主要表现在城乡金融发展规模不均衡、城乡存贷款结构不对称、城乡金融市场不协调等方面。官爱兰和周丽萍（2015）认为，改革开放以来，农村金融与城市金融存在很大的差距，主要表现为城乡存贷款、城乡金融资产、城乡金融发展水平等方面的差距，实际上这种差距就是一种非均衡。关于城乡金融非均衡水平的测量，李树和鲁钊阳（2014）从金融结构、金融规模和金融效率三个维度进行测量，而鲁钊阳（2015）从区域层面城乡金融发展的视角估算东中西部地区城乡金融非均衡发展水平的差异及变动趋势。

关于城乡金融非均衡发展的原因，邱兆祥和王修华（2011）认为城乡金融非均衡发展的根源在于政府发展战略的主导、市场内在机制等因素。王永龙（2009）认为，城乡金融的非均衡发展主要是由国家政策导向、城乡经济差距等引起的。关于城乡金融非均衡发展的影响，刘志仁和黎翠梅（2007）通过对城乡金融非均衡发展与城乡居民消费差距进行研究，认为从长期来看城乡金融非均衡发展对城乡实际消费差距具有正向影响，而从短期来看城乡金融非均衡发展对城乡消费差距的影响具有滞后性。钱水土和程建生（2011）通过对城乡金融非均衡发展对城乡收入差距影响的实证研究，认为城乡金融非均衡发展拉大了城乡居民收入差距。黄海峰和邱茂宏（2014）利用 VAR 模型进行研究，结果表明，城乡金融非均衡发展与城乡居民收入差距存在一种长期均衡的关系。闫瑞增等（2019）基于湖南省 1978～2017 年的数据，得出城乡金融非均衡发展与城乡经济增长差距显著负相关的结论。陈颖和贺唯唯（2022）对 2003～2016 年中国 282 个地级及以上城市面板数据进行分析，发现城乡金融非均衡化显著抑制了城市创新。而在城乡金融非均衡发展的影响上，杨德勇和初晓宁（2009）认为城乡金融非均衡化导致了城乡金融二元结构的形成。鲁钊阳（2012）认为城乡金融的非均衡性是个历史问题，城乡金融结构和金融规模非均衡发展水平与城乡经济协调发展水平正相关。

为了促使城乡金融由非均衡向均衡发展，学术界、理论界主要倾向于加大农村金融改革力度，增加农村金融供给，让农村金融的各类功能充分发挥。而江源和谢家智（2015）则认为城乡金融均衡发展有赖于经济结构优化，而不是仅通过增加农村金融供给就能实现的。邱兆祥和王修华（2011）认为促进城乡金融协调发展，需要强化政府统筹城乡金融发展的职能、建立包容性农村普惠金融体系与建立有效的城乡金融联动机制。鲁钊阳（2015）强调城乡金融均衡发展需要强化城乡商业性金融的功能、重塑农村合作金融体系以及发挥政策性金融的功能等。王倩和逢亚男（2023）则强调应进一步强化数字金融的普惠性，以农村消费升级促进经济均衡发展。

三　城乡二元金融结构

二元金融结构概念源自 1964 年 Myint 最早提出的发展中国家正规金融与非正规金融并存理论，Mckinnon（1973）、Shaw（1973）对此不断深化，从不同的侧面对城乡二元金融结构的概念进行界定，并提出发展中国家存在两个分离的金融市场，即有组织的金融市场与无组织的金融市场之间资金不能有效流通。张杰（2003）认为我国二元金融结构与此不同，它是城市金融与农村金融两个相互分割的金融部门。Mckinnon（1993）又针对我国城乡金融之间的二元性，认为"金融二元主义"是我国经济转轨过程中所做的特殊的过渡性安排。孙君和张前程（2012）利用多个指标对我国城乡二元金融结构进行分析。韩正清（2009）认为城乡金融二元结构主要体现在城乡存贷款、金融资产规模、金融相关率、金融市场发展等的二元性方面，并选择不同的指标用模型对城乡二元金融结构状况及强度进行实证分析。

关于城乡金融二元结构的形成时间及原因，有两种观点：一是以罗静（1998）为代表，认为城乡金融二元结构起源于新中国成立前城乡二元经济结构，并在计划经济时期日益强化，但没有具体展开论证；二是城乡金融二元结构形成于改革开放后，是由多种原因造成的，目前以第二种观点居多。其中，曾康霖（2006）主要从城乡经济环境差异等角度来分析城乡金融二元结构形成的原因；仇娟东和何风隽（2012）

主要从城乡二元经济结构等方面来分析城乡金融二元结构的影响因素；李万超和马晓宇（2016）主要从农村金融管制等方面来分析城乡金融二元结构形成的原因；李雪（2015）认为国家制度与政策是城乡金融二元结构形成的重要原因；韩正清（2009）强调城乡之间金融发展的经济环境差异是形成城乡金融二元结构的主要原因，而田霖（2011）则认为城乡二元金融结构的成因具有多样性、复杂性。

关于城乡金融二元结构的破解，主要论点有发展农村金融市场（张永升等，2014）、强调增加农村政策性金融供给（韩正清，2009）、规范民间金融（官爱兰、周丽萍，2015）等，但也有研究认为，盘活农村土地是破解城乡金融二元结构的关键。而王丰和张鑫（2016）通过分析城乡金融二元结构对财产性收入的影响，认为破解城乡金融二元结构要建立城乡公正、公平、公开的市场交易秩序，优化农村金融生态环境。

四　城乡金融的发展与抑制

Mckinnon（1973）、Shaw（1973）针对发展中国家进行了关于金融和经济发展关系的探讨，提出金融抑制与金融深化的相关问题。而中国作为世界上最大的发展中国家，金融抑制非常明显。改革开放前高度集中的计划经济体制使金融功能被弱化，姚遂（2007）、吴敬琏（1999）认为银行作为国家财政的附庸，没有独立性。李扬等（2009）认为金融资源的计划配给使银行无法行使资源配置的功能，利率完全被当作计划手段而被行政化使用。兰日旭（2017）通过对中国金融发展史的分析，认为银行缺乏独立性，只是作为国家财政的出纳机构而存在，只担任以结算、出纳为主的单一"管资金"角色。易棉阳和陈俭（2011）、周立和周向阳（2009）认为作为农村金融主体的农村信用社，官办色彩浓厚，受政府主导，没有自主创新能力。苏少之和常明明（2005）对我国民间借贷政策的演进进行考察，强调民间借贷的取缔整体上是我国金融抑制政策的大环境影响的结果。燕红忠（2017）对我国金融发展史进行长时段的系统考察，强调计划经济时期的金融抑制政策阻碍了金融发展，到改革开放前夕我国金融发展水平降低到新的历史低点。

改革开放以来，高帆（2016）认为随着城乡金融产品供给能力的增强，城乡都出现了从金融抑制转向金融发展的态势。而何广文（2001）则认为因城乡金融发展的差异，形成了农村金融抑制与城市金融发展并存的格局。宋士云（2008）也持有这种观点，他认为我国银行业市场化改革使城市金融体系不断完善，而农村金融发展遭到制度性抑制。朱民等（2010）、李德（2015）认为中国银行业渐进性市场化改革使城市金融体系不断完善，但是农村金融体系发展滞后，存在缺陷。杨希天等（2002）、赵学军（2008）认为农村金融发展因受正规金融商业化、民间金融组织被取缔与农户缺乏信用担保等因素的影响而受到抑制。在分析我国农村金融抑制的多种原因时，林毅夫等（2012）认为我国金融抑制体系的产生与经济处于特定起飞阶段以及出口导向的劳动密集型产业结构密切相关。针对农村金融抑制，尹晨等（2012）主张不仅应进行农村金融供给的增量与存量改革，也应促进"三农"多元化发展以提升农村金融需求。实际上，这是 Patrick（1966）提出的发展中国家农村金融改革可以实施供给领先型和需求追随型两种战略的综合体现。

此外，互联网金融对农村金融的影响也引起社会的关注。关于互联网金融的优势，Klein 和 Mayer（2011）认为兴起于西方的互联网金融在提高金融效率、降低交易成本、降低信息不对称性方面发挥了很大的作用。谢平和邹传伟（2012）认为互联网金融是既不同于商业银行间接融资，也不同于资本市场直接融资的第三种融资模式，可以通过手机银行来解决农村金融普惠性较差问题。国内学术界也认为现阶段手机银行是解决我国农村金融问题的重要手段。王国刚（2018）认为互联网金融具有交易成本低的优势，大大促进了农村金融服务效率提升，对农村金融发展是一种机遇。因为手机银行能使农村熟人社会的边界得以拓展，促进农村金融功能的发挥，进而实现普惠金融。张承惠等（2016）

认为主要服务农村的互联网公司——蚂蚁金服和京东金融两大平台，利用金融科技、大数据把业务向农村延伸，有助于金融机构降低对物理网点的依赖。范瑞雪（2021）、蒋昌（2023）认为，随着互联网技术的发展，互联网金融已经成为金融行业的重要发展方向，商业银行业务需要转型升级。关于互联网的金融风险与监管，郭喜才（2015）、彭景和卓武扬（2016）对互联网金融风险的特征及其产生的原因进行了系统分析，强调线上线下兼顾的必要性；谢平等（2014）认为互联网金融改变了传统金融模式，强调对互联网金融风险进行监管的必要性及其应坚持的原则。

综上所述，现有文献为本书提供了可借鉴的视角，但其不足之处非常明显。学术界侧重于改革开放以来城乡金融关系现状的实证研究，如农村金融资金外流、城乡金融差距及非均衡发展等，尚缺少从历史尤其是经济史方面对中国城乡金融关系进行长时段的整体性研究。即使是涉及城乡金融关系方面的整体研究论著，大多也局限在某一时段、某一侧面或按金融行业类别纵向介绍其具体发展变迁状况，尤其缺乏对近年来城乡金融关系均衡化发展趋势的全面分析，也少有研究从城乡金融互动角度入手对城乡金融关系发展进行深入研究，且缺少对城乡金融关系发展经验教训的系统总结。而在新中国成立 75 周年、中国共产党团结带领中国人民向第二个百年奋斗目标迈进之际，对城乡金融关系进行更长时间段的系统梳理与分析，总结和升华其宝贵经验，促进乡村振兴与城乡融合发展，对中国在新的起点上全面推进改革开放和实现经济金融高质量发展具有不可或缺的理论与现实意义。

第三节　研究的重点难点与几个需要说明的问题

一　研究的重点难点

本书要突破的重点和难点是进行长时段、大跨度的研究，有深度、系统地研究和总结中国城乡金融关系的发展历程。其中需要重点把握的问题如下。

第一，新中国成立初期新型城乡金融关系构建的渊源问题。新中国成立初期，新型城乡金融关系构建路径基本延续了解放区城乡金融关系的发展轨迹，即确立"银行+信用社"的模式。显然，如何厘清解放区城乡金融关系发展的路径，成为理解新中国成立初期新型城乡金融关系构建的重点和难点。

第二，中国城乡金融关系发展 70 年的阶段划分与各阶段城乡金融关系内容及特点的抽象概括问题。在长时段分析范式的构建中，如何对中国城乡金融关系发展 70 年进行阶段划分，如何对各阶段城乡金融关系内容、特点进行精准概括，不仅是研究我国城乡金融关系史的关键，也是研究的重点和难点。

第三，中国城乡金融关系发展演进的逻辑与经验教训的总结问题。中国城乡金融关系发展历经四个阶段，为什么会出现阶段性变化？它演进的政治经济逻辑是什么？中国城乡金融关系发展的经验教训有哪些？科学回答上述问题必然是研究我国城乡金融关系发展史的重点和难点。

第四，各阶段城乡金融关系相关问题的量化问题。在城乡金融关系发展过程中，关于城市金融对农村金融的支持、农村资金外流、城乡金融差距、城乡金融非均衡发展等的研究，都需要在数据量化分析的基础上，更客观地把握城乡金融关系演进的特征与规律。这无疑是长时段分析我国城乡金融关系的重点与难点。

第五，互联网金融与原有农村金融的关系问题。兴起于城市的互联网金融，是对原有农村金融的替代还是融合，成为我国城乡金融发展中一个必须慎重考虑的重要问题，而科学回答这个问题必然是研究我国城乡金融关系发展的重点和难点。

二　几个需要说明的问题

（一）什么是农村金融？什么是城市金融？

对于传统的农村金融，国内外学者主要认为它是指"农村的货币资金融通"（巩泽昌等，1985；王绍仪，1989）、"农村货币资金运动中的信用关系"（王世英，1992）或"以信用手段筹集、分配和管理农村货币资金的活动"（李树生，1999）等。随着农村经济社会的发展，农村经济主体的金融需求也不断发生变化，除了传统的存款、贷款与汇兑，投资、保险、证券、期货等现代金融产品及其相应的金融市场开始出现，不断丰富农村金融的服务功能。在我国，农村金融服务一般是指在县及县以下地区提供的包括存款、贷款、汇兑、保险、证券、期货等在内的各种金融服务（中国人民银行农村金融服务研究小组，2008）。可见，农村金融主要是指农村货币流通和信用活动的统称，与农村经济发展的融资需求相对应，具有促进农村经济发展的功能。它包含一系列涉农金融产品与服务，如储蓄、信贷、结算、投资、保险、证券、债券、期货等，以及与之相对应的组织体系、市场体系及制度安排。农村金融的目的是促进农村经济发展和农村居民生活水平的提高，满足农村居民和农村经济组织的金融需求，推动农业现代化和农村经济社会的全面发展。但是，农村金融由于主要面向农村，为分散的农户、小规模的农村企业和农村经济组织服务，因此具有交易成本高、风险大、抵押物缺乏、金融基础设施落后、金融市场不完善等特点。农村金融包括农村正规金融与农村非正规金融，在某种情况下，农村非正规金融起到至关重要的作用。

相应地，城市金融有传统城市金融与现代城市金融之分。传统城市金融主要是指城市的货币资金融通，主要包含存款、贷款和汇兑业务，服务方式单一。现代城市金融是指城市货币资金和信用活动的统称，包含一系列金融产品和服务，如储蓄、信贷、结算、投资、理财、保险、证券、债券、期货与各种金融衍生品等，以及与之相对应的组织体系、市场体系及制度安排。现代城市金融主要面向分布相对集中、经营规模较大的城市经济主体，与农村金融相比，具有交易成本低、收益相对稳定、抵押物相对充足、金融产品丰富、金融基础设施齐全、金融市场完善等特点。城市金融与城市经济发展的融资需要相互对应，它具有促进城市经济发展甚至整个国民经济发展的功能。

（二）什么是城乡金融？什么是城乡金融关系？

关于城乡金融，国内外理论界并没有给出明确的定义。鲁钊阳（2015）在总结国内学者关于城乡金融资源禀赋差异的基础上，把"城"和"乡"作为两个区域，认为城乡金融是一个特殊的区域金融，在特定的地域（城镇与农村）内，以地区经济社会发展为目的，建立的相对独立而又与国家金融发展和整个国民经济发展具有密切联系的金融制度。这为我们正确认识和理解城乡金融提供了重要的启示。然而，本书所研究的城乡金融，主要是对城市金融与农村金融的一种统称，是把"城"和"乡"作为两个区域联系起来，从金融系统的角度，把城市金融与农村金融视为影响国家金融发展与国民经济运行的整体，同时也考虑二者的相对独立性与共生关系，而不是仅把二者看作完全独立、互不影响的自我循环体系。

因此，研究城乡金融，必然涉及城市金融与农村金融之间的互动关系及其变化，即城乡金融关系。关于城乡金融关系的概念，虽然国内外学者没有给出一致的意见，但是李雪（2015）把"城乡之间的资金流动"当作城乡金融关系的重要内容，并首次把城乡金融关系定义为"在城市与农村不同的金融环境下，城乡资金流动方式和资金配置方式等方面存在的联系"，这无疑为本书的研究提供了启示。本书研究的城乡金融关系，是指为促进我国经济社会发展，国家在城乡金融组织、城乡金融结构、城乡金融市场等方面所做出的不同制度安排，以此分析城市金融与农村金融之间的互动关系及其变化，包括城乡资金的流动、城乡金融资源的配置、城乡金融机构的设置、城乡金融市场的运行等方面的联系。

（三）中国城乡金融关系发展的断限与分期

为了便于对中国城乡金融关系发展演变的历史进行分析和研究，本书以中国城乡金融关系的发展演变为自然分期，把这一时段细分为四个阶段，并把 1949~1957 年、1958~1978 年、1979~2005 年、2006~2019 年分别称为城市金融对农村金融的扶持与新型城乡金融关系的构建时期，城乡金融关系的"统一化"与城乡金融低水平、低层次发展的时期，城乡金融关系的分化与城乡金融非均衡发展时期，城乡金融关系统筹联动与城乡金融均衡化发展时期。

本书之所以把中国城乡金融关系发展演变的历史划分为这四个阶段，主要依据有以下四点。

第一，把 1949 年作为研究新中国新型城乡金融关系建立时期的起点或"起始年"，把 1957 年作为这一时期的终点或"结束年"。本书之所以把 1949 年作为研究的起点，是因为 1949 年中华人民共和国成立后，国家着手建立以中国人民银行为中心的金融体系，在这个过程中，在城市建立中国人民银行及其机构网络，然后把基层机构延伸到区，并在农村帮助农民建立农村合作金融组织，建立起新型城乡金融关系。本书之所以选择 1957 年作为研究新型城乡金融关系建立时期的结束年，主要是因为 1949～1957 年城市金融与农村金融的关系一直是互助型的城乡金融关系，没有中断，直到 1958 年随着国家管理体制的变化，农村金融与城市金融之间的互助关系才被破坏。

第二，将 1958 年、1978 年分别作为第二个阶段的起点和终点，主要原因是，从 1958 年开始，农村信用社由于合作金融属性被破坏，失去了独立性，最后成为国家银行的基层机构。这样，城乡金融关系就呈现城乡金融机构同一性、城乡金融制度统一性等"统一化"的特征，且这一趋势一直延续到 1978 年。1978 年 5 月，中国人民银行发布《关于农村金融机构的几点意见》，进一步强化了农村信用社的国家银行地位，把农村信用社与国家银行的关系正式确定了下来。直到 1979 年后，中国农业银行等四大国有银行先后从中国人民银行分设出来，农村信用社交由中国农业银行管理，原有的"大一统"金融体制被打破。所以，将 1958 年作为这一阶段的起点，将 1978 年作为这一阶段的终点。

第三，将 1979 年、2005 年分别作为第三个阶段的起点和终点，主要原因是，1979 年后，随着原有的"大一统"金融体制被打破，城乡金融关系开始发生分化，城市金融与农村金融发展具有不同的路径：城市金融稳步迈向现代金融，而农村金融发展滞后，还处在传统阶段，形成城乡金融非均衡发展的局面。将 2005 年作为第三个阶段的终点，是因为 2006 年中国银监会放宽了农村金融机构准入的限制，农村金融抑制发生变化，农村金融供给开始增加，城乡金融开始均衡化发展。所以，2005 年只能作为第三个阶段的终点，2006 年只能是下一阶段的起点。

第四，把 2006 年作为第四个阶段的起点，把 2019 年作为终点，2019 年也是本书研究的下限。因为 2006 年政府开始进行城乡金融关系统筹联动改革，把农村金融改革放在全面建设小康社会、城乡融合发展的大背景下，全面加强农村金融改革，不断增加农村金融供给，并把城市金融资源引入农村，这促进了城乡金融均衡化发展，实质是城市金融"反哺"农村金融。虽然这一过程还在继续，但是考虑到 2019 年是新中国成立 70 周年，本书想为国史研究书写"城乡金融关系发展 70 年"这一篇章，所以把 2019 年作为第四个阶段的终点。

第一章　1949~1957年城市金融对农村金融的扶持与新型城乡金融关系的构建

中国共产党通过领导革命根据地金融事业的实践，形成了"银行+信用社"的金融模式，这对新中国新型城乡金融关系的建立和发展产生了重要影响。在新中国金融体系的建立过程中，城市金融给予农村金融大量的扶持，形成了新型城乡金融关系。这种新型城乡金融关系体现了互助性特点，属于互助型城乡金融关系。在这种新型城乡金融关系下，农村信用社是国家银行的"助手"，农民称之为自己的"小银行"；国家银行是农村信用社的"联合社"，二者不是上下级关系，而是相互补充、相互支持的共生关系。这种新型城乡金融关系对我国农村经济社会产生了重要影响，它终结了高利贷统治农村金融的历史，使农民获得相对廉价、便利的金融服务，促进了农村经济恢复与发展以及农业合作社集体经济的建立和发展。

第一节　新中国成立初期新型城乡金融关系建立的渊源

一　中国共产党领导革命根据地金融事业的简要回顾

自第一个革命根据地建立以来，为了巩固革命根据地政权和发展经济，中国共产党一直重视根据地的金融工作，根据地金融事业经历了萌芽产生、建立和发展、巩固和发展以及全面胜利的过程。

（一）大革命时期革命根据地金融事业的萌芽产生

1921年7月，中国共产党成立后，积极领导农民开展政治斗争和经济斗争。为适应斗争的需要，中国共产党在农村倡导开设了农民借贷机构，实行低利借贷政策，减轻农民的负担。1924年国共第一次合作开始后，中国共产党领导的农民运动蓬勃发展。在广东、湖南、江西、湖北等省份，中国共产党领导农民成立了农民协会，它们成为农民的准政权机构，制定了一系列打击地主阶级的经济金融政策。

为抵制地主高利贷剥削、解决农民生产生活困难，中国共产党领导各地农民协会开始创建为农民谋利益的金融机构。1925～1927年，农民协会建立的金融机构主要有：湖南省衡山县柴山洲特别区第一农民银行、湖南省浏阳县浏东平民银行、湖南省醴陵县醴陵工农银行、浙江省萧山衙前信用合作社、湖北省黄冈县农民协会信用合作社等。其中，筹备银行的资金，除部分土豪劣绅的捐款以及向其索取的罚款外，主要以没收的公有财产之不动产作抵押，采取集资招股的办法筹集。[①] 筹备农村信用社的资金来源主要有三种：动员农民存款、从没收的财产中划拨、借款。这些金融组织在建立起来后，主要业务是吸收储蓄，聚集资金，执行低息政策，发放贷款，抵制高利贷，帮助农民解决生产生活困难，在发展农业生产、巩固农民政权方面起到了积极作用。同时，这些金融机构有的还发行了纸币，被称为"流通券""兑换券"，还有的被称为"期票"，不仅增加了市场资金，活跃了生产，还有力地打击了封建势力、军阀和私人商号通过乱发纸币敛财的活动，从而维护了农民的利益。

然而，1927年大革命失败后，在农民运动中刚刚萌芽的新民主主义金融事业遭到破坏而停止，但它是中国共产党在探索中国革命道路的

---

① 姜宏业：《中国金融通史》（第五卷），中国金融出版社，2008，第4页。

进程中，在金融方面的一次有益尝试，为以后革命根据地金融的建立、发展积累了宝贵的经验。因此，大革命时期在中国共产党领导下农民协会创办的金融组织及其开展的金融活动，在中国革命的进程中具有重大的历史意义。

（二）土地革命时期革命根据地金融事业的建立和发展

大革命失败后，中国共产党开始在农村建立革命根据地，走农村包围城市、武装夺取政权的道路，中国革命进入了土地革命战争时期。革命根据地一般在偏远的农村，交通不便，经济落后，又遭国民党反动派的封锁和围剿，红军的给养和军需不足，使革命根据地经济和军民生活处在非常困难的时期。为了打破国民党反动派的封锁和围剿、解决革命根据地经济困难，各革命根据地在开展土地革命的基础上，摧毁旧的金融机构，废除封建性债务关系和高利贷剥削，建立新的借贷关系，从而开创了革命根据地金融事业。

土地革命初期，各革命根据地开始进行金融工作的探索，建立的金融机构，除了赣西南革命根据地的东固平民银行和东固银行、赣南革命根据地的江西工农银行、闽西革命根据地的信用合作社和闽西工农银行外，还在湘鄂西、湘鄂赣、鄂豫皖、闽浙赣、湘赣、川陕等革命根据地建立了银行。银行的资金，一部分来源于政府财政拨款，一部分来源于向工农群众招股筹资。同时，革命根据地还积极支持农村信用合作组织的建立，发放低息或无息贷款给工农群众经营生产活动，解决农民的生产生活困难。革命根据地银行发行货币，经营存放款和汇兑业务，代理税收、财政金库、政府的公债发行与汇兑等业务；为冲破国民党的经济封锁，还兼营区内外的进出口贸易。

1931年11月，中华苏维埃共和国临时中央政府成立后，便开始在闽西工农银行和江西工农银行的基础上，筹建中华苏维埃共和国国家银行和中央造币厂，并于1932年2月筹建完成。随着中华苏维埃共和国国家银行的成立，其他革命根据地银行相应地改组为国家银行省分行、县支行。各革命根据地由于距离中央革命根据地较远，所以均独立营业，自主发行货币。① 中华苏维埃共和国临时中央政府颁布《中华苏维埃共和国国家银行章程》，规定了中华苏维埃共和国国家银行的各项业务和领导体制。这样，革命根据地金融制度不断完善，金融事业发展到新的高度。但是，1934 年 10 月，长征开始后，中华苏维埃共和国国家银行跟随红军转移；次年，红军到达陕北后，中华苏维埃共和国国家银行改为中华苏维埃共和国国家银行西北分行。

（三） 全面抗战时期革命根据地金融事业的巩固和发展

1937 年抗日民族统一战线的建立标志着中国进入全面抗战时期，中国共产党依靠广大人民群众深入敌后，建立了许多抗日根据地。但是，这些抗日根据地充斥着形形色色的杂钞和日伪银行发行的纸币，货币流通市场也异常混乱。为了发展经济、突破敌人的经济封锁、开展对敌金融斗争，各抗日根据地都建立了自己的银行，主要包括：陕甘宁边区银行（原中华苏维埃共和国国家银行西北分行）、晋察冀边区银行、晋冀鲁豫边区的冀南银行、冀鲁豫边区的鲁西银行、山东革命根据地的北海银行、晋绥边区的西北农民银行等。

各抗日根据地的边区银行在建立初期，除经营存款、发放农贷、投资工商业、办理汇款外，还接受政府委托发行本币、代理财政金库、稳定物价、支持财政、发展生产，为巩固抗日根据地政权、支援抗日战争发挥了重要作用。随着抗日战争形势和边区环境的变化，在不同时期，边区银行的任务也有所不同。② 在抗日战争初期，根据地银行的首要任务是发行货币，开展对敌货币斗争。其次是根据需要和可能，陆续办理信贷业务。例如，晋察冀边区银行在 1938~1940 年，主要任务是发行边币，肃清伪券杂钞，停止法币流通，确立边币市场，代理金库，垫付财政款；1941 年皖南事变后，边区遭受经济封锁，财政困难，根据地银行的任务主要面向农村，开始办理各种农业贷款、工商业贷款、救灾

---

① 姜宏业：《中国金融通史》（第五卷），中国金融出版社，2008，第 7 页。
② 中国人民银行编著《中国共产党领导下的金融发展简史》，中国金融出版社，2012，第 74 页。

贷款等，发挥调剂金融、支持生产的作用。同时，各抗日根据地的边区银行还支持各种合作社的建立，推动了农村合作运动的发展，农村信用合作运动在抗日根据地得到快速发展。如 1944 年底，陕甘宁边区的信用社发展到 86 个，资产达 5 亿元，1945 年增加到 15 亿元。[①] 在中国共产党领导下，抗日根据地的金融事业不断巩固和发展，不仅加强了对敌经济斗争，而且有力地解决了根据地军民的吃饭穿衣和农业生产问题，为夺取抗日战争的胜利奠定了物质基础。

（四）　解放战争时期解放区金融事业的全面胜利

随着解放战争的节节胜利，解放区不断扩大，很多连成一片。在这种情况下，很多解放区银行开始合并，重新组织。如陕甘宁边区银行与晋绥边区西北农民银行，合并为西北农民银行。冀鲁豫边区的鲁西银行并入晋冀鲁豫边区的冀南银行，冀南银行又与晋察冀边区银行合并为华北银行。

随着解放战争的胜利发展，在新解放区又建立了许多银行。如东北解放区的东北银行、关东银行以及嫩江省银行、吉林省银行，在冀察热辽解放区的热河省银行和长城银行，在内蒙古解放区的内蒙古人民银行，在华中解放区的华中银行，在中原解放区的中州农民银行，在华南解放区的南方人民银行。[②] 这些银行继续独立发行货币和进行货币斗争。随着解放战争的节节胜利，解放区之间的贸易交往越来越频繁。但是，各解放区存在种类繁多、版别复杂、比价不一的货币，严重影响了解放区的贸易。于是，筹备集中统一的中国人民银行便被提上了日程。1948 年 11 月，华北人民政府决定把华北银行、北海银行、西北农民银行合并，成立中国人民银行，并于次月发行人民币。其他各解放区的银行，都先后改组为中国人民银行的分支机构，各区行下设省、市分行，县支行，这标志着解放区的金融工作从分散逐渐走向集中统一，覆盖广泛的国家银行机构网络初步形成。

---

① 　卢汉川主编《当代中国的信用合作事业》，当代中国出版社，2001，第 42 页。
② 　姜宏业：《中国金融通史》（第五卷），中国金融出版社，2008，第 12 页。

随着解放战争的节节胜利，中国人民银行开始向城市迈进，接管国民党在城市的金融资产，建立其所属的各级机构，并对私人资本主义银行和钱庄贯彻执行利用、限制、改造的政策，以加强金融监管，建立新的金融秩序。人民币的发行和货币制度逐渐走向统一，标志着解放战争时期解放区金融事业的全面胜利。

同时，解放战争时期，农村信用合作运动继续发展。除了陕甘宁边区外，晋冀鲁豫边区也试办了信用合作社。1946 年底晋冀鲁豫边区的信用合作组织有 56 个，到 1947 年，据太行、太岳两个地区的统计，共建立信用社 526 个，有的县 50% 左右的行政村有信用合作组织。同年，全国解放区已有信用社 880 多个。[①] 但是，随着战争的进行，物价飞涨，货币贬值，很多信用社停止了运行，信用社表现出与国家银行不一样的结局。

二 革命根据地金融实践中形成的模式："银行+信用社"

中国共产党在革命根据地开展的金融事业，促进了根据地经济建设、对敌开展经济金融斗争，有力地支援了革命战争，成为中国革命的重要组成部分。在长期的金融实践中，中国共产党开展的金融工作逐渐形成了"银行+信用社"的模式。

其中，"银行"是"国家银行"的简称，不同根据地银行的名称不同，有的称为"农民银行"，有的称为"工农银行"，有的称为"苏维埃银行"等；"银行"是中国共产党和根据地政府直接出资在根据地设立的，一般情况下在根据地建立初期设立区银行，随着根据地不断扩大，设立国家银行、省分行和县区支行等层级机构；"银行"的主要任务是发行货币，开展货币斗争，经营存放款和汇兑业务，代理税收、发行政府债券等业务。

"信用社"是"信用合作社"的简称，是在中国共产党领导和支持

---

① 张贵乐、于左：《合作金融论》，东北财经大学出版社，2001，第 88 页。

下建立的农民群众的资金互助组织。早在1932年，中华苏维埃共和国临时中央政府就颁布《合作社暂行组织条例》，制定了《消费合作社章程》，规定信用社办社宗旨，对社员资格做了限制；要求"以工农劳动群众为限，富农、资本家、商人及其他剥削者不得加入"；对社员的民主管理权力也做了规定，"社员均有选举权、被选举权、表决权，每一社员不论入股多少，均以一票为限"。信用社的主要业务是在当地吸收农民存款，又把这些资金贷给农民，从而打击高利贷对农民的剥削，缓解农民的生产和生活资金紧张问题，促进农村经济的发展；同时，信用社也有利于团结和教育农民，对支持革命战争起到了积极作用，农民也称信用社是自己的"小银行"。

"银行"与"信用社"的关系如何？这时银行与信用社之间的关系是互助型的。银行支持、帮助和指导信用社发展，但不干涉其业务，信用社按照政府总体方针确定业务计划。同时，信用社帮助银行开展业务，有的还代理银行的部分业务，这样信用社就成为银行的助手。而银行一般是通过县信用联社实现对信用社业务上的领导，两者不是上下级关系。县信用联社是革命根据地扩大后，为了在更大范围内调剂资金，信用社之间联合成立的。信用分社与中心社、基层社和联合社之间业务和会计相互独立，是合作关系而不是上下级关系。信用社如同银行在广大农村地区的"神经末梢"一样，与银行一道执行着中国共产党在根据地的金融政策，始终支援革命斗争工作。

因此，"银行＋信用社"成为中国共产党在领导革命根据地开展金融工作的实践中形成的一种全新的金融组织模式，它排斥封建性质的、旧的借贷关系，打击高利贷，是为建立新的借贷关系而形成的农村金融网络，也成为中国共产党在根据地建立的新金融体系，为新中国新型城乡金融关系的构建提供了宝贵的经验。

三　"银行＋信用社"模式对新中国新型城乡金融关系建立的影响

1945年4月20日，中国共产党第六届中央委员会扩大的第七次全体会议通过的《关于若干历史问题的决议》指出："在土地革命战争时期，由于强大的反革命势力占据了全国的城市，这时的根据地就只能主要地依靠农民游击战争（而不是阵地战），在反革命统治薄弱的乡村（而不是中心城市）首先建立、发展和巩固起来。"① 由此说明，游击战争的革命根据地，主要在偏僻的农村和小城市建立。在中国共产党领导革命根据地的金融事业实践中，一般来说，银行建立在市、县、区，它们相当于"城市"，主要是小城市，代表"城市金融"；而信用社主要建立在村、乡、镇，它们主要集中在农村地区，代表"农村金融"。不过，这个时期的农村金融工作处于整个金融工作的主体地位，这是当时中国共产党开展根据地金融工作的基本特点。

这样，革命根据地时期的城乡金融关系，也可以通过"银行"与"信用社"之间的关系来集中体现。银行支持、帮助和指导信用社发展，信用社帮助银行开展业务，成为银行的助手，二者实际上是一种互助型关系，这对新中国城乡金融关系有重要影响，主要体现在以下三个方面。

第一，对新中国成立初期金融体系的影响。新中国成立初期的金融体系，基本延续了革命根据地时期"银行+信用社"的模式。国家银行（中国人民银行）的设立延续革命根据地时期的金融运行模式，在城市通过接收官僚资本银行、改造私人银行，建立起单一的（国家）银行体制，把基层机构延伸到农村，同时在农村帮助农民建立信用社，为农民生产和生活提供资金，帮助和支持农民恢复和发展生产，农村信用社成为国家银行在农村的"神经末梢"和助手。这样，整个国家金融体系只剩下国家银行与农村信用社了。

第二，对新中国成立初期国家银行与农村信用社关系的影响。新中国成立初期，国家银行把基层机构延伸到农村，帮助农民建立农村信用社，注重农村信用社的合作金融属性，从而激发农民积极性，发挥其主

① 《毛泽东选集》（第三卷），人民出版社，1991，第 975 页。

体作用。农村信用社把闲散资金存入国家银行，以支持工业化建设。因此，国家银行与农村信用社之间的关系处理得比较好，二者在业务、人员和管理等方面的界限清晰，农村信用社具有相对独立性，成为国家银行在农村的得力助手，二者延续了革命根据地时期银行与信用社之间的互助型关系。

第三，对新中国农村金融市场的影响。新中国成立初期，国家银行的基层机构延伸到区与规模较大的镇，直接从事农村金融业务，成为农村金融市场的重要组成部分；同时，国家银行还积极组织、帮助、扶持农村信用社的建立和发展，通过农村信用社积极发展农村金融业务，占领农村金融市场，打击高利贷剥削行为。这使得国家银行基层机构与农村信用社基本垄断农村金融市场，高利贷逐渐退出农村金融市场。显然，新中国农村金融市场积极发展农村信用社，打击农村高利贷行为，延续了革命根据地时期银行与农村信用社工作的重要使命。

而且，革命根据地时期"银行+信用社"的模式中，政府通过各种合作社（包括信用合作社），在经济领域把农民组织起来，完成中国共产党的政治经济任务。新中国成立初期进行的农业合作化运动，学习了革命根据地时期通过各种合作社团结、动员与组织农民的经验，具有典型的路径依赖特征。

因此，中国共产党领导的革命根据地金融事业及其采取"银行+信用社"的金融组织模式对新中国城乡金融关系的建立有深刻的影响，成为新中国新型城乡金融关系的渊源。新中国成立后，如何把战争年代在小城市与农村环境中积累起来的金融工作经验运用到和平建设时期全国城乡的新环境中，对新成立的人民政府来说，将是一场全新的、复杂的考验。

第二节　新中国成立初期新型城乡金融关系的建立

一　新中国成立初期金融体系的建立

新中国成立初期，旧中国金融体系依然存在，城乡金融市场极其紊乱，这表现在各种性质的金融机构并立、多种货币混杂流通、恶性通货膨胀持续多年、金融投机活动盛行等方面，严重影响了生产的恢复和人民生活。这些情况给新成立的人民政府带来了挑战，因此迫切需要人民政府采取措施，建立新的金融体系，迅速占领城乡金融市场，规范金融秩序，遏制金融投机与通货膨胀，保障城乡人民群众的生产生活，维护经济社会的稳定发展，巩固新生的人民政权。

中国人民银行在成立后，发行人民币，逐渐统一币制，为进一步开创新中国的金融事业、在全国建立统一的社会主义国家银行奠定了基础。党和政府在接管城市后，立即清理整顿金融市场，重建以国有金融为主导的金融体系，为促进国民经济的恢复和计划经济的实施发挥了重大作用。这一过程又分为两个阶段：第一个阶段是 1949~1952 年初步建立金融体系；第二个阶段是 1953~1957 年建立集中化的金融体系。

（一）1949~1952 年初步建立金融体系

1. 接收官僚资本银行

根据中国人民政治协商会议第一届全体会议通过的《共同纲领》中关于没收官僚资本归国家所有的规定，中国人民银行对官僚资本银行进行了接管；对官商合办银行，没收其官股，实行公私合营；对中国银行和交通银行，没收其官股，使中国银行成为中国人民银行领导下经营外汇业务的专业银行，交通银行成为经营工矿、交通事业长期信用业务的专业银行。

2. 取消在华外商银行的特权

中华人民共和国成立以后，人民政府取消了外商银行的特权，允许它们在遵守中国法令的条件下继续营业，并规定外资银行的业务范围，其不得私自买卖外汇和外币有价证券，不得从事未经中国银行核准的业务，不得代客或自己进行逃避资金、套取外汇及其他投机违法活动。

3. 整顿和改造私营金融业

人民政府颁布了一系列私营银钱业管理办法，进一步规定了私营行庄的业务经营范围，如只许钱庄经营工商业有关的存款、放款、汇兑和个人存款等业务，禁止买卖金银和外币、吸收公款、兼营商业或代客买卖股票等。通过审查与监督，中国人民银行加强了对私营行庄的管理，为促进城乡金融市场的稳定起到了积极作用。

4. 建立新中国的城乡金融机构网络

首先，建立中国人民银行的分支机构。按照行政区划，在大行政区设立区行，在省（自治区、直辖市）设立分行，在县设立支行。在城市中，按照城市规模和业务需要设立分行或支行；在农村较大的集镇设立营业所。截至1949年12月，中国人民银行建立40个省、市分行，1200多个县（市）分行及办事处。[①]　其次，中国人民银行领导中国银行和交通银行改组，并于1952年使中国银行总管理处与中国人民银行总行国外业务管理局合署办公，将交通银行划归财政部领导。再次，试办信用合作组织。1951年5月，中国人民银行召开了第一届全国农村金融工作会议，一方面要求普遍建立区级银行机构——农村营业所；另一方面要求各省都要重点试办信用合作组织，采取信用互助组、供销社的信用部、信用社三种形式。1952年底，各地试办的信用合作组织已达20067个。[②]　最后，建立中国人民保险公司。为了实现财政经济工作的统一管理和统一领导，更好发挥保险在经济补偿、积累财政资金等方面的作用，1949年10月，中国人民保险公司在北京成立，这标志着新中

---

① 中国人民银行编著《中国共产党领导下的金融发展简史》，中国金融出版社，2012，第137页。

② 路建祥编《新中国信用合作发展简史》，农业出版社，1981，第4页。

国统一的国家保险机构的诞生。中国人民保险公司在全国建立分支机构，到 1952 年末，中国人民保险公司的各级机构有 4416 个。[①] 全国金融机构网络的建立，标志着新中国成立初期包含城市金融与农村金融在内的金融体系初步建立。

（二）1953～1957 年建立集中化的金融体系

1953 年我国开始了"一五"计划的建设，与此相适应，我国进行了社会主义改造，金融业开始建立高度集中的金融体制，即逐步建立单一化的中国人民银行体制，农村信用社成为中国人民银行在农村的助手。

1. 公私合营银行并入中国人民银行

由于我国确立了对私营工商业的社会主义改造的方针，私营工商业逐步被纳入国家资本主义道路，加强了与中国人民银行的业务联系，公私合营银行原有的私营工商业业务并入中国人民银行。1955 年 2 月开始，全国 14 个城市的公私合营银行与当地中国人民银行储蓄部合署办公；1956 年 7 月，公私合营银行总管理处与中国人民银行总行私人业务管理局合署办公。至此，公私合营银行及其主要的金融业务就完全并入了中国人民银行体系，它不再作为专业银行而独立存在。

2. 中国人民建设银行、中国农业银行的建立与撤并

首先，为了便于实现计划经济的投资任务，中国学习苏联的经验，在 1954 年 10 月成立中国人民建设银行，其隶属财政部，主要办理财政基建投资的拨款监督工作。其次，为了便于加强对农村金融业务的领导，1955 年国务院批准了中国农业银行的建立，但没有在全国设立分支机构，因为当时中国的实际情况是：农村金融业务量小，缺乏建立专业银行的基础条件，中国农业银行与中国人民银行的业务存在交叉，资金周转环节多。于是，1957 年国务院撤销了中国农业银行，在中国人民银行内部设立农村金融管理局，管理全国的农村金融业务，中国人民银行成为直

---

① 中国人民银行编著《中国共产党领导下的金融发展简史》，中国金融出版社，2012，第 136 页。

接经营城乡金融具体业务的统一的大银行。而且，1954年6月，中央人民政府决定撤销大区一级行政机构，中国人民银行也撤销了区行，从而形成了中国人民银行对全国金融活动的集中统一、垂直管理和领导的体制。

3. 农村信用社的大发展

1953年我国开始了以合作化为方针的农业社会主义改造，国家大力支持信用合作化，主张在农村建立信用合作社。1954年2月，中国人民银行召开了第一次全国信用合作会议，提出到1954年底在全国建立的农村信用社要达到3.4万～4万个，1957年要在全国基本实现信用合作化，达到一个乡一个信用社。[①] 但是，1954年11月召开的全国第四次互助合作会议，推动了农村信用社的大发展，会议要求到1955年全国信用社发展到13万～15万个，建立更多的信用互助组，1956年春季前基本做到乡乡有社，结果在1954年底，信用社发展到12.6万个，70%左右的乡建立了信用社，其中有9万多个信用社是秋后三个月建立的。[②] 1955年，全国信用合作社发展到15.9万多个，参加信用合作社的农户有7600余万户，占全国农户总数的65.2%，建立信用合作社的乡占全国乡总数的85%。[③] 1956年底，全国97.5%的乡建立了信用合作社。[④] 至此，在全国范围内基本实现了信用合作化。新中国农村信用社的普遍建立，标志着新中国成立初期包含城市金融与农村金融在内的集中化的金融体系初步建立。

4. 国内保险业务的集中管理

1953～1957年，在重建国内保险市场组织体系的基础上，中国人民保险公司对国内保险业务进行了整顿收缩，然后进行集中化经营。1953年中国人民银行总行、中国人民保险公司及所属单位停办农业保险业务；1954年为配合农业合作化，中国人民保险公司恢复了农业保险业

---

① 卢汉川主编《当代中国的信用合作事业》，当代中国出版社，2001，第89页。
② 卢汉川主编《当代中国的信用合作事业》，当代中国出版社，2001，第96页。
③ 尚明主编《当代中国的金融事业》，中国社会科学出版社，1989，第102页。
④ 杨希天等编著《中国金融通史》（第六卷），中国金融出版社，2002，第88页。

务；1955 年全国停办铁路、粮食、邮电、地质、水利、交通 6 个系统的财产保险，其余国营企业、地方国营企业和县以上信用合作社继续按期办理续保工作。其间，公私合营的太平保险公司、新丰保险公司合并，并将其逐渐纳入中国人民保险公司进行管理，形成了中国人民保险公司垄断经营的局面。

二 金融体系建立过程中城市金融对农村金融的扶持

新中国成立初期的金融体系建立过程中，在新生的人民政府接管城市后，国家银行把力量集中于城市，建立城市金融秩序，而忽视了广大农村的金融工作，致使"深入农村，帮助农民，解决困难，发展生产"的方针没有很好贯彻落实。① 而广大农民在分到土地后，生产积极性高涨，农业生产快速恢复和发展，农村商品经济也发展起来了。在这种情况下，城市金融扶持农村金融的必要性和可行性条件已经具备。

（一）城市金融扶持农村金融的必要性与可行性

1. 城市金融扶持农村金融的必要性

新中国成立初期，为清除旧金融体系的不良影响，在政府接管城市后，国家银行将金融工作重心放在了城市，建立城市金融秩序，稳定城市金融市场，并建立了以城市金融为主的金融体系。而当时的农村金融情况是，除了革命根据地时期成立的少量农村信用社外，基本没有国家及政府背景的农村金融机构，这与占国民经济 80% 以上的农村经济、占全国人口 90% 以上的农村地区很不匹配；同时，农村自由借贷与高利贷充斥农村金融市场，农村正常的储蓄、贷款、保险、汇兑等金融业务无法开展，这不利于国家统一管理财经工作。

这些情况表明，在城市金融建立起来后，迫切需要国家银行扶持建立农村金融机构，积极开展农村金融业务，并建立城乡统一的金融市

---

① 卢汉川主编《中国农村金融历史资料（1949～1985）》，湖南省出版事业管理局，1986，第 41 页。

场。一方面，这有助于巩固人民币币制的统一，方便农民办理货币储蓄业务，吸收农村闲散资金，促进农村商品经济发展；另一方面，开展农业贷款、农业保险等金融业务，贯彻"深入农村，帮助农民，解决困难，发展生产"的方针，落实"城乡互助，内外交流"的国家政策，不仅可以打击农村高利贷行为，而且可以达到"发展生产、繁荣经济"的目的。此外，建立城乡统一的金融市场，不仅有利于统一国家金融政策（如利率政策），避免投机行为；而且有利于国家统一管理财经工作，实现城市与农村的经济、金融"一盘棋"，为计划经济的实施奠定坚实的基础。

2. 城市金融扶持农村金融的可行性

新中国成立后，随着土地改革的深入进行，农民分得了土地，农民积极性高涨，农业生产很快恢复并迅速发展，农民收入增加，农村资金出现了剩余，这客观上要求成立农村金融机构来调剂资金余缺。其中，最便捷、最有效的办法就是通过自上而下的制度安排，让城市金融扶持农村金融，也就是说，城市金融扶持农村金融的可行性条件已经具备。

第一，农民收入的增加，需要成立农村金融机构来吸纳农民手中的闲散资金。新中国成立以后，经过土地改革，农民分得了土地和生产资料，不再遭受地主的盘剥，除了向政府缴纳税费外，剩下的完全变成了农民自己可以支配的收入。1949~1950 年全国平均税率由 17% 降低到 13%，① 比新中国成立前低得多。而且随着农业生产的恢复和发展，农业总产值不断增加，由 1949 年的 326 亿元增加到 1950 年的 384 亿元。② 农民收入的增加与农产品剩余的出现，使少数生产条件好的农民逐渐富裕起来，他们手中闲钱多了，就会去寻找投资的渠道。

第二，农村商品经济的发展，需要成立农村金融机构来进行经常性的资金调剂。由于农业生产发展了，农民收入增加了，农民购买力也有了很大的提高。据东北的典型调查，若 1948 年每户农民的购买力指数

---

① 财政部农业财务司编《新中国农业税史料丛编》（第五册），中国财政经济出版社，1986，第 50 页。

② 国家统计局编《奋进的四十年 1949—1989》，中国统计出版社，1989，第 347 页。

为 100，则 1949 年的指数为 130，1950 年的指数为 263；华北区 1947 年秋收以前，每个农民平均拥有 160 斤小米的购买力，秋收以后又会大大增加；华东区以浙江为例，农民购买力较 1949 年增加 60%。① 农民购买力的提高，使农村商品经济得到很大的发展，农村手工业、运销业、小作坊与集市贸易都发展起来。商品经济的发展使调剂有无的基本条件已经具备，这就使得农村金融问题从单纯的资金供给问题变为调剂与供给问题，而资金调剂，既要有季节性的调剂，也要有经常性扶持农业、副业和手工业生产的调剂，② 这客观上要求在农村建立为农民服务的金融机构。

第三，农村自由借贷活跃，高利贷剥削盛行，需要成立新的农村金融机构去与高利贷做斗争。在新中国成立初期，通过土地改革，农民分得了土地，开始当家做主，潜在的劳动积极性得到了极大的释放。但多数农民在当时还很贫困，缺乏资金，于是自由借贷活跃起来，高利贷剥削在一些地方乘机而起；而国家在农村的金融机构还没有建立起来，在国家的银行机构没有普遍开设到农村的情况下，农民还不能从国家金融机构获得贷款，不得不求助于民间借贷甚至高利贷。特别是少数贫农由于缺乏资金、劳动力和畜力，或因疾病和自然灾害的影响，不得已向高利贷求助。这些问题引起了党和政府的重视，其决定在农村金融领域建立新的借贷关系，铲除高利贷产生的土壤，解决农民的生产、生活困难，并推动农业合作化的实现。

第四，国家银行已经拥有扶持农村金融机构的经验。新中国成立前在革命根据地建立的国家银行金融机构，帮助农村信用社的建立和发展，为农村信用社提供资金支持，打击了高利贷行为，促进了农业生产的发展，不仅为革命的胜利提供了有力支持，而且为新中国成立后农村金融机构的成立提供了丰富的经验。同时，经过土地改革，广大农民分

---

① 中国社会科学院、中央档案馆编《1949—1952 中华人民共和国经济档案资料选编：金融卷》，中国物资出版社，1996，第 517～518 页。
② 陈俭：《中国农村信用社研究（1951—2010）》，北京大学出版社，2016，第 33 页。

到了土地和生产资料，对新中国及其人民政府极其拥护和支持，这使党和政府在开展农村金融工作时有了广泛而稳固的群众基础，[①] 在一定程度上大大降低了新政府建立农村金融机构的组织成本和交易成本。

（二）城市金融对农村金融的扶持

1950 年 12 月，中国人民银行总行召开的第二届全国金融工作会议指出，省分行的工作重点为面向农村和农民，大力开展农村金融工作。1951 年 5 月，中国人民银行召开第一届全国农村金融工作会议，提出农村金融工作要贯彻"深入农村，帮助农民，解决困难，发展生产"的方针，[②] 为恢复和发展农业生产而努力。中国人民银行南汉宸行长在第一届全国农村金融工作会议上作总结报告，明确农村金融工作"为四万万农民服务，为发展农民的生产服务"。[③] 自此，在党的领导下，以中国人民银行为主体的城市金融，根据农村经济与金融发展的形势，从组织机构、资金、制度供给和人员培训等方面，给了农村金融很大的支持，帮助其建立新的农村金融市场，为农村经济的恢复发展和农民生产生活提供了资金支持，从而促进了新型城乡金融关系的建立。

1. 在组织机构方面，城市金融对农村金融的扶持与帮助

（1）中国人民银行基层机构下延，直接成为农村金融的组成部分

为了建立全国性的金融网络，1950 年中国人民银行已在全国多数县建立了县支行，县支行把基层机构向下延伸，成立营业所，当时农村只建立了 457 个营业所，这些营业所设在区一级行政机构所在地，多数是经济发达的集镇。在全国 13600 多个县级以下的行政区中，绝大多数还未设银行营业所。[④] 1951 年 11 月，中国人民银行召开的区行行长会议指出，为了贯彻农村金融会议的方针任务，在今后的发展中，必须掌握的关键之一，就是在组织建设上，普设营业所，发展信用社。因此，

---

① 陈俭：《中国农村信用社研究（1951—2010）》，北京大学出版社，2016，第 33 页。
② 卢汉川主编《中国农村金融历史资料（1949～1985）》，湖南省出版事业管理局，1986，第 41 页。
③ 徐唐龄：《中国农村金融史略》，中国金融出版社，1996，第 280 页。
④ 卢汉川主编《当代中国的信用合作事业》，当代中国出版社，2001，第 54 页。

在组织机构上，中国人民银行以县支行为中心，把基层机构延伸到区一级，即在区普遍设立营业所，以更好地办理农村的存放款业务，支持农业生产的发展和供销合作社的巩固和壮大。这样，中国人民银行把基层机构营业所都建在了区一级以及规模较大的集镇，办理农村金融业务，这使其直接成为农村金融市场的重要组成部分。

（2）中国人民银行领导、组织农村信用合作组织的建立和发展

在无产阶级取得革命胜利以后，怎样把农民引向社会主义道路？马克思主义者认为，要改造小农必须采取合作社的形式，通过合作社引导农民走上社会主义道路。中国共产党遵循了这一原则，1949 年 3 月，毛泽东在中国共产党第七届中央委员会第二次全体会议上指出："占国民经济总产值百分之九十的分散的个体的农业经济和手工业经济，是可能和必须谨慎地、逐步地而又积极地引导它们向着现代化和集体化的方向发展的，任其自流的观点是错误的。必须组织生产的、消费的和信用的合作社，和中央、省、市、县、区的合作社的领导机关。……中国人民的文化落后和没有合作社传统，可能使得我们遇到困难；但是可以组织，必须组织，必须推广和发展。"[1] 因此，中国共产党在领导人民取得胜利后，立即着手建立合作社的领导机构，引导农民走互助合作的道路，这种合作社包括农村信用社，农村信用社的领导机构就是国家银行——中国人民银行。中国人民银行既是中央银行，也是城市商业银行，是城市金融的体现者。其中，中国人民银行县支行的领导和扶持是加强农村金融工作的关键一环，很多农村金融工作都是通过县支行具体落实的。新中国农村信用社的建立和发展，是中国人民银行按照国家政策与要求领导、组织的，最终目的是通过合作社引导农民走上社会主义道路。

为落实党中央的决策，1951 年 5 月中国人民银行召开第一届全国农村金融工作会议，明确提出了发展和领导信用合作是农村金融的重要工作之一，要求把银行机构建立到区，各省份都进行重点试办信用合作

---

① 《毛泽东选集》（第四卷），人民出版社，1991，第 1432 页。

组织的工作。1951 年下半年，中国人民银行对农村信用合作试点工作采取"典型试办、逐步推广"的办法，在信用合作组织的形式上要求多样化，不强调单一的高级形式。当时主要有三种形式：信用互助组、供销社的信用部、信用社。这些不同层次的信用合作组织是与当时农村经济发展的不平衡性相适应的。经过两年多的实践，到 1953 年底，全国有 50%的县建立了信用合作组织。

1953 年 12 月，中共中央在《关于发展农业生产合作社的决议》中指出："由于商业剥削、粮食囤积投机和放高利贷是目前农村资本主义因素的主要的活动方式，所以供销合作社和信用合作社就有更大的责任，在国营经济的领导下帮助农民群众逐步摆脱这些剥削，……发展农村储蓄和低利贷款，为农业生产服务，促进农业生产互助合作的发展。"① 在中央的指示和农业生产合作运动的推动下，中国人民银行不断发展农村信用社。1954 年 2 月，中国人民银行召开全国第一次信用合作工作会议，提出了发展农村信用社要稳步前进，克服违反群众自愿的急躁冒进倾向，提出到 1954 年底全国农村信用社要达到 3.4 万~4 万个，1957 年要在全国基本实现信用合作化。② 但是，1954 年 4 月召开的第二次全国农村工作会议却推动了农村信用社发展的"大跃进"，中国人民银行确定到 1954 年底在全国争取发展 10 万个左右信用社，1955 年底一般地区要做到乡乡有社。

1954 年秋后发展起来的 9 万多个农村信用社，建立的时间比较短，准备工作也不充分，普遍存在资金规模小、工作粗糙、规章制度不健全、民主管理不完善等问题。1955 年 3 月，中国人民银行召开了全国农村金融工作会议，对存在的这些问题进行整顿，农村信用社逐步巩固，这为进一步发展业务奠定了良好的基础。截至 1956 年底，全国 97.5%的乡建立了信用合作社，③ 在全国范围内基本实现了信用合作化。

---

① 中共中央文献研究室编《建国以来重要文献选编》（第四册），中央文献出版社，1993，第 676 页。

② 卢汉川主编《当代中国的信用合作事业》，当代中国出版社，2001，第 89 页。

③ 杨希天等编著《中国金融通史》（第六卷），中国金融出版社，2002，第 88 页。

（3）中国人民银行成为办理农业保险的重要组织机构

1951 年 2 月，中央人民政府政务院正式颁布了《关于实行国家机关、国营企业、合作社财产强制保险及旅客强制保险的决定》，开始在全国推行强制险；同年 5 月，中国人民银行召开第一届全国农村金融工作会议，提出要广泛开办以牲畜保险为中心的农村保险，并有重点有条件地开办经济作物和农作物收获保险。中国人民保险公司在各省、市、县一般都设有分支机构，在未有保险公司或机构的地区，各地国家银行必须代办各种保险业务，其作为农村银行业的一部分，要组织力量，深入农村，简化业务办理手续，大力开办保险业务，以帮助农民克服灾害、保障生活。① 自此，大部分农村地区的农业保险由中国人民银行利用其分支机构——营业所代为办理。同时，中国人民保险公司还把许多农业保险业务交给乡村干部去做，乡村干部实际成了农业保险业务的代理人。② 但是，中国人民银行利用其国家正规金融机构的有利条件在农村开展农业保险业务的过程中起到重要作用，成为办理农业保险的重要组织机构。

可见，农村金融是在城市金融的帮助下建立起来的。一方面，作为城市金融的代表，中国人民银行把基层机构延伸到县区和主要的镇，直接办理农村金融业务；中国人民保险公司把农业保险业务交给中国人民银行在农村的基层机构代理，使其成为农村金融的组成部分。另一方面，农村信用社是在中国人民银行的领导、组织、规划与实施下建立起来的，也就是说，在组织机构方面，农村金融是在城市金融的扶持与帮助下建立起来的。

2. 在资金方面，城市金融对农村金融的扶持与帮助

（1）国家银行发放农贷指标，通过基层营业所直接办理农贷

新中国成立后，为了帮助恢复和发展农村生产，中国人民银行开始

---

① 中国社会科学院、中央档案馆编《1949—1952 中华人民共和国经济档案资料选编：金融卷》，中国物资出版社，1996，第 523 页。

② 赵学军：《建国初期中国国内保险市场探析》，《中国经济史研究》2003 年第 2 期。

大力开展农村金融工作。国民经济恢复时期，农村金融工作以组织和调剂货币流通、开展农村信用为主要内容，中国人民银行开展农村储蓄、短期贷款与保险业务，推进和巩固货币下乡，发放农贷指标，通过基层机构——营业所向农村积极投放农业贷款，配合迅速恢复和发展农村生产力。表 1-1 显示，1952 年，国家银行的农业贷款总额达 4.2 亿元，占银行贷款总额的比例为 3.9%。"一五"计划时期，国家银行对农业贷款的投入也不断增加，资金主要投向合作社及其基础设施。国家银行的农业贷款总额，1953 年为 6.6 亿元，1956 年增长到 30.2 亿元，增长了 3.6倍；占银行贷款总额的比例，由 1953 年的 4.9%增加到 1956 年的 13.0%。

表 1-1　1952～1957 年国家银行农业贷款变化情况

单位：亿元，%

项目	1952 年	1953 年	1954 年	1955 年	1956 年	1957 年
年底余额	4.2	6.6	7.6	10.0	30.2	27.7
较上年增加	—	2.4	1.0	2.4	20.2	-2.5
增长率	—	57.1	15.2	31.6	202.0	-8.3
占银行贷款总额的比例	3.9	4.9	4.1	4.9	13.0	10.0

资料来源：根据国家统计局编《奋进的四十年 1949—1989》，中国统计出版社，1989，第 432 页计算整理。

（2）国家银行对农村信用社的资金支持

1954 年中国人民银行在划分国家银行与农村信用社的业务范围时，明确规定：领导和扶持农村信用社是国家银行的重要职责。农村信用社是在国家银行的支持下建立和发展起来的，国家银行给予了农村信用社大量的资金支持。这种支持表现为：一是农村信用社初建时期，国家银行可给予其 500～1000 元的长期低利贷款，作为基金性质的扶持，帮助农村信用社建立与巩固；二是农村信用社建立起来后，在支付存款发生困难时，国家银行给予其短期贷款支持，帮助农村信用社发展和壮大。由表 1-2 可知，1953～1957 年国家银行给予农村信用社大量的资金支持，总计 18.09 亿元。其中，1953 年国家银行给予农村信用社的贷款为

0.19 亿元，1954 年增长到 0.79 亿元，比上年增长了 306.8%；1956 年增加到 10.2 亿元，比上年增长了 416.8%；1956 年比 1953 年增长了 51.6 倍。

表 1-2　1953~1957 年国家银行给予农村信用社的贷款统计

单位：万元，%

年份	全年贷款	年末余额	年末余额增长率
1953	1937	385	—
1954	7879	2091	443.1
1955	19723	6125	192.9
1956	101934	49269	704.4
1957	49440	40123	-18.6

资料来源：陈俭《中国农村信用社研究（1951—2010）》，北京大学出版社，2016，第 56 页。

3. 在制度供给方面，城市金融对农村金融的扶持与帮助

新中国成立后，中国人民银行的工作从革命根据地走向全国，迫切要求建立全国统一的金融管理制度，防止不同分行各行其是而引起金融秩序混乱。因此，中国人民银行根据工作的开展情况，制定了各种必要的金融管理制度，1950~1952 年的三年中，在信贷方面制定了《放款总则》《工业放款章程》《农业生产放款章程》《农田水利放款章程》[1] 等规章制度，对规范农村金融发展起到重要作用。

可见，农村金融的制度安排，都是在城市金融（中国人民银行）的扶持和帮助下建立起来的，尤其是 1951 年 5 月中国人民银行召开的第一届全国农村金融工作会议，提出了两项重要工作任务。一是要求把银行机构开设到区镇。区镇的银行机构，即营业所，以农村金融工作为中心，其作为农村金融机构，按照银行的规范制度直接进行操作，制度实施的成本比较低。二是提出了发展和领导信用合作。中国人民银行颁布了《农村信用互助小组公约（草案）》《农村信用合作社章程准则草

---

① 杨希天等编著《中国金融通史》（第六卷），中国金融出版社，2002，第 54 页。

案》《农村信用合作社业务规则范本（草案）》《农村信用合作社试行记账办法（草案）》等组织和管理章程，这些制度是按照国际通用的合作金融制度设立的，对推进农村信用社的建立起到了重要的作用。

同时，中国人民银行还帮助完善农村金融制度，从农村信用社的建立、发展过程看，这种情况尤为突出。

1951年下半年中国人民银行组织农村信用合作试点，采取"典型试办、逐步推广"的办法，并要求信用合作组织的形式多样化，不强调单一的高级形式。实际上，这种措施是适应我国农村经济发展不平衡性的客观需要，有利于农村金融的健康发展。

然而，1954年4月召开的第二次全国农村工作会议促进了生产互助合作的大发展。为适应这种大发展，1954年8月召开的中国人民银行全国分行行长会议，推动了农村信用社的"大跃进"。而且，这次大发展的一个重要特点，是以高级形式的信用社为主，其他信用合作形式基本上停止发展，信用部和信用互助组在大发展中，大多转成了信用社。这种"一刀切"的制度安排并不适应我国农村经济发展的不平衡性。

农村信用社在大发展中也出现了许多问题，主要表现是：大部分信用社资金规模小，许多信用社只搭起架子，确定了主任和会计，许多干部是兼职或义务性的，他们多数缺乏办社经验，不熟悉信用社业务；许多信用社规章制度不健全，财务管理混乱，贪污挪用公款之事经常发生，不少信用社发生亏损；许多信用社民主管理制度不健全，有的信用社民主管理制度还没有建立起来，已经建立起来民主管理制度的信用社也多数流于形式，难以实现群众对干部和业务的监督管理；有的信用社对农民没有吸引力，这是因为信用社业务没有发展起来，社员的资金需求不能及时得到满足，信用社又不实行分红制度，也不能在经济利益上吸引社员。

鉴于此，1955年3月，中国人民银行召开全国农村金融工作会议，要求农村信用社停止发展，转向巩固。同时，成立了中国农业银行，具体指导农村信用社的整顿工作。1955年9月召开的全国农业银行分行行长会议，决定对农村信用社进行整顿，并培养和提高干部的决策水平和业务能力，建立和健全民主管理制度和财务管理制度。而且，制定了《农村信用合作社章程（草稿）》，对农村信用社的性质、任务、组织、业务经营、财务管理都做了规定，做到了有章可循，引导农村信用社走上正轨。

4. 在人员培训方面，城市金融对农村金融的扶持和帮助

中国人民银行普遍设立了省、市、县分支机构，并把基层机构延伸到区和镇，使得干部队伍相应扩大，在不断增加干部数量的同时，各级银行采用多种渠道，培养和提高干部的政策业务水平，以适应工作发展的需要。其中，中国人民银行县支行是扶持和帮助农村金融发展的关键机构。1955年3月，中国人民银行总行在《全国农村金融工作的总结报告》中提出了农村金融工作方针，其中包括农村信用社成立后，支行负主要指导责任，营业所应根据支行的指示，加强对信用社经常性的具体帮助和检查。此外，对信用社干部的培养教育、任务计划的部署、资金的调剂支持等，均由支行负责。要经常对营业所干部进行培训教育，提高其政策业务水平，县支行应经常深入检查，帮助创造典型，总结经验，以推进工作。[①]

中国人民银行县支行一般采取以会代训的方式对农村金融工作人员进行短期培训，有的由领导干部或业务骨干在会上授课或交流工作体会；有的请富有经验的农村干部介绍农村金融工作情况，传授工作方法；更多的是采取以老带新、以师带徒、互学互帮的方式加强辅导和通过实践的方式边干边学。部分有条件的银行举办了专门的培训班，对干部进行为期较长的培训，比如中国人民银行总行于1952年11月1日举办高级干部培训班，有452名负责人参加了为期半年的专门训练。[②] 1955年3月，中国人民银行对农村信用社在1954年大发展中出现的问题进行整顿，对信用社的业务干部，主要采取不同形式的小型会议方

---

① 中国社会科学院、中央档案馆编《1953—1957中华人民共和国经济档案资料选编：金融卷》，中国物价出版社，2000，第323～324页。
② 卢汉川主编《中国农村金融历史资料（1949～1985）》，湖南省出版事业管理局，1986，第77页。

式，让他们交流经验，提高其工作能力；对于会计，采取分批普遍训练的办法，使其学会记账、算账、点票三大本领，一般通过一个多月的训练，他们就能基本掌握业务技术。[①] 同时，为了便于交流工作经验，加强对广大农村金融干部的政策思想和业务知识教育，中国农业银行在第二次成立后，于1955年8月成立《农村金融》刊物，其主要内容是结合农村中心任务，着重就农业贷款与信用合作两方面，发表工作评论与意见，介绍各地较好的工作做法和经验。[②] 这些做法和经验促进了农村金融工作人员业务素质的提高。

总之，新中国成立初期，我国农民分得了土地，农村生产力得到了极大的释放，农民收入增加，农村商品经济发展起来了，由此需要建立农村金融机构引导农村资金合理流动；同时，中共中央决定建立农业合作社（包括信用合作社），引导农民走互助合作的道路。这样，建立农村金融机构就已经具备必要性和可行性条件。为执行中央的政策，中国人民银行作为城市金融的主体承担了农村金融的建设任务，农村金融在城市金融的支持下建立和发展起来，城市金融在组织机构、资金、制度供给和人员培训等方面为农村金融提供扶持和帮助，使农村金融制度不断完善、农村金融机构服务农村经济的功能更加突出。

三　新型城乡金融关系的建立

新中国成立初期，国家银行的基层组织由县推进到区与较大的镇，乡以下设立农村信用社。因此，随着我国农村金融组织及其制度体系的建立，原有的以高利贷为特征的农村金融格局被改变。农村金融的组织机构，尤其是农村信用社在乡村普遍设立，它具有合作金融的一般属性，与农村经济相契合，具有较强的内生性。农村信用社工作人员走村串户，农民在家门口的田间地头就可以享受到便利的、廉价的金融服

---

① 卢汉川主编《当代中国的信用合作事业》，当代中国出版社，2001，第100页。
② 卢汉川主编《中国农村金融历史资料（1949~1985）》，湖南省出版事业管理局，1986，第78页。

务，这给农村高利贷以致命的打击。实际上，农村信用社建立和普及的过程，是农村高利贷利率逐渐降低的过程，也是农村高利贷逐渐退出农村金融市场的过程。中国农村 2000 多年的高利贷剥削终于在新中国成立后的 20 世纪 50 年代中期基本上被消灭，这标志着新中国新型城乡金融关系的建立。

当然，这种新型城乡金融关系建立的关键，是城市金融对农村金融的支持。我国城市金融在组织机构、资金、制度供给和人才培训等方面对农村金融进行了大量的扶持和帮助，在农村帮助农民建立金融机构，这使得农村金融面貌发生根本性变化，促进了农村经济的恢复和发展，促进了我国农业生产互助运动的开展。而农村信用社把农民的闲散资金存到国家银行，以支持工业化建设。新中国成立初期，城市金融与农村金融之间呈现的这种良好的互动关系，即新型城乡金融关系，不同于以往任何社会，在中国金融发展史上有重要意义。

第三节　新中国成立初期新型城乡金融关系的特点及运行机理

一　新中国成立初期新型城乡金融关系的特点：互助性

（一）互助型城乡金融关系的内涵

一般来说，金融是为经济服务的，农村金融为农村经济服务，城市金融为城市经济服务。然而，在经济社会发展的不同时期，由于城市化以及产业发展的重点不同，二者业务常有交叉，城乡金融资源流向会发生变化，从而形成了不同的城乡金融关系。城乡金融关系是城乡关系的一个重要侧面，在支持城乡经济发展过程中，城乡金融关系主要存在两种模式：互助型与汲取型。

所谓互助型城乡金融关系，是指随着农村经济的发展，农村资金出现剩余，或随着农业生产与农产品收售的季节性变动，农村资金出现暂时性闲置，城市金融通过农村金融把资金输送到城市以支持城市经济的发展；当农村资金不足时，城市金融通过农村金融机构把资金输入农村以支持农村经济的发展，且城市金融为农村金融机构提供培训、结算、网络等服务，支持农村金融发展，促进城乡金融互助。实际上，这种互助型城乡金融关系有两种形式。第一种形式〔见图1-1（a）〕指在泰国等一些发展中国家，当农村金融资源向城市流动造成农村金融供给不足时，在政府支持下城市金融资源会向农村流动以支持农村经济发展，实现城乡金融互助。普惠金融、小额信贷、微金融是这些国家提供农村金融服务的典型形式。另一种形式〔见图1-1（b）〕指一些原生资本主义国家，如美、德和法等国家的农村金融较发达，其得到了政府的政策支持，多半具有半官半民性质，通过自下而上建立体系，把组织延伸到城市，在城市筹集资金或开展存贷款等金融业务，与城市金融业务交叉融合而成为城市金融的一部分，根据市场供求状况，调剂城乡资金余缺，使城乡金融互助，从而实现城乡金融一体化发展。

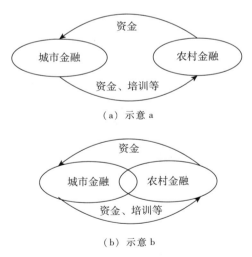

（a）示意a

（b）示意b

图1-1　互助型城乡金融关系

（二）新中国成立初期新型城乡金融关系体现了互助性的特点

新中国成立初期，新型城乡金融关系体现了互助性的特点。一方

43

面，为了迅速恢复国民经济，促进国民经济根本好转，中国人民银行召
开全国金融工作会议，提出要大力开展农村金融工作，要求省、县银行
集中力量开展农村金融工作，并把基层机构从县一级延伸到区与规模较
大的镇；同时，提出在乡村大力发展信用社，构建新的农村金融网络。
在农村金融建立的过程中，以中国人民银行为主体的城市金融在组织机
构、资金、制度供给、人员培训方面给予农村金融很大的支持，从而为
农村经济的恢复发展和农民生产生活提供了支持。另一方面，农村金融
网络建立起来后，在农村金融机构设置中，国家银行的营业所设在区，
农村信用社设在乡，农村信用社可以接受国家银行的委托代理农贷、公
债等业务，成为国家银行在农村的助手；同时，根据农村资金流动的季
节性特征，农村信用社把多余资金存入国家银行（相当于把农村剩余资
金集中起来转移到国家银行），国家银行又把这些资金用于城市工业化
建设。

早在 1950 年，中国人民银行就开始办理农村储蓄存款业务，吸收
农村剩余资金。如表 1-3 所示，到 1952 年底国家银行吸收的农村储蓄
存款达 0.9 亿元。1953 年和 1954 年，中国人民银行又动员农村爱国储
蓄，这两年吸收的农村储蓄存款分别达到 2.4 亿元、4.3 亿元，分别比
上年增长 166.7%、79.2%；1955 年农业合作化进入高潮后，国家银行
吸收的农村储蓄存款继续增加，至 1957 年增长到 17.9 亿元，比 1956
年增长了 123.8%。总之，国家银行通过基层机构吸收了大量的农村储
蓄存款，但是与国家银行对农村的农业贷款相比，国家银行吸收的农村
储蓄存款远远小于国家银行对农业的贷款（比较表 1-1 与表 1-3 可
知），农村储蓄存款多是农村季节性的闲散资金，在"一五"计划时期
基本转移到城市用于支援工业化建设。

表 1-3　1952~1957 年国家银行吸收农村储蓄存款的变化情况

单位：亿元，%

项目	1952 年	1953 年	1954 年	1955 年	1956 年	1957 年
年底余额	0.9	2.4	4.3	6.1	8.0	17.9

续表

项目	1952 年	1953 年	1954 年	1955 年	1956 年	1957 年
较上年增加	—	1.5	1.9	1.8	1.9	9.9
同比增长率	—	166.7	79.2	41.9	31.1	123.8

资料来源：国家统计局编《奋进的四十年 1949—1989》，中国统计出版社，1989，第 430 页；路建祥编《新中国信用合作发展简史》，农业出版社，1981，第 79~80 页。

这一时期，农村信用社也是农村剩余资金转移的一条极其重要的渠道。早在 1951 年中国人民银行制定的《中国人民银行和农村信用合作社业务联系合同范本（草案）》就明确规定："信用合作社按月向中国人民银行提缴存款准备金，其比例为月平均的 5%~10%，信用合作社的存款大于放款，资金无法运用时，可以存入银行，利率优待；信用合作社资金不足时可向银行借款。"这个规定在规范农村信用社与国家银行业务关系的同时，客观上形成了农村信用社通过"缴存存款准备金"的形式向国家银行转存农村剩余资金的模式，农村信用社成为国家银行吸收农村存款的主要渠道。

自 1951 年农村信用社试点以来，其存贷款业务的增长都很快。如表 1-4 所示，1953 年农村信用社吸收的存款为 0.11 亿元，到 1957 年增长到 20.66 亿元，增长了 186.8 倍。而农村信用社的贷款由 1953 年的 0.15 亿元增长到 1957 年的 9.45 亿元，只增长了 62.0 倍，农村信用社吸收存款的速度远远大于发放贷款的速度。同时，农村信用社吸收的股金也在增加，1953~1957 年吸收的股金达 9.26 亿元。其中，1957 年吸收的股金为 3.10 亿元，比 1953 年的 0.12 亿元增长了 24.8 倍。农村信用社吸收的存款与股金成为其可用的资金，它的数量决定着农村信用贷款业务的数量。

表 1-4 "一五"计划时期全国农村信用社业务增长情况

单位：亿元

项目	1953 年	1954 年	1955 年	1956 年	1957 年
年底存款余额（1）	0.11	1.59	6.07	10.79	20.66

续表

项目	1953 年	1954 年	1955 年	1956 年	1957 年
吸收股金（2）	0.12	1.29	2.05	2.70	3.10
年底贷款余额（3）	0.15	1.19	3.00	10.23	9.45
存贷差（4）=（1）+（2）-（3）	0.08	1.69	5.12	3.26	14.31

资料来源：根据尚明主编《当代中国的金融事业》，中国社会科学出版社，1989，第104页计算整理。

　　农村信用社在把从农村吸收的可用资金用于农业贷款的同时，也把相当大一部分资金转存到国家银行，且随着农村信用社的建立和发展，农村信用社转存至国家银行的资金规模越来越大，成为转移农村剩余资金的一个重要渠道。农村信用社吸收的存款和股金与农村信用社的贷款形成了"存贷差"，从表1-4可以看出，1953～1957年，农村信用社的"存贷差"分别为0.08亿元、1.69亿元、5.12亿元、3.26亿元、14.31亿元，5年累计达24.46亿元，呈总体增加的趋势。国家银行通过农村信用社的这种"存贷差"，抽取了农村的剩余储蓄，使政府获得了一个从农村抽取剩余资金的稳定渠道。尽管国家建立农村信用社不是为了从农村获取剩余资金，但是，在工业化战略导致资金比较稀缺的情况下，农村信用社在客观上还是起到了从农村向城市、从农业向工业转移资金的作用。[①]

　　如果把农村信用社的资金外流与国家银行对农村的贷款结合起来分析，可以发现，农村金融和城市金融是相互促进、共同发展的。把国家银行在农村吸收的存款与国家银行对农业的贷款进行比较，可以发现，国家银行对农业的贷款是远大于其吸收的农村存款的。如表1-5即1952～1957年国家银行吸收的农村存款与发放的农业贷款变化情况所示，1952年国家银行吸收的农村存款是0.9亿元，而发放的农业贷款是4.2亿元，贷款比存款多3.3亿元。这种情况一直在持续，到1956年国家银行对农业的贷款比吸收的农村存款多22.2亿元，较1952年增长了5.7

---

　　① 周脉伏：《农村信用社制度变迁与创新》，中国金融出版社，2006，第57页。

倍。这种情况表明，在城市金融与农村金融的相互关系中，城市资金净流入农村，对农村金融是极其利好的。

表 1-5　1952~1957 年国家银行吸收的农村存款与发放的农业贷款变化情况

单位：亿元，%

项目	1952 年	1953 年	1954 年	1955 年	1956 年	1957 年
年底农村存款余额（1）	0.9	2.4	4.3	6.1	8.0	17.9
年底农业贷款余额（2）	4.2	6.6	7.6	10.0	30.2	27.7
（3）=（2）-（1）	3.3	4.2	3.3	3.9	22.2	9.8

资料来源：国家统计局编《奋进的四十年 1949—1989》，中国统计出版社，1989，第 430、432 页；路建祥编《新中国信用合作发展简史》，农业出版社，1981，第 79~80 页。

同时，农村信用社还代理国家银行在农村的金融业务。由于国家银行只是把基层机构延伸到县区和主要的镇，未能在农村的乡一级行政区普设金融网点，这种按照行政区划设置的机构，在当时基本符合政治经济需要。为了节省成本，国家银行不可能把其机构下伸到各个乡，国家银行在农村地区的许多职能只能由农村信用社来承担，农村信用社由此造成的亏损由国家银行补贴。尤其在 1953 年后，为了保障重工业建设的需要，国家对农产品实行"统购统销"政策，现金供给的季节性变得更强，这对农村金融产生了两个方面的影响。一是在农产品收购旺季，国家银行要拿出大量的资金来收购这些农产品，资金的使用比较集中，这必然会加剧工业化资金的紧张程度。二是在农产品收购以后，农民手中握有大量的现金，如果不能及时回笼，就会产生通货膨胀的压力，国家银行能支配的资金也会减少。如山西临猗县南姚信用社 1954年秋后旺季代理国家银行收进优待售粮售棉储蓄 37000 多元，信用社本身吸收储蓄存款 87000 元，共回笼货币 124000 多元，占国家收购粮棉投放现金的 61%。1955 年春，信用社又代理银行发放设备性贷款 2900多元，代兑售粮售棉储蓄 35000 元，兑换旧币 27000 元，代收公债券4200 元。[①]　这种情况也说明了国家银行和农村信用社之间互利互助的合

---

① 　路建祥编《新中国信用合作发展简史》，农业出版社，1981，第 58 页。

作关系。

综上，我国新型城乡金融关系的构建中，一方面，城市金融对农村金融的建立和发展给予了大量的扶持和帮助，主要体现在组织机构、资金、制度供给、人员培训以及提供结算、网络等服务方面；同时，在农村资金不足时，城市金融通过农村金融机构把资金输入农村以支持农村经济的发展。另一方面，随着我国农业生产与农产品收售所需资金的季节性变动，农闲时农村资金出现暂时性闲置，城市金融通过农村金融机构把农村剩余资金输送到城市以支持城市工业化建设，而且农村金融还代理城市金融的部分业务，城市金融与农村金融出现了良性的互动，这促进了城乡金融良好互助、共同发展。因此，这一时期，我国新型城乡金融关系体现了互助性特征。

（三）新中国成立初期互助型城乡金融关系建立的独特道路

新中国成立初期，我国建立的新型城乡金融关系，带有互助型城乡金融关系的典型特征。但是，新中国成立初期的互助型城乡金融关系既不同于现在的孟加拉国等一些发展中国家的小额贷款，也不同于美、德和法等国家经典的农村金融合作体系。一方面，我国农村金融由国家银行的基层机构——营业所与农村信用社构成，国家银行早期发放的农贷具有救济性质。随着农村经济的恢复和发展，国家银行开始向农民日常的生产经营发放贷款；而农村信用社主要向其社员发放贷款，这一点与现在的孟加拉国普建乡村银行（小型商业银行）以向"贫穷的妇女"发放小额贷款不同。另一方面，在农村金融网络中，农村金融是在城市金融扶持和帮助下建立起来的，虽然农村信用社是合作金融，但其没有德、美等资本主义国家自下而上的垂直的合作金融系统；国家银行是农村信用社的资金调剂组织，自上而下地承担着农村信用社的资金调剂功能。因此，我国互助型城乡金融关系在建立的一开始就与其他国家不同，走的是一条具有中国特色的、独特的发展道路。

二 新中国成立初期新型城乡金融关系的运行机理分析

新中国成立以后，需要迅速恢复和发展国民经济，当时的首要任务是恢复和发展农业生产，但是由于百废待兴，国家投向农村的资金不足，农村资金匮乏，农村高利贷乘机兴起，部分农民的生产和生活得不到根本的改善，这种情况是不利于农村经济的恢复和发展的。为了改变农村经济发展的不利局面，党和政府决定建立农村金融机构，目的是帮助困难群众解决生产、生活困难，为农民提供低息贷款，抵制高利贷，占领农村金融市场。最开始的做法是把国家银行的基层机构向下延伸到县区和主要的镇，但囿于有限的人员、资金等因素，国家银行不可能在农村普设网点，致使最贴近农村和农民的广大的乡镇基本没有正规的金融机构。国家银行的很多金融业务，如国家面向农业、农村和农民的农贷资金、扶贫款、农业补助以及农业保险等业务不能在这些地区直接发放和办理。于是，国家决定在乡一级行政区普遍设立农村信用社，让其代理国家银行不能直接办理的农村金融业务，从而形成了新型城乡金融关系，其运行机理如下。

（一）农村信用社——农民自己的"小银行"

农村信用社一经建立，其优越性不言而喻。1951年中国人民银行发布的《农村信用合作社章程准则草案》和《农村信用互助小组公约（草案）》对农村信用社的性质进行了明确规定，在产权、经营方式和管理方式等方面体现出农村信用社的合作金融属性。从产权方面看，农村信用社是由农民出资入股建立的，"信用社的性质是农民自己的资金互助组织"，具有农民私有产权性质，农民比较认可。从经营方式看，农村信用社"不以赢利为目的，贷款应先贷给社员"，优先提取公积金、公益金和教育基金，"社员股金以不分红为原则，如必须分红时，不得超过百分之二十"[①]。也就是说，农民参加信用社可以获得贷款优先权以及分红这两方面的好处，这对于缺乏资金的农民来说，无疑是一件好事，这也是农村信用社在短短几年迅速普及的重要原因。从管理方式看，农村信用社"实行民主管理，社员（代表）大会为最高权力机

---

① 路建祥编《新中国信用合作发展简史》，农业出版社，1981，第22页。

构"。① 鉴于农村信用社在产权、经营方式方面体现了农民的切身利益，农民有意愿和动力去参加农村信用社的管理决策；而且，农村信用社建立在乡和大一点的村，工作人员（农民）不享受固定工资，他们的工资按照业务量确定，他们有动力去走村串户开展业务，农民在家门口的田间地头就可以享受到农村信用社便利的金融服务，所以农民参加管理的成本低。总之，农村信用社在初建时期，合作金融属性在理论和实践中都得到充分的体现，农民称之为自己的"小银行"。

（二）农村信用社——国家银行的助手

按照当时的规定，国家银行的基层机构——营业所设在区，乡不设机构；农村信用社设在乡，不设到区。农村信用社成立初期，由于农村信用社与营业所分设在乡与区，二者的业务经营范围划分起来比较容易。1954 年中国人民银行在划分国家银行与农村信用社的业务范围时，明确规定：在业务方面要建立在国家银行领导和扶持下的既有适当分工又有有机结合的正确关系，以便更好地调剂农村资金，支持农村经济。根据这个原则确定的国家银行与农村信用社的具体分工是：在信用社的社区范围内，储蓄业务由信用社办理，银行一般不办；信用社的贷款业务以一年内的短期贷款为主，满足社员零星、小额的短期资金周转需要，一年以上的长期贷款由银行办理。但是，这不是机械划分，信用社在满足了社员短期资金需要后尚有余力时，也可以发放长期贷款；信用社不能完全满足短期资金需要时，银行也可以发放短期贷款。银行对农民的贷款可以自行发放，也可以委托给信用社发放，或者贷给农村信用社，由它转贷。②

因此，从业务划分看，国家银行与农村信用社界限清晰，不是行政隶属关系，二者相互独立，这体现了两种不同类型金融机构的相互衔接、相互补充。邓子恢曾说："把银行与信用社结合起来，构成了一个农村金融整体，信用社是'前线部队'，没有信用社，银行就成了'空

---

① 路建祥编《新中国信用合作发展简史》，农业出版社，1981，第 18 页。
② 卢汉川主编《当代中国的信用合作事业》，当代中国出版社，2001，第 183~184 页。

军司令'，光有信用社没有银行也不行，银行是'后台老板'。"[1] 毛泽东把银行与信用社的关系比喻为"信用社有了头，银行有了脚"，[2] 进一步明确了国家银行和农村信用社之间的互利共生关系。

（三）　国家银行——农村信用社的"联合社"

按照合作金融理论，联合社是基层合作组织的联合机构，是由基层合作组织入股设立的，为基层合作组织服务，如德国、美国的合作金融机构就是这样设立的，其由下到上层层入股建立合作社的联合社，在全国范围内调剂资金。合作金融组织的联合社不是基层合作组织的领导机构，与基层合作组织之间也不是上下级的行政隶属关系，而是服务关系，联合社帮助基层合作组织在更大范围内筹集资金。新中国成立初期，根据《农村信用合作社章程准则草案》和《农村信用互助小组公约（草案）》可知，农村信用社是农民自己出资设立的资金互助组织，具有相对独立性，国家银行和农村信用社的界限是清楚的，二者之间并非竞争关系而是合作关系。但是，具有合作金融属性的农村信用社存在一个重要缺陷，就是没有在全国建立起自己的联合组织，资金实力比较弱小，这种情况不利于农村信用社的发展。在实际运营中，国家银行承担着农村信用社的"联合社"作用，以及农村信用社的资金调剂功能。

那么，我国国家银行为什么能够承担农村信用社的"联合社"作用？

首先，国家银行与农村信用社在机构设置上的"点"和"面"结合，决定了国家银行承担农村信用社的"联合社"作用，更容易行使金融控制权。国家银行即中国人民银行在从中央到地方的省、市、县设立分支机构，按照当时的规定，在县以下的区设立国家银行的基层机构——营业所，中国人民银行是呈垂直的"点"状设置的；而农村信用社由农民入股成立，不在区设立，主要设在乡和大一点的村，农村信用社是由农民入股成立的资金互助组织，覆盖广大农村地区和绝大多数

---

[1]　卢汉川、吴碧霞、蔡济群编著《中国农村金融四十年》，学苑出版社，1991，第 47 页。
[2]　卢汉川、吴碧霞、蔡济群编著《中国农村金融四十年》，学苑出版社，1991，第 491 页。

农民，是以"点"带"面"，且"面"状呈"水平"方向铺开，"点"多"面"广。这种按照行政区划设置的机构，在当时符合我国的政治经济情况。

新中国成立后，党和国家的工作重心由农村转移到城市，政府在众多的大、中、小城市布局国有金融机构，以便控制国民经济发展的主要要素——资金，实现金融市场的稳定发展。而新中国成立初期国家资金有限，国家银行网点的布局仅限于城市和县属区，没能在经济文化比较落后的、广阔的农村地区全面布局国家银行网点，一些涉农业务也不能在网点直接办理。在这种情况下，国家迫切需要在广袤的农村地区建立一个贴近农民、为农民服务的金融机构，并与国家银行的基层机构对接。于是，在国家银行的扶持和帮助下，乡村成立了信用社。农村信用社是由农民出资入股成立的资金互助组织，其产权是农民私有的，管理权也归属农民，服务对象主要是社员。在这种情况下，政府只要做好规划和指导，并对农村信用社进行适当扶持就可以用很低的成本完成对广大农村的金融网点布局，使几亿农民在家门口就可以获得正规的金融服务。

农村信用社初建时期，其业务规模一般比较小，在资金实力和地区分布上都存在不平衡性，而其本身又缺乏联合社来调剂资金余缺，且在农村又容易遭到"精英"阶层的控制。在这种情况下，成立农村信用社的联合社是必要的。但是，成立什么样的联合社成为摆在党和国家以及农民社员面前的一个重要问题。如果像德国、美国那样自下而上成立农村合作金融组织的联合社，由农民私有的联合社在城市筹集资金来支持农村经济，必然会出现联合社与国有银行在城市进行吸储竞争的情况，这既不符合我国社会主义革命的政治要求，也不符合国家对金融资源集中控制和统一管理的经济金融政策。虽然国家建立的农村合作银行、中国农业银行可以作为专门管理农村金融的机构，也可以作为农村信用社的联合社，但由于农村金融业务量小，它们又与中国人民银行的农村金融业务重叠，很快就被撤销了。因此，新中国成立初期，农村信用社没有像德国、美国那样自下而上建立农民私有的联合社来调剂资金余缺，这种情况更便于政府通过国家银行（中国人民银行）行使金融控制权。

其次，国家银行与农村信用社分工明确、界限清晰，决定了国家银行能够承担农村信用社的"联合社"作用。主要原因有以下几个方面。

一是在机构设置和业务分工上，国家银行和农村信用社在地区设置和业务分工上非常明确，国家银行的基层机构在农村主要设在区，主要办理一年以上的长期贷款业务；农村信用社主要设在乡，主要办理短期贷款业务，所以二者相互合作、相互补充。在这种情况下，由国家银行自上而下来调剂农村信用社的资金余缺，农村信用社便成为国家银行联系农民的纽带或桥梁，国家银行通过农村信用社传导国家的农村金融政策，二者是互利共赢的。

二是在领导方式上，农村信用社是独立的，与国家银行之间不是行政隶属关系。在农村信用社建立初期，中国人民银行明确规定，农村信用社是农民群众的资金互助组织，不是国家银行的基层机构；但是国家银行有责任对农村信用社加以领导，这种领导主要是方针政策的领导，是业务和干部教育上的帮助，不去干涉农村信用社内部事务。[1] 按照农村信用社的章程规定，农村信用社的最高权力机构是社员大会或社员代表大会，理事会具体负责执行。农村信用社主任由社员代表大会选举产生，或由理事会选举产生，只需报国家银行备案。[2] 按照上述规定，国家银行和农村信用社这两种不同性质的金融机构之间界限是清楚的，由国家银行自上而下地承担农村信用社的"联合社"作用，调剂农村信用社资金余缺，并对亏损的农村信用社进行救助，使农村信用社获得更加安全的"政府担保"；同时，国家银行为农村信用社在业务和干部教育上提供帮助，有利于提高农村信用社管理水平和业务水平，并保障农村信用社沿着正确的方向运行。

---

① 卢汉川主编《当代中国的信用合作事业》，当代中国出版社，2001，第 187 页。
② 卢汉川主编《当代中国的信用合作事业》，当代中国出版社，2001，第 187 页。

三是在经营管理上，国家银行对农村信用社的管理以间接管理为主。新中国成立初期，国家银行代表国家行使金融管理权、控制权，承担着对农村信用社的业务指导、监管、救助三重职责，如果农村信用社亏损，国家银行代表政府对农村信用社的亏损进行补贴。农村信用社建立初期，国家比较重视依据经济原则处理国家银行和农村信用社之间的关系，国家银行对农村信用社实行间接管理，以保证农村信用社的相对独立性。如《农村信用合作社示范章程草案》第二章第四条规定，"信用社可以接受国家银行的委托代理业务"。但是，第五条又规定"凡和国家银行、国营贸易机构及各种合作社业务往来，均采用合同经营制"。也就是说，信用社代理国家银行的业务，需要和银行订立合同，国家银行要支付一定的手续费。同时，《农村信用合作社示范章程草案》第三章第十八条规定"信用社根据国家银行的利率标准订定本身存放款的利率"，其存贷款利率可以在国家银行规定的硬性利率标准的基础上，根据实际情况，上下浮动一定的幅度。《农村信用合作社示范章程草案》第五章第二十七条还规定"信用社为了合理使用资金，应该制定年度、季度和月度的业务计划，按照计划进行业务"，[①] 农村信用社的存贷款业务计划不是由国家银行下达的。可见，农村信用社在业务上实行独立经营、独立核算，同时又受到国家银行的指导和监督。在这种情况下，由国家银行承担农村信用社的"联合社"作用，能够保持农村信用社的独立性、自主性，实际上，这为国家银行节省了资金成本和人力资源，降低了国家银行的管理成本。

总之，农村信用社是独立存在的，国家银行不仅把基层机构延伸到农村，而且自上而下地承担农村信用社的"联合社"作用，但不包办农村信用社的具体事务，而是通过业务实现对农村信用社的领导，农村信用社是农民群众的资金互助组织。这两种不同类型的金融机构能相互衔接、相互补充，在机构设置和业务分工、领导方式、经营管理等方面

---

① 卢汉川主编《中国农村金融历史资料（1949~1985）》，湖南省出版事业管理局，1986，第183页。

体现出农村信用社和国家银行的互助合作关系；国家银行自上而下承担农村信用社的"联合社"作用，调剂农村信用社资金余缺，并为农村信用社的业务开展和干部教育提供帮助。这不仅降低了农村信用社自下而上设立联合社的交易成本，而且符合我国社会主义改造时期建立"大一统"金融体制的需要。同时，在这种制度安排下，城市金融与农村金融在运行中出现了良性的互动，城乡金融关系呈现比较好的发展态势，是一种新型城乡金融关系。

第四节　新中国成立初期新型城乡金融关系对农村经济社会的影响

新中国成立初期建立的城乡金融关系是一种新型城乡金融关系，在这种新型城乡金融关系下，城市金融帮助建立和发展农村金融，占领农村借贷市场，形成了一种新的农村借贷关系。农民获得了相对廉价的、便捷的金融服务，从而铲除了高利贷产生的土壤，动摇了高利贷统治农村金融市场的政治经济基础；而且，城市金融为农村注入资金，农村成为资金的"净流入地"，这促进了农村经济的快速恢复发展以及合作社集体经济的巩固和发展。

一　高利贷统治农村金融历史的终结

（一）新中国成立前农村金融市场的高利贷

中国农村的高利贷有着悠久的历史，早在夏朝时期就产生了高利贷。中国传统社会实行"重农抑商"政策，农村商品经济不发达，资金缺乏，农业落后，再加上苛捐杂税、战争或灾荒等因素，导致农民终日劳动却难得温饱，这是农村高利贷盛行的政治经济基础。国民政府时期，高利贷与地主、官僚相结合，对农民进行更残酷的剥削和压榨。高利贷利率水平高，主要有"驴打滚""青苗""印子钱"等多种方式，一旦沾上高利贷就有可能背上"生死债"，要么倾家荡产，要么卖儿鬻女，农民苦不堪言。虽然，国民政府也在农村采取了建立农村信用社等措施发展农村金融、缓解农村资金紧张问题，但是这些信用社多数被地主和官僚控制和利用，成为他们发放高利贷进一步盘剥农民的工具。

（二）新中国成立初期打击农村高利贷的政策和措施

新中国成立后，压在中国人民头上的"三座大山"被推翻了，旧中国的封建土地所有制被摧毁，农民分得了土地，摆脱了封建地主剥削，成了当家做主的主人。这摧毁了高利贷与地主、官僚相结合的政治经济基础，但是并没有铲除高利贷产生的土壤和推翻高利贷在农村金融市场的统治地位。

随着农业经济的恢复和发展，农村商品经济活跃起来，农民的收入增加，农村出现了闲散资金，需要新的投资场所；但是，当时多数农民还很贫困，农村资金稀缺依然是制约农村经济发展的重要因素，而国家银行还没有在农村普遍建立分支机构。在这种情况下，一些地方的民间借贷与高利贷又开始发展起来。有的农民既遭受了高利贷剥削，又丧失了土地，从而引起了新的贫富差距。[①] 同时，高利贷还破坏了农业生产和互助合作运动的发展，腐蚀了干部作风，扰乱了农村金融市场。这些问题引起了党和政府的重视，其决定通过建立新型的城乡金融关系，构建新的农村金融网络，为农村注入资金，铲除高利贷产生的土壤，在农村金融领域建立新的借贷关系，占领农村金融市场。主要措施有：加强政治宣传，宣传高利贷的危害；鼓励支持民间借贷，但对其最高利率加以限制，从政策、法律等制度方面对高利贷进行预防性控制；把国家银行的基层机构向下延伸到县区，并在乡和规模较大的村积极扶持农村信用社，壮大农村信用社的资金实力，通过农民间的信用互助合作来代替自由借贷，占领农村金融市场，引导农村资金流向；跟踪追击高利贷，农村信用社提出"高利贷在哪里活动，业务就追到哪里"的口号，[②] 积

---

① 常明明：《20 世纪 50 年代前期中国乡村借贷方式比较研究——以中南区为中心》，《中国农史》2008 年第 3 期。

② 路建祥编《新中国信用合作发展简史》，农业出版社，1981，第 51 页。

极解决农民的生产、生活困难，坚持围剿高利贷，铲除高利贷产生的土壤，利用市场手段，从经济方面战胜高利贷。

（三）　高利贷统治农村金融历史终结

在新型城乡金融关系的背景下，党和政府采取的打击农村高利贷的政策很快就取得了成效。在城市金融对农村金融的扶持和帮助下，农村金融机构网络普遍建立起来了，特别是农村信用社点多面广，其可以在农村吸收闲散资金，向农民发放贷款，而且不需要抵押，农民比较容易获得贷款；农村信用社的利率要比高利贷低得多，这减轻了农民贷款的利息负担，也迫使自由借贷利率逐步下降，高利贷在农村信用社的打击下逐渐失去市场。实际上，农村信用社的建立和普及过程，是农村借贷利率逐渐下降的过程，是高利贷逐渐退出农村金融市场的过程。

据河北省定县 1953 年 8 月的调查，设有信用社的阜头庄、陈村营，私人借贷利息仅为二分左右；没有设立信用社的怀德营、窑房头等地，高利贷的利率高达八分。昌黎县上庄，在建立农村信用社之前，放债者 45 户，资本 5000 元，利率高达十分，受剥削者 80 多户，其中在重利盘剥下破产者有 10 户之多；建立农村信用社之后，信用社积极开展了业务，放债者只剩 10 户，被迫降低利息到三分以下。山西省赤社信用社建立之前，该村有 26 户放高利贷，共放出粮食 124 石，仅两个月时间，就获高利达 60 石 7 斗；1952 年春建立农村信用社之后，信用社发放贷款 4000 元，帮助 280 户农民解决生产和生活困难，因而这一年只发现有两户放出小麦 5 石，利息降为每石一斗。[①] 可见，农村信用社的工作使其所在地高利贷活动大为收敛。

据北京市海淀区西苑街的调查，在本区建立信用社以前，1951 年卖青的共有 300 石，信用社成立后，1952 年就减少到仅百余石，随着信用社业务的发展，1953 年就基本消灭了卖青现象。西北旺乡 1952 年有 70 户农民借高利贷，信用社成立后，1953 年高利贷活动就不见了。[②]

[①]　路建祥编《新中国信用合作发展简史》，农业出版社，1981，第 7 页。
[②]　路建祥编《新中国信用合作发展简史》，农业出版社，1981，第 7 页。

据江西余干县调查，1951 年，全县农村的借贷总额中，属于高利贷信用关系的约占 36.9%，1952 年为 22.2%，1953 年后，随着农村信用社的迅速普及和发展，高利贷占农村借贷总额的比重急剧下降，1953 年为 8.8%，1954 年下降为 3.6%。[①] 1955 年农村金融市场基本上被国家银行和农村信用社占领，1956 年实现农业合作化后，农民在资金上实行互助合作，农民生产和生活上的资金困难不仅可以通过农村信用社解决，也可以通过合作社内部解决，这使自由借贷利率逐步下降，高利贷剥削逐渐退出农村金融市场，从而终结了高利贷统治我国农村金融市场 2000 多年的历史。

二　农村成为资金的"净流入地"，促进农村经济恢复与发展

（一）农村成为资金的"净流入地"

新型城乡金融关系对农村经济发展的影响，主要是国家银行为农村注入资金，注资的形式包括发放农业生产贷款、贫农合作基金贷款、救灾贷款、农产品收购贷款等。但是，农村金融机构在农闲季节也把资金存入国家银行。二者资金双向对流，最终的结果是农村成为资金的"净流入地"。客观上，国家银行为农村注入资金，促进了农村经济的恢复与发展。

农村金融市场主要存在国家银行的基层机构——营业所和农村信用社两个不同性质的金融机构。其中，国家银行的基层机构——营业所一方面是农村金融市场的重要组成部分，另一方面是国家银行在农村的基层机构，与国家银行是上下级的行政隶属关系。可见，国家银行基层机构——营业所具有双重身份，既是农村金融机构，又是国家银行（城市金融的代表）在农村开展金融业务的代表。营业所承担着国家银行农村金融业务的办理和农村金融政策的实施工作，还承担着为国家银行在农村筹措资金的任务。筹措资金的方式有两种：一是营业所直接在区和镇

---

① 中国社会科学院、中央档案馆编《1949—1952 中华人民共和国经济档案资料选编：金融卷》，中国物资出版社，1996，第 540 页。

吸收农村存款，二是吸收农村信用社的存款。同时，从国家银行总行到国家银行营业所都承担着农村信用社的资金调剂功能，且对农村信用社有扶持、救助等责任。作为农村金融市场的另一个重要组成部分——农村信用社，主要设在乡和村，点多面广，与农民联系紧密，主要吸收农民资金，为农民办理贷款；在资金出现季节性闲置时，农民把资金存入国家银行营业所，营业所再把资金转存到国家银行，这样农村金融资金便成了支援城市工业化建设的重要金融资金来源。

但是，在城市金融与农村金融的资金互助过程中，对比国家银行在农村吸收的存款与国家银行对农业的贷款，发现国家银行对农业的贷款是远大于吸收的农村存款的，这就意味着农村是金融资源的"净流入地"，城市金融为农村经济发展注入了资金（见表 1-5）。这种情况不仅表明，城市金融为农村金融注入了"外部资金"，农村是金融资源的"净流入地"，也表明农村资金外流后，其通过国家银行又回流到农村，从而大大缓解了农村资金供给的压力。

（二）解决农民生产生活困难，促进农村经济恢复与发展

城市金融为农村发展注入资金，有利于增加农村金融供给，解决农民生产生活困难。随着农村金融供给的增加，农民从农村金融机构获得的贷款增加，其主要用途是：一部分资金用于购买肥料、种子和农具等生产资料和劳动资料，克服生产困难；另一部分资金用于解决由疾病、婚丧、嫁娶以及灾害等造成的生活困难，这促进了农民生产、生活条件的改善和农业生产的恢复和发展。同时，农业合作社建立后，其也获得了农村金融机构的贷款，主要用于解决农村基础设施建设和一般生产性困难。据统计，1953～1957 年国家银行累计发放农村生活贷款 12.8 亿多元，[1] 这些贷款主要用于解决农民生产生活困难。

随着农村金融供给的增加，大量资金贷给农民，解决了农民生产生活困难，增强了农民生产积极性，而且农村金融供给的增加会转化为对

---

[1] 中国人民银行编著《中国共产党领导下的金融发展简史》，中国金融出版社，2012，第 164 页。

农村更多的投资，从而促进农村经济的恢复与发展，这突出表现在我国粮食产量、农业总产值的增加上。如表 1-6 所示，1949 年我国农业总产值为 326 亿元，到 1952 年增长到 461 亿元，增长率为 41.4%，农业总产值很快就超过了历史上农业发展的最高水平。之后，农业生产继续发展，到 1956 年增长到 610 亿元，比 1949 年增长了 87.1%。粮食产量也由 1949 年的 11318 万吨增长到 1956 年的 19275 万吨，增长了 70.3%。显然，1949~1956 年，我国农业总产值、粮食产量的大幅增加及农村经济快速恢复与发展，与我国农村金融供给增加具有密不可分的关系。

表 1-6　1949~1956 年我国农业总产值与粮食产量变化趋势

单位：亿元，万吨

指标	1949 年	1950 年	1951 年	1952 年	1953 年	1954 年	1955 年	1956 年
农业总产值	326	384	420	461	510	535	575	610
粮食产量	11318	13213	14369	16392	16683	16952	18394	19275

资料来源：国家统计局编《奋进的四十年 1949—1989》，中国统计出版社，1989，第 346、368 页。

三　农民获得相对便利、廉价的金融服务

（一）农民获得相对便利的金融服务

在新型城乡金融关系下，农村金融机构的设立，特别是农村信用社在乡村网点的普遍布局，大大便利了农民，使农民在家门口就可以获得金融服务。农村信用社成立初期，有三种试点形式：一是信用互助组，主要是在新解放区的一个行政村内组织的一个或几个信用互助小组，规模小、资金量少，缺乏建立高级社的基础；二是供销社的信用部，主要是在东北老解放区，供销社机构普遍建立，信用部依托供销社开展业务；三是信用社，主要设在经济基础比较好的老解放区，以一个行政村或邻近村为建社范围，该地有比较完整的民主管理机构、章程和规章制度。[1]　虽然在 1954 年信用合作组织的大发展中，前两种形式都发展为农

---

[1]　路建祥编《新中国信用合作发展简史》，农业出版社，1981，第 4 页。

村信用社这种单一的形式；但是，农村信用社的分布格局在当时没有改变。可见，农村信用社成立初期覆盖范围小，贴近农民群众，农民参与民主管理的成本低；而且，农村信用社的业务员不拿固定工资，而是采取按业务量提成的办法发放机动补贴。这种办法激励着他们走乡串户，甚至到田间地头去为农民办理业务，大大方便了农民。同时，农民办理存款、贷款或保险业务的手续简单，办理贷款也不需要抵押，农村信用社因给农民带来便利的金融服务而受到广大农民的欢迎，群众对农村信用社的反映是："存款不出村，用款送上门，信用社是村里的好管家婆。"[1]

（二）农民获得相对廉价的金融服务

新中国成立前，自由借贷利率很高，很多借贷月息在 10% 以上，农村金融市场被高利贷统治。新中国成立后，国家的农村金融政策是通过构建新型城乡金融关系，在借贷领域建立新的农村金融机构与高利贷斗争，为农民提供相对较低的贷款利率。由表 1-7 可知，1953～1956 年国家银行、农村信用社的农业贷款月息呈下降趋势。在 1953 年以前，国家金融机构，尤其是农村信用社还没有普遍建立时，国家银行和农村信用社的农业贷款利率相对较高，国家银行月息为 1%～2%，农村信用社月息为 3%～4%，[2] 但其相较自由借贷与高利贷是很低的。

表 1-7　国家银行、农村信用社的农业贷款月息变动

单位：%

时间	国家银行			农村信用社		
	社员个人	社队生产费用	设备	社员个人	社队生产费用	设备
1953 年以前	1～2	—	—	3～4	—	—

---

[1] 中国社会科学院、中央档案馆编《1949—1952 中华人民共和国经济档案资料选编：金融卷》，中国物资出版社，1996，第 584 页。

[2] 1953 年以前，农村信用社的存贷款利率是各省份自定。为了开展业务，在实际执行过程中，各省农村信用社的存贷款利率都比较高，一年期储蓄月息为 2%～3%，贷款月息为 3%～4%。

续表

时间	国家银行			农村信用社		
	社员个人	社队生产费用	设备	社员个人	社队生产费用	设备
1953 年 1 月	1.00	1.00	0.75	2～3	—	—
1954 年 1 月	1.00	0.75	0.75	1.5～1.8	—	—
1955 年 10 月	0.90	0.60	0.75	1.3～1.5	—	—
1956 年 3 月	0.72	0.48	0.72	0.72	—	—

注：农村信用放款利率，1956 年以前由各省份自定，表列利率是部分省实际执行的利率。

资料来源：根据卢汉川主编《中国农村金融历史资料（1949～1985·大事记）》，湖南省出版事业管理局，1986，第 560 页整理。

1952 年 9 月中国人民银行召开区行行长会议，要求扩大并合理使用农业贷款，对农业贷款利率标准进行了规定，把 1953 年的农贷及其利率分为三种情况。一是用于增加农业设备、改进技术的贷款（包括马拉农具、抽水机、打井机、水利机、水车、力畜、种畜、大车船等）。贷款对象主要是互助组和生产合作社、集体农庄；贷款期限是 3 年以内，并需分期还款，月息为 7 厘 5，这是国家农业贷款的主要方向，由中央发放指标，大区核算计划，各省通盘考虑。二是用于解决一般农业生产困难的贷款（包括良种、饲料、水农具、肥料、药械、步犁等）。贷款对象主要是贫雇农和有困难的中农，贷款期限是 1 年以内，月息为 1 分，此项贷款占多数，由大区发放指标，各省核定计划。三是周转性放款（包括农民副业中的手工业生产和商业运销口粮，以及生活的必要调剂）。贷款对象主要是基层供销社，贷款期限是半年以内，月息是 1.5 分，由省行发放指标，支行营业所掌握运用。[1]

1953 年以后，国家多次对存贷款利率进行调整，并统一和简化了利率的种类和档次。国家银行和农村信用社的农业贷款利率都呈不断下降的趋势，1953～1956 年国家银行对社员个人、社队生产费用和设备的贷款月息，分别由 1.00%、1.00% 和 0.75% 降低到 0.72%、0.48%、

---

[1] 卢汉川主编《中国农村金融历史资料（1949～1985）》，湖南省出版事业管理局，1986，第 50 页。

0.72%。农村信用社的社员个人农业贷款利率下降幅度更大，月息由 1953 年 1 月的 2%~3% 降低到 1956 年 3 月的 0.72%，与国家银行对社员个人的农业贷款利率保持一致。

实际上，农村信用社的放款利率，1956 年以前由各省份自己决定，1956 年开始与国家银行一致。但是，在执行过程中，很多省份的农村信用社的利率普遍高于银行利率。据江西省 9 个乡的调查，吉安县淇塘乡 1953 年信用社放款利率的变化情况是：银行耕牛贷款为月利 0.75%，其他为月利 1%；信用社的贷款利息过去规定是 1~2 月为 1.8%，2~3 月为 1.95%，4 月及以上为 2.19%，自 1954 年 4 月起规定，不分时间长短，均为 1.8%；而同期私人借贷利息最高为月利 17%，一般为 2%~5%，最低为 2%（但无利借贷也有）。① 因此，相对于私人借贷和高利贷而言，农民通过农村信用社获得的贷款利率是较低的。

四　促进合作社集体经济的发展

（一）农村信用社是引导农民走向合作社集体经济的手段之一

新中国成立前，中国共产党把建立合作社作为引导农民走上社会主义道路的一种重要途径。1949 年 9 月，中国人民政治协商会议第一届全体会议通过《共同纲领》，对建立合作社进行了明确规定。其中，第二十九条规定："合作社经济为半社会主义性质的经济，为整个人民经济的一个重要组成部分。人民政府应扶助其发展，并给以优待。"第三十八条特别指出，"关于合作社：鼓励和扶助广大劳动人民根据自愿原则，发展合作事业。在城镇中和乡村中组织供销合作社、消费合作社、信用合作社、生产合作社和运输合作社"。②

新中国成立后，很快就进行了社会主义革命。在农村的社会主义革命就是通过建立合作社，组织个体经济向集体经济转变。合作社的形式

---

① 常明明：《绩效与不足：建国初期农村信用合作社的借贷活动的历史考察——以鄂湘赣三省为中心》，《中国农史》2006 年第 3 期。
② 中共中央文献研究室、中央档案馆编《建党以来重要文献选编（1921—1949）》（第二十六册），中央文献出版社，2011，第 764~766 页。

主要有三种：农业合作社（生产领域）、供销合作社（商业领域）和信用合作社（金融领域）。因此，建立农村信用社是实现由个体经济向集体经济转变的手段之一。同时，建立农村信用社也有利于占领农村借贷市场，形成新型城乡金融关系，解决农民生产生活困难，战胜高利贷剥削，避免农村出现新的两极分化，推动农业合作化的实现。农村信用社作为一种信用领域的合作社，与农业合作社、供销合作社一起构成中国合作经济的"三驾马车"。

农村信用社和生产合作、供销合作结合起来，促进了生产互助合作和供销合作的发展。如山西省壶关县百尺信用社，与生产互助组、供销合作社订立三连环合同，在 1952 年信用社共签了 15 份这种"连环"合同，即信用社贷款给供销合作社购进生产资料，再向生产互助组贷款，支持其向供销合作社购买生产资料，供销合作社销货后还贷款，生产互助组在秋后归还贷款，余钱存入信用社。按业务合同，百尺信用社向生产互助组贷款 29641 万元（旧币，下同），秋后生产互助组除归还贷款外，还向信用社存款 27000 万元，生产互助组用存款支持了信用社，信用社用放款扶助了生产互助组。由于订立了合同，供销合作社的工作也有了计划，所以群众说"生产、供销、信用社是三连环缺一不可。生产资金有信用社给换肩接气，完成生产计划就有把握了"。① 这种以"合同"保证生产互助组的资金需要和生产资料供应的方式，促进了供销合作社的计划供应。中国人民银行山西省分行总结了这个经验并加以推广，首创了农村合作化后通过信用社把生产、供销和信贷三者联结起来的新经验。随着农业互助合作运动的发展壮大，农业合作社需要的资金更多，农村信用社的这种支持作用也越来越重要。农村信用社与农业合作社、供销合作社的相互支持，促进了我国合作事业不断进步，而广大农民正是通过参加合作社，最终过渡到社会主义，成为集体经济组织的社员，即农村信用社是引导我国农民走向合作社集体经济的重要手段。

① 中国社会科学院、中央档案馆编《1949—1952 中华人民共和国经济档案资料选编：金融卷》，中国物资出版社，1996，第 583 页。

（二）国家银行发放贫农合作基金贷款，支持贫农加入合作社集体经济组织

1953 年我国开始实施过渡时期的总路线，进入了社会主义改造时期。对农业的社会主义改造就是按照平等、互利的原则，把农民纳入合作化的轨道，建立农业合作社集体经济。随着农业合作化的深入进行，农业合作社的发展也遇到一些问题。如贫农加入生产合作社，没有足够的资金缴纳社员股份基金，也就是贫困农民入社的费用问题无法解决。如果对他们进行减免，又会引起中农的不满，不利于团结中农。因为中农在合作社的投资较多，如果不能平均分摊费用，就会损害中农的利益，影响中农入社的积极性。针对这个问题，毛泽东指出："对于贫农，国家要加点贷款，让他们腰杆硬起来。在合作社里面，中农有牲口、农具，贫农有了钱，也就说得起话了。"[①] 1955 年 6 月，中国人民银行总行发布的《关于办理贫农合作基金放款的通知》提出，根据中央农村工作部的指示，今后国家对农业合作社的放款，除了基本建设放款和临时生产费用放款外，特增设贫农合作基金放款一项，以帮助贫农解决初参加农业合作社时筹措入社费用的困难，[②] 并积极组织试点，解决贫农入社费用问题。

1955 年 8 月，中国农业银行发布的《关于贫农合作基金贷款问题的第二次综合批复》强调："关于烈士家属、军人家属、老弱病残、劳动力缺少、经济依靠救济、偿还能力极低的贫苦社员，在入社缴纳社员股份基金有困难时……必须贷给贫农合作基金贷款帮助解决，并且由于他们经济恢复较慢，在五年内偿还有困难时还可以酌情延长贷款期限。"[③] 自此，国家银行的贫农合作基金贷款工作全面铺开。截至 1957

---

① 中共中央文献研究室编《建国以来重要文献选编》（第六册），中央文献出版社，1993，第 225 页。

② 卢汉川主编《中国农村金融历史资料（1949～1985·大事记）》，湖南省出版事业管理局，1986，第 112 页。

③ 中国社会科学院、中央档案馆编《1953—1957 中华人民共和国经济档案资料选编：金融卷》，中国物价出版社，2000，第 352 页。

年，国家银行共放出 7.3 亿元贫农合作基金贷款，约帮助 4000 万户贫农和下中农缴纳了入社时的社员股份基金，约占当时全国 1.1 亿农户总数的 36%。[①] 发放贫农合作基金贷款，提高了农民在农业合作社的经济地位和政治地位，使贫农不再因交不起社员股份基金而受到排斥。通过这种方式支持贫农加入农业合作社集体经济组织，既不使中农感觉吃亏，也不会让贫农感觉吃亏，而且大家都交了社员股份基金，贯彻了互利原则，减轻了农业合作社的负担，打消了中农对农业合作社投资的疑虑，刺激了中农投资的积极性，壮大了农业合作社的资金实力，促进了农业合作化的巩固发展。

（三）国家银行的中长期贷款支持农村基础设施建设，为农业合作社集体经济发展创造条件

在国家银行与农村信用社的业务分工中，一年期及以上的贷款由国家银行办理。中长期贷款主要解决农村基础设施建设问题。早在 1952 年 9 月中国人民银行就要求扩大并合理使用农业贷款，规定国家农业贷款的主要方向是"增加农业设备，改进技术"。其中，这些设备主要包括马拉农具、抽水机、打井机、水利机、水车、力畜、种畜、大车船等。此类贷款主要是针对互助组和生产合作社、集体农庄进行 3 年期以下的贷款，分期还款，月息为 7 厘 5。[②] 在当时这是比较低的利率标准，贷款指标主要由中央计划发出，各大区核算计划，各省通盘考虑。

随着我国农业合作化高潮的到来，1955 年 3 月国务院批准成立中国农业银行，其专门管理农村信贷和信用合作工作。同年 10 月，中国农业银行发布的《办理农业生产合作社贷款暂行办法》强调，中国农业银行对农业生产合作社发放基本建设贷款、生产费用贷款和贫农合作基金贷款三项贷款。其中，关于基本建设贷款的用途限于帮助农业生产合作社解决基本建设所需的资金困难。基本建设项目包括从社

---

① 常明明：《二十世纪五十年代贫农合作基金贷款的历史考察》，《中共党史研究》2010 年第 12 期。

② 卢汉川主编《中国农村金融历史资料（1949～1985）》，湖南省出版事业管理局，1986，第 50 页。

外购置耕畜、种畜、农具、副业工具、树苗等固定资产及兴修小型农田水利工程和移民开荒等材料费用。它规定基本建设贷款的归还期限一般不超过 3 年，兴修水利、购置大型农具等重大项目贷款的归还期限延长到 5 年，贷款数额一般不超过归还期限内各社历年所积累的公积金数。[①] 1953～1957 年，农业部门的基本建设投资额为 41.38 亿元。[②]这些基本建设投资为农业合作社集体经济的发展创造了条件。1957 年，我国粮棉油等主要农产品，无论是播种面积还是亩产都比 1949 年有很大的提高，这些都与国家银行对农业及农村的基础建设投资有紧密联系。

---

① 中国社会科学院、中央档案馆编《1953—1957 中华人民共和国经济档案资料选编：金融卷》，中国物价出版社，2000，第 340～341 页。
② 国家统计局编《奋进的四十年 1949—1989》，中国统计出版社，1989，第 355 页。

第二章 1958~1978 年城乡金融关系的"统一化"与城乡金融低水平、低层次发展

　　1958~1978 年是我国社会主义现代化建设全面开展以及国民经济曲折发展的时期。1958 年开始，为避免"一五"计划时期苏联高度集中的计划经济的弊端，中国共产党开始探索经济管理体制的改革——行政性分权。其主要是把财政、信贷、物资、计划、税收等经济管理权力由中央下放给地方，但是，在缺乏准备的情况下，权力的下放造成了混乱。随后中央收回了下放的权力，但权力的集中又造成了管理过于僵化，压抑了地方和企业的积极性，中央便再次酝酿权力的下放，我国的经济体制不可避免地陷入了"放—乱—收—死"循环的怪圈。其中，我国金融体制的探索也出现了失误，金融管理权的不断"下放—集中"，使城乡金融关系具有"统一化"的特征，且在这个过程中，作为农村金融主体的农村信用社逐渐失去了合作金融属性，变成了"官办"性质的金融机构，以致成为国家银行在农村的基层机构，这不仅对城乡金融发展水平有重大影响，对城乡二元结构的形成也有重大影响。

第一节 1958～1978 年城乡金融关系的"统一化" 历程及其特点

一 城乡金融关系的"统一化"历程

随着 1957 年"一五"计划的顺利收官，我国国民经济发展取得巨大成就，工农业生产和人民生活水平都有很大的提高。然而，我国的这些成就很大程度上是在苏联的援助下取得的，计划经济的一些弊端不可避免地暴露出来。党和国家领导人注意到了这个问题，并提出了改革经济管理体制的战略决策。1958～1978 年，我国金融管理权一直处在"下放"与"集中"的循环之中。其间，城市金融和农村金融的管理权力也不可避免地一起被下放或集中，使城乡金融关系呈现"统一化"的色彩。

（一）"大跃进"时期城乡金融管理权的下放

1958～1960 年，中央通过了改进工业、商业和财政管理体制的相关规定，决定向地方和企业下放更多的权力。但是，在"左"倾思想的影响下，我国对国民经济管理体制改革的许多探索进入了误区，这既反映了党在社会主义制度建立后急于摆脱苏联模式的影响，寻求一条"多、快、好、省"的社会主义建设新路子，也反映了党和人民进行社会主义现代化建设时急于求成的思想。在这样的历史背景下，我国金融工作也出现了一定失误。1958 年 11 月，中国人民银行召开会议，要求"在生产更大跃进的形势下，银行必须保证各部门流动资金需要，积极支援以钢为纲的工业生产和商业大购大销，支援人民公社实行以农业为主的工农业并举……充分动员资金，并通过大放、大存、大收，管好流动资金，促进国民经济的全面大跃进"①；要求银行促生产、促收购，

---

① 尚明、陈立、王成铭主编《中华人民共和国金融大事记》，中国金融出版社，1993，第 179 页。

充分满足生产部门、商业部门的流动资金需要；强调要在有利于国民经济"大跃进"的前提下谈节约流动资金，否则就是非政治化倾向，就是单纯业务观点①。在这种错误思想的指导下，金融工作放松了管理，瞎指挥、浮夸风盛行，造成了信贷失控和中国人民银行大力增发货币的现象，这使国民经济比例失调的问题更加突出。

1. "大跃进"时期城市金融管理权的下放

（1）银行信贷管理权限的下放与信贷失控

1958年11月，中国人民银行召开全国分行行长会议，讨论了信贷管理权限下放问题，认为在工业、商业、财政管理权限下放后，信贷收入和支出大部分在地方，因此信贷管理权限也需要下放。② 从1959年起，中国人民银行重新划分了中央和地方管理信贷的权限，下放农业贷款管理权限，下放工业贷款管理权限，把支持工业生产和商业收购放在首位。③ 在"大跃进"的影响下，银行充分供应企业扩大生产和流通所需的资金，发放贷款时不讲经济效益，资金敞开供应，从而使信贷出现了失控，货币发行增速过快。1958~1960年增发货币43亿元，比"一五"计划时期增发的货币还多18亿元；1960年末的市场货币流通量为95.9亿元，比1957年增长81.6%。④ 银行多发的货币主要被用于基础设施建设，填补财政赤字的缺口。

（2）中国人民银行的职能被弱化与金融失控

随着这种以下放权限为中心的管理体制的实施，中国人民银行的机构被削减，职能被弱化，业务骨干被调出。中国人民银行总行机关职工由1956年末的2088人锐减到1959年末的820人；内设机构只保留9个

---

① 中国人民银行编著《中国共产党领导下的金融发展简史》，中国金融出版社，2012，第177页。
② 尚明、陈立、王成铭主编《中华人民共和国金融大事记》，中国金融出版社，1993，第179页。
③ 中国人民银行编著《中国人民银行六十年：1948—2008》，中国金融出版社，2008，第51页。
④ 李德主编《新中国金融业发展历程》（上卷），人民出版社，2015，第113页。

司局。① 1958 年原本隶属于财政部的中国人民建设银行被撤销，成为财政部基本建设财务司；1959 年起中国人民保险公司所有国内保险业务停办，只保留必要的国外业务，并由财政部划归中国人民银行国外业务局领导办理。全国银行部门的职工人数减少了近 10 万人，特别是基层业务骨干成批下放到农村或转到工商企业部门，银行的基本业务制度和资金管理体系受到严重冲击，几乎处于全面失控状态。② 在"大跃进"的形势下，金融支持国民经济发展的大计划、高指标盛行，货币供应失控，这助长了地方各行其是，各搞一套、重复建设、盲目投资的现象，各地的损失和浪费惊人。③ 国民经济的综合平衡遭到破坏，包括农、轻、重在内的各种经济比例关系完全失调，有些资金沉淀而无法收回，后来，国家不得不进行豁免。

（3）金融规章制度的改变与银行工作的混乱

在经济管理权限下放的背景下，银行盲目支持"大跃进"，在金融规章制度方面也实行"先破后立""大破大立"措施，把中国人民银行成立以来形成的一些行之有效的金融规章制度视作束缚群众手脚的东西予以破除。有些基层银行对全国统一制定的一些基本制度说改就改，造成有章不循、无章可循；有些地方把贷款计划下放到企业，甚至不要计划；有的地方还推行"无账会计"；有的地方搞无人储蓄，无人换零钱柜台。④各地银行的错账、错款情况十分严重，这造成了银行工作的混乱。

2. "大跃进"时期农村金融管理权的下放

根据 1958 年 12 月中共中央、国务院关于财贸体制改革的"两放、三统、一包"精神，在农村金融领域，把银行在农村的分支机构——营

---

① 中国人民银行编著《中国人民银行六十年：1948—2008》，中国金融出版社，2008，第 51 页。
② 李德主编《新中国金融业发展历程》（上卷），人民出版社，2015，第 110~111 页。
③ 中国人民银行编著《中国共产党领导下的金融发展简史》，中国金融出版社，2012，第 178 页。
④ 中国人民银行编著《中国共产党领导下的金融发展简史》，中国金融出版社，2012，第 179 页。

业所与农村信用社合并，将其管理权下放给人民公社，使其成为人民公社的信用部。信用部既是人民公社的组成部分，又是中国人民银行在当地的营业所，[①] 其工作人员是人民公社的社员，资金归人民公社管理使用，原农村信用社存放款业务都移交给人民公社的信用部。上级银行对人民公社信用部的信贷管理，采取差额包干的办法把权力下放，人民公社内部的农业贷款、工业贷款和商业贷款的比例由其自身掌握决定；但是信用部的存放款利率执行国家规定的标准，信用部的干部工资与办公费用由人民公社解决，盈余留给人民公社一部分，大部分上缴国家银行。[②] 而且，对于人民公社信用部和上级人民银行的资金往来，一律按银行内部关系处理，不再作为存贷关系。[③] 人民公社在包干以后，存款的增加会导致贷款的增加。人民公社为了多得贷款，会变相增加存款，于是提出在农村要大量吸收存款，并鼓励各地在收回贷款和吸收存款的工作中"放卫星"，有些地方的银行部门提出了脱离实际的高指标，甚至弄虚作假，出现了"实物折存""虚存虚贷"。

这导致农村出现了信贷管理权分散、基本建设投资过多的局面，造成了一些混乱，加剧了国民经济比例关系的失调。针对农村金融管理权下放中出现的一些问题，1959 年 4 月，中共中央发布了《关于加强农村人民公社信贷管理工作的决定》，决定对人民公社信贷管理体制进行调整。1959 年 5 月，中国人民银行召开全国分行行长会议，根据中央文件精神，决定收回被下放的营业所，把农村信用社的管理权下放到人民公社领导下的生产大队，使之成为信用分部，它相当于在农业合作化后曾经试办过的设在农业合作社的信用部。信用分部的职工交由生产大队管理，其盈亏由大队统一核算，业务经营归大队领导。[④] 这种调整和补充并没有改变因农村信用社管理权下放而出现的混乱状况，反而使农

---

① 卢汉川主编《当代中国的信用合作事业》，当代中国出版社，2001，第 142 页。
② 卢汉川主编《当代中国的信用合作事业》，当代中国出版社，2001，第 140 页。
③ 尚明、陈立、王成铭主编《中华人民共和国金融大事记》，中国金融出版社，1993，第 182 页。
④ 卢汉川主编《当代中国的信用合作事业》，当代中国出版社，2001，第 144 页。

村信用社失去了原有的合作金融属性，也失去了独立性，出现了许多问题。如资金被社队或社队干部挪用，很多贷款收不回来，导致其无力向农民发放贷款；信用分部的工作人员被抽调去做其他工作，使有些正常的业务不能开展；其财务管理混乱，贪污、盗窃等违法行为频发，这些现象严重损害了农村信用社的利益，使原本资金规模小、实力弱的农村信用社的生存遭遇了挑战，甚至在一些地方，高利贷又死灰复燃。

（二）国民经济调整时期城乡金融管理权的集中

1958 年开始的"大跃进"和人民公社化运动中，出现了急于求成而违背客观经济规律的改革行为，对国民经济造成了灾难性的影响。为了尽快摆脱我国经济面临的严峻局面，1960 年 9 月中共中央在批转国家计委党组《关于 1961 年国民经济计划控制数字的报告》中，提出了"调整、巩固、充实、提高"的方针，决定对国民经济实行调整。1962 年 2 月，中共中央政治局常委扩大会议对国民经济进行大幅度调整，在金融战线上，就是要收回在"大跃进"时期下放的城乡金融管理权，恢复中国人民银行集中统一领导的体制。

1. 城市金融管理权的集中

中共中央和国务院采取了一系列措施恢复中国人民银行集中统一领导的体制，加强中国人民银行的经济管理职能。采取的措施有：一是恢复中国人民银行对金融工作的集中统一领导。1962 年 3 月，中共中央和国务院颁布了《关于切实加强银行工作的集中统一，严格控制货币发行决定》，决定对银行工作进行调整，收回在银行工作方面下放的一切权力，实现中国人民银行对银行工作的集中统一领导。二是核销呆坏账和加强信贷管理。中国人民银行 1961 年 4 月发布《关于改变信贷管理体制的通知》，要求改变 1958 年以来实行的差额包干管理办法，加强季度信贷计划管理。据统计，国务院批准豁免的 1961 年以前的农村欠款总额为 91 亿元，其中，银行农业贷款为 45 亿元，农村信用社贷款为 10 亿元。[①]

---

① 中国人民银行编著《中国人民银行六十年：1948—2008》，中国金融出版社，2008，第 51 页。

1963 年 3 月，中国人民银行召开全国农村金融工作会议，规定长期农业贷款所需资金由国家财政拨给中国人民银行，作为专项贷款基金周转使用。三是进一步明确中国人民银行的职责和地位。1962 年 6 月，中共中央、国务院发布了《关于改变中国人民银行在国家组织中地位的通知》，重申中国人民银行是管理金融的行政机构，是办理信用业务的经济组织，其被授权在全国进行现金管理、信贷管理和信贷监督。[1] 这些措施实施后，中国人民银行的各层级机构得到了恢复，开始进入正常运行状态。

2. 农村金融管理权的集中

为了实现银行工作的集中统一领导，1962 年 11 月，中共中央、国务院发布《关于试行银行工作条例（草案）》，规定"农村信用合作社是农村人民的资金互助组织，是国家银行在农村金融工作方面的助手。它的股金、积累和其他财产，归社员集体所有。它的业务活动受国家银行领导""任何单位和个人，不得抽调和挪用信用合作社的资金，不得假借信用合作社吸收存款的名义，变相地平调社员的资金和物质"。[2] 实际上，在国家银行收回在"大跃进"时期下放的一切权力、实行银行业务的垂直领导的同时，农村信用社也被纳入集中管理，即把农村信用社重新收归银行管理。

1963 年 10 月，中国农业银行再次成立，着重解决农村信用社管理权下放后的遗留问题。

一是纠正挪用农村信用社资金问题。为解决农村信用社管理权下放以后资金和财产被社队干部随意挪用的问题，1963 年 6 月中共中央转发安徽省《关于社队随意挪用信用社资金和占用信用社职工的通报》，强调"信用社是群众的集体经济组织……社队干部决不能随意挪用信用

---

① 中国人民银行编著《中国人民银行六十年：1948—2008》，中国金融出版社，2008，第 51 页。
② 卢汉川主编《中国农村金融历史资料（1949~1985）》，湖南省出版事业管理局，1986，第 299 页。

社的资金，决不能长期抽调信用社干部搞其他工作"。[①] 全国社队对农村信用社上述问题进行了清理和检查。针对地方银行营业所挪用农村信用社资金的问题，中国人民银行进行了检查和处理，并通知各分行退还挪用的农村信用社资金，付给挪用期的利息，退还占用的实物。中国人民银行总行还转发了江苏省分行《关于纠正银行干部向信用社借支的三条规定的通知》，要求"银行干部个人今后一律不得以任何名义向信用社借支或借款""应该由银行开支的费用，今后一律不准由信用社报销，亦不得由信用社代垫""凡不符合政策和制度规定的贷款，今后一律不得推给信用社发放"。[②]

二是调整农村信用社干部的工资福利待遇。为解决农村信用社干部的商品粮、退休、养老和生活困难补助等问题，1963 年 3 月，国务院批转了中国人民银行《关于信用合作社干部口粮、副食品和日用品供应情况的报告》，规定信用社干部的福利待遇，按照人民公社国家干部待遇标准执行。[③] 这样农村信用社干部与银行干部在工资、口粮及其他供应就基本一致了，大大提高了农村信用社干部的积极性。

三是豁免 1961 年以前的四项贷款。针对"大跃进"期间农村信用社向社队发放的用于大办钢铁、大办水利、大办交通及其他基础设施建设而无法收回的贷款，1965 年 3 月，中共中央、国务院发布《关于处理 1961 年以前农村四项欠款问题的通知》，强调农村社队欠国家的 1961 年以前的包含农业贷款在内的四项欠款中尚未归还的部分，一律豁免，不再偿还。农村信用社贷给社队和个人的款项，按规定处理后资金发生困难的，由国家银行酌情补助。[④]

（三）"文革"时期城乡金融管理权的再次下放

"文革"时期，我国金融业全面萎缩。虽然国务院要求恢复银行业

---

① 伍成基主编《中国农业银行史》，经济科学出版社，2000，第 93 页。
② 伍成基主编《中国农业银行史》，经济科学出版社，2000，第 94 页。
③ 卢汉川主编《当代中国的信用合作事业》，当代中国出版社，2001，第 147 页。
④ 卢汉川主编《当代中国的信用合作事业》，当代中国出版社，2001，第 149 页。

秩序，保持银行体系的独立性，但是在极左思想的影响下，在国民经济调整时期加强银行集中管理的一套行之有效的规章制度，被视为"管、卡、压"的枷锁，通过储蓄存款获得利息被看作"不劳而获"的剥削行为，货币、信用、银行的作用被否定，这给我国金融工作指导思想、金融业务政策和金融组织机构带来了极大的混乱。

1. 城市金融管理权的再次下放

1966 年"文革"发生后，一些地方发生动乱，出现了抢夺国家库存粮食、现金、各种物资和冲击仓库的严重事件。国务院、中央军委为了维持银行系统的正常工作秩序，决定向中国人民银行派驻军代表。但是，银行工作还是受到了严重的影响。

1969 年 1 月，中国人民银行在天津召开的银行"斗、批、改"座谈会上，指出银行要"走政治建行的道路，要减少机构，改革体制，砍掉臃肿庞大的官僚机构，在基层建立方便群众、方便企业、服务生产的综合服务所"；"把总行和各部管理的工交、物资、商业、农业所属企业的季度信贷计划，改由各省、市、自治区革命委员会统一管理，总行只管各省、市、自治区革命委员会的年度计划"；"农村社队贷款资金的管理，在总行已经分配的指标范围内，由各省、市、自治区革命委员会统筹安排"。[1] 实际上，这是把中国人民银行总行在国民经济调整时期收回的资金管理权再次下放给地方政府，把银行业务的垂直领导权再次下放给地方政府。

1969 年，中国人民银行总行的职能机构进行了大精简，只保留了政工和业务两个组，大批干部被下放劳动，留在中国人民银行总行的干部只剩下 87 人。在此期间，中国人民银行系统的基层机构按照"斗、批、改"的要求，以政治建行为目标，减少机构，下放劳动，撤大银行设小银行（综合服务所），许多业务规章制度相继停止执行；[2] 中国人

---

① 尚明、陈立、王成铭主编《中华人民共和国金融大事记》，中国金融出版社，1993，第 249 页。

② 中国人民银行编著《中国人民银行六十年：：1948—2008》，中国金融出版社，2008，第 52 页。

民银行和财政部合署办公，银行机构的设置和领导关系也五花八门，从上到下没有集中统一的工作系统，中国人民银行控制信贷、稳定货币的职能被削弱，金融制度和金融政策难以贯彻执行。在此环境下，许多地方随意挪用银行信贷资金的错误做法变得合法化、公开化，货币发行权也高度分散化。① 虽然国务院于 1971 年、1975 年两次对银行管理工作进行调整，但是，在极左思想的影响下，其改革和调整都未能扭转金融工作的混乱局面。

2. 农村金融管理权的再次下放

"文革"开始的头两年，农村金融机构和全国其他单位一样，完全处于混乱状态。由于受到极左思想的影响，许多信用社干部起来"造反"，有的跑到中国人民银行营业所、县支行揪"走资本主义道路的当权派"，有的跑到省分行、总行去"造反"；他们把通过储蓄存款获得利息看作"剥削"行为，批判贷款不讲阶级路线，一些地方把信用社下放给贫下中农管理，排除银行的正确领导和管理，给信用社的经营管理带来混乱。

1969 年中国人民银行在天津召开的座谈会还强调"银行必须由工人阶级领导，工农兵参加管理；信用社必须由贫下中农领导与管理"的指导思想，会议把"实行贫下中农管理"和"职工不脱产，走亦工亦农的道路"作为农村信用社改革的两个根本性问题。会后介绍和推广河南嵩县阎庄贫下中农管理信用社的典型经验和做法，成立公社贫下中农管理委员会，对信用社（站）实行两级管理。信用社的资金在全公社统一调剂使用，国家农贷资金的分配和发放，也由贫下中农管理委员会（小组）进行监督。② 同时，对信用社的规章制度进行改革，改革后人们只要同贫下中农管理小组进行商量，然后填个借据，就可以得到贷款，社队革命委员会对信用社实行一元化领导；社队需要的生产资金，

---

① 李扬等：《新中国金融 60 年》，中国财政经济出版社，2009，第 55 页。
② 卢汉川主编《当代中国的信用合作事业》，当代中国出版社，2001，第 163 页。

由革命委员会和信用社共同研究决定后，由信用社贷款，[①] 这大大简化了贷款手续。

农村信用社下放给贫下中农管理委员会管理后，并没有把信用社的工作引上健康的发展轨道，信用社无法独立自主经营业务，这给信用社的经营思想、业务管理带来了混乱。主要表现为：一是改变了国民经济调整时期银行收回的农村金融管理权，把资金调剂的权力交给社队，被有的地方片面地理解为交给社队会计、保管员，一些信用社资金管理混乱，群众有钱取不出、贷款贷不到。[②] 二是改变了国民经济调整时期再次强调的"信用社是合作性金融组织"的地位。各地分不清贫下中农管理委员会是群众的监督组织还是权力机构，对建立贫下中农管理委员会后，信用社是否还要召开社员大会，是否还要发挥监事会、理事会的作用等问题理解不清，这实际上使信用社的合作制再次遭到破坏。三是改变了国民经济调整时期强调信用社干部待遇向银行看齐的局面，信用社干部实行亦工亦农，像是初建时期信用社由农民经营管理而没有固定工资的体制的复归，他们失去了国家干部的待遇，收入减少，工作缺乏积极性。这些情况都给农村信用社的经营管理带来混乱，其间农村信用社业务发展缓慢，很多需要贷款的农民无法获得贷款，又致使高利贷死灰复燃。虽然 1972 年 9 月，在周恩来总理的支持下召开了全国银行工作会议，对信用社实行贫下中农管理造成的问题进行了纠正，但在极左思想的影响下，这些改革措施并没有完全落实，更不能扭转农村金融工作的混乱局面。

（四）"两年徘徊"时期城乡金融管理权的再次集中

1976 年 10 月，"文革"结束，国民经济开始逐渐走向好转，解决金融管理混乱等问题自然就成为党和政府重要的议题。

1. 城市金融管理权的再次集中

1977 年 11 月，国务院发布了《关于整顿和加强银行工作的几项规

---

① 卢汉川主编《当代中国的信用合作事业》，当代中国出版社，2001，第 164 页。
② 卢汉川主编《当代中国的信用合作事业》，当代中国出版社，2001，第 165 页。

定》,一是正式明确中国人民银行为国务院部委一级单位,与财政部分开;省(自治区、直辖市)以下的银行机构一律分设,主要受中国人民银行总行的领导。[①] 二是明确人民银行是全国信贷、结算和现金活动的中心。要坚持银行业务工作的集中统一,建立指挥如意的、政策和制度能够贯彻到底的银行工作系统。三是银行工作必须严格执行信贷资金的发放计划。一切贷款必须按计划发放,超计划贷款必须经过上级银行批准;一切信贷业务都必须由银行集中办理。同时,对加强信贷收支管理、现金管理,以及加强财政资金和信贷资金、基本建设资金和流动资金分口管理等问题进行了详细规定,这促进了银行工作的集中统一管理。

1978 年 1 月,中国人民银行与财政部分开办公,中国人民银行的内设机构由"文革"时期保留下来的政工和业务两个组扩大到 14 个司局,中国人民银行的管理机构不断完备。各省(自治区、直辖市)以下的银行机构也在 1978 年全部完成了与财政部门的分设工作,开始独立办公。1978 年末,我国全面恢复了中国人民银行集中统一的金融体制,中国人民银行在业务工作上恢复了自上而下的垂直领导体制,金融管理的指挥体系和银行工作的集中领导原则得到了加强;在机构分设过程中,一批懂政策、懂业务的领导干部上任,业务骨干陆续归队,长达数年的银行与财政部门职能混同、银行分支机构以地方领导为主的体制几经波折而宣告结束,[②] 于是城市金融管理权再次集中。

2. 农村金融管理权的再次集中

"文革"结束后,为加强对全国金融工作的集中统一领导,1977 年11 月,国务院发布《关于整顿和加强银行工作的几项规定》,再次强调加强银行对信用社的集中管理,规定"信用社是集体金融组织,又是国家银行在农村的基层机构""信用社的资金应当纳入国家信贷计划,人

---

① 中国人民银行编著《中国人民银行六十年:1948—2008》,中国金融出版社,2008,第 52 页。

② 中国人民银行编著《中国人民银行六十年:1948—2008》,中国金融出版社,2008,第 52 页。

员编制应当纳入县集体劳动工资计划，职工待遇应当与人民银行一致"。[①] 根据这个规定，信用社开始完全依照国家银行在农村的基层机构的制度进行管理。鉴于此，一些公社又开始把国家银行的基层机构和信用社合并为一个机构，信用社干部管理制度、人员工资待遇也和国家银行的基层机构一样，实际上，这使信用社过渡到国家银行。1978 年 5 月，中国人民银行发布《关于农村金融机构的几点意见》，进一步强化了农村信用社的国家银行地位，把农村信用社与国家银行的关系正式确定了下来。

农村信用社再次收归银行管理，实现了银行业务的垂直管理，这既使金融管理的指挥体系和银行工作的集中领导原则得到加强，又使农村信用社资金避免再次被社队随意挪用而导致财务混乱，还使其避免再次被并入社队而名存实亡。但是，把农村信用社作为国家银行在农村的基层机构，否定了农村信用社和中国人民银行是两种不同性质的金融组织，实际上把二者"同一化"了，这进一步抹杀了前者的合作金融属性。此时，农村信用社只是披着合作金融的外衣，其严重脱离了社员群众，失去了合作金融属性，变成了"官办"性质的金融机构，这就是后来在农村信用社改革中所要解决的难题。[②]

二 城乡金融关系"统一化"的特点

（一） 城乡金融机构的同一性

中国人民银行集中央银行与商业银行于一体，通过设立行政科层体系，几乎垄断所有金融业务。虽然 1958 年以来城乡金融管理权被统一下放和再集中，但是，中国人民银行垄断全国金融业务的局面并没有改变，"大一统"的金融体制没有改变，这一过程反而强化了其对农村金融的管理。在"大跃进"和"文革"时期，国家两次把农村信用社下放给社队，使其脱离国家银行的领导，造成了农村信用社组织和业务的

---

① 卢汉川主编《当代中国的信用合作事业》，当代中国出版社，2001，第 171 页。
② 尚明主编《当代中国的金融事业》，中国社会科学出版社，1989，第 457 页。

破坏，最后把农村信用社收归国家银行领导，每收回一次，农村信用社就向国家银行靠近一步，最终成为国家银行在农村的基层机构。农村信用社的"银行化"使这两种金融机构的界限逐渐模糊，二者越来越"同质化"，即二者具有同一性。

首先，银行营业所和农村信用社机构重叠。1958 年，在人民公社建立后，盲目追求"一大二公"的模式，撤区并社，人民公社的规模比农业合作社大得多，平均一个公社就相当于 27.9 个农业合作社。[①] 撤区并社后，原来设在区的银行营业所下伸到公社，这就出现一个公社既有信用社又有银行营业所的局面，随着信用社不断被下放给社队，农村金融机构出现了混乱，但多数地区维持一个公社一个信用社的格局，到 1976 年，全国有 5 万多个信用社，2.7 万个银行营业所，有一半以上的人民公社既有银行营业所又有信用社。[②] 而银行营业所领导信用社，导致机构重叠，部分地方实行银行营业所和信用社合署办公，即所、社合一。

其次，银行营业所和农村信用社业务划分不清。随着农业合作化的实现，集体经济成了银行营业所和信用社共同的业务对象。虽然国家对所、社的业务分工做了调整，信用社的贷款对象是社员个人，主要用于解决其副业生产和生活上的临时困难；银行不贷款给社员，银行贷款主要用于基本建设。实际上，经济发达地区的农村信用社有资金实力，成为农村贷款的主要承担者；而在落后地区的农村信用社资金力量薄弱，往往无力向社员发放贷款，需要大量的资金支持，而银行只支付手续费，将本应由银行承担的贷款委托给信用社去办理，甚至有的地方实行"一口出"的管理办法，即一切农业贷款全部由信用社一家单位去办理，信用社的资金不足问题由银行解决，变两个口贷款为一个口贷款，使银行营业所、信用社的业务范围难以划分清楚，信用社事实上成为农村贷款业务的主要经营者，银行营业所的主要职能变为领导和管理信

---

① 赵德馨：《中国近现代经济史：1949—1991》，河南人民出版社，2003，第 215 页。
② 卢汉川主编《当代中国的信用合作事业》，当代中国出版社，2001，第 180 页。

用社。

再次，国家银行对农村信用社进行直接管理。"大跃进"和"文革"时期，国家两次把信用社下放，又两次收回，每收回一次，银行对信用社就管得紧一些，管得多一些，而且主要采取行政手段进行管理。信用社的业务计划由银行审查批准，银行向信用社下达转存款任务，信用社贷款的具体政策和利率由银行规定，每笔贷款超过一定数额后需提请银行审批；信用社主任和干部由银行指定，工资、奖金由银行确定。这种领导是由银行营业所对信用社直接进行的，在所、社分设的地方，一个营业所领导一个信用社。县银行各职能部门如计划、业务、会计、人事等分别对信用社执行管理职能。在这种高度集中的领导体制下，信用社没有自主权，一切都听命于银行，① 社员代表大会、理事会和监事会等民主管理制度也都不起任何作用。此时，农村信用社同它的社员在组织上和经济上的关系更远了，已经失去了合作金融的属性，成为国家银行在农村的基层机构。

最后，农村信用社与国家银行的干部待遇基本一致。初建时期的农村信用社，工作人员多数不脱离生产，没有固定工资，按照业务量给予一定生活补助。随着农村信用社范围的扩大和业务的不断丰富，1957年农村信用社的干部大多转为脱产，实行工资制，但其工资与国家机关、国营企业及银行职工工资相比较低；1958年农村信用社下放时，取消了工资制，大部分干部回到了生产队；1959年，部分干部恢复了工资制，但到1962年只有一半农村信用社实行固定工资制。20世纪60年代初期，受到自然灾害的影响，粮食供应困难，一些地方压缩了农村吃商品粮的人口数量，不少地方停止了信用社拿固定工资的干部口粮的供应。在贫下中农管理时期，信用社职工亦工亦农，职工口粮和工资福利仍然执行集体所有制企业的规定，既低于国家银行，也低于供销合作社。1977年，国务院发布的《关于整顿和加强银行工作的几项规定》

---

① 卢汉川主编《当代中国的信用合作事业》，当代中国出版社，2001，第187页。

提出，信用社"人员编制要纳入县集体劳动工资计划，职工待遇应与中国人民银行基本一致"。① 可见，1958 年以来，农村信用社干部的待遇几经波折，最终与国家银行干部的待遇一样，这无疑是对农村信用社干部的一种身份激励。

总之，城乡金融机构经过几次统一的放权与集权，原有的农村金融格局发生了微妙的变化：农村信用社和国家银行的基层机构——营业所重叠，所、社业务划分不清，所、社干部待遇基本一致，在领导方法上，银行对农村信用社直接管理；而且农村信用社与银行界限模糊，其亏损由银行补贴，农村信用社在农村还执行与国家银行一样的利率政策，实际上农村信用社成为"国有企业"。② 因此，农村信用社失去独立性，其身份也发生变化，不仅仅是"国家银行在农村的助手"，更为关键的是它扮演着国家银行在农村的基层机构的角色，具有"国家银行"的身份。农村信用社的"银行化"，客观上使中国人民银行真正形成了从上到下、从城市到农村、从国企到农户的完全垂直的"大一统"金融体制。在这种体制下，作为农村金融机构的信用社成为城市金融机构——中国人民银行在农村的基层机构，即城乡金融机构具有内在的同一性，中国人民银行真正形成了"一统天下"的局面。

（二）城乡金融制度的统一性

20 世纪 50 年代初期，我国确立了重工业优先发展战略。为保证这项战略能够有效实施，国家在计划经济体制下通过政府主导与高度集中，把各种经济资源输入重工业领域，高度集中的"大一统"金融体制客观上把农村金融与城市金融都纳入管理，使城市金融制度与农村金融制度具有内在的统一性。

首先，在信贷资金管理上，城乡金融实行"统存统贷、统收统支"政策。

计划经济时期，我国实行综合信贷资金管理体制，这种体制是中央

---

① 卢汉川主编《当代中国的信用合作事业》，当代中国出版社，2001，第 171 页。
② 赵德馨：《中国近现代经济史：1949—1991》，河南人民出版社，2003，第 335 页。

银行和各专业银行之间、总行和分行之间划分信贷资金来源、管理权限和责任的基本制度；是实现货币发行权集中于中央，对国家银行信贷资金进行综合平衡和相互协调的计划管理体制。[①] 1958 年以来，随着城乡金融管理权的分散与集中，信贷资金管理权也经过几次下放和集中。在权力下放期间，综合信贷资金管理名存实亡，信贷失控，货币超发，对国民经济造成严重影响，国家不得不收回中国人民银行下放的权力。在中国人民银行收回下放的权力后，信贷资金也趋于集中，得到统一管理，完全排斥资本市场的作用，计划经济时期实行的"统存统贷"政策并没有发生本质改变。

在综合信贷资金管理体制中，国家取消企业信用，全国信用活动都集中于中国人民银行，中国人民银行根据国家下达至企业的生产计划和国家的财政预算制订信贷收支计划，根据国家的劳动工作计划与农副产品采购计划制订现金发行计划，以"统存统贷、统收统支"的高度集中统一的形式管理城乡信贷资金，中国人民银行各级机构吸收的一切存款一律上缴总行统一使用，不能自行安排，[②] 即"统存"；各级银行发放的贷款，是由总行分别核定计划指标，逐级下达的，各级银行只能在指标范围内进行贷款发放，即"统贷"：二者结合在一起就是"统存统贷"。

同样，农村金融机构——银行营业所和农村信用社，作为中国人民银行的基层金融机构，统一执行国家金融政策，承担中国人民银行总行的转存款任务，通过"统存"方式把大量资金上缴中国人民银行总行，发放的贷款是以中国人民银行总行下达的指标进行"统贷"。在高度集中的金融体制下，农村金融机构只是动员农村储蓄的工具，没有独立性，实际上农村金融是城市金融（中国人民银行）在农村地区的延伸，是城市金融在农村地区的"神经末梢"，城市金融与农村金融合二为一，[③] 二者在金融制度上具有统一性。

[①] 尚明主编《当代中国的金融事业》，中国社会科学出版社，1989，第 252 页。
[②] 尚明主编《新中国金融五十年》，中国财政经济出版社，2000，第 73 页。
[③] 陈俭：《新中国城乡金融关系演化论纲》，《江汉论坛》2017 年第 9 期。

其次，在利率管理上，城乡金融实行统一的低利率政策。

重工业是资本密集型产业，需要的资金多，建设周期长，如果让资本价格（利率）在市场上自发形成，就会导致重工业因利率很高而无法建成。因此，要保证重工业以较低的建设成本迅速建成，首要的条件就是降低资本价格，维持一个稳定的低利率水平，[①] 包括储蓄存款的低利率水平和贷款的低利率水平。

"大跃进"时期，受"共产风"影响，很多人认为，利率过高不利于群众集资，于是，中国人民银行于 1958 年 10 月大幅度降低城乡储蓄存款利率，降低华侨储蓄存款利率，规定信用社吸收存款统一执行中国人民银行规定的利率标准，并规定以后不许其自定存款利率。利率标准如表 2-1 所示，1956 年 3 月至 1959 年 1 月，银行和信用社的活期储蓄存款月利率由 2.4‰降低到 1.8‰，定期半年的储蓄存款月利率由 5.1‰降到 3.0‰，定期一年的储蓄存款月利率由 6.6‰降到 4.0‰。同时，规定工业、农业、商业贷款月利率统一按 6‰计算，这样，全国城乡的各项贷款利率完全统一。

表 2-1　银行、信用社储蓄存款月利率变动

单位：‰

时间	银行储蓄					信用社储蓄				
	活期	半年	一年	三年	五年	活期	半年	一年	三年	五年
1953 年前	4.5	10.5	12.0					20.0~30.0		
1953 年 10 月	4.5	9.0	12.0					10.0~18.0		
1955 年 10 月	2.4	5.1	6.6			3.3	6.6	9.0		
1956 年 3 月	2.4	5.1	6.6			2.4	5.1	6.6		
1959 年 1 月	1.8	3.0	4.0			1.8	3.0	4.0		
1959 年 7 月	1.8	3.9	5.1	5.42		1.8	3.9	5.1	5.42	

① 林毅夫、蔡昉、李周：《中国的奇迹：发展战略与经济改革》（增订版），格致出版社、上海三联书店、上海人民出版社，2012，第 39 页。

续表

时间	银行储蓄					信用社储蓄				
	活期	半年	一年	三年	五年	活期	半年	一年	三年	五年
1965 年 6 月	1.8	2.7	3.3			1.8	2.7	3.3		
1971 年 10 月	1.8	2.7	2.7			1.8	2.7	2.7		
1979 年 4 月	1.8	3.0	3.3	3.75	4.2	1.8	3.0	3.3	3.75	4.2

注：信用社储蓄存款利率，1956 年以前由各省份自定，表列利率是部分省份实际执行利率，从 1956 年开始各类储蓄存款利率与银行一致。

资料来源：卢汉川主编《中国农村金融历史资料（1949~1985·大事记）》，湖南省出版事业管理局，1986，第 559 页。

1959 年 7 月，为了贯彻中共中央关于大力压缩社会购买力的指示，缓和市场物资供应紧张的问题，中国人民银行决定提高储蓄存款利率，把银行和信用社的半年期储蓄存款月利率由 1959 年 1 月的 3.0‰提高到 3.9‰，一年期储蓄存款月利率由 1959 年 1 月的 4.0‰提高到 5.1‰，活期储蓄存款月利率仍然是 1.8‰，三年期储蓄存款月利率是 5.42‰。

国家银行同信用社往来的月利率在 1955 年 10 月为 9.0‰，1959 年 1 月降为 4.2‰，1965 年又降为 3.9‰。[①] 储蓄存款利率在 1959 年、1965 年连降 2 次。1965 年 6 月，中国人民银行统一降低储蓄存款利率，城乡活期储蓄存款月利率为 1.8‰、半年期储蓄存款月利率由 1959 年 7 月的 3.9‰降低到 2.7‰、一年期储蓄存款月利率由 1959 年 7 月的 5.1‰降低到 3.3‰。此时，银行、信用社的利率完全由中国人民银行总行制定，报国务院审批后统一执行，农村信用社的存贷款利率与银行完全一致了。

1971 年 8 月，财政部请示国务院批准适当降低利率水平，减少利率种类。银行存款和贷款利率分别简化为 3 个和 5 个档次，信用社贷款利率归并为 2 个档次。贷款利率一般降低 30% 左右，存款利率一般降低 20% 左右。1971 年 10 月开始，又把一年期储蓄存款月利率由 1965 年 6 月的 3.3‰降低到 2.7‰，这与半年期储蓄存款月利率完全一样，实际

[①] 郑先炳：《利率导论》，中国金融出版社，1991，第 119 页。

上减少了储蓄存款的利率档次。在贷款利率方面，规定国营工商企业和外贸企业贷款的月利率只有4.2‰，国营农场和农村社队生产费用贷款的月利率只有3.6‰，农村社队生产设备贷款月利率只有1.8‰。这次利率调整以后，一直到1979年3月，利率未再变动。

同时，"文革"期间，受极左思想的影响，利率水平日趋降低，利差越来越小，利率档次越来越少。[1] 而且，银行还增加了现金保管业务（即无息存款），规定凡把满5000元的现金自愿交给银行保管，不计息，这实际上取消了储蓄存款利率，[2] 完全扭曲和僵化了利率政策。计划经济时期城乡金融机构普遍调低存款利率，统一实行低利率政策，目的是保障城市工业化所需的低成本资金。

最后，在结算管理上，城乡金融实行统一的银行转账结算制度。

计划经济时期，为保证国家计划的顺利实施，我国实行"大一统"金融体制，该体制的一个重要特点就是：为了防止资源配置的"自发性"，作为支付手段的现金的使用被严格限制和控制；信用关系只允许在国家银行与工商企业之间发生，工商企业相互之间发生的信用关系（商业信用）被严格禁止。[3] 随着以中国人民银行为主体的金融体系的建立，我国学习苏联经验试行"八种结算方式"，城乡金融实行统一的银行转账结算制度，对现金的使用进行严格限制和控制，其目的是在有计划地组织货币流通的基础上，结合信贷对资金进行监督，并帮助企业推行经济核算制，以保证计划经济体制的施行。

早在1954年10月，中国人民银行就召开座谈会，讨论"加强银行结算工作"，在总结"八种结算方式"试行经验的基础上，修订了《国营企业、供销合作社、国家机关、部队、团体间非现金结算暂行办法》，强调通过结算取消商业信用，以免使国家资金脱离计划而盲目地进行再分配。[4] "大跃进"时期，原有的结算制度被视为"教条"，被任意删改

---

① 李扬等：《新中国金融60年》，中国财政经济出版社，2009，第74页。
② 杨希天等编著《中国金融通史》（第六卷），中国金融出版社，2002，第159页。
③ 吴敬琏：《当代中国经济改革：战略与实施》，上海远东出版社，1999，第257页。
④ 杨希天等编著《中国金融通史》（第六卷），中国金融出版社，2002，第161～162页。

和革除，这破坏了正常的结算工作秩序，造成了账目混乱。1959 年 5 月，中国人民银行召开全国分行行长工作会议，恢复和整顿主要规章制度，提出在结算方面的主要任务是：根据国家计划管理的要求，正确及时地组织各单位间商品交易、劳务供应和资金调拨的转账结算，节约现金使用，通过结算监督，巩固合同制度，加强企业经济核算，并促进商品和资金的正常周转，为工农业生产和商品流通服务。[①] 同时，中国人民银行颁布《非现金结算办法》，强调银行办理现金结算业务的原则。但是，受到极左思想的影响，中国人民银行颁布的办法很难贯彻落实。1962 年 3 月、4 月，中共中央、国务院发布"银行工作六条""财政工作六条"，再次强调"各部门必须坚决保证实行中国人民银行下达的结算办法，并严格结算纪律，银行必须认真坚持结算制度"。

"文革"开始后，结算制度又遭到否定和批判，因而出现无章可循的混乱局面。1972 年中国人民银行颁布了《中国人民银行结算办法》，这对纠正当时银行结算的混乱状况有重要作用。随后，针对城乡经济领域不断出现投机倒把等违法活动以及银行账户管理不严、空头支票大量产生的现象，中国人民银行从 1975 年开始对城镇集体企业、农村社队进行现金管理，做好转账结算工作。1976 年 9 月，中国人民银行推行《城乡限额结算办法》，解决了农村社队到县城购买生产资料时人到而汇款未到的问题。[②] "文革"结束后，中国人民银行召开会议，批判了极左思潮对银行工作的影响。1977 年 10 月发布的《中国人民银行账户管理办法》和新的《中国人民银行结算办法》，取消了"提货收据结算办法"，积极组织推广"限额结算办法"，不断补充、完善银行结算制度。

纵观计划经济时期，从 1953 年起，中国开始建立全国统一的结算体系，确立了全国各个银行、各个部门、各个单位办理资金结算业务的

---

① 杨希天等编著《中国金融通史》（第六卷），中国金融出版社，2002，第 163 页。
② 尚明主编《当代中国的金融事业》，中国社会科学出版社，1989，第 504 页。

共同准则，形成了庞大的遍布城乡的结算网络。① 在这个网络中，城乡金融都实行统一的银行结算制度，虽然其间有曲折，但是，以中国人民银行为主体的城乡统一的银行结算体系没有发生根本改变。据统计，1951～1978年，通过银行办理转账结算的收付总额平均每年增长9.6%。由于转账结算的大力开展，现金收付额压缩到最低水平，并和转账收付额保持基本稳定的比例。这近30年间，除了1957～1958年银行现金收付额占全部收付额的比重超过6%外，其余年份基本在5%左右。② 计划经济时期，城乡金融实行统一的银行转账结算制度，为国家"守计划、把口子"，在帮助企业推行经济核算制、促进计划经济体制在城乡地区的顺利实施等方面发挥了极其重要的作用。

（三）城乡金融功能的财政化

金融的功能实际上是指金融在国民经济中所处的地位、可能或应该发挥的作用、作用的方式和机制等。一般来说，金融的基本功能有四个：资金融通、支付与清算、价格发现和风险管理。在计划经济时期，我国实行以中国人民银行为核心的"大一统"金融体制，排斥金融市场的作用，金融的价格发现功能和风险管理功能无从谈起；而在计划金融"统存统贷、统收统支"的资金管理体制下，我国采取中央银行与商业银行合一的单一银行体制，银行只承担微不足道的资金跨时间配置功能，对企业的融资限定于"非定额流动资金"（即流动资金的非常年占用部分）贷款，③ 金融的资金融通功能也无法体现。在这种情况下，金融功能仅限于支付与清算，金融成为"管资金"的单一角色。④ 计划经济时期，我国实行"大财政、小金融"的政策，财政在计划经济中处于主导地位，金融功能被弱化了，且体现出金融功能的财政化。

计划经济时期，我国金融机构的主要业务就是吸收存款和发放贷

---

① 杨希天等编著《中国金融通史》（第六卷），中国金融出版社，2002，第165页。
② 杨希天等编著《中国金融通史》（第六卷），中国金融出版社，2002，第165～166页。
③ 吴敬琏：《当代中国经济改革：战略与实施》，上海远东出版社，1999，第257页。
④ 兰日旭：《新中国金融业变迁及其特征：基于金融职能变化的视角》，《河北师范大学学报》（哲学社会科学版），2017年第6期。

款。以中国人民银行为核心的金融体系，排斥私人银行，取缔民间借贷，并建立起遍布城乡的储蓄网络。中国人民银行各分支机构按照总行下达的任务，把吸收的存款转存到中国人民银行总行，以保证工业化战略所需的资金。企业单位所需贷款，由国家下达计划指标，通过中国人民银行各分支机构去执行；农村金融机构——银行营业所和农村信用社按照国家下达的农贷指标开展贷款业务。而且，利率一降再降，保证了工业化战略所需的低成本资金。实际上，计划经济时期，我国城乡金融机构，无论是银行还是信用社都发挥着筹资功能，即为国家工业化战略筹集廉价资金的功能。

"大跃进"时期，随着我国信贷管理权限的不断下放，无论是城市金融机构还是农村金融机构，都放松了信贷管理，甚至敞开资金供应。1958 年 8 月，中国人民银行为支持商业工作"大跃进"而提出"收购多少物质，银行就供应多少资金；在哪里收购，就在哪里供应；什么时候收购，就什么时候供应"的口号，信贷资金被当作财政资金使用，为搞计划外的投资和基本建设提供了方便之门。1958 年 12 月，为调整财政和银行的关系，国家把国营企业的流动资金交给中国人民银行统一管理，试行"全额信贷"，造成信贷失控和金融混乱。同时，农村金融机构的资金被"一平二调"，信贷资金也被当作财政资金，用以支持计划外建设，大量农业贷款沉淀为呆账，后来国务院不得不动用财政资金来豁免这些贷款。国务院豁免的 1961 年以前的农村欠款达 91 亿元，其中豁免的银行农业贷款的 45 亿元中，有 16.4 亿元是 1958~1960 年发放的。[①] 1962 年 3 月，"银行工作六条"不得不提出"严格划清信贷资金和财政资金的界限，不许用银行贷款作财政性开支"。

"文革"期间，受到极左思想的影响，金融的功能被弱化，信贷资金依然被当作财政资金来弥补财政投资的不足，甚至农村金融机构发放的救济贷款被当作"慈善"资金，农村金融变为财政政策性金融。而

---

① 李扬等：《新中国金融 60 年》，中国财政经济出版社，2009，第 47 页。

且，在此期间，国家还把金融机构财政化，混淆了财政与金融的职能和界限。1969 年 7 月，中国人民银行和财政部合署办公，国家直接把中国人民银行并入了财政部管理，银行的组织机构体系和业务管理体系从上到下，无法集中统一，中国人民银行管理信贷的职能同各级财政预算的职能发生混淆，中国人民银行控制信贷、稳定货币的职能被削弱。用贷款保财政收入、保投资缺口，为经济和金融的综合平衡设置了难以克服的体制障碍。[①]

同时，计划经济时期，与中国人民银行在金融组织体系中的垄断地位相对应，为数不多的几家商业银行，如中国银行、中国农业银行和中国人民建设银行等，一直没有得到充分发展。它们既不从事银行信用活动，也不从事商业信用活动，主要业务是吸收存款并将其上存至中国人民银行，而且通过接受中国人民银行的计划指令，承担财政信用的功能。在这种体制下，所有商业银行都是为了执行和配合国家计划而设置的，因而，在本质上，它们都是执行财政命令的单位和管理国家资金的机构。[②] 它们存在的目的是最大限度地控制全社会的资金来源，为国家计划服务。

总之，在这一时期，银行的地位和作用已经被扭曲，银行变成了单纯的行政机构，成为财政的会计、出纳机构，不能自主经营。银行成为各级政府实现经济扩张的工具，成为实现财政收支平衡的手段。[③] 因此，无论是城市金融还是农村金融，都成为财政的"附庸"，其功能完全财政化了。

（四）城乡金融发展的抑制性

自"一五"计划开始，我国便确立了重工业优先发展战略。为了保证这项战略的实施，国家采取了高度集中的计划经济体制，即通过资源的计划配置，扭曲宏观的经济环境，人为地压低工资、利率、汇率和

---

① 中国人民银行编著《中国人民银行六十年：1948—2008》，中国金融出版社，2008，第 52 页。
② 李扬等：《新中国金融 60 年》，中国财政经济出版社，2009，第 61 页。
③ 尚明主编《新中国金融五十年》，中国财政经济出版社，2000，第 73 页。

生活必需品价格，从而降低发展重工业的成本。这种与重工业优先发展战略相适应的宏观政策取向，核心是全面排斥市场机制的作用，人为扭曲生产要素和产品的相对价格。① 这种政策在金融领域的主要表现就是对金融业的全面管制与抑制，主要包括：实行信贷配给政策、扭曲利率和汇率的作用、限制金融产品等。

1. 实行信贷配给政策

为了与重工业优先发展战略和计划经济体制相适应，我国在金融领域确立了"大一统"计划金融体制，并实施"统存统贷、统收统支"的信贷资金管理政策，按照一定的计划指标为国营企业和生产单位配给资金。在城市，信贷资金主要由中国人民银行各分支机构按照国家信贷指标投向国营企业，成为国营企业"非定额流动资金"（有时还包括定额流动资金）的主要来源；在农村，信贷资金主要由中国人民银行各分支机构（包括农村信用社）按照国家确定的农贷指标投向人民公社，解决农村的生产、基础设施建设和贫困农民的生活等问题。在具体实施过程中，随着我国经济管理体制的分权，信贷计划指标多有突破，但在权力的集中过程中，信贷指标又有所收紧。总之，计划经济时期，城乡信贷按照计划指标进行配给，一直是我国"大一统"的计划金融体制的重要内容。但是，由于资金有限，政府为保证重工业发展的资金来源，一般会抑制农业、轻工业等部门的金融需求，城乡金融发展受到抑制，此时期的农业、轻工业发展缓慢就是一个明显的例证。

2. 扭曲利率和汇率的作用

为保证重工业优先发展，我国在金融领域采取抑制性的计划金融体制为重工业发展筹集资金，并且压低利率，保证重工业的低成本运行。1949~1978 年，我国不断降低利率水平，简化利率档次。其中，储蓄存款利率在 1959 年、1965 年连降 2 次。到 1965 年 6 月，中国人民银行统一降低储蓄存款利率，城乡活期、半年期、一年期的储蓄存款利率，分

---

① 林毅夫、蔡昉、李周：《中国的奇迹：发展战略与经济改革》（增订版），格致出版社、上海三联书店、上海人民出版社，2012，第 39 页。

别比 1955 年 10 月降低 25%、53% 和 50%。[①] 1971 年 10 月，中国人民银行又把城乡储蓄存款的半年期、一年期利率统一规定为 2.7‰。在利率调整后，利率档次进一步减少，贷款利率减少到只有 3 个档次，比 1952 年 12 个贷款档次减少了 3/4；存款利率的档次也减少为 4 档。[②] 另外，为了保证重工业发展所需的技术和成套设备的进口，我国政府出面干预外汇价格，高估本国币值，实行低汇率政策，减少农产品出口所获得的国内货币，从而实现向这些产业的间接征税，这同样可以为优先发展重工业服务。[③] 总之，在计划经济时期，无论是利率还是汇率，都受到了扭曲和抑制，利率和汇率的作用受限，其调节经济运行的杠杆作用根本无法发挥。

3. 限制金融产品

计划经济时期，我国对金融实行全面管制，不仅对货币数量、利率和汇率都进行了控制，而且严格限制金融产品。其主要表现为：不允许任何国营企业和生产单位发放股票、债券和期货等金融产品；而且，1959 年取消了城乡商业保险业务，只保留国外保险业务。这样，计划经济时期，我国城乡金融市场上存在的金融产品只剩下存款、贷款与转账、汇兑，其他金融产品都被取消，城乡所有企业之间的商业信用也都被取消，只保留了银行信用。国家限制金融产品，目的是避免企业占用过多流动资金，分散资金使用方向，避免影响国家计划的统一性和权威性，从而保证重工业发展的资金来源。但是，国家对金融的全面管制，使得无论是国家银行还是农村信用社，除了存贷款几乎都没有其他金融产品，客观上，单一的金融产品抑制了我国金融的发展，使我国城乡金融的发展都处在低水平、低层次的阶段。

---

① 郑先炳：《利率导论》，中国金融出版社，1991，第 119 页。
② 郑先炳：《利率导论》，中国金融出版社，1991，第 121 页。
③ 林毅夫、蔡昉、李周：《中国的奇迹：发展战略与经济改革》（增订版），格致出版社、上海三联书店、上海人民出版社，2012，第 40、63 页。

第二节 城乡金融关系"统一化"的原因与实质

一 城乡金融关系"统一化"的原因

（一）全国金融"一盘棋"：为实物化的国民经济计划服务

计划经济体制具有以下重要特征：公有制经济在所有制结构中占据主导地位，排斥私人经济。苏联等社会主义国家把这种体制简单概括为：社会主义＝公有制＋计划经济。新中国成立初期，我国学习苏联经验，确立了生产资料公有制的主体地位，并仿照"苏联模式"建立起高度集中的计划经济体制。在国民经济运行中，国家在生产、资源分配以及产品消费等方面事先进行计划，以保证计划经济的顺利开展。其中，在社会资源的分配中，财政处于核心地位，是社会主义国家实行计划经济的关键手段，政府通过财政预算把资金按照计划投向生产、流通和分配等环节。为了保证计划的权威性、严肃性，政府对资源的分配辅以"配给"制度，对产品消费辅以"票证"制度，使国民经济呈现"实物化"的特色。

实物化的国民经济计划中，金融处于财政的辅助地位，实际上是对财政的补充。政府在财政不足时，需要向遍布城乡的金融机构吸收储蓄资金。一方面，城乡金融机构把吸收的资金统一转存到中国人民银行总行；另一方面，中国人民银行各分支机构按照国家贷款计划，统一下达贷款指标和任务，从而把农村金融纳入城市金融管理，使农村金融机构"银行化"。其目的是实行全国金融"一盘棋"，为实物化的国民经济计划服务，尽量取消企业之间、企业与个人之间以及个人与个人之间的商业信用。此时的金融体系只把信用集中于单一的国家银行，减少金融产品，抑制金融创新，以免企业和个人占用更多资金，尽最大可能使城乡金融资源流入国家银行，从而使其集中统一到国家计划中。在这种情况下，城乡金融机构的吸储成为在计划经济时期最为重要的功能，城乡金融机构也单纯扮演着"积极吸储、计划放贷"的角色。因此，计划经济时期，我国城乡金融关系"统一化"的主要原因，就是实现全国金融"一盘棋"，使其辅助财政，为实物化的国民经济计划服务。

（二）集中全国金融资源：为重工业优先发展战略提供资金支持

新中国成立初期，我国实行重工业优先发展战略。为保证这项战略能够有效实施，国家需要采取措施，动员资源，支持这种在市场经济条件下没有自生能力的重工业的发展。而当时经济剩余主要来自农业，农业剩余少而且分散，政府在农村地区的收税能力弱，这就需要建立一套不同于市场调节机制的宏观政策体系，即建立社会主义计划经济体制，实行资源配置的计划制度，使资源配置有利于重工业的发展。具体来说，就是要人为地降低发展重工业的成本，同时增强资源动员能力，包括为重工业发展提供廉价的劳动力、资金、原材料，以及进口的设备和技术。[①] 也就是说，整个社会的生产要素和产品的相对价格被人为扭曲。

这种政策在金融领域主要体现在以下三个方面。第一，设立遍布城乡的储蓄机构，并把农村金融机构变成城市金融机构的分支机构，把农村金融纳入城市金融管理，实行城乡统一的金融制度，把城乡金融资源，尤其是乡村分散的金融资源聚集进来，然后通过统一的上存任务把吸收的资金集中到中国人民银行总行手中。第二，社会主义的一个突出特点就是"集中力量办大事"，政府把全社会的资源向重点行业、重要产业、关键领域集中，实现国家的发展目标。中国人民银行根据国家的贷款计划，在国民经济发展中把资金重点投向重工业部门。第三，中国人民银行实行金融管制政策，压低利率、汇率价格，限制金融产品，取消民间金融，把城乡金融资源集中起来，实行信贷配给，不仅保证了重工业发展的资金来源，而且为重工业发展提供了低成本资金。这在经济上要求实行高度集中的计划经济体制，要求在金融领域建立以人民银行

---

① 林毅夫、蔡昉、李周：《中国的奇迹：发展战略与经济改革》（增订版），格致出版社、上海三联书店、上海人民出版社，2012，第38页。

为中心的、城乡统一的、高度集中的"大一统"金融体制，以保证这一战略顺利实施所需的资金，这是我国实现城乡金融关系"统一化"的重要原因。

（三）构建城乡统一的、单一的国家银行体制：苏联计划金融的影响

20 世纪 20 年代末至 30 年代末，斯大林领导苏联进行社会主义建设，苏联工业化取得了巨大的成就，这为其成功战胜法西斯、取得"二战"的胜利奠定了物质基础。苏联的经济建设模式被称为"斯大林模式"，深深影响了东欧等社会主义国家。其典型特点就是高度集中的计划经济加公有制。一方面，通过没收私人企业消灭资本家阶级，建立公有制的经济基础；另一方面，在国民经济各领域实行计划经济。斯大林强调："国民经济有计划发展的规律，只是在具有国民经济的计划发展所要实现的任务时，才能产生应有的效果。"[1] 也就是说，计划经济必须为国民经济的发展任务——工业化服务，才更凸显计划的优势。在金融领域，"斯大林模式"就是建立城乡统一的国家银行体系，实行"单一的国家银行体制"，实行计划金融，使其配合财政工作，为国家工业化目标服务。在这种模式下，苏联的计划金融在国家垄断银行信用的基础上，在城乡建立了统一的银行体制来吸收闲散资金，有力地支持了苏联的工业化。但是，在这种模式下，国家在经济管理体制问题上只片面地强调统一性的一面，而错误地否定了地方和企业在服从统一计划、统一领导的前提下应有的一定独立性的一面，因而大大限制了地方和企业多快好省地发展生产的积极性。[2]

新中国成立初期建立的社会主义计划经济体制，是在学习苏联经济建设的经验后建立起来的，虽然党中央对"斯大林模式"的弊端有所察觉，并力图避免这种模式的缺陷，但是在实际的经济运行中，仍然没

---

[1] 斯大林：《苏联社会主义经济问题》，人民出版社，1961，第 32 页。

[2] 向祖文：《苏联经济思想史：从列宁到戈尔巴乔夫》，社会科学文献出版社，2013，第 417 页。

有完全跳出"斯大林模式"的窠臼。

随着我国"一五"计划的完成，经济体制中高度集权的弊端也逐渐显露出来。中共中央、国务院决定下放管理权力，激发地方政府和企业的积极性。在金融领域，无论是城市金融还是农村金融，计划金融都是实行存贷款的计划指标管理制度。但是，在行政性分权改革中，中央把信贷权下放给地方和企业，地方和企业很快就突破计划金融指标，造成了经济管理的混乱，随后中央收回了下放的金融权力。1958~1978年，我国金融领域经历了几次权力的"下放—集中"。但是，每一次权力的集中，都使金融体制似乎又回到了"斯大林模式"下的集权模式，且每次权力的集中都会不断强化城乡金融关系的"统一化"。其表现为：把农村金融纳入城市金融管理，农村金融吸收的资金统一上存到中国人民银行总行，然后由中国人民银行总行按照国家的信贷计划指标分配给遍布城乡的金融分支机构。这形成了城乡金融机构的同一性、城乡金融制度的统一性、城乡金融功能的财政化和城乡金融发展的抑制性，相当于苏联城乡统一的、单一的国家银行体制。实际上，我国城乡金融关系的"统一化"是配合财政部门为我国计划经济"守计划、把口子"，是为重工业发展目标服务的，对保证我国重工业发展所需要的低成本资金具有重要意义。因此，计划经济时期，我国城乡金融关系的"统一化"实践，与"斯大林模式"下苏联计划金融所带来的直接影响是分不开的。

二　城乡金融关系"统一化"的实质：城市金融通过计划手段汲取农村金融资源

为建立工业化的初步基础，新中国成立初期政府在资金不足、技术落后的情况下确立了重工业优先发展战略，为保证该战略的实施，实行了计划经济体制，通过强制手段扭曲资源配置，以降低重工业发展的成本。在金融领域，实施"大一统"金融体制，把农村金融纳入城市金融管理，使城乡金融关系"统一化"。一方面，把农村信用社"银行化"，使城乡金融机构具有同一性；另一方面，实行城乡统一的金融制度，城乡金融机构通过"统存统贷"，把吸收的存款转存到中国人民银行总行，为国家工业化发展提供资金。我们可以从农村信用社的存款与贷款、国家银行吸收的农村存款与发放给农村的贷款情况来分析城市金融通过计划手段汲取农村金融资源以支持重工业的本质。

首先，从农村信用社的存款与贷款看，农村信用社的资金外流现象严重。由表 2-2 可以看出，1958~1978 年农村信用社的存款、贷款业务都有一定幅度的增长。其中，存款总额从 1958 年的 40.3 亿元增加到 1978 年的 166.0 亿元，增长了 3.12 倍；而同期农村信用社的贷款增长较慢，贷款总额从 1958 年的 24.7 亿元，增长到 1978 年的 45.1 亿元，仅增长了 0.83 倍。农村信用社的贷款增长速度小于存款增长速度，客观上也说明了农村信用社存贷款之间存在"剪刀差"，这可以用存贷比和存贷差来表示。

表 2-2　1958~1978 年农村信用社存款和贷款变动趋势

单位：亿元，%

年份	存款总额	集体存款	农户存款	其他存款	贷款总额	集体和乡镇贷款	农户贷款	存贷差	存贷比
1958	40.3	20.2	20.1	—	24.7	13.6	11.1	15.6	61
1959	45.0	24.0	20.0	—	22.9	16.0	6.9	22.1	51
1960	43.1	27.9	15.2	—	22.3	12.7	9.6	20.8	52
1961	47.1	30.9	16.2	—	17.6	9.5	8.1	29.5	37
1962	28.2	18.4	9.8	—	15.6	7.9	7.7	12.6	55
1963	31.4	21.3	10.1	—	13.8	5.6	8.2	17.6	44
1964	42.8	32.1	10.7	—	14.1	4.1	9.9	28.7	33
1965	48.0	35.1	12.9	—	13.5	3.1	10.4	34.5	28
1966	60.9	46.3	13.6	—	15.2	3.8	11.4	45.7	25
1967	73.2	59.2	14.1	—	14.6	3.6	11.0	58.6	20
1968	75.7	59.7	16.0	—	16.5	4.0	12.5	59.2	22
1969	73.3	58.4	14.9	—	17.8	4.5	13.3	55.5	24

年份	存款总额	集体存款	农户存款	其他存款	贷款总额	集体和乡镇贷款	农户贷款	存贷差	存贷比
1970	76.4	61.4	15.0	—	18.8	5.6	13.2	57.6	25
1971	90.3	64.2	17.0	9.1	19.4	6.8	12.6	71.4	21
1972	90.9	61.5	20.1	9.3	21.1	9.1	12.0	69.8	23
1973	104.8	67.3	27.1	10.4	20.8	9.3	11.5	84.2	20
1974	121.2	78.1	30.6	12.5	22.0	10.7	11.3	98.6	19
1975	135.1	85.1	35.1	14.9	26.7	15.4	11.3	108.4	20
1976	141.2	89.4	36.9	14.9	35.8	24.1	11.7	105.4	25
1977	151.3	89.3	46.5	15.5	39.7	28.3	11.4	111.6	26
1978	166.0	93.8	55.7	16.6	45.1	33.9	11.2	120.9	27

注：表中存贷款均指年底余额。

资料来源：国家统计局编《奋进的四十年 1949—1989》，中国统计出版社，1989，第 433 页。

存贷比是农村贷款除以农村存款，是农村金融资源外流情况的重要衡量指标。从表 2-2 所示的农村信用社的存贷比可以看出：1958～1978 年，中国农村信用社的存贷比很低，最高的年份是 1958 年，存贷比为 61%，即农村信用社发放的贷款最多是其吸收的存款的 61%；最低的年份为 1974 年，存贷比为 19%，也就是说这一年农村信用社发放的贷款不到其吸收存款的 1/5，大量资金流向城市和工业。而且，从 1958 年后，农村信用社存贷比呈下降趋势，大多年份低于 30%。存贷比的下降说明农村信用社从农村吸收存款的速度快于给农村发放贷款的速度，农村信用社存贷款之间的"剪刀差"不断扩大。存贷差是农村存款减去农村贷款，是农村金融资源外流情况的另一个重要衡量指标。据统计，1958～1978 年农村信用社的存贷差总额达 1228.3 亿元，农村信用社是农村金融资源外流的最重要渠道。

其次，从国家银行吸收的农村存款与发放给农村的贷款看，国家银行也是抽取农村资金的重要渠道。由表 2-3 可以看出，1958～1978 年国家银行吸收的农村存款与发放给农村的贷款都有一定幅度的增长。其中，农村存款总额从1958年的27.8亿元增加到1978年的154.4亿元，增长了4.55倍；而同期国家银行发放给农村的贷款增长相对较慢，农村贷款总额从1958年的43.4亿元增长到1978年的115.6亿元，仅增长了1.66倍。国家银行吸收农村存款的增长速度大于发放给农村贷款的增长速度，客观上也说明了国家银行吸收的农村存款与发放给农村的贷款之间存在"剪刀差"，其可以用存贷差来表示。1958~1978年国家银行吸收的农村存款与发放给农村的贷款情况显示，1970年前，国家银行吸收的农村存款总体小于发放给农村的贷款；1971年后，国家银行吸收的农村存款大于发放给农村的贷款，且这种存贷差额呈扩大趋势。综合1958~1978年国家银行吸收的农村存款与发放给农村的贷款的存贷差情况，可知这21年间国家银行吸收的农村存款比发放给农村的贷款多189.2亿元，说明国家银行的农村基层机构也是直接转移农村金融资源的重要渠道。

表2-3 1958~1978年国家银行吸收的农村存款与发放给农村的贷款

单位：亿元

年份	农村存款总额	农村贷款总额	存贷差	年份	农村存款总额	农村贷款总额	存贷差
1958	27.8	43.4	-15.6	1969	78.4	84.0	-5.6
1959	48.2	44.5	3.7	1970	83.3	85.1	-1.8
1960	49.9	62.8	-12.9	1971	93.5	51.6	41.9
1961	56.2	63.7	-7.5	1972	91.4	56.6	34.8
1962	31.6	66.7	-35.1	1973	107.3	58.8	48.5
1963	34.6	70.8	-36.2	1974	123.4	64.0	59.4
1964	45.6	71.5	-25.9	1975	136.9	72.4	64.5
1965	50.0	78.2	-28.2	1976	136.7	90.4	46.3
1966	62.9	77.7	-14.8	1977	143.2	98.3	44.9
1967	69.3	81.4	-12.1	1978	154.4	115.6	38.8
1968	83.3	81.2	2.1				

资料来源：卢汉川主编《中国农村金融历史资料（1949~1985·大事记）》，湖南省出版事业管理局，1986，第534页。

客观来说，农村金融机构存贷比的下降与存贷差的扩大，最直接的结果是资金非农化，这并不是说农村不需要资金，而是国家根据自己的偏好顺序，在制度安排中让农村金融机构（国家银行的基层机构——营业所与农村信用社）承担着动员农户储蓄以提供工业化建设所需资金的重任。农村金融资源外流现象严重，说明农村金融对农村投入少、吸入多，或者说对农村"输血少""抽血多",[①] 农村金融机构成为国家银行抽取农村剩余资金的主要渠道。

总之，为支持工业化发展，1958~1978 年我国城市金融与农村金融之间是"汲取型"关系，而且这种"汲取型"的城乡金融关系是政府依靠计划推动形成的。在计划经济体制下，城乡金融关系"统一化"，把农村金融纳入城市金融管理，并成为城市金融的一部分，大量农村金融资源通过农村金融机构流入城市，为国家工业化发展提供资金，使农村金融成为动员农村储蓄的工具。我国城乡金融关系的"统一化"有利于政府对整个金融业实行控制，以便把金融资源投入重点行业和部门，实现政府的效益最大化目标。因此，我国城乡金融关系的"统一化"，本质上是城市金融通过计划手段汲取农村金融资源以支持重工业的发展。

第三节　城乡金融关系"统一化"对城乡金融发展以及城乡二元体制形成的影响

一　城乡金融关系"统一化"对城乡金融发展的影响

（一）金融发展及其衡量的一般指标

按照现代金融理论，金融发展主要指金融结构的变化，研究金融发展必须以有关金融结构在短期或长期内变化的信息为基础。这些信息既可以是连续时间内的金融交易流量，也可以是不同时点上对金融结构的

---

① 姚会元、陈俭：《农村信用社制度异化问题探析》，《学术交流》2008 年第 11 期。

比较。① 金融结构的主要统计特征表现在以下五个方面。①金融资产（金融工具）：金融资产总额在各个组成部分中的占比。②金融机构：金融机构与非金融机构的金融工具发行额之比是反映金融过程机构化程度的最通用指标。③各类主要金融中介机构的相对规模：如中央银行、发行支票的商业银行、储蓄机构和保险组织的相对规模。④外部融资：各种金融工具所占的比重。⑤金融相关比：全部金融资产价值与全部实物资产（即国民财富）价值之比，这是衡量金融上层结构相对规模的最广义指标。② 一般来说，金融结构的这些特征可以作为衡量金融发展的一般指标。

但是，根据美国经济学家雷蒙德·W.戈德史密斯的理论，要分析各种金融结构，必须将私有制经济（包括混合经济）与中央计划经济分开。在后一种经济中，政府拥有并经营着大部分实物资产。从形式上看，这两种经济中金融结构的主要区别在于：在中央计划经济中，金融工具中缺失公司股票，金融机构中缺失私营投资银行、投资公司和信托组织；且在中央计划经济中，金融体系附属于劳动力和商品，它们按官方意向流动，金融体系为这种实物经济服务，而不是一种参与资源分配的独立要素。③ 各国金融发展的差异又相当显著，主要差异在于：政府（包括中央政府和地方政府）对某些金融机构的拥有及参与经营的程度有所不同。④

（二）我国城乡金融发展的低水平、低层次

雷蒙德·W.戈德史密斯的理论对广大发展中国家的金融发展具有一定的参考价值，对我国的计划金融发展也具有一定的参考价值。1958~

---

① 〔美〕雷蒙德·W.戈德史密斯：《金融结构与金融发展》，周朔等译，上海三联书店、上海人民出版社，1994，第32~33页。
② 〔美〕雷蒙德·W.戈德史密斯：《金融结构与金融发展》，周朔等译，上海三联书店、上海人民出版社，1994，第44~45页。
③ 〔美〕雷蒙德·W.戈德史密斯：《金融结构与金融发展》，周朔等译，上海三联书店、上海人民出版社，1994，第27页。
④ 〔美〕雷蒙德·W.戈德史密斯：《金融结构与金融发展》，周朔等译，上海三联书店、上海人民出版社，1994，第35页。

1978 年，我国处在计划经济时期，实施重工业优先发展战略。为保证政府目标的实现，在金融领域，我国实行国家银行导向的金融制度，促使城乡金融关系趋向"统一化"，其特点是城乡金融机构具有同一性、城乡金融制度具有统一性、城乡金融功能财政化、城乡金融发展具有抑制性。客观上，这种体制造成了我国城乡金融发展缓慢，处在低水平、低层次发展阶段。

第一，金融资产（金融工具）方面。计划经济时期，为保证重工业所需的低成本资金，我国对金融实行全面管制，严格限制金融产品。不允许任何国营企业和生产单位发行股票、债券和期货等金融产品，还取消了城乡商业保险业务，只保留国外保险业务。这样，计划经济时期，我国城乡金融市场上存在的金融工具只剩下存款、贷款与转账、汇兑。

第二，金融机构方面。在计划经济时期，我国建立了城乡统一的金融机构——中国人民银行，1958 年原本隶属于财政部的中国人民建设银行被撤销，成为财政部基本建设财务司；1959 年起中国人民保险公司所有国内保险业务停办，只保留必要的国外业务，并由财政部划归中国人民银行国外业务局领导办理。国家严禁设立私人金融机构，所有金融机构都为国家所有，由政府经营。农村金融的主体——农村信用社，在成立时按照合作金融的属性进行安排，但是在 1958 年后，经过几次权力的下放与集中，农村信用社最终变为中国人民银行在农村的基层机构，即把农村金融纳入城市金融管理，城乡金融机构具有同一性。又由于非金融机构发行的金融工具数量为零，所以，分析计划经济时期的金融机构与非金融机构的金融工具发行额之比是没有意义的。国家对金融的全面控制，导致无论是国家银行还是农村信用社，除了存款和现金外几乎都没有其他金融产品。

第三，各类主要金融中介机构的相对规模方面。计划经济时期，我国建立了以中国人民银行为主体的"大一统"金融体制，中国人民银行既是中央银行，也是商业银行，整个社会缺乏独立的商业银行、储蓄机构和保险组织。而且，城乡所有企业之间的商业信用都被取消了，只保留了银行信用，即中国人民银行基本垄断了金融业务。所以，金融资产中绝大部分是中国人民银行对政府和国有企业的债权。

第四，外部融资方面。计划经济时期，我国金融基本上对外封闭，外部融资几乎没有。我国金融组织同国际货币基金组织、亚洲开发银行等国际金融机构没有往来，同外国的银行没有业务联系，在外亦无派出机构；外国银行派驻我国的分支机构很少，仅保留的几家外资银行分支机构也没有什么业务活动；我国没有专门、独立从事外汇业务的银行，中国银行对外仅是一块牌子，实际上是中国人民银行的一个国外业务局，而且业务量很少，业务拓展缓慢。[1] 在保险业务方面，只保留必要的国外保险业务，由中国人民银行国外业务局领导办理，业务发展缓慢。

第五，金融相关比方面。金融相关比是指全部金融资产价值与全部实物（即国民财富）价值之比，它是衡量一国金融发展水平的主要指标。由于计划经济时期金融资产主要是现金与存贷款，所以，笔者根据金融相关比的定义，列出 1958～1978 年我国的金融相关比[2]，具体如表2-4 所示。

表 2-4　1958～1978 年我国城乡金融相关比的变动趋势

年份	金融机构存款总额（亿元）	金融机构贷款总额（亿元）	流通中货币额（亿元）	金融资产总额（亿元）	国内生产总值（亿元）	金融相关比
1958	304.0	498.0	67.8	869.8	1308.2	0.66
1959	407.5	814.7	75.1	1297.3	1440.4	0.90
1960	468.5	983.9	95.9	1548.3	1457.5	1.06
1961	491.1	814.8	125.7	1431.6	1220.9	1.17
1962	411.8	691.7	106.5	1210.0	1151.2	1.05
1963	414.9	576.5	89.9	1081.3	1236.4	0.87

---

① 尚明主编《新中国金融五十年》，中国财政经济出版社，2000，第 73 页。
② 由于没有单独的城市、农村货币流通数据，只有总的货币流通额，所以计算的金融相关比是指城乡金融总的金融相关比。

续表

年份	金融机构存款总额（亿元）	金融机构贷款总额（亿元）	流通中货币额（亿元）	金融资产总额（亿元）	国内生产总值（亿元）	金融相关比
1964	439.3	588.8	80.0	1108.1	1455.5	0.76
1965	481.7	656.7	90.8	1229.2	1717.2	0.72
1966	554.8	766.9	108.5	1430.2	1873.1	0.76
1967	582.5	807.0	121.9	1511.4	1780.3	0.85
1968	621.6	902.6	134.1	1658.3	1730.2	0.96
1969	641.2	959.1	137.1	1737.4	1945.8	0.89
1970	702.4	1048.0	123.6	1874.0	2261.3	0.83
1971	770.2	1130.8	136.2	2037.2	2435.3	0.84
1972	781.6	1163.8	151.2	2096.6	2530.2	0.83
1973	869.1	1287.1	166.1	2322.3	2733.4	0.85
1974	903.1	1373.3	176.6	2453.0	2803.7	0.87
1975	982.5	1486.9	182.6	2652.0	3013.1	0.88
1976	993.2	1574.1	204.0	2771.4	2961.5	0.94
1977	1080.4	1699.5	195.4	2975.3	3221.1	0.92
1978	1155.0	1890.4	212.0	3257.4	3645.2	0.89

资料来源：苏宁主编《1949—2005 中国金融统计》（上册），中国金融出版社，2007，第 27~47 页；国家统计局国民经济综合统计司编《新中国六十年统计资料汇编》，中国统计出版社，2010，第 11 页。

表 2-4 显示，1958~1978 年我国城乡金融相关比呈现先升后降，然后平稳发展的趋势。1958 年金融相关比为 0.66，由于"大跃进"期间盲目扩大信贷，我国金融相关比有所增长，到 1961 年达到峰值 1.17，然后开始下降，1965 年降低到 0.72，之后一直在 0.76~0.96 的区间低位徘徊，几乎无增长。可见，1958~1978 年我国金融相关比是比较低的。戈德史密斯认为，欠发达国家的金融相关比相较于欧洲和北美国家要低很多。欠发达国家目前的金融相关比多介于 2/3 和 1 之间，美国和西欧国家在 19 世纪后半期就达到或超过了这个水平。[①] 一般来说，金融

---

① 〔美〕雷蒙德・W. 戈德史密斯：《金融结构与金融发展》，周朔等译，上海三联书店、上海人民出版社，1994，第 39 页。

相关比有提高的趋势。[①] 但是，1958~1978 年，我国金融相关比提高的幅度不大，这 21 年的平均值是 0.88。金融相关比是金融发展的体现，是衡量一国经济金融化的一个重要参考指标。1958~1978 年我国金融相关比长期处在一个比较低的区间，波动幅度不大，说明我国城乡金融发展缓慢，经济金融化程度低，与发达国家相比，我国城乡金融发展处在低水平、低层次阶段。

此外，1958~1978 年我国城乡金融存贷款业务发展缓慢，处于低水平增长阶段。1958~1978 年全国城乡居民储蓄存款情况如表 2-5 所示。

表 2-5　1958~1978 年全国城乡储蓄存款情况

年份	城乡居民储蓄存款总额		城镇居民储蓄存款			农村社员储蓄存款			全国人均储蓄存款（元）
	金额（亿元）	较上年增减（%）	金额（亿元）	较上年增减（%）	比重（%）	金额（亿元）	较上年增减（%）	比重（%）	
1958	55.2	56.8	35.1	25.8	63.6	20.1	175.3	36.4	8.36
1959	68.3	23.7	47.3	34.8	69.3	21.0	4.5	30.7	10.16
1960	66.3	-2.9	51.1	8.0	77.1	15.2	-27.6	22.9	10.02
1961	55.4	-16.4	39.2	-23.3	70.8	16.2	6.6	29.2	8.41
1962	41.1	-25.8	31.4	-19.9	76.4	9.7	-40.1	23.6	6.10
1963	45.7	11.2	35.6	13.4	77.9	10.1	4.1	22.1	6.60
1964	55.5	21.4	44.8	25.8	80.7	10.7	5.9	19.3	7.87
1965	65.2	17.5	52.3	16.7	80.2	12.9	20.6	19.8	8.99
1966	72.3	10.9	57.7	10.3	79.8	14.6	13.2	20.2	9.70
1967	73.8	2.1	59.8	3.6	81.0	14.0	-4.1	19.0	9.71
1968	78.3	6.1	62.3	4.2	79.6	16.0	14.3	20.4	9.91
1969	75.9	-3.1	61.0	-2.1	80.4	14.9	-6.9	19.6	9.37
1970	79.5	4.7	64.5	5.7	81.1	15.0	0.7	18.9	10.41
1971	90.3	13.6	73.3	13.6	81.2	17.0	13.3	18.8	10.60
1972	105.2	16.5	85.1	16.1	80.9	20.1	18.2	19.1	12.09

---

① 〔美〕雷蒙德·W. 戈德史密斯：《金融结构与金融发展》，周朔等译，上海三联书店、上海人民出版社，1994，第38~39 页。

年份	城乡居民储蓄存款总额		城镇居民储蓄存款			农村社员储蓄存款			全国人均储蓄存款（元）
	金额（亿元）	较上年增减（%）	金额（亿元）	较上年增减（%）	比重（%）	金额（亿元）	较上年增减（%）	比重（%）	
1973	121.2	15.2	94.1	10.6	77.6	27.1	34.8	22.4	13.62
1974	136.1	12.3	105.8	12.4	77.7	30.6	12.9	22.3	15.0
1975	149.6	9.9	114.6	8.3	76.6	35.0	14.4	23.4	16.13
1976	159.1	6.4	122.2	6.6	76.8	36.9	5.4	23.2	16.93
1977	181.6	14.1	135.1	10.6	74.4	46.5	26.0	25.6	19.12
1978	210.6	16.0	154.9	14.7	73.6	55.7	19.8	26.4	21.88

资料来源：根据国家统计局编《奋进的四十年 1949—1989》，中国统计出版社，1989，第 350、430、433 页计算整理编制。

就城乡居民储蓄存款来说，虽然在"大跃进"时期，城乡居民储蓄存款总额增长很快，1958 年比上年增长 56.8%，1959 年比上年增长 23.7%。其中，城镇居民储蓄存款这两年分别比上年增长 25.8%、34.8%；农村社员储蓄存款 1958 年比上年增长 175.3%，之后开始下降，到 1962 年降低到最低水平。1962 年城乡居民储蓄存款总额是 41.1 亿元，比上年减少了 25.8%；城镇居民储蓄存款为 31.4 亿元，比上年减少了 19.9%；农村社员储蓄存款为 9.7 亿元，比上年减少了 40.1%。1963 年后，城乡居民储蓄存款开始缓慢增长，受极左思想影响，"文革"前几年城乡居民储蓄存款增长率一直较低，1969 年又出现了负增长；直到"文革"结束后，城乡居民储蓄存款业务才正常运行。1978 年城乡居民储蓄存款总额增长到 210.6 亿元，比 1958 年增长了 2.82 倍。其中，城镇居民储蓄存款增长到 154.9 亿元，比 1958 年增长了 3.41 倍；农村社员储蓄存款增长到 55.7 亿元，比 1958 年增长了 1.77 倍，增长速度约为城镇的一半。尤其值得注意的是，全国人均储蓄存款，1958 年为 8.36 元，1969 年缓慢增长到 9.37 元，至 1971 年一直低于 11 元，1972 年才超过 11 元，1978 年增长到 21.88 元，比 1958 年增长了 1.62 倍，且 1958~1978 年全国人均储蓄存款是 11.48 元。可见，

1958～1978 年，我国城乡金融储蓄存款业务的发展是极其缓慢的，处在一个低水平增长时期。

就城乡贷款来说，1958 年我国城乡金融机构贷款总额为 498.0 亿元，1978 年增长到 1890.4 亿元，[①] 增长了 2.80 倍，1958～1978 年城乡金融机构贷款处于低水平增长阶段。其中，农村金融贷款尤其如此，由表 2-2 可以看出，1958～1978 年农村信用社的贷款业务增长更慢：贷款总额从 1958 年的 24.7 亿元增长到 1978 年的 45.1 亿元，21 年间仅增长 0.83 倍；集体贷款余额从 1958 年的 13.6 亿元增长到 1978 年的 21.8 亿元，增长了 0.60 倍；农户贷款余额在 1958 年为 11.1 亿元，到 1978 年增长到 11.2 亿元，21 年间增长了 0.1 亿元，仅增长了 0.01 倍，农户贷款的增长极其缓慢。因此，在此期间农村金融机构贷款也处于低水平增长阶段。

综合以上分析，计划经济时期，我国对城乡金融实行统一管理，政府垄断、控制城乡金融业务，其他金融产品都被限制，所有企业之间的商业信用都被取消，只保留了银行信用。国家对金融的全面管制，导致无论是国家银行还是农村信用社，除了存贷款几乎都没有其他金融产品。单一的金融产品抑制了我国金融的发展，再加上我国城乡金融存贷款业务发展缓慢，这些因素客观上使我国城乡金融的发展在这一时期处在低水平、低层次阶段。

二　城乡金融关系"统一化"对城乡二元体制形成的影响

（一）城乡二元体制的形成及其影响因素

早在新中国成立初期，党和政府为恢复和发展国民经济，一方面，把土地无偿分配给农民，落实"耕者有其田"；另一方面，在城市调整工商业生产，并提出"公私兼顾、劳资两利、城乡互助、内外交流"的"四面八方"政策。随着这项政策的实施，城乡之间商品、资金和

---

① 苏宁主编《1949—2005 中国金融统计》（上册），中国金融出版社，2007，第 27、47 页。

劳动力等生产要素自由流动，形成了互助、互惠的城乡关系。在这种新型城乡金融关系下，我国国民经济迅速恢复，1952 年的工农业生产总值超过了历史最高水平（1936 年）。其中工业总产值比 1936 年增加22.3%，农业总产值比 1936 年增加 18.5%。[①] 而且，政府不断提高农副产品价格，1952 年的农副产品价格比 1950 年提高了 21.0%，而农村工业品价格只上升 9.7%，[②] 工农产品价格"剪刀差"逐渐缩小，城乡收入差距逐渐缩小，城市化发展迅速。总之，在此期间，城乡之间呈开放、互助、互惠的状态。[③]

1953 年，在苏联援助下我国开始实施重工业优先发展的"一五"计划，但是，落后的农业不能满足工业化快速发展的要求。为解决这对矛盾，政府开始在农村实行"统购统销"政策，并开展农业合作化运动，农产品向城市的自由流动受限，城乡分治制度开始形成。1958 年后进入农业集体化时期，人民公社执行国家计划，农民没有经营自主权，也不能支配自己的剩余产品，完全同生产资料割裂开来。农民作为人民公社社员参加集体劳动，劳动产品按照工分分配，在缺乏激励机制的制度环境下，农民出工不出力的"搭便车"现象普遍发生。而且，国家为阻止农民向条件较好的城市流动，1958 年颁布《中华人民共和国户口登记条例》，限制农民在城市就业和随意流动。这样，城乡分治制度完全形成，最终形成城乡二元体制，直到 1978 年前，这种城乡分治的二元制度不断固化。

在我国城乡分治制度背景下，工农产品不能平等交换，国家通过工农产品价格"剪刀差"从农村吸取了大量资金以支持工业化建设。农村大量资金为我国城市工业化的快速发展做出了不可磨灭的贡献。以1952 年为基期，假设其总产值指数为 100，1978 年工业总产值指数为1598.6，而农业总产值指数只有 229.6。[④] 这说明工业品价格上涨的幅

---

① 赵德馨：《中国近现代经济史：1949—1991》，河南人民出版社，2003，第 82 页。
② 国家统计局编《中国统计年鉴 1983》，中国统计出版社，1983，第 20 页。
③ 陈俭：《新中国城乡关系演变的特点及启示》，《河北经贸大学学报》2016 年第 6 期。
④ 国家统计局编《中国统计年鉴 1981》，中国统计出版社，1982，第 18 页。

度远远大于农产品价格上涨的幅度，城乡分治客观上造成了农村经济的落后与停滞。在城乡分治制度背景下，城乡为各自循环的体系，城乡之间要素不能自由流动，农民被固定在农村和土地上从事农业生产，且与城市居民的权利和发展机会不平等。① 农村内部生产要素的流动也是受限的，如农村多地在发展工业时也被要求遵循"三就地"原则而不能发展成面向全国的大市场，致使我国镇的数量不断萎缩，由 1954 年的 5400 个减少到 1978 年的 2850 个。② 城市化发展也很缓慢，1978 年我国城市化率为 17.92%，仅比 1952 年上升 5.28 个百分点，远远低于世界同期平均发展水平。

有多种因素影响我国城乡二元体制的形成与固化，其中最主要的是国家战略导向下的"一统"政策。1953 年我国开始了第一个五年计划，并辅以"一化三改"的社会主义改造总路线，实际上确立了重工业优先发展的战略。这个战略并不符合当时我国资源禀赋的特点，只能通过农村和农业部门为城市和工业部门提供积累来实施。而且在资本短缺的农业经济中，一旦选择了重工业优先发展战略，就会形成相应的扭曲的宏观政策环境，以及以计划为基本手段的资源配置制度和没有自主权的微观经营体制。③ 其中，扭曲的宏观政策环境包括低利率政策、低汇率政策、低投入品价格政策、低工资政策、低生活必需品价格政策。随着这些政策的实施，我国城乡分治的二元体制长期被锁定而不断固化。

（二）城乡金融关系的"统一化"促进了城乡二元体制的形成

以往的研究大多认为"分治"是新中国成立后处理城乡关系的基本思路。从结果看，确实如此，但从制度演进的角度看，城乡分治，实则是"一统"制度下产生的一个悖论：如果没有总体性的"一统"体制的控制和支配，就难以将农业和农村与工业和城市在经济和社会政治

---

① 韩俊：《中国城乡关系演变 60 年：回顾与展望》，《改革》2009 年第 11 期。
② 中国社会科学院人口研究所编《中国人口年鉴 1987》，经济管理出版社，1988，第 626 页。
③ 林毅夫、蔡昉、李周：《中国的奇迹：发展战略与经济改革》（增订版），格致出版社、上海三联书店、上海人民出版社，2012，第 54 页。

上合为一体，但是强制"一统"的结果，却使城乡双方都失去了自主性，只能采取分而治之的办法保证"一统"体制的维持。① 因此，城乡二元体制的形成是由国家为保证农业支持工业、农村支持城市而实施的"一统"制度产生的。

我国城乡金融关系"统一化"，作为国家"一统"制度的组成部分——金融领域的"大一统"体制的集中体现，是促进我国城乡二元体制形成和固化的重要因素。我国在城乡金融领域的政策与制度安排，也是为了保障农业和农村的发展，让其为工业和城市提供剩余与积累。这可以从我国城乡金融关系"统一化"的特点中窥见一斑。

首先，就城乡金融机构的同一性来说，把农村金融纳入城市金融管理，使农村金融机构"银行化"。一方面，城乡金融机构按照政府下达的农贷指标，统一对农业、农村放款，支持农业农村经济的发展，保证城市重工业有稳定的资金来源；另一方面，农村金融机构通过吸储，把农村闲散资金转存到国家银行，限制民间自由借贷，把资金向城市集中，为城市重工业提供可靠的金融资源。因此，城乡金融机构的同一性，使其把社会闲散资金集中起来源源不断地输送到城市工业化建设的重点领域。从这个意义上说，我国城乡金融机构的同一性是汲取农村金融资源为工业和城市服务的，这促进了城乡二元体制的形成。

其次，就城乡金融制度的统一性来说，一是在信贷资金管理上，城乡金融实行"统存统贷、统收统支"政策，取消商业信用，只保留银行信用；二是在利率管理上，城乡金融实行统一的低利率政策，目的是为工业化提供低成本融资支持；三是在结算管理上，城乡金融实行统一的银行转账结算制度，目的是保证通过国家银行把储蓄资金集中起来进行投资，支持工业和城市发展，这是由重工业优先发展战略决定的。

再次，就城乡金融功能的财政化来说，因为计划经济时期国民经济运行中实行的是"大财政、小金融"的政策，财政是国民经济运行

---

① 折晓叶、艾云：《城乡关系演变的制度逻辑和实践过程》，中国社会科学出版社，2014，第 69 页。

的核心，财政收支在国民收入分配和再分配中占主导地位；银行存款占国民收入的比重是比较低的。如 1957 年财政收入、银行存款增加额占国民收入的比重分别为 34.16%、3.46%，1965 年这一比重分别为 34.12%、2.99%，1978 年这一比重分别为 37.26%、6.83%。[①] 计划经济时期，金融只起辅助作用；在财政资金不足的时候，城乡低利率的银行贷款按指标分配给工业企业，实际上弥补了财政资金的不足，起到"第二财政"的作用。因此，城乡金融功能的财政化，为工业化和城市化发展提供了资金支持，即为工业化和城市化发展提供了服务，客观上促进了城乡二元体制的形成。

最后，就城乡金融发展的抑制性来说，国家取消企业发行债券、股票的权力，取消民间借贷，限制私人金融活动，目的是把信用集中于国家银行，防止企业和私人占用过多流动资金，影响国家对金融资源的管控，实际上就是为了保证把有限的资金集中于国家工业的重点领域，客观上也促进了城乡二元体制的形成。

总之，1958~1978 年是我国城乡二元体制的形成时期，在此期间在我国城乡金融关系"统一化"，即金融的"大一统"体制下，国家通过统一的城乡金融政策与制度安排，让农业和农村为工业和城市提供积累与低成本剩余，为国家重工业优先发展战略提供大量资金支持，这客观上促进了我国城乡二元体制的形成。但是，城乡二元体制是偏向工业和城市发展的，对农村经济发展不利，客观上造成农村资金投入不足，这是我国农村长期发展缓慢和农民收入偏低的一个重要原因。

---

① 杨希天等编著《中国金融通史》（第六卷），中国金融出版社，2002，第 150 页。

第三章 1979~2005 年城乡金融关系的分化与城乡金融非均衡发展

1978 年 12 月 18 日，中国共产党召开了十一届三中全会，决定把党和国家的工作重心转移到经济建设上来，同时做出了改革开放的伟大决策。自此，我国开始了经济市场化趋向的改革，金融领域的"大一统"体系被分解，城乡金融关系进入分化时期。1992 年 10 月，中国共产党第十四次全国代表大会确定建设社会主义市场经济体制，金融领域的改革也要求建立与社会主义市场经济相适应的金融体制，国有银行开始由专业化向商业化、公司化发展，而农村金融改革发展缓慢，还处于传统金融阶段。而且，在"城市偏向"导向下，农村金融资源向城市流动，支持城市经济发展，这促进了城市金融现代化发展，也使得城乡金融非均衡发展。

第一节 1979~2005 年"大一统"金融体制的破除与城乡金融关系的分化

一 经济市场化趋向的改革与"大一统"金融体制的破除

（一）经济市场化趋向的改革与城乡金融面临的新形势

改革开放以前，中国实行高度集中的计划经济体制，这种体制具有"集中力量办大事"的内在优势，政府可以有效地集中全国的人力、物力和财力进行重点建设，集中有限的资源发展重点产业，这对奠定新中国赖以生存、发展的工业基础起到重要作用。但是，这种体制随着时间的推移，不断暴露出效率低下、活力缺乏、劳动者积极性被压抑等弊端，阻碍了生产力的发展，遏制了商品经济和经济货币化发展，再加上受到极左思想的影响，中国现代化进程缓慢。同时，20 世纪 70 年代中期以后，国际上以信息技术为核心的新科技革命迅速兴起，国际形势发生深刻变化，和平与发展已经成为时代的主题。在这种背景下，如何改变中国的经济管理体制，加快现代化建设步伐；如何摆脱中国贫穷落后的局面，尽快赶上世界先进水平，成为摆在党和国家面前的首要的现实问题。

党的十一届三中全会就是在这种背景下召开的。全会重新确立了"解放思想、实事求是"的思想路线，停止了"以阶级斗争为纲"的口号，决定把全党的工作重心转移到经济建设上来，我国开始从根本上冲破经济工作长期存在的"左"的错误和严重束缚。会议确定了改革开放的基本政策。自此，中国进入了经济体制转轨时期，中国经济发展道路开始出现历史性转折。这种"转轨"与"转折"，主要是对国民经济进行市场化趋向的改革。当然，这个过程不是一蹴而就的，而是一个长期的过程。

改革首先在农村开始。党的十一届三中全会召开后不久，我国开始了家庭联产承包责任制的推广和废除农村人民公社等农村经济管理体制的改革。农村经济管理体制的改革很快取得了突破性进展，家庭联产承包责任制在分配制度上实行"交足国家的，留足集体的，剩下的都是自己的"政策，农民把剩余的农产品拿到市场去交换，农村市场很快就活跃起来，这大大提高了农民的生产积极性，解放了农村生产力，从而出现了农村经济迅速发展和农民收入大幅度提高的良好局面，农村经济开始向专业化、商品化和现代化方向发展，货币信用关系逐渐深化，由自给性经济开始向商品性经济转变。

农村经济改革的成功，既对农村金融改革提出了要求，又为农村金融发展提供了经济条件，农村金融面临新的形势，主要表现在以下几个方面。首先，家庭联产承包责任制的推广不仅改变了农村经济的生产经营方式，而且改变了农村金融服务的对象，农村金融服务的主体由改革以前的社队集体变为实施家庭联产承包责任制后的亿万名分散的农户，这要求农村金融更加接近农村、更加贴近群众，满足亿万名农户就地存取的需求，以支持农业生产。其次，农村商品经济的发展和经济货币化程度的提高，要求农村金融机构按照市场机制来自主组织经营活动，要求根据商品经济的原则择优扶持产业，在贷款对象、期限、用途、数额上自主、灵活地掌握，要讲求效益，坚持到期收回，而且农村金融机构要从过去单一的存贷款功能向存款、贷款、结算和汇兑等多功能转变。最后，农村产业结构的调整使农村以种植业为主的单一经济结构逐渐改变，农业、林业、牧业、副业和渔业等开始全面发展，乡镇企业异军突起。这就要求农村金融的业务内容从过去的主要为农业生产费用贷款和农业生产设备贷款，变为支持农林牧副渔全面发展，支持农工商结合，支持种植业、养殖业、加工业、运输业、批零商业、服务业的全过程和分业分工发展。

在农村经济体制改革普遍开展的同时，城市经济体制改革也开始起步。城市经济体制改革主要解决的问题：一是市场主体的培育问题，也就是解决企业和国家的关系问题，目的是让企业提高经济绩效；二是市场的建设问题，也就是解决政府和市场的边界问题，目的是让市场在经济发展中起到应有的作用。[1] 因此，对企业放权让利成为经济领导部门的主流思想。从 1978 年 10 月开始，国家经济委员会陆续选择 14 个企业试点扩大企业自主权，这拉开了国家与企业关系改革的序幕。随后，试点工作迅速在工业、商业、物资业、建筑业、交通业、邮电业等行业部门展开，试点企业扩大了自主权，从而激发了企业活力，增强了工人的积极性。为提高经济效率，国家对国有企业的改革又由"放权让利"转变为实行"企业经济责任制"，主要形式有利润留成、利润包干和

---

① 萧国亮、隋福民编著《中华人民共和国经济史（1949—2010）》，北京大学出版社，2011，第 191 页。

"以税代利、独立核算、自负盈亏"，强调国家和企业之间的责任、利益与权力的统一。

1983 年国家再次开始推行"以税代利"的改革。为了减轻国家对国有企业固定资产投资的支出压力，采取了"拨改贷"政策，即把国家对国有企业的固定资产投资改为企业向银行贷款，这无疑增强了对企业的约束力，有利于处理国家与企业的关系，培育市场主体。同时，为了解决知青返城就业问题，国家鼓励个体工商户的发展，个体经济也逐渐发展起来。而且，国家在东南沿海设立经济特区，引进"三资"企业，发展外向型经济。这样，城乡市场主体就逐步形成，国民经济市场化不断发展。

城市经济体制的改革，对城市金融的改革提出了新的机遇与挑战，城市金融也面临新的形势，主要表现为：国民经济市场化进程中，扩大企业自主权的改革，无论是实行"企业经济责任制"，还是实行"拨改贷"，无疑都增大了企业的自主权，也强化了企业"自负盈亏"的约束，原有的"大一统"金融体制已经无法适应国民经济市场化背景下国有企业改革的需要。国民经济市场化过程中，多种经济成分和多元经济主体的形成和发展，也需要改变"大一统"的金融体制，增加银行为其提供的金融服务。总之，国民经济市场化改革，需要市场化的金融体系与之相适应，原有的"大一统"金融体制无法满足城市经济发展的需要，这给金融体制的改革带来了新的机遇与挑战。

（二）"大一统"金融体制的破除

经济决定金融，金融为经济服务。国民经济市场化改革决定了金融体系必须与其相适应。1979 年开始，中国经济体制改革和对外开放政策在全国实施。自此，中国经济打破原有的计划经济体制，多种所有制经济成分开始出现并迅速发展壮大。随着我国经济体制改革的逐步开展，1979 年 10 月邓小平同志指出："必须把银行真正办成银行"。[①] 在

---

① 《邓小平文选》（第二卷），人民出版社，1994，第 200 页。

这一思想指导下，中国开始进行有计划、有步骤的金融体制改革。

伴随城乡经济体制改革的深入进行，经济管理权限下放，国民收入分配逐渐向企业和个人倾斜，多种经济成分和多元市场主体开始形成，经济活动的货币化、市场化程度也不断提高。与此相适应，通过银行信用渠道运用的资金占社会资金的比例快速上升，金融服务领域迅速拓展，国民经济各部门对资金和金融服务的需求也迅速增长。在这种情况下，兼有中央银行和商业银行双重职能的高度集中统一的国家银行体制，明显适应不了经济发展对金融的需要，中国金融体制改革势在必行。金融体制改革的首要措施是恢复和建立多种金融机构，打破"大一统"金融体制。

1. 四大专业银行的设立

一是中国农业银行的恢复设立。1979 年 2 月，为了加强对农村经济的扶持，国务院发布《关于恢复农业银行的通知》，主要内容是：中国农业银行作为国务院的一个直属机构，由中国人民银行代管。其主要任务是统一管理支农资金，集中办理农村信贷，领导农村信用社，发展农村金融事业。该通知还指出，中国农业银行自上而下建立各级机构，实行总行和省、市、自治区革命委员会双重领导机制，在业务上以总行领导为主。中国农业银行要按经济规律办事，充分发挥信贷对经济活动的促进和监督作用，要严格划清信贷资金和财政资金的界限，农业贷款不准截留、挤占、挪用，不准用于赈灾救济。中国农业银行各级机构，要创造条件实行经济核算，办理财政拨款要收手续费，发放贷款（除特许者外）要计收利息；中国农业银行与中国人民银行之间、中国农业银行上下级之间、联行之间，以及中国农业银行与信用社之间的经济往来，按经济核算单位之间的业务往来办理，并相互计收利息。① 1979 年 3 月 13 日，中国农业银行总行正式挂牌办公，各省（自治区、直辖市）设中心支行，县设支行，农村营业所、信用社全部划归中国农业银行领

---

① 卢汉川主编《中国农村金融历史资料（1949~1985）》，湖南出版事业管理局，1986，第 546~547 页。

导。由于各专业银行坚持"边开展业务，边建设机构"的方针，中国农业银行在开展业务的同时，于 1980 年底基本完成了自上而下的机构建设任务。

这次中国农业银行的恢复建立，适应了农村经济体制改革与农村商品经济快速发展的需要，它不仅能办理农村的各项存款和农业贷款业务，而且能办理农村工业贷款、商业贷款业务，统一管理各项支农资金，同时办理农村的结算业务，调剂农村货币流通，领导农村信用社。中国农业银行在支持农村经济向商品化、现代化发展的过程中，发挥了越来越重要的作用。因此，这次中国农业银行的恢复建立对改变我国金融机构单一、加强货币金融服务、创新金融机构之间的竞争条件具有重大意义。[①] 而且，中国农业银行接管中国人民银行的农村金融业务，管理农村信用社，对我国农村金融改革与发展以及城乡金融关系的演进也具有重要影响。

二是中国银行的体制改革。1979 年 3 月，为适应对外贸易、国际交往和国际金融业务发展的新形势，国务院批转了中国人民银行《关于改革中国银行体制的请示报告》，决定对中国银行的体制进行改革：为了统一管理外汇，做好外汇收支的计划平衡，成立国家外汇管理局，并将中国银行从中国人民银行分设出来；直属国务院，由中国人民银行代管，对外两块牌子，内部一个机构；中国银行的总管理处改为中国银行总行；工作量大的国内重要省（自治区、直辖市）口岸设立分局、分行；业务工作以总局、总行领导为主。国家外汇管理总局、分局（中国银行总行、分行）受权管理国家外汇，具有国家机关的性质，但它的绝大部分业务属于企业性质，[②] 各级机构一律按企业管理，实行独立核算。

中国银行成为国家指定的外汇专业银行，在我国改革开放初期，对促进进出口业务发展和对外交流具有重大意义。随着当时国内经济形势

---

① 宋士云：《中国银行业市场化改革的历史考察（1979—2006）》，人民出版社，2008，第 27 页。

② 尚明、陈立、王成铭主编《中华人民共和国金融大事记》，中国金融出版社，1993，第 301 页。

的发展，中国银行的业务很快得到拓展。1982 年 8 月，国务院发布的《关于中国银行地位问题的通知》规定，中国银行除了经营一切外汇业务外，还代表国家办理信贷业务。至此，中国银行的银行身份全面恢复。

三是中国人民建设银行的恢复设立。自 1954 年开始，中国人民建设银行一直属于财政部，是主要办理基本建设拨款的司局级机构。1979 年 8 月，中国人民建设银行从财政部分离出来，成为独立的银行，并直属国务院。中国人民建设银行分支行的工作，实行总行和省级地方政府双重领导，其业务工作以总行领导为主。与此同时，国务院决定试行基本建设投资改为银行贷款的办法（即"拨改贷"）。国务院指出，基本建设投资试行贷款办法，是基本建设管理体制的一项重大改革，符合按照经济规律管理经济工作的要求，对加强基本建设管理，建立经济责任制，缩短基本建设战线，提高投资效果，都会起到积极作用。① 此后，我国基本建设投资由过去的财政拨款，基本改为银行贷款，即"拨改贷"。

中国人民建设银行分设后，成为主管固定资产投资的专业银行，也办理固定资产投资的信贷业务和储蓄业务，其信贷计划被国务院于 1985 年 11 月纳入了中国人民银行的信贷体系，受中国人民银行领导和监督。

四是中国工商银行的设立。1983 年 9 月，国务院强调由中国人民银行行使中央银行职能的同时，决定成立中国工商银行，作为国务院直属机构，承担由中国人民银行办理的工商信贷和储蓄业务。1984 年 1 月，中国工商银行正式成立。中国工商银行是以城市金融业务为主的国家专业银行，主要任务是：依据国家的方针政策筹集资金和运用资金，支持工业生产发展和商品流通范围扩大，支持集体、个体工商业和服务业的发展；按照中国人民银行的统一部署和搞活经济的要求，加强现金管理，调剂货币流通，办理清算业务，加速资金周转，通过信贷活动促

---

① 尚明、陈立、王成铭主编《中华人民共和国金融大事记》，中国金融出版社，1993，第 310 页。

进社会主义商品经济的发展。① 随后，中国工商银行很快在各省（自治区、直辖市）设立分行，在专区和市设中心支行，在县（市）设支行，在市、县城设办事处、分理处、储蓄所、集镇办事处。

2. 中国人民银行专门履行中央银行职能的初步确立

我国金融改革的另一项中心任务就是突出中国人民银行的金融管理职能。1978 年 1 月，中国人民银行与财政部正式分开办公，国家全面恢复了中国人民银行的统一体制。但是，从财政部独立出来后，中国人民银行承担中央银行和商业银行的双重职能，在改革过程中既是"裁判员"，又是"运动员"，此双重身份不适应经济体制改革的形势发展。于是，明确中国人民银行的地位成为改革开放初期金融改革的一项重要内容。1983 年 9 月，国务院发布《关于中国人民银行专门行使中央银行职能的决定》，并指出充分发挥银行的经济杠杆作用，集中社会资金，支持经济建设，改变资金管理多头、使用分散的状况，必须强化中央银行的职能。其主要内容如下。

一是关于中国人民银行的性质和职责。中国人民银行是国务院领导和管理全国金融事业的国家机关，不对企业和个人办理信贷业务，集中力量研究和做好全国金融宏观决策，加强信贷资金管理，保持货币稳定。二是关于中国人民银行的组织机构。中国人民银行的分支机构原则上按经济区划设置，中国人民银行对其分支机构在业务和干部管理上实行垂直领导、统一管理。三是关于中国人民银行与其他金融机构的关系。中国人民银行对专业银行和其他金融机构（包括保险公司）主要采取经济办法进行管理。各专业银行和其他金融机构必须执行中国人民银行做出的决定，否则中国人民银行有权给予其行政或经济制裁。中国工商银行、中国农业银行、中国银行、中国人民建设银行、中国人民保险公司作为国务院直属局级的经济实体，在国家规定的业务范围内，依照法律、法令、政策、计划，独立行使职权，充分发挥各自的作用。四

---

① 宋士云：《中国银行业市场化改革的历史考察（1979—2006）》，人民出版社，2008，第 30 页。

是关于中国人民银行对信贷资金的管理。为了加强对信贷资金的集中管理，中国人民银行必须掌握 40%~50% 的信贷资金，用于调节、平衡国家信贷收支。专业银行吸收的存款，要按一定的比例存入中国人民银行，归中国人民银行支配使用。专业银行的信贷收支，必须全部纳入国家信贷计划，按照中国人民银行总行核定的信贷计划执行。[①]

3. 非银行金融机构的建立和发展

在恢复和设立四大专业银行的同时，保险公司、信托公司等各种非银行金融机构也逐渐建立并迅速发展。

1979 年 4 月，经国务院批准，中国人民银行发布《关于恢复国内保险业务和加强保险机构的通知》，决定重新恢复设立中国人民保险公司；此后很快，全国各地建立了 477 个保险机构。1979 年 10 月，中国国际信托投资公司在北京成立，标志着中国信托业的正式恢复。1980年 6 月，国务院发布《关于推动经济联合的通知》，要求"银行要试办各种信托业务，融通资金，推动联合"。同时，随着财政分成制度的实施和地方、部门利益的独立化，各地区、各地政府也自行建立信托投资公司。这样，在银行之外就形成了融通资金、促进地方经济和部门经济发展的信托投资机构。这些机构的最初目的是在传统的计划经济之外，引入具有一定市场调节功能的新因素，推动经济体制、金融体制改革。截至 1982 年底，全国各类信托投资机构发展到 620 多家。[②]

综上所述，随着中国人民银行作为中央银行地位的加强和四大国有专业银行的恢复设立及保险公司、信托公司等非银行金融机构的建立，我国出现了金融机构多元化和金融业务多样化的局面，且逐步建立起以中央银行为领导、以四大专业银行为主体、以非银行金融机构为补充的分工协作的金融经济运行体系。这个体系的建立，标志着我国"大一统"的金融体制被打破了，我国银行业已实现由一家国家银行完全垄断

---

① 尚明、陈立、王成铭主编《中华人民共和国金融大事记》，中国金融出版社，1993，第 373 页。

② 欧阳卫民：《中国非银行金融业研究》，中国金融出版社，2001，第 56 页。

型市场结构向四大国有专业银行寡占型市场结构的转变。值得注意的是，在这期间，四大专业银行在一开始恢复或设立的时候，根据国务院确定的各自的专业业务，分别在农村农业、外汇、基础设施、城市工商业等领域提供服务，这种分工是在不同地域、不同行业的行政性划分，业务多是存贷款及商业银行的基本业务，从根本上看还不算是真正的商业银行，甚至还算不上真正的金融企业。[①]

二　城乡金融关系的分化

（一）城乡金融体系的重塑

"大一统"金融体制的破除，使我国由一级银行过渡到二级银行体制，原来的城乡金融关系"统一化"局面彻底结束，城乡金融关系开始走向分化，对城乡金融的建立与发展都会产生重大的影响，这必然要求重塑城市金融体系和农村金融体系，以更好地服务于国民经济各产业的发展。

1. 城市金融体系的重塑

"大一统"金融体制破除后，我国开始重塑城市金融体系。随着中国人民银行被拆分，四大专业银行相继成立，除了中国农业银行经营农村金融业务外，中国银行、中国人民建设银行、中国工商银行先后设立，主要设置在城市地区，涉农贷款业务比较少，承担的业务主要在城市，不仅进行企业化经营，也承担国家政策性业务。专业银行从中国人民银行的拆分与分设，为后者从单一国家银行转变为市场经济条件下的中央银行创造了条件。随后，中国人民保险公司、信托公司等非银行金融机构的建立，以及外资金融机构的引入，使我国逐步建立起以中央银行为领导、以专业银行为主体、以非银行金融机构为补充的分工协作的城市金融经济运行体系（见图 3-1）。

---

① 宋士云：《中国银行业市场化改革的历史考察（1979—2006）》，人民出版社，2008，第 31 页。

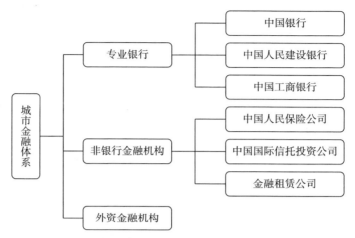

图 3-1 "大一统"金融体制破除后的城市金融体系

2. 农村金融体系的重塑

1979 年，中国农业银行率先从中国人民银行恢复分设，按照国务院的规定，中国人民银行原有的农村金融业务移交给中国农业银行管理，农村营业所、信用社全部划归中国农业银行领导，中国农业银行除了办理涉农业务，还领导和管理农村信用社。中国农业银行和农村信用社成为官方规定的农村正式金融机构，承担农村金融的主要业务。

与此同时，虽然其他三大专业银行主要设置在城市，承担的业务主要是城市工商业贷款、基本建设贷款和进出口业务贷款，但是国家对其吸收存款的范围没有限制。为了获得更多的资金，中国工商银行、中国人民建设银行也曾在乡、镇广设储蓄网点，或通过中介桥梁（如农村协储站）来争夺农村存款。[①] 它们在农村只存不贷，或除了少量的农村政策性业务外，发放给农村的贷款比较少。所以，除中国农业银行外，其他三大专业银行还不能算是农村金融及其体系的组成部分。

伴随农村经济体制的改革与发展，农村正规金融机构无法满足农村

---

① 武翠芳：《中国农村资金外流研究》，中国社会科学出版社，2009，第 60 页。

商品经济的发展，于是各种非正规金融应运而生并迅速发展。其中包括：受国家有关部门批准的农村合作基金会、农村合作储金会，政府默许的民间借贷、互助会、典当与非法的私人钱庄、高利贷等（见图 3-2）。这些非正规金融是自发产生的，其交易活动一般不在国家金融监管范围内，但能满足农户 3/4 的资金需求，在农村金融中具有极其重要的作用。这些非正规金融机构与正规金融机构一起，构成了我国农村金融体系。

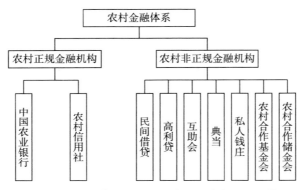

图 3-2　"大一统"金融体制破除后的农村金融体系

3. 农村金融与城市金融行政隶属关系的变化

计划经济时期，"大一统"金融体制下，所有的商业信用集中于中国人民银行，中国人民银行既是国家商业银行，也是中央银行。中国人民银行自上而下建立分支机构，并把基层机构延伸到乡镇；农村信用社经过反复的"上收一下放"，逐渐改变了合作金融性质，成为中国人民银行在农村的基层机构，执行中国人民银行下达的存贷款任务和利率政策，银行营业所和农村信用社等农村金融机构，是城市金融在农村的基层机构，是城市金融在农村地区的延伸。因此，这时期农村金融隶属于城市金融，农村金融受城市金融的领导。

改革开放以来，随着"大一统"金融体制的破除，尤其是中国人民银行行使中央银行职能与城乡金融体系的重塑，我国形成了中央银行领导下以专业银行为主体的金融体系。在这个体系中，农村金融体系与城市金融体系各自分设，是并列的体系，都有各自的服务领域与中心任务，二者不是行政隶属关系，都在中央银行的统一领导下执行国家的金融政策。因此，农村金融与城市金融脱离行政隶属关系，各自独立发展，是我国城乡金融关系由"统一化"开始走向"分化"的主要标志之一。

（二）城乡金融发展的不同路径

随着中国人民银行独立行使中央银行职能以及中央银行制度的建立，我国城市金融体系和农村金融体系逐渐得到了重建，城乡金融关系开始进入"分化"时期。但是，在这一过程中，城乡金融发展路径截然不同：城市金融经过市场化改革，逐步建立了较为完善的金融体系、金融市场和金融制度，并稳步迈向现代金融；而农村金融与城市金融发展路径存在鲜明的对比，农村金融体系、农村金融市场还不完善，农村金融制度建设还很滞后，农村金融的改革与发展道路比较曲折，农村金融体系存在严重的缺陷，一直在传统阶段徘徊。

1. 城市金融发展路径：稳步迈向现代金融

（1）第一阶段（1979~1992 年）：城市金融初步建立市场经济金融体系的基本结构

"大一统"金融体制的破除重塑了我国城市金融体系，但是这个体系还没有完全搭起市场经济金融体系的框架。随着国民经济市场化改革的深入进行，我国城市金融也必然要进行改革，以适应经济发展的需要。中国人民银行逐渐被拆分，四大专业银行从中国人民银行中拆分与分设，为中国人民银行从单一国家银行转变为市场经济条件下的中央银行创造了条件。1983 年 9 月国务院发布《关于中国人民银行专门行使中央银行职能的决定》，标志着中央银行制度的建立。

除专业银行外，国家还建立了全国性股份制商业银行（如交通银行、中信实业银行）、地方性银行（如招商银行）、非银行金融机构（如中国平安保险公司），这些机构开始在计划经济和市场经济的夹缝中尝试按照市场经济的要求来开展金融活动。此时，金融市场也开始建立起来。随着经济体制改革的全面展开与深入进行，我国出现了各种形式的市场融资活动，1990 年、1991 年分别成立了上海证券交易所、深圳证券交易所。1984 年后，包括票据承兑贴现市场、同业拆借市场、外汇市场和资本市场在内的金融市场初步形成。

随着股份制商业银行的建立以及保险公司、证券公司和信托公司等非银行金融机构的建立与不断发展，我国城市出现了金融机构多元化和金融业务多样化的局面，且逐步形成了以中央银行为领导、以专业银行为主体、以股份制商业银行和非银行金融机构为补充的分工协作的城市金融经济运行体系，我国城市金融基本建立起市场经济金融体系的基本结构。

但是，此时期的城市金融，虽然从表面看基本建成了市场经济国家的金融体系结构，金融的基本功能得到了恢复，各类银行、非银行金融机构开始发挥作用，中央银行制度也建立起来并开始运行。但是，国民经济发展还处在"双轨制"的摩擦时期，各类金融组织在计划经济与市场经济的夹缝中运行，市场经济金融体系发挥的作用有限。城市金融体系还存在一些问题，主要表现为：作为二级银行的专业银行和金融机构仍然缺乏独立性，企业化经营的商业性目标和政策性目标经常发生冲突，无法正常开展业务，中央银行也把它们当作下属机构来管理，并对其贷款额度进行控制；而且，中央银行的职能不具体且其不能独立行使职能，常常受到地方政府的行政干预，使其对各类金融机构的经营活动缺乏独立的监管。城市金融市场还很不规范，缺乏专业性监督，致使各种金融乱象频出。

（2）第二阶段（1993~2001 年）：建立适应社会主义市场经济要求的城市金融体系框架

为落实 1993 年党的十四届三中全会通过的《中共中央关于建立社会主义市场经济体制若干问题的决定》的文件精神，国务院做出了关于金融体制改革的决定，对金融体制改革进行了新的部署，我国金融体系开始进入与社会主义市场经济相契合的改革探索时期。

按照中共十四大的精神要求，让"市场在资源配置中起基础性作用"。原有的专业银行开始向独立经营的商业银行转变，其政策性业务由新成立的国家开发银行、中国进出口银行和中国农业发展银行三家政策性银行承担，中国人民银行原有的政策性与商业性金融业务也被剥离，只承担中央银行的职能，负责制定货币政策、加强金融监管、实施金融业的宏观调控等。1995 年《中国人民银行法》《商业银行法》的颁布和实施，从根本上理顺了中央银行与商业银行、政策性银行之间的关系，为中国人民银行行使中央银行职能与商业银行独立开展经营活动提供了法律保障。

金融市场改革取得了重要进展。在货币市场方面，中国人民银行1993 年发布《关于进一步整顿和规范同业资金拆借秩序的通知》，禁止乱拆借，发展规范的银行间同业拆借和票据贴现，1996 年我国基本建立起全国统一的银行间同业拆借市场；在票据市场方面，1993 年中国人民银行发布《商业汇票办法》，1997 年又实行《支付结算办法》，对加强汇票管理、促进商业汇票健康发展起到重要作用；在资本市场方面，中国人民银行颁布一系列政策法规整顿和规范证券市场，积极稳妥地发展债券、股票融资，规范股票的发行与上市；在外汇市场方面，1994 年我国建立银行间外汇市场，实行有管理的浮动汇率制度，人民币成为可以兑换的货币。

在金融机构与金融市场改革发展的基础上，金融制度也不断完善。首先，建立了新的金融宏观调控体系，商业银行由分业经营向混业经营发展，宏观调控由直接调控转向间接调控。其次，在建立和完善金融监管制度方面取得重要进展，国家对金融业实行分业监管，1998 年成立的中国保监会与 1992 年成立的中国证监会分别负责保险业和证券业的监管，中国人民银行专门负责银行业、信托业的监管。

总之，这一时期我国基本建立起国有银行主导的、与社会主义市场经济相适应的城市金融体系框架，但是在支持国有企业改革中，由于原有制度惯性与金融法制不健全、监管制度不完善，国有商业银行聚集了大量的不良资产（25%～45%），① 再加上1997年爆发了亚洲金融危机，我国经济金融面临巨大的考验。1997年，第一次全国金融工作会议召开，决定成立四大资产管理公司，分别为中国信达资产管理公司、中国东方资产管理公司、中国华融资产管理公司和中国长城资产管理公司，专门管理从四家国有商业银行剥离的13939亿元不良资产。② 实际上，我国国有银行主导的金融体系为战胜亚洲金融危机和帮助国有企业脱困起到了重要作用。

（3）第三阶段（2002～2005年）：城市金融体系的治理整顿及规范化改革

党的十六大以来，我国经济体制改革进入新的阶段，经济发展方式发生转变，工业化、城市化加速发展，经济增长速度与居民收入显著提高。同时，我国加入世界贸易组织（WTO）后，对外开放迈上了新的台阶，而金融业的对外开放有5年的金融过渡期，这些情况对金融体系的改革提出了新的要求，我国金融体制进入治理整顿与规范化改革时期。

2002年，第二次全国金融工作会议召开，明确了国有独资商业银行改革的方向是按现代金融企业的属性进行股份制改造，决定采取一系列措施对国有金融机构进行治理整顿与规范化改革，包括：改革会计准则、实行贷款五级分类、继续剥离银行不良资产、充实国有金融机构资本金等政策，对国有大型金融机构的财务进行重组，并完成股份制改造，积极鼓励国有大型金融机构在境内外上市融资。2003年底，政府首先选择中国银行、中国建设银行进行股份制改革试点，中央汇金公司向两家银行注资450亿美元，2005年向中国工商银行注资150亿美元，并代表国家向三家银行行使出资人的权利，这较好地解决了国有商业银行多年来存在的"所有人缺位"问题，③ 在一定程度上促进了国有金融

---

① 周小川：《金融改革发展及其内在逻辑》，《中国金融》2015年第19期。
② 李扬等：《新中国金融60年》，中国财政经济出版社，2009，第145页。
③ 李扬等：《新中国金融60年》，中国财政经济出版社，2009，第146页。

机构治理结构的完善和管理水平的进一步提高。

2003年以后，国有大型商业银行完成财务重组和股份制改造，并成功上市，资产质量和产权制度不断优化；光大银行、广东发展银行等地方性银行也完成财务重组；中国银河证券、华夏证券等证券公司财务重组和风险处理的成效突出；中国人寿、中国人保等国有保险公司也完成重组改制并成功上市。上市以后的国有金融机构能够按照现代企业制度的要求去改善治理结构，更加注重财务风险管理，并接受中小投资者的监督，这无疑会提高国有金融机构的资产质量与整体实力。

为促进金融市场的规范化发展，中国人民银行等金融监管部门采取措施，加强银行间债券市场基础设施和法制建设；推进股权分置改革，破除上市国有企业股权设置中国有股与流通股双轨运行的不合理现象，这使资本市场的融资功能得到恢复与加强。同时，金融监管制度也不断完善。2003年，我国成立了中国银监会，形成了"一行三会"的分业监管格局，厘清了中国人民银行宏观调控与金融监管的职能，这使中央银行制度更加完善。

总之，在各项改革措施的推动下，城市金融体系不断完善，稳步迈向现代金融。银行、证券、保险等方面的金融制度不断完善，由国有银行主导的金融体系得到规范化发展。其中，银行金融机构发展最快，截至2005年底，银行金融机构总资产达到37.47万亿元。[①] 其中，国有商业银行、股份制商业银行、城市商业银行总资产占73.41%。金融市场也得到较快发展，债券市场发行量、存量稳步增加。2005年上市公司达1381家，股票总市值达3.24万亿元，债券市场现券成交量达5.99万亿元，保险资金运用量达1.4万亿元，[②] 资本市场的筹资功能不断完善。正是由于对城市金融体系的治理整顿及规范化改革，我国金融业才具有成功战胜2008年国际金融危机的初步基础。

---

① 中国金融学会主办《中国金融年鉴2006》，中国金融年鉴编辑部，2006，第444页。
② 中国金融学会主办《中国金融年鉴2006》，中国金融年鉴编辑部，2006，第30、397、424页。

2. 农村金融发展路径：一直徘徊在传统阶段

在破除"大一统"金融体制的过程中，农村金融体系也得到了重塑。中国农业银行恢复设立后，主要从事农村金融业务和管理农村信用社；中国农业银行和农村信用社是农村正规金融机构，除此之外，还存在农村合作基金会、民间借贷、高利贷、典当与私人钱庄等农村非正规金融机构。农村非正规金融是在农村正规金融不能满足农业、农村和农村资金需求的情况下应运而生的，是农村正规金融的补充。随着国民经济的市场化改革以及农村经济的发展，国家对农村金融体制的改革也进行了不断探索。不过，这时的农村金融体制改革是以农村信用社改革为主的。

（1）向"多元模式"改革的农村信用社

一是 1979~1995 年，农村金融体制改革主要是恢复体现农村信用社合作制的"三性"特征。1979 年中国农业银行恢复设立后，农村信用社成为中国农业银行的基层机构，要在中国农业银行的领导下开展农村金融业务。为了更好地支持农村经济发展，农村信用社的改革，首要就是恢复"三性"，即组织上的群众性、管理上的民主性、经营上的灵活性，变"官办"为"民办"，[①] 这是农村信用社作为合作金融组织的重要体现。农村信用社改革的主要措施是：把农村信用社的机构向下延伸，在人民公社（乡）以下普设农村信用网点；增强农村信用社经营上的灵活性，允许其在国家规定的范围内实行浮动汇率，扩大农村信用社业务经营的自主权；实行独立经营、独立核算、自负盈亏，逐步取消中国农业银行对农村信用社的亏损补贴；搭建农村信用社的县联社。

恢复农村信用社"三性"的改革所取得的显著成效，主要表现在以下方面。首先，基本上改变了农村信用社是国家银行基层机构的管理体制，农村信用社在经营上有一定的灵活性，开始向独立经营、自负盈

---

① 卢汉川主编《当代中国的信用合作事业》，当代中国出版社，2001，第 211 页。

亏、自担风险的合作金融组织方向发展。其次，中国农业银行与农村信用社之间的关系得到初步的理顺，改指令性计划为指导性计划，除国家规定缴纳的存款准备金和备付金外，中国农业银行不得给农村信用社规定转存任务。在国家政策范围内，农村信用社有权决定自己的贷款投向，可以根据市场情况自主决定利率水平；中国农业银行可以通过县联社实现对农村信用社的间接领导，不再直接干涉信用社具体、日常的内部事务。最后，推动农村信用社各项业务的发展。改革后的农村信用社存贷款业务发展得很快，1995 年与 1979 年相比，存款增长 32.2 倍，其中农户储蓄存款增长近 78 倍；贷款增长 109.2 倍，其中农业贷款增长 47.9 倍，乡镇企业贷款增长 194.7 倍。[1] 但是，这次改革是在不改变农村信用社是国家银行基层机构的体制下进行的，受到原有制度惯性的影响，农村信用社恢复"三性"的改革未能达到预期目标。

二是 1996~2002 年，以"合作制"要求来规范农村信用社。1996 年 8 月国务院颁布了《关于农村金融体制改革的决定》，提出了农村金融体制改革的核心是把农村信用社逐步改为由农民入股、由社员民主管理、主要为社员服务的合作金融组织。改革步骤是农村信用社与中国农业银行脱离行政隶属关系，对其业务管理和金融监管分别由农村信用社县联社和中国人民银行承担，然后按合作制原则加以规范。[2] 农村信用社改革的主要措施是：农村信用社与中国农业银行脱离行政隶属关系；逐步健全农村信用社社员代表大会、理事会和监事会等民主管理组织，加强对社员的服务；强化中国人民银行对农村信用社的监管。1996 年底，农村信用社以省份为单位先后宣布与中国农业银行脱离行政隶属关系。从外在来看，农村信用社只是搭起了"合作金融"的框架，实际上并不具有合作金融的实质。

从以上两个阶段的改革来看，农村信用社无论是恢复"三性"还

---

[1]　苏宁主编《1949—2005 中国金融统计》（上册），中国金融出版社，2007，第 297、312 页。

[2]　中共中央文献研究室编《十四大以来重要文献选编》（下），中央文献出版社，1999，第 1998 页。

是"合作制"改革，实质都是把农村信用社建成合作金融组织。但是，在这时期，农村信用社建立的合作金融制度发生"异化"，这种"异化"是指农村信用社在内部和外部因素的共同影响下而发生的在结构、特征和机能等方面背离其原有宗旨的现象。其"异化"为国有商业银行，主要表现在以下几个方面。

其一，非互助性倾向。改革开放以来，随着我国市场经济的发展，金融行业竞争加剧，社员从农村信用社得到的贷款占其所有贷款的比重不仅低，而且呈不断下降的趋势。温铁军对中国 15 个省份的 24 个市县的农户借贷情况的研究表明：1995~1999 年社员从农村信用社得到的贷款占其所有贷款的比重呈下降趋势，且 70% 以上社员的贷款需求是通过民间金融的方式解决的。[①] 农村金融研究课题组对广东、浙江、湖北、山西和陕西 5 省的 256 户社员的调查结果也证明：有贷款需求的社员中，从农村信用社得到贷款的仅有 10%，而 86% 以上的贷款需求是通过民间金融机构解决的。[②] 可见，农村信用社互助合作的性质没有得到真正体现。而且，农村信用社与社员之间的贷款程序与商业银行基本相同，贷给谁、贷多少、抵押担保程序，均由农村信用社的社主任说了算，非社员贷款比重达到 30%~50%。所以农民从来不认为农村信用社是一种农民的互助型合作金融组织，而是把其当作政府部门（或国家银行）的某类附属机构。[③] 因此，农村信用社的合作金融属性被淡化，甚至已经失去互助合作的性质。

其二，金融服务非农户化倾向。改革开放以来，随着经济体制的市场化改革，农村信用社为了生存，盈利动机强烈，把资金更多地投向获利较大的乡镇企业、个体工商户，甚至出现中西部地区的农村信用社把

---

① 温铁军：《农户信用与民间借贷课题主报告：农户信用与民间借贷研究（2001.06.07）》，经济 50 人论坛网站，2004 年 4 月 16 日，http://www.50forum.org.cn/home/article/detail/id/1120.html。

② 农村金融研究课题组：《农民金融需求及金融服务供给》，《中国农村经济》2000 年第 7 期。

③ 谢平：《中国农村信用合作社体制改革的争论》，《金融研究》2001 年第 1 期。

资金投向经济发达的东部地区的情况，结果是农村信用社贷款中农户贷款所占比例很小（见表3-1）。

表3-1　1980~2002 年中国农村信用社吸收的农户存款与发放的
农户贷款变化情况

单位：亿元，%

项目	1980年	1984年	1987年	1991年	1993年	1995年	1996年	1997年	1998年	1999年	2001年	2002年
存款	117	438	1006	2317	3576	6196	7671	8257	10441	11217	13821	15406
贷款	16	181	348	631	881	1360	1487	2408	2659	3040	4418	3238
存贷比	14	41	35	27	25	22	19	29	27	27	32	21

资料来源：根据《中国金融年鉴》（1981~2003 年）和《中国统计年鉴》（1981~2003 年）整理。

从表3-1 所示的农村信用社发放的农户贷款与吸收的农户存款之比（此处简称"存贷比"）可以看出：1980~2002 年，我国农村信用社的存贷比都很低，最高的年份是1984 年，为41%，即农村信用社给农户发放的贷款最多是其向农户吸收的存款的41%；最低的年份为1980 年，存贷比为14%，也就是说农村信用社给农户发放的贷款只是其向农户吸收的存款的14%，大量资金流向城市和其他行业。而且，1984 年后，农村信用社的存贷比总体呈下降趋势。存贷比的下降说明，农村信用社吸收农户存款的速度快于给农户发放贷款的速度，农户存贷款之间存在"剪刀差"，直接的结果是资金非农户化。农村信用社对农户投入少、吸入多，或者说对农户"输血少""抽血多"，导致金融服务非农户化，这是造成我国农民收入低下的一个重要原因。

其三，在管理制度上背离"合作制"式民主。农村信用社在成立时按合作制原则组建，实行"一人一票"，可以确保社员参与监督和决策，实现民主管理，但是真正意义上由社员自己管理的时间很短。随着农村信用社规模的扩大以及金融业竞争的加剧，经营活动日趋复杂，农村信用社的管理更趋向于专业化和集中化。其聘请专业人员进行管理，经营管理权掌握在管理人员手中，形成内部管理层，出现"内部人控制"的现象。① 长期以来，农村信用社社员代表大会很少召开，基本上流于形式，且随着盈利趋向的加强，内部管理人员形成了利益共同体，出现内部人控制失控现象，不符合合作制的初衷。同时，在农村信用社的股权结构中，由于社员的股本很小，社员监督农村信用社和参与管理的成本较高，他们参与管理的积极性受到抑制；并且管理人员容易受到利益驱动，在贷款投向、贷款优惠等重大决策上，容易偏离为农民服务的宗旨和原则。②

其四，商业化倾向。农村信用社在创设之初，明确规定是互助的合作组织，不以营利为目的。但是，随着市场经济的发展，很多农村信用社在经营目标上，由追求互助的金融服务转向追求盈利，部分农村信用社商业化色彩浓重，完全以利润最大化为目标。主要表现为：多数农村信用社"嫌贫爱富"，把资金投向农村经济中效益较好的乡镇企业和城区经济主体；对农户贷款要求高，一般要求提供抵押品或质押品。2000年后，虽然国家推行联保贷款和向农户提供小额贷款，但是农户得到的贷款额度不仅低，而且期限短，实际上根本满足不了他们的资金需要，加上受市场经济发展、商业性金融竞争加剧以及信用社管理人员利益驱动的影响，农村信用社转向商业化经营，开始追求盈利。

总之，1980～2002 年恢复农村信用社合作制的改革未能实现社员所有的、社员管理的、主要为社员服务的合作金融组织的属性，农村信用社恢复的合作金融制度严重异化；农村信用社离农民仍有较远的距离，农民从农村信用社获得贷款仍然很困难。随着农业银行撤离在农村的分支机构，农村信用社作为农村地区唯一的为农户提供信贷服务的正规金融机构，成为名副其实的服务农村金融的主力军。但是，农村信用社的很多贷款成为呆账、滞账，资金回收率低，资产质量比较差。据统计，农村信用社亏损面比较大，甚至出现了 20 世纪 90 年代末的全行业亏损。2001 年底，全国农村信用社不良贷款达 5290 亿元，占贷款总额的

---

① 陈俭：《中国农村信用社研究（1951—2010）》，北京大学出版社，2016，第 105 页。
② 谌赞雄：《中国农村合作金融异化问题探析》，《武汉金融》2002 年第 11 期。

44%，有 46% 的农村信用社亏损，有 58% 的农村信用社已经资不抵债。[1] 农村金融问题已成为农村经济发展的"瓶颈"。

三是从 2003 年开始试点农村信用社由"合作制"向"多元模式"改革。1979~2002 年恢复的农村信用社的合作金融制度发生"异化"，农村信用社改革未能实现预期目标。农村信用社作为农村地区提供信贷服务的正规金融机构，农民从农村信用社获得贷款仍然很困难，而且改革还造成了农村信用社不良贷款比例高，出现整体性亏损，又加上我国存在地区经济发展的不平衡性，这就客观上要求农村信用社改革不能固守原有的单一模式，必须适应经济形势的发展采取多种改革模式。

2003 年 6 月，国务院出台了《深化农村信用社改革试点方案》。改革内容是以法人为单位改革农村信用社的产权制度和组织形式，试点省份的农村信用社可以结合本地的经济发展水平和农村信用社本身的情况，从股份制、股份合作制以及合作制三种模式中自行选择；将农村信用社的管理交给省级地方政府负责，省级地方政府成立省联社作为其代表机构，负责对农村信用社实行管理；中国银监会作为国家银行的监管机构，承担对农村信用社的金融监管职能。[2] 显然，这次农村信用社改革的重点是产权关系，是建立完善的法人治理机构。

2004 年 8 月，国务院办公厅公布了《关于进一步深化农村信用社改革试点的意见》，农村信用社的改革开始扩大试点工作。首先，对中央政府、地方政府和农村信用社所承担的责任进行了划分：中央政府负责监管，地方政府负责行业管理并承担责任，农村信用社要自主经营、自我约束和自担风险。其次，明确职责分工，落实监督管理责任；深化产权改革，建立完善的农村信用社法人治理机构；转换经营机制，提高

---

[1] 周脉伏、稽景涛、左臣明：《解决"三农"问题的根本出路：农村市场化改革》，《农业经济问题》2004 年第 5 期。

[2] 《国务院关于印发深化农村信用社改革试点方案的通知》（国发〔2003〕15 号），中国政府网，2003 年 6 月 27 日，https://www.gov.cn/gongbao/content/2003/content_62255.htm。

经营管理水平；改善农村金融服务，加大金融支农力度；认真落实扶持政策，形成政策合力。[1] 同时，国家出台多项扶持政策，帮助消化信用社的历史包袱，这又被称为"花钱买机制"的改革思路。

（2）"脱农进城"的中国农业银行

1979 年中国农业银行总行成立，其主要任务是统一管理支农资金，集中办理农村信贷，领导农村信用社，发展农村金融事业。[2] 中国农业银行作为最先恢复设立的专业银行，坚持"边开展业务，边建设机构"的方针。在完成自上而下的机构建设任务后，为适应农村经济体制改革与农村商品经济快速发展的需要，中国农业银行也不断进行体制改革，包括：丰富资金来源，搞活信贷业务；扩大银行自主权，承担风险，对贷款的后果负完全责任；改革农村信贷管理体制；实行企业化管理。[3] 中国农业银行办理农村的各项存贷款业务，包括农业贷款、农村工业贷款、商业贷款，统一管理各项支农资金，同时办理农村的结算业务，调剂农村货币流通，领导农村信用社，实行所（营业所）社（信用社）联合。可以说，中国农业银行已经成为我国名副其实的农村综合性专业银行，在支持农村经济向商品化、现代化发展的过程中，发挥了越来越重要的作用。

1993 年以来，中共中央、国务院在有关文件中多次指出：政策性业务分离出去以后，现有专业银行要尽快转变为商业银行，按现代商业银行经营机制运行。1994 年我国金融改革要求专业银行向商业银行转变，中国农业银行也积极向商业银行转变，尤其是成立政策性银行——中国农业发展银行以后，中国农业银行剥离了部分政策性业务，加快了向商业银行转变的步伐。1996 年我国农村金融改革，要求农村信用社与中国农业银行脱离行政隶属关系，中国农业银行加快向商业银行转

---

① 《国务院办公厅关于进一步深化农村信用社改革试点的意见》（国办发〔2004〕66号），中国政府网，2004 年 8 月 17 日，https://www.gov.cn/gongbao/content/2004/content_62965.htm。

② 伍成基主编《中国农业银行史》，经济科学出版社，2000，第 120 页。

③ 伍成基主编《中国农业银行史》，经济科学出版社，2000，第 150 页。

变。由于长期的政策性亏损与经营不善,中国农业银行积累了很多不良资产。为处理中国农业银行的不良资产,1999年10月,中国长城资产管理公司成立,主要负责收购、管理、处置从中国农业银行剥离的不良资产,这对于历史包袱沉重的中国农业银行实现向商业银行的转变是一次难得的机遇。2000年7月,中国农业银行剥离3458亿元不良资产。在中国农业发展银行分设、农村信用社脱钩、不良资产剥离等重大变革中,中国农业银行确立了"巩固乡镇、拓展城市"的发展战略,坚持城乡并举的办行方针,积极向国有商业银行转变。一方面,按照商业化原则,转变服务"三农"的指导思想和经营方式,寻找"三农"业务的经济增长点;另一方面,明确加快推进城市金融业务的发展方向,充分发挥城市业务对"三农"业务的支持和促进作用,从而形成了中国农业银行独特的城乡二元结构。

但是,随着商业化步伐的加快,中国农业银行"脱农进城"趋势日趋明显。这种趋势突出表现为:在机构设置上,大量撤销、合并县以下的农村经营网点,在大、中城市增设营业机构;在资源配置上,将内部资金、人才、技术装备重点向金融资源富集的城区分支机构倾斜;在管理机制上,上收基层营业所乃至县级支行的贷款审批权和财务权,使县级以下机构基本上仅有5万元以下本行存单质押贷款权;在业务发展上,以城市银行为重点,大力拓展新的业务领域,不再直接面向农户和众多乡镇企业开展业务,重点开发城市优良大客户、行业垄断性客户、城镇高收入群体客户等。[1] 例如,中国农业银行的机构数量由1995年的67029家减少到2005年的28234家,[2] 减少了57.9%,减少(撤并)的机构多为设在乡镇的分支机构;而且,农村贷款占中国农业银行全部贷款的比重呈明显下降趋势。如表3-2所示,1979~2005年中国农业银行对农业贷款和乡镇企业贷款之和占各项贷款的比重很低,平均值为25.73%,最高是1995年的33.94%,然后呈下降趋势,到2005年降到最

---

① 武翠芳:《中国农村资金外流研究》,中国社会科学出版社,2009,第60页。

② 中国金融学会主办《中国金融年鉴2007》,中国金融年鉴编辑部,2007,第520页。

低值 11.19%。同时，中国农业银行为适应大中城市对外开放和发展外向型经济的新形势，积极拓展国际金融业务。

表 3-2　1979~2005 年中国农业银行存贷款及贷款结构变动

单位：亿元，%

年份	各项存款	各项贷款	农业贷款	乡镇企业贷款	农业贷款和乡镇企业贷款占比
1979	280.07	410.98	99.97	29.89	31.60
1980	368.04	512.01	113.76	52.99	32.57
1981	422.57	565.02	120.05	62.14	32.24
1982	502.20	623.08	131.63	73.37	32.90
1983	588.04	716.23	144.41	80.02	31.33
1984	718.80	1459.64	202.35	157.68	24.67
1985	912.35	1687.70	221.76	187.98	24.28
1986	1211.80	1996.12	279.83	287.93	28.44
1987	1487.30	2319.26	338.68	350.07	29.70
1988	1913.73	2632.15	396.80	407.69	30.56
1989	2055.46	3058.17	463.93	420.61	28.92
1990	2640.55	3774.34	562.93	462.18	27.16
1991	3319.51	4578.07	695.45	498.43	26.08
1992	4130.94	5468.10	846.93	582.51	26.14
1993	5130.18	6565.02	857.62	774.61	24.86
1994	6721.82	5524.59	876.57	938.37	32.85
1995	6939.43	6560.53	1121.36	1105.49	33.94
1996	9310.40	8566.47	1230.66	1291.43	29.44
1997	11322.41	9809.57	1530.49	1514.54	31.04
1998	13324.29	13667.60	1775.55	1747.63	25.78
1999	15492.79	15550.61	1737.44	1900.39	23.39
2000	17515.89	14497.16	1287.83	1412.76	18.63
2001	20242.53	16045.95	1255.07	1449.52	16.86
2002	23985.41	18580.41	1242.09	1542.20	14.98
2003	29061.23	22118.20	1230.21	1679.27	13.15

年份	各项存款	各项贷款	农业贷款	乡镇企业贷款	农业贷款和乡镇企业贷款占比
2004	34173.21	25146.26	1250.85	1786.88	12.08
2005	39702.82	27405.80	1339.03	1726.53	11.19

资料来源：1979~1995 年数据来源于《中国农村金融统计年鉴》；1996~2005 年数据来源于《中国农业银行统计年鉴》。

"脱农进城"使中国农业银行终于突破了局限于农村和"画地为牢"的局面，大量资金转向城市使城市金融业务有了较大发展，所以再从政策上要求中国农业银行成为支持"三农"发展的主力军，或在农村金融领域发挥主导作用已经不现实，中国农业银行和农村信用社分工协调、共同支撑农村金融的局面已经发生改变，这标志着新中国成立以来形成的"银行+信用社"的农村金融格局已经被打破。

（3）"与农户无关"的中国农业发展银行

1993 年 12 月，国务院发布《关于金融体制改革的决定》，提出我国金融体制改革的内容之一就是建立三大政策性银行，承担专业银行的政策性业务，从而实现政策性金融与商业性金融分离。其中，设立的中国农业发展银行，是承担农村政策性业务的政策性银行，接管中国农业银行、中国工商银行的政策性贷款业务。按照精简、高效的机构设立原则，中国农业发展银行一般在县以上城市设立机构，不在乡镇设立分支机构。中国人民银行批准中国农业发展银行增设分支机构 2219 家，包括设立总行营业部 1 家，省级分行营业部 29 家，地（市）分行 300 家，地（市）分行营业部 264 家，县（市）支行 1625 家。[1] 另外，中国农业发展银行在不设机构的国务院确定的 182 个贫困县派驻信贷组。中国农业发展银行的资金来自对金融机构发行的金融债券、财政支农资金、农业政策性贷款企业的存款。这些资金用于组建中国农业发展银行，承担国家粮棉油储备和农副产品合同收购、农业开发与扶贫等业

---

[1]　伍成基主编《中国农业银行史》，经济科学出版社，2000，第 316 页。

务中的政策性贷款，代理财政支农资金的拨付及监督。1998 年 3 月，为了保证粮棉油收购资金不被挪用，国务院决定将中国农业发展银行承办的这些贷款业务划转到有关国有商业银行，让中国农业发展银行集中精力加强粮棉油收购资金封闭管理，从而保证粮棉油政策性贷款管理。

然而，业务范围狭窄的中国农业发展银行似乎"与农户无关"，主要表现是：首先，机构设立在县以上，远离农户，农户感受不到它的存在；其次，中国农业发展银行不吸收存款，业务仅限于粮棉油购销企业贷款，不向农户发放贷款；2001 年中国农业发展银行粮棉油贷款余额的占比高达 97.7%。[①] 这样，农户无论是日常生活需要，还是扩大再生产或发展特色农业种养需要，甚至与农户息息相关的农业基础设施建设，都没有中国农业发展银行的影子，很多农户感觉与中国农业发展银行没有多大关系就显得很正常。

（4）"被取缔"的农村合作基金会

人民公社解体后，在处理、整合人民公社资产的过程中，一些地方以集体经济组织原来的积累作为基金建立合作基金会。其中，建立最早的、具有代表性的是河北张家口的合作基金会。在家庭联产承包责任制实行后，很多地区的集体组织把固定资产折价给农户，而不是变现后分配给农户。可是，这些资金多被私人和其他单位无偿占用，无法变为农户的收益。为了盘活、用好这部分资金，集体组织把各项积累资金"折股到户，统一管理，有偿服务，按股分红"，以乡（镇）或村为单位建立起统管积累资金的合作基金会。[②] 折股到户的方法，是把积累基金变为集体资产，分户建股金账，给农户发放股金证，作为对基金会所有权的凭证，农户可以按股份获得分红和优先借款权。

农村合作基金会的业务不是吸收存款，而是用集体积累基金对入股农户发放借款，返还后再借出。其在资金使用上，实行有偿使用，无论

---

① 郭晓鸣：《农村金融：现实挑战与发展选择》，《经济学家》2005 年第 3 期。
② 卢汉川主编《当代中国的信用合作事业》，当代中国出版社，2001，第 447 页。

是入股股金还是借出资金，都收取一定费用，获得的收入除了支付人工办公费用与适当提留外，按股分红；在管理上，实行民主管理，农户不论入股多少，都享有平等权，有同等的借款优先权和入股分红权；在服务上，根据会员借款的轻重缓急，决定借款的金额和期限，借款额度不受入会股金多少的限制，为会员提供灵活服务。因此，从制度设计上看，农村合作基金会初步具有合作金融的特征。

农村合作基金会不仅解决了集体积累资金被占用的问题，也解决了农户生产、生活资金缺乏问题，对支持乡镇企业和农村经济社会发展起到重要作用。据统计，1985 年张家口合作基金会建立后，共回收农民拖欠的现金 1055.5 万元，外单位欠款 234.5 万元，合作基金会用这笔钱扶持经济联合体 434 个，专业户 3692 户，乡镇企业 298 个，村办企业 534 个，还向一般农户贷款 46700 元。[1] 因此，农村合作基金会是适应农村经济体制改革而产生的，客观上对缓解农村资金紧张是有益的，也是农村金融改革的一大创举。

农村合作基金会的设立得到地方基层政府的支持，也得到中央的认可，1984 年中央一号文件明确指出："允许农民和集体的资金自由地或有组织地流动，不受地区限制。"[2] 中国农业银行也要求"对农村合作经济组织内部融资活动不要干预，并通过信贷业务给予指导"。1987 年1 月，中共中央发布《把农村改革引向深入》，进一步指出："一部分乡、村合作经济组织或企业集体建立了合作基金会；有的地方建立了信托投资公司。这些信用活动适应发展商品生产的不同要求，有利于集中社会闲散资金，缓和农业银行、信用社资金供应不足的矛盾，原则上应当予以肯定和支持。"[3] 1991 年 11 月党的十三届八中全会要求"各地要继续办好农村合作基金会"。

---

[1]　卢汉川主编《当代中国的信用合作事业》，当代中国出版社，2001，第 448 页。
[2]　中共中央文献研究室编《十二大以来重要文献选编》（上），人民出版社，1986，第 426 页。
[3]　中共中央文献研究室编《十二大以来重要文献选编》（下），人民出版社，1988，第 1232 页。

得到中央和地方认可、支持的农村合作基金会，在全国各地迅速发展起来。到1996年末，全国38%的乡镇和15%的村建立了不同类型的农村合作基金会。① 但是，农村合作基金会的发展很快失去控制。在原有集体财产的处理过程中，不少地方出现毁坏、贪污、浪费现象，由于一些地方集体资金管理混乱、使用不当，不断出现"前清后乱""边清边欠"的现象，集体资金大量流失的情况进一步恶化；② 而且，很多农村合作基金会违法经营金融业务，以招股名义大量吸收居民存款，这使基金会积聚的金融风险越来越大。

1996年8月，国务院发布《关于农村金融体制改革的决定》，开始清理整顿农村合作基金会。中央给予农村合作基金会明确的定位："农村合作基金会不属于金融机构，不得办理存、贷款业务，要真正办成社区内的资金互助组织。……凡农村合作基金会实际上已经营金融业务，存、贷款业务量比较大的，经整顿后可并入现有的农村信用社，也可另设农村信用社。"③ 实际上，这是对10多年蓬勃发展的农村合作基金会的否定。随着1997年亚洲金融危机的爆发，国家开始重新审视金融领域的风险问题，又加上1998年各地农村合作基金会普遍出现的挤兑现象，已危及农村金融安全与农村社会稳定。鉴于此，1999年1月，国务院正式宣布取缔农村合作基金会。

（5）"只存不贷"的邮政储蓄机构

"大一统"金融体制破除后确立的农村金融体系中，农村正规金融机构是中国农业银行和农村信用社，并没有邮政储蓄机构。但是，邮政系统有遍布全国城乡的网点，可以方便群众存取，聚集闲散资金。鉴于此，1986年，国务院允许邮政系统办理储蓄业务，但是不能办理贷款业务。自此，邮政储蓄的网点和业务数量都快速增长。从网点布局来

---

① 杨希天等编著《中国金融通史》（第六卷），中国金融出版社，2002，第262页。

② 温铁军：《农村合作基金会的兴衰史（1984~1999）》，红色文化网，2013年5月2日，https://www.hswh.org.cn/wzzx/llyd/sn/2013-05-02/12893.html。

③ 中共中央文献研究室编《十四大以来重要文献选编》（下），中央文献出版社，1999，第2003页。

看，如表 3-3 所示，1986 年邮政储蓄的网点有 2794 处，1988 年增长到
13651 处，其中农村网点 9484 处，占比 69.47%。此后，邮政储蓄的城
市网点与农村网点都快速增加，多数年份农村网点占邮储储蓄总网点的
65% 以上。随着城市化的发展，城市网点大量增加，农村网点占比呈下
降趋势，至 2005 年农村网点占比降低到 59.00%。从储蓄存款来看，邮
政储蓄存款与农村储蓄存款都增长迅速。1989 年邮政储蓄存款为
100.84 亿元，其中农村储蓄存款为 24.40 亿元，占比 24.20%，至 2005
年邮政储蓄的存款增长到 13598.98 亿元，比 1989 年增长了 133.9 倍；
农村储蓄存款为 4861.69 亿元，比 1989 年增长了 198.2 倍，农村储蓄
存款占邮政储蓄存款的 35.75%，且 1989 年以来的多数年份，农村储蓄
存款占比超过了 1/3。

表 3-3　1986~2005 年邮政储蓄网点数量、储蓄业务发展状况

年份	网点（处）	农村网点（处）	农村网点占比（%）	储蓄存款（亿元）	农村储蓄存款（亿元）	农村储蓄存款占比（%）
1986	2794	—	—	5.64	—	—
1987	9477	—	—	37.60	—	—
1988	13651	9484	69.47	70.34	—	—
1989	15609	9879	63.29	100.84	24.40	24.20
1990	17305	12002	69.36	180.34	45.76	25.37
1991	18738	13083	69.82	315.50	88.02	27.90
1992	20017	13955	69.72	476.76	124.73	26.16
1993	21945	15353	69.96	615.90	215.16	34.93
1994	26750	18559	69.38	994.25	339.03	34.10
1995	30130	20513	68.08	1615.83	546.90	33.85
1996	30712	21260	69.22	2146.55	740.06	34.48
1997	31473	21061	66.92	2645.68	882.78	33.37
1998	31563	20789	65.87	3202.05	1078.96	33.70
1999	31477	20333	64.60	3815.37	1262.68	33.09
2000	31763	20548	64.69	4579.21	1632.69	35.65
2001	31704	20242	63.85	5908.46	2024.85	34.27

年份	网点（处）	农村网点（处）	农村网点占比（%）	储蓄存款（亿元）	农村储蓄存款（亿元）	农村储蓄存款占比（%）
2002	31704	20242	63.85	7363.46	2511.85	34.11
2003	31704	20242	63.85	8985.69	3066.13	34.12
2004	33720	19062	56.53	10787.25	3768.31	34.93
2005	35043	20674	59.00	13598.98	4861.69	35.75

注：表中存款指年底余额。

资料来源：《中国金融年鉴》（1991～2006 年）。

农村地区的邮政储蓄存款，通过缴存、转存到中国人民银行的方式流出农村，该机构不对农村办理贷款，中国人民银行给予手续费或给予利差补贴，即在此期间的邮政储蓄机构在农村"只存不贷"，充当"抽水机"，1989～2005 年农村储蓄存款余额为 22874.97 亿元，邮政储蓄把从农村吸收的资金源源不断地输入城市，支持城市经济的发展。

（6）"作用欠佳"的农业保险

我国是一个自然灾害频繁的国家，农业深受影响，每年受灾的直接经济损失达上千亿元。世界上很多经济体建立了发达的农业保险，分散农业风险，而我国农业保险发展得较缓慢，初期鉴于多种原因，对灾害频繁的农业无暇顾及。

1979 年 4 月，国务院批准重新恢复设立中国人民保险公司，全国各地建立起保险分支机构，1989 年，机构数量增加到 2861 个。[1] 这些机构都设立在城市，在农村的业务量很少，有的县在农村设立农业保险代表点，有的保险业务直接由农村信用社和中国农业银行的营业所代办。1990 年之前农业保险发展缓慢，1990 年保费收入有 1.9 亿多元，1990～1995 年保险业出现了短暂的繁荣，已涉及农、林、牧、副、渔、工、商、运、建、服务十大领域。1994 年由于实施中央和地方"分税制"改革，保险业取消了"收益共享，风险共担"的财政兜底政策。为了适应市场经济与商业化发展，保险公司开始对农业保险业务进行收

---

[1]　中国金融学会编《中国金融年鉴 1991》，中国金融年鉴编辑部，1992，第 189 页。

缩性调整，农业保险的险种、机构数量、保费收入以及承保面大幅度减少或缩小，农业保险的发展几乎陷入停滞。1993 年，保费收入达到最高值 8.20 亿元，然后呈波浪式下降，到 2004 年降低到低谷，仅为 3.95 亿元，[①] 降低了 51.83%。

而且，农业保费收入远远低于城市保费收入，2004 年，其只占全国保险业保费收入的 0.09%。可见，与城市保险相比，农业保险发展较差，农业保险在农村是一个极其薄弱的环节。无论是传统的小农户，还是农村种植大户、小微企业，都急需农业保险的"保驾护航"，然而对频繁的农业灾害未给予关照的农业保险，使保险业的经济补偿、资金融通和社会管理功能无从发挥，这与农村金融发展的要求相差甚远，与农村经济发展状况极不匹配，农业保险迫切需要国家的政策引导和支持。

（三）城乡金融发展路径的比较

1979~2005 年，我国城市金融和农村金融采取不同的发展道路和发展模式，使我国城乡金融关系发生分化。我国农村金融的发展，是在政府的主导和推动下进行的，农村金融主体没有自主发展的能力，农村金融发展道路比较曲折，多呈突变的发展轨迹。而且，农村金融改革以机构改革为主，主要是存量改革，主管部门对农村信用社及发展农村组织的改革思路并不是非常清晰的，思路的不确定导致政策的摇摆，政策的摇摆损害了农村金融的发展。[②] 因此，作为农村金融主力军的农村信用社的改革并没有取得预期效果。鉴于农村贷款成本高、收益低、风险大，其他农村金融机构（除政策性金融机构）的改革都是以商业化为主，都存在与农村经济发展和小农户发展不相适应的地方，这加剧了农村资金外流，使农村出现了贷款难、贷款贵的局面。

在农村金融市场方面，农村信用社合作金融制度"异化"，中国农业银行"脱农进城"，中国农业发展银行"与农户无关"，农村合作基

---

① 庹国柱：《从 40 年政策变化喜看我国农业保险蓬勃发展》，《保险研究》2018 年第 12 期。

② 李扬等：《新中国金融 60 年》，中国财政经济出版社，2009，第 154 页。

金会被取缔，邮政储蓄"只存不贷"，农业保险"作用欠佳"。此时，我国没有形成竞争有序的农村金融市场，农村金融机构存在"脱农化"趋向，农村金融机构把资金投向利润高的城市非农领域。而且，农村金融法律制度缺乏，农村金融领域还没有一部关于农村金融的立法，农村金融支农资金缺乏安全保障，很多资金外流到城市以支持其发展。

与此同时，改革开放以来，我国城市金融机构通过"专业化—商业化—股份制"改革，走的是一条渐进市场化道路，建立了较为完善的法人治理机构，建立了较为完善的、充满竞争活力的、有效的金融市场，建立了较为完善的金融法律制度，稳步迈入了现代化。与城市金融相比，农村金融发展不充分，农村金融市场和农村金融体系很不完善，农村金融的改革与发展还在传统阶段徘徊，农村金融不仅远远落后于城市金融，而且大大滞后于农村经济的发展，成为国民经济发展的制约因素。

第二节　城乡金融的非均衡发展

"大一统"金融体制破除后，我国城乡金融关系进入了分化时期，城市金融体系和农村金融体系都得到了重塑，并且随着我国经济市场化的改革与发展，城乡金融经历不同的发展路径，使我国城乡金融发展出现了很大的差距，即城乡金融的非均衡发展。城乡金融的非均衡发展表现在城乡金融结构、城乡金融中介、城乡金融市场、城乡金融基础设施和服务、城乡金融业务与经营环境等方面。下面从这几个方面来比较分析我国城乡金融发展的非均衡性。

一　城乡金融结构的非均衡发展

金融结构是指构成金融总体的各个组成部分的分布、存在、相对规模、相互关系与配合的状态。一国的金融总体主要包括金融各业（银行、证券、保险、信托、租赁等）、金融市场、各种信用方式下的融资活动、各种金融活动所形成的金融资产。[①] 因此，分析城乡金融结构方面的差距，主要分析内容包括城乡存款、贷款、股票筹资规模、保险等方面的差距。

（一）城乡存款的非均衡发展

改革开放以来，我国经济获得了飞速发展，而金融是经济的血液，金融发展与经济发展是相辅相成的。1979 年以来，我国金融业也获得了巨大发展，尤其是金融机构的存款规模增长尤为迅速。由表 3-4 可知，1979 年以来全国各项存款，包括农村存款和城镇存款都增长很快，至 2005 年分别增长了 209.8 倍、68.0 倍、278.8 倍。可见，城镇存款增长速度远远高于农村存款增长速度，二者的差距越来越大，从而出现了城乡存款的非均衡性。其中，城乡存款的绝对差额由 1979 年的 469.8 亿元增长到 2005 年的 225549.2 亿元，增长了 479.1 倍；城乡存款的相对差距即城乡存款差额占城镇存款的比例，由 1979 年的 51.27% 增长到 2005 年的 87.98%，上升了 36.71 个百分点；从城乡存款的倍数来看，1979 年是 2.05 倍，也就是说城镇存款是农村存款的 2.05 倍，到 2005 年城镇存款是农村存款的 8.32 倍。总之，1979~2005 年，我国城镇存款增长速度远远快于农村存款增长速度，城乡存款规模出现了非常大的差距。

表 3-4 1979~2005 年中国城乡存款的非均衡发展

年份	全国各项存款（亿元）（Ⅰ）	农村存款（亿元）（Ⅱ）	城镇存款（亿元）（Ⅲ）	城乡存款的非均衡发展		
				绝对差额（亿元）（Ⅲ-Ⅱ）	相对差距（%）（Ⅲ-Ⅱ）/Ⅲ	倍数（倍）（Ⅲ/Ⅱ）
1979	1362.6	446.4	916.2	469.8	51.27	2.05
1980	1933.4	512.4	1420.9	908.5	63.94	2.77
1981	2355.0	598.0	1757.0	1159.0	65.96	2.94

---

① 林毅夫、孙希芳、姜烨：《经济发展中的最优金融结构理论初探》，《经济研究》2009 年第 8 期。

续表

年份	全国各项存款（亿元）（Ⅰ）	农村存款（亿元）（Ⅱ）	城镇存款（亿元）（Ⅲ）	城乡存款的非均衡发展		
				绝对差额（亿元）（Ⅲ−Ⅱ）	相对差距（%）（Ⅲ−Ⅱ）/Ⅲ	倍数（倍）（Ⅲ/Ⅱ）
1982	2756.1	719.8	2036.3	1316.4	64.65	2.83
1983	3249.2	878.9	2370.3	1491.4	62.92	2.70
1984	4011.0	997.3	3013.7	2016.4	66.91	3.02
1985	4997.9	1174.5	3823.5	2649.0	69.28	3.26
1986	6344.2	1521.9	4822.2	3300.3	68.44	3.17
1987	7797.3	1851.5	5945.8	4094.3	68.86	3.21
1988	8901.0	2069.4	6831.6	4762.3	69.71	3.30
1989	10786.2	1746.0	9040.2	7294.2	80.69	5.18
1990	14012.6	2234.7	11777.9	9543.2	81.03	5.27
1991	18079.0	2966.3	15112.7	12146.4	80.37	5.09
1992	23468.0	3816.1	19651.9	15835.8	80.58	5.15
1993	29627.0	4649.8	24977.2	20327.4	81.38	5.37
1994	40472.5	5879.2	34593.3	28714.1	83.00	5.88
1995	53862.2	7391.8	46470.4	39078.6	84.09	6.29
1996	68571.2	9034.6	59536.6	50502.0	84.83	6.59
1997	82390.3	10665.2	71725.1	61059.9	85.13	6.73
1998	95697.9	12189.0	83508.9	71319.9	85.40	6.85
1999	108778.9	13343.6	95435.3	82091.7	86.02	7.15
2000	123804.4	14998.2	108806.2	93808.0	86.22	7.25
2001	143617.2	16904.7	126712.5	109807.8	86.66	7.50
2002	170917.4	18170.0	152747.4	134577.3	88.10	8.41
2003	208055.6	23076.0	184979.6	161903.6	87.53	8.02
2004	241424.3	26292.5	215131.8	188839.3	87.78	8.18
2005	287169.5	30810.2	256359.4	225549.2	87.98	8.32

注：由于统计口径的变化，1989 年之前的农村存款是由国家银行农业存款与农村信用社的全部存款构成的，从 1989 年开始农村存款由各金融机构农业存款和农户储蓄存款之和构成（金融机构包括中国人民银行、政策性银行、国有独资商业银行、邮政储蓄机构、其他商业银行、农村信用社、财务公司等）；城镇存款为全国各项存款减去农村存款。

资料来源：根据历年《中国农村金融统计年鉴》《中国金融年鉴》《中国统计年鉴》整理。

（二）城乡贷款的非均衡发展

改革开放以来，随着国民经济各产业部门的发展，全国各项贷款、城镇贷款总额和农村贷款总额增长都极为迅速。如表 3-5 所示，1979 年全国各项贷款、城镇贷款和农村贷款分别为 2082.5 亿元、1898.3 亿元、184.2 亿元，到 2005 年则为 194690.4 亿元、175195.7 亿元、19494.7 亿元，分别增长了 92.5 倍、91.3 倍、104.8 倍。农村贷款数量由于初始较少，所以增长速度快于城镇贷款增长速度。但是，城镇贷款与农村贷款的绝对差额是不断扩大的，由 1979 年的 1714.1 亿元增长到 2005 年的 155701.0 亿元，增长了 89.8 倍；而城镇贷款与农村贷款的相对差距，除了 1986~1988 年是低于 80%外，其余年份都高于 80%，尤其是在 1994 年后稳定在 86%~89%区间。就贷款倍数来说，1979 年城镇贷款与农村贷款的差距一开始就很大，前者是后者的 10.31 倍，然后开始下降，1989 年又开始回升，尤其在 1994 年后，二者相差的倍数较大，由 1994 年的 7.75 倍增加到 2005 年的 8.99 倍。这说明改革开放后，我国城镇贷款与农村贷款的差距较大，城乡贷款的非均衡性是非常突出的。

表 3-5　1979~2005 年中国城乡贷款的非均衡发展

年份	全国各项贷款（亿元）（Ⅰ）	农村贷款（亿元）（Ⅱ）	城镇贷款（亿元）（Ⅲ）	城乡贷款的非均衡发展		
				绝对差额（亿元）（Ⅲ-Ⅱ）	相对差距（%）（Ⅲ-Ⅱ）/Ⅲ	倍数（倍）（Ⅲ/Ⅱ）
1979	2082.5	184.2	1898.3	1714.1	90.30	10.31
1980	2478.1	253.5	2224.6	1971.1	88.61	8.78
1981	2853.3	286.0	2567.3	2281.4	88.86	8.98
1982	3162.7	333.5	2829.2	2495.8	88.21	8.48
1983	4141.3	394.8	3746.5	3351.7	89.46	9.49
1984	4746.8	643.7	4103.1	3459.4	84.31	6.37
1985	6198.4	832.7	5365.7	4533.0	84.48	6.44
1986	8142.7	1574.3	6568.5	4994.2	76.03	4.17

续表

年份	全国各项贷款（亿元）（Ⅰ）	农村贷款（亿元）（Ⅱ）	城镇贷款（亿元）（Ⅲ）	城乡贷款的非均衡发展		
				绝对差额（亿元）（Ⅲ－Ⅱ）	相对差距（％）（Ⅲ－Ⅱ）/Ⅲ	倍数（倍）（Ⅲ/Ⅱ）
1987	9814.1	2058.1	7756.0	5697.9	73.46	3.77
1988	11964.3	2467.8	9496.5	7028.7	74.01	3.85
1989	14360.1	1955.2	12404.9	10449.7	84.24	6.34
1990	17680.7	2412.8	15267.9	12855.1	84.20	6.33
1991	21337.8	2976.0	18361.8	15385.8	83.79	6.17
1992	26322.9	3868.5	22454.4	18585.9	82.77	5.80
1993	32943.1	4839.1	28104.0	23264.9	82.78	5.81
1994	40658.3	4644.5	36013.8	31369.3	87.10	7.75
1995	50538.0	5659.6	44878.4	39218.8	87.39	7.93
1996	61152.8	7123.0	54029.8	46906.8	86.82	7.59
1997	74914.1	8350.4	66563.7	58213.3	87.46	7.97
1998	86524.1	10024.2	76499.9	66475.7	86.90	7.63
1999	93734.3	10953.7	82780.6	71826.9	86.77	7.56
2000	99371.1	10949.8	88421.3	77471.5	87.62	8.08
2001	112314.7	12124.5	100190.2	88065.7	87.90	8.26
2002	131293.9	13696.8	117597.1	103900.3	88.35	8.59
2003	158996.2	16072.9	142923.3	126850.4	88.75	8.89
2004	178197.8	17912.3	160285.5	142373.2	88.82	8.95
2005	194690.4	19494.7	175195.7	155701.0	88.87	8.99

注：由于统计口径的变化，1989 年之前的农村贷款是由国家银行农业贷款与农村信用社的全部贷款构成，从 1989 年开始农村贷款由各金融机构农业贷款和乡镇企业贷款之和构成（金融机构包括中国人民银行、政策性银行、国有独资商业银行、邮政储蓄机构、其他商业银行、农村信用社、外资银行、信托投资公司、财务公司等）；城镇贷款为全国各项贷款减去农村贷款。

资料来源：根据历年《中国农村金融统计年鉴》《中国金融年鉴》《中国统计年鉴》整理。

（三）城乡股票筹资规模的非均衡发展

在金融领域，融资分为直接融资和间接融资，间接融资是以金融机构（银行）为中介，把借款人的闲散资金贷给需要资金的人；直接融资是在金融市场上通过股票、债券等有价证券获得资金的一种方式。一般来说，随着市场经济的发展，直接融资占比会越来越大。长期以来，在国民经济发展中，我国以银行等金融机构的间接融资为主，而股票作为企业直接融资的重要途径，在市场经济发展中起着非常重要的作用。但是，证券市场基本与农村无关，少数农民拥有少量国债，而股票市场对于广大农村居民来说是完全陌生的。[1] 因此，在股票筹资中，城市与农村存在很大的差距。改革开放以来，尤其是 20 世纪 90 年代，上海证券交易所、深圳证券交易所挂牌成立，中国的股票市场发展迅速。如表 3-6 所示，1991 年全国股票首发筹资额为 5.00 亿元，随后开始波浪式增长，到 2000 年增长到最高点 812.37 亿元，增长了 161.5 倍；然后开始下降，到 2005 年降低到 56.74 亿元，比 1991 年只增长了 10.3 倍，1991～2005 年全国股票首发筹资额共 4835.90 亿元。其中，农村股票在 1993 年首发筹资额为 2.88 亿元，之后也呈波浪式增长，但是波峰与全国股票首发筹资额不同，农村股票首发筹资额在 1996 年、2003 年有两个高峰，分别达 8.58 亿元、9.89 亿元，1991～2005 年农村股票首发筹资额共 48.09 亿元。而城市股票首发筹资额也呈波浪式增长，两个波峰为 1997 年的 652.17 亿元、2000 年的 809.67 亿元，1991～2005 年城市股票首发筹资额共计 4787.81 亿元。就城乡股票筹资绝对差额来说，1991～2005 年绝对差额高峰有两个，分别为 1997 年的 649.28 亿元、2000 年的 806.97 亿元，且总额为 4739.72 亿元。就城乡股票筹资倍数来说，1991～2005 年城乡股票首发筹资额也是呈波浪式增长，有三个高峰，分别是 1997 年的 225.66 倍、2000 年的 299.88 倍、2002 年的 320.09 倍，且 1991～2005 年城乡股票首发筹资额总量分别是 4787.81 亿元、48.09 亿元，总体来看城市股票首发筹资额是农村股票首发筹资额的 99.56 倍。

---

[1]　韩正清：《中国城乡金融二元结构强度分析》，《农村经济》2009 年第 5 期。

表 3-6　1991~2005 年中国城乡股票首发筹资额的非均衡发展

单位：亿元，倍

年份	全国股票首发筹资额（Ⅰ）	农村股票首发筹资额（Ⅱ）	城市股票首发筹资额（Ⅲ）	城乡股票筹资的非均衡发展	
				绝对差额（Ⅲ-Ⅱ）	倍数（Ⅲ/Ⅱ）
1991	5.00	—	5.00	5.00	—
1992	50.00	—	50.00	50.00	—
1993	194.83	2.88	191.95	189.07	66.65
1994	49.62	0.86	48.76	47.9	56.70
1995	22.68	—	22.68	22.68	—
1996	224.45	8.58	215.87	207.29	25.16
1997	655.06	2.89	652.17	649.28	225.66
1998	409.09	2.83	406.26	403.43	143.55
1999	497.88	1.15	496.73	495.58	431.94
2000	812.37	2.70	809.67	806.97	299.88
2001	534.29	6.88	527.41	520.53	76.66
2002	516.96	1.61	515.35	513.74	320.09
2003	453.51	9.89	443.62	433.73	44.86
2004	353.42	4.15	349.27	345.12	84.16
2005	56.74	3.67	53.07	49.4	14.46
合计	4835.90	48.09	4787.81	4739.72	99.56

注：由于统计资料的限制，还没有农村股票和城市股票的具体数据，只有农业类股票的数据，而农村非农业类股票数量非常少，非农业类股票主要集中在城市，所以本书在实际分析中，把农业类股票看作农村股票，把非农业类股票看作城市股票。

资料来源：历年《中国金融年鉴》《中国证券期货统计年鉴》，以及《新中国六十年统计资料汇编》。

城乡股票筹资的非均衡性主要是因为农村农业发展缓慢，农业投资风险大，经营成本高、收入低，农村大量中小企业还达不到进入上海证券交易所、深圳证券交易所的门槛，农业农村类上市公司数量少、规模小，与城市上市公司差距较大。据统计，2005 年全国共有上市公司 1381 家，市值 32430.28 亿元，[①] 占 GDP 的比重为 17.63%。其中农业类上市公司只有 36 家，占比 2.61%，其数量和规模远远不及城市上市公司。

---

① 中国金融学会主办《中国金融年鉴 2006》，中国金融年鉴编辑部，2006，第 26 页。

（四）城乡保险的非均衡发展

由于农业保险的特殊性，与城市保险相比，我国农业保险发展很不充分，城乡保险发展存在很大的不平衡性。在 1979 年重新恢复设立中国人民保险公司后，我国保险机构的数量增加得很快，2005 年，共有 93 家保险机构，其中保险集团和控股公司 6 家，财产险公司 35 家，人身险公司 42 家，再保险公司 5 家，保险资产管理公司 5 家；共有保险中介机构 1800 家，保险兼业代理机构 12 万家，保险营销员 147 万人，[①] 它们的主要业务涵盖财险、寿险、健康险、意外险等，保险品种不断丰富。但是，这些机构都不是专门服务农村的保险机构，其业务主要集中在城市，在农村只设立保险代销点，主要业务是农业保险，由于农村业务量少，很多业务主要由农村信用社和中国农业银行代办。这样，城乡保险机构和保险业务不可避免地存在非均衡性。

保费收入是决定保险发展程度和发展水平的重要标志。随着我国保险业与保险市场的发展，我国城乡保费收入存在很大的差距，这也是城乡保险发展非均衡性的重要表现。如表 3-7 所示，1985~2005 年全国保费收入稳步增长，由 1985 年的 25.73 亿元增长到 2005 年的 4927.0 亿元，增长了 190.5 倍，21 年间保费收入共 27108.33 亿元。其中，农业保费收入呈现波动式增长，1985 年只有 0.433 亿元，到 1992 年增长到 8.1690 亿元，是这 21 年的最高点，增长了 17.9 倍，然后开始萎缩，尤其在 2000~2004 年农业保费收入徘徊在 4 亿~5 亿元区间，直到 2005 年农业保费收入才恢复到 7 亿元，1985~2005 年农业保费收入共 87.56 亿元，远远低于非农业保费收入。由于非农业保险主要集中在城市，农业保险主要集中在农村，也就是说农村保费收入远远低于城市保费收入，农村保险与城市保险存在相当大的差距，2005 年城市保费收入是农村保费收入的 702.86 倍，21 年间城市保费收入平均是农村保费收入的 308.60 倍。如果计算城乡保险密度和保险深度的话，农村保费收入少、

----

① 中国金融学会主办《中国金融年鉴 2006》，中国金融年鉴编辑部，2006，第 30 页。

人口多、经济总量低，这样计算出来的城乡保险密度和保险深度差距会更大。也就是说，与城市保险相比，农村保险发展缓慢，城乡保险发展水平和规模存在较大的非均衡性。

表 3-7　1985~2005 年中国城乡保费收入的非均衡发展

单位：亿元，%

年份	全国保费	农业保费收入	农业保费占比	非农业保费收入	非农业保费占比	非农业保费占农业保费的比例
1985	25.73	0.433	1.68	25.297	98.32	58.42
1986	48.5	0.7803	1.61	47.7197	98.39	61.16
1987	71.1	1.0028	1.41	70.0972	98.59	69.90
1988	109.5	1.1569	1.06	108.3431	98.94	93.65
1989	142.4	1.2966	0.91	141.1034	99.09	108.83
1990	179.0	1.9248	1.08	177.0752	98.92	92.00
1991	239.0	4.5504	1.90	234.4496	98.10	51.52
1992	386.0	8.1690	2.12	377.831	97.88	46.25
1993	406.0	5.1630	1.27	400.837	98.73	77.64
1994	498.0	5.5040	1.11	492.496	98.89	89.48
1995	615.7	4.9620	0.81	610.738	99.19	123.08
1996	758.0	5.7456	0.76	752.2544	99.24	130.93
1997	1087.4	5.7587	0.53	1081.641	99.47	187.83
1998	1250.0	7.15	0.57	1242.85	99.43	173.83
1999	1406.0	6.32	0.45	1399.68	99.55	221.47
2000	1598.0	4.00	0.25	1594	99.75	398.50
2001	2109.0	3.00	0.14	2106	99.86	702.00
2002	3054.0	5.00	0.16	3049	99.84	609.80
2003	3880.0	4.64	0.12	3875.36	99.88	835.21
2004	4318.0	3.90	0.09	4314	99.91	1092.15
2005	4927.0	7.00	0.14	4920	99.86	702.86
合计	27108.33	87.56	0.32	27020.77	99.68	308.60

注：由于统计资料的限制，还没有专门的农村保费收入和城市保费收入的具体数据，实际上这时期的农村保费收入中，除了农业保费收入外，其他保费收入数量较少，而非农保费收入主要来自城市的保险业务，所以本书在实际分析中，把农业保费收入看作农村保费收入，把非农业保费收入看作城市保费收入。

资料来源：历年《中国统计年鉴》《中国金融年鉴》《中国农村金融统计年鉴》，以及《新中国六十年统计资料汇编》。

二　城乡金融中介的非均衡发展

所谓金融中介，是指在金融市场上连接资金供给者和需求者的媒介，起到资金融通的作用。金融中介把资金由供给者（储蓄者）转移到资金需求者（贷款者）手中，这种融资方式属于间接融资。从金融发展来看，我国城乡金融中介存在很大的差距。改革开放以来，我国农村形成了以合作金融为基础（农村信用社）、政策性银行（中国农业发展银行）和商业银行（中国农业银行）分工合作的农村正规金融体系。也就是说，农村正规金融中介主要是农村信用社、中国农业银行、中国农业发展银行这三家。其中，中国农业银行曾经为"三农"发放了大量贷款，为农村经济发展和农民增收做出了巨大的贡献。但是，随着社会主义市场经济体制的确立，中国农业银行在 20 世纪 90 年代后期确立了"脱农进城"的发展战略，大量撤并在农村地区的分支机构，增加在城市的分支机构，"攻城略地"地在城市寻找新的增长点。由表 3-8 可知，2005 年，中国农业银行的从业人员有 478895 人，其对农村的贷款仅占其全部贷款的 11.19%，其人员、技术和主要业务都转向城市，"脱农化"相当严重。中国农业发展银行的从业人员有 49300 人，其业务仅限于粮棉油收购，不向农民发放贷款。这样，在农村正规金融体系中，主要服务"三农"的是农村信用社，其 2002 年后开始向多元模式改革，2005 年农村信用社有 27101 家，农村商业银行有 12 家，农村合作银行有 58 家，这三种金融中介模式共有从业人员 675713 人。

表 3-8　2005 年中国城乡正规金融中介的非均衡发展

金融机构类型	金融机构名称	法人机构（家）	从业人数（人）	资产规模（亿元）
城市正规金融中介	政策性银行	2	5465	国家开发银行：18979 中国进出口银行：3506.4
	大型商业银行	3	885691	中国工商银行：64541.06 中国银行：47428 中国建设银行：45857.42

续表

金融机构类型	金融机构名称	法人机构（家）	从业人数（人）	资产规模（亿元）
城市正规金融中介	股份制商业银行	13	139303	58125.25
	城市商业银行	113	109000	20366.88
	城市信用合作社	599	29595	1865.45
	外资银行	14	7583	7036.6
	企业集团财务公司	73	3133	10329
	金融租赁公司	12	581	
	信托投资公司	59	4986	
	汽车金融公司	5	372	
	货币经纪公司	1	20	
	合计	894	1185729	278035.06
农村正规金融中介	农村信用社	27101	627141	37206.01
	农村商业银行	12	19278	
	农村合作银行	58	29294	
	中国农业银行	1	478895	47710.19
	中国农业发展银行	1	49300	8502.1
	合计	27173	1203908	93418.3

资料来源：中国金融学会主办《中国金融年鉴 2006》，中国金融年鉴编辑部，2006，第537 页。

与农村正规金融中介相比，城市金融中介比较发达。在城市，2005年前我国就建立起以国有大型商业银行为主体，以股份制商业银行、城市商业银行、政策性银行和外资银行为补充的银行体系与包含财务公司、信托投资公司、金融租赁公司和保险公司在内的非银行体系。这样，城市正规金融中介的数量就比较多，结构比较合理，功能比较健全。在城市，有政策性银行 2 家、大型商业银行 3 家、股份制商业银行13 家、城市商业银行 113 家、城市信用合作社 599 家、非银行类金融机构 150 家、外资银行 14 家，城市正规金融中介共计 894 家，从总数来看，少于农村正规金融中介的数量（27173 家）。但是，在农村正规金融中介中，除了中国农业银行和中国农业发展银行外，农村信用社、农村商业银行、农村合作银行的法人机构呈现散而多的局面，每个法人机构

的资产规模都比较小，这三家农村合作金融机构资产规模只有 37206.01
亿元，远远低于城市正规金融中介中三大商业银行和股份制商业银行的
资产规模。

从资产规模看，城市正规金融中介的资产规模是 278035.06 亿元，
农村正规金融中介的资产规模是 93418.3 亿元（包含中国农业银行的
47710.19 亿元），前者是后者的 2.98 倍。如果把中国农业银行的城市
金融业务和农村金融业务分开，二者的差距更大。就城乡正规金融中介
的从业人数看，城市正规金融中介的从业人数是 1185729 人，农村正规
金融中介的从业人数是 1203908 人（包含中国农业银行的 478895 人），
二者差距不大。但是，从金融中介人均资产看，城市正规金融中介的人
均资产为 0.23 亿元，农村正规金融中介的人均资产为 0.08 亿元，前者
是后者的 2.88 倍。从金融中介中法人机构的平均资产看，城市正规金
融中介的法人机构平均资产是 311.00 亿元，农村正规金融中介的法人
机构平均资产是 3.44 亿元，农村合作金融机构平均资产更少，只有
1.37 亿元，城市正规金融中介的法人机构平均资产是农村正规金融中
介的法人机构平均资产的 90.41 倍，是农村合作金融机构平均资产的
227.01 倍。这从侧面反映出农村正规金融中介数量多、规模小、效率
低，说明我国城乡正规金融中介存在很大的非均衡性。

三　城乡金融市场的非均衡发展

金融市场是指货币资金借款、有价证券交易、债券和股票发行、外
汇买卖、黄金等贵金属买卖场所的总称，是资金供给者和资金需求者通
过信用工具进行交易而融通资金的市场。改革开放以来，随着我国社会
主义市场经济体制的逐步建立，在我国城市，包含信贷、股票、债券、
外汇等市场在内的金融市场基本建立起来，且日益完善，有力地支撑了
城市经济的高速发展。然而，在农村，金融市场发展不充分，基本没有
发行股票和债券的市场、交易有价证券的市场、买卖外汇的市场，只有
很不完善的信贷市场。农村金融市场与城市金融市场根本无法相提并

论，二者存在非常显著的非均衡性。在此，我们要比较城乡金融市场的差距，只能从农村金融市场和城市金融市场共有的东西——信贷市场入手。

一般来说，信贷市场的构成要素是信贷中介机构和信贷主体，城乡金融市场发展的非均衡性可以用以下三个指标来衡量：城乡银行业机构的网点数量、城乡居民储蓄能力和水平、城乡贷款交易量。[①] 以下分别从这三个方面来分析。

首先，从城乡银行业机构的网点数量来看，农村银行网点少，城乡银行网点分布存在非均衡性。长期以来，我国农村金融为农村经济发展做出了很大的贡献，但是我国农村金融服务的总体水平与农村实际要求间还存在很大差距，集中表现为县域机构网点少。实际上，在改革开放初期，我国农村金融机构的网点有所增加，但随着社会主义市场经济体制的确立与城市化的加速发展，国有银行向商业化转型，撤并了很多在县以下的金融机构，农村地区原先"银行+信用社"的金融服务模式逐渐发生改变，农村信用社成为服务农村金融市场的主力军，基本垄断农村信贷市场，县以下农村地区的银行网点不断减少，使我国城乡银行业机构的网点布局出现了极不均衡的局面。农村金融市场基本由农村信用社垄断经营，其种类单一，功能残缺，缺乏有效竞争。

其次，从城乡居民储蓄能力和水平来看，二者存在非均衡性。改革开放以来，随着国民经济的发展，城乡居民收入显著提高，城乡居民的储蓄能力也不断增强。由表3-9可知，城镇居民的储蓄由1979年的202.6亿元增长到2005年的116444.62亿元，增长了573.8倍，年均增长27.68%；农户储蓄由1979年的78.4亿元增长到2005年的24606.37亿元，增长了312.9倍，年均增长24.75%。可见，城镇居民的储蓄能力和储蓄水平显然高于农村居民，二者差距逐渐拉大。1979~1991年，全国城乡居民储蓄能力和储蓄水平的差距并不明显，二者的差距在3倍以

---

① 王定祥等：《农村金融市场成长论》，科学出版社，2011，第153页。

内，但自 1992 年以后，全国城乡居民储蓄能力和储蓄水平的差距就不断扩大。如在 1992 年，城镇居民在金融机构的储蓄水平是农村居民的 3.10 倍，绝对差额为 6024.8 亿元，到 2005 年就迅速扩大到 4.73 倍，绝对差额扩大到 91838.25 亿元。这显示出城乡二元经济结构下，农村经济发展滞后，农民收入低，农村本身的闲置资金甚少，能为"三农"提供的金融资源相当有限。因此，农村的储蓄能力和储蓄水平远远落后于城镇，二者的非均衡性是必然的。

表 3-9　1979~2005 年全国城乡居民储蓄存款的非均衡发展

单位：亿元，倍

年份	城乡储蓄存款（Ⅰ）	城镇居民储蓄（Ⅱ）	农户储蓄（Ⅲ）	城乡储蓄存款的非均衡发展	
				绝对差额（Ⅱ-Ⅲ）	倍数（Ⅱ/Ⅲ）
1979	281.0	202.6	78.4	124.2	2.58
1980	399.5	282.0	117.0	165.0	2.41
1981	523.7	354.1	169.6	184.5	2.09
1982	675.4	447.3	228.1	219.2	1.96
1983	892.5	572.6	319.9	252.7	1.79
1984	1214.7	776.6	438.1	338.5	1.77
1985	1622.6	1057.8	564.8	493.0	1.87
1986	2238.5	1472.4	766.1	706.3	1.92
1987	3081.4	2075.7	1005.7	1070.0	2.06
1988	3822.2	2679.9	1142.3	1537.6	2.35
1989	5196.4	3784.3	1412.1	2372.2	2.68
1990	7119.8	5278.8	1841.6	3437.2	2.87
1991	9241.6	6924.9	2316.7	4608.2	2.99
1992	11758.0	8892.1	2867.3	6024.8	3.10
1993	15230.5	11627.3	3576.2	8051.1	3.25
1994	21515.5	16702.8	4816.0	11886.8	3.47
1995	29662.3	23466.7	6195.6	17271.1	3.79
1996	38520.8	30850.2	.7670.6	23179.6	4.02
1997	46279.8	37147.6	9132.2	28015.4	4.07

年份	城乡储蓄存款（Ⅰ）	城镇居民储蓄（Ⅱ）	农户储蓄（Ⅲ）	城乡储蓄存款的非均衡发展	
				绝对差额（Ⅱ－Ⅲ）	倍数（Ⅱ/Ⅲ）
1998	53407.5	42966.4	10441.0	32525.4	4.12
1999	59621.8	48404.6	11217.3	37187.3	4.32
2000	64332.4	51977.1	12355.3	39621.8	4.21
2001	73762.4	59941.1	13821.4	46119.7	4.34
2002	86910.7	71504.8	15405.8	56099.0	4.64
2003	103617.31	85439.63	18177.68	67261.95	4.70
2004	119555.39	98789.22	20766.17	78023.05	4.76
2005	141050.99	116444.62	24606.37	91838.25	4.73

资料来源：中国金融学会主办《中国金融年鉴2006》，中国金融年鉴编辑部，2006，第391页。

最后，从城乡贷款交易量来看，二者也存在非均衡性。改革开放以来，随着城乡经济的发展，城市贷款总额和农村贷款总额增长都极为迅速。如表3-5所示，1979年农村贷款总额为184.2亿元，2005年增长到19494.7亿元，增长了104.8倍。但是，与城镇贷款相比，1979年后二者差距不断扩大。从绝对差额的增长情况来看，1979～1988年城乡贷款的绝对差额由1714.1亿元增长到7028.7亿元，年均增长16.98%，到2005年二者绝对差额增长到155701.0亿元，1988～2005年的年均增长率为19.99%；从城乡贷款的倍数来看，城乡贷款差距由1988年的3.85倍增长到2005年的8.99倍；从金融机构向全社会发放的贷款额度来看，农村所取得的贷款比重仍然很小，最低年份在1979年，农村贷款占社会全部贷款的比重为8.85%，最高年份在1987年，占比为20.97%，1987年后呈下降趋势，1994年后基本保持在10%～12%区间。从城乡人均贷款来看，2005年末农村地区人均贷款余额不足5000元，城市人均贷款余额超过50000元，相差10倍之多；县以下银行业金融机构贷款年均增长率为9.72%，全国为15.66%，相差5.94个百分点。这表明1979～2005年27年间全国有80%～90%的信贷资源配置到城市，农村金融市场的资源配置与城市金融市场的差距大，二者存在显著的非均衡性。

四　城乡金融基础设施和服务的非均衡发展

所谓金融基础设施是指促进金融运行的硬件设施和制度安排，主要包括信用环境、支付系统、法律环境、公司治理、会计准则以及由中央银行最后贷款人职能、投资者保护制度组成的金融安全网等。[①] 金融基础设施是金融服务能力和服务水平的重要标志，对一个国家经济发展、金融稳定、社会安定有着十分重要的作用。[②] 改革开放以来，我国城市金融基础设施建设及金融服务不断完善，而农村金融基础设施建设及金融服务还很滞后，二者存在较大的差距。

1. 信用环境方面：城乡信用体系建设不均衡

完善的信用体系，有助于建立和维护良好的金融秩序，促进金融健康稳定发展。早在 1999 年，我国就开始关注和试点"个人信用体系"建设。2002 年，党的十六大报告提出"健全现代市场经济的社会信用体系"。2004 年，中国人民银行开始建立全国集中统一的个人信用数据库。在 2004 年实现 7 个城市试点运行该数据库的基础上，2005 年个人信用数据库建设的重点是金融机构的大面积推广。然而，这期间我国信用体系建设主要在城市进行，信用评级工作取得的新进展，使城市逐步形成了理性消费群体和良好的信用环境。但是，农村还没有开始建立信用体系，逃债、废债现象严重，又加上执法环境欠佳，失信惩罚难，使农村信用环境远远不及城市，这客观上成为农村金融机构在农村"惜贷""慎贷"的重要原因之一。

2. 支付系统方面：城乡支付体系存在很大的差距

改革开放以来，随着我国经济的快速发展，我国支付方式也发生了很大的变化。1985 年，中国银行珠海分行发行第一张银行卡，标志我

[①]　田惠敏、张一浩：《保障国家金融安全需要完善金融基础设施建设》，《金融时报》2022 年 3 月 28 日。

[②]　欧阳岚：《关于新兴市场经济国家金融基础设施的思考》，《江汉大学学报》2005 年第 1 期。

国开始由传统的现金支付、票据支付向银行卡支付转变；1991年，中国人民银行建成全国性支付系统，它是以中国人民银行跨行支付系统为基础，以银行业金融机构的行内支付系统、票据支付系统、银行卡支付系统为补充的全国性电子支付系统。随着银行卡、信用卡、ATM机的投入使用，以银行卡等为代表的非现金支付工具与现金一起成为我国居民，尤其是城市居民的支付工具，并逐渐在城市普及，为城市居民提供越来越便捷的金融服务。2005年，中国人民银行又批准各分行、省会城市中心支行设立清算中心，大额支付系统在全国基本建成，跨行支付正在试点，这标志着我国城市金融初步建立了现代化支付系统。

与城市金融相比，农村金融的支付系统是相当落后的。20世纪90年代后期，作为农村金融"主力军"的农村信用社，一般是以县为单位的法人模式居多，虽有点多面广的优势，但是银行业金融机构缺乏全国上下的垂直管理体系，也就没有全国性的结算支付网络；农村信用社没有发行银行卡（含信用卡），也没有ATM机，只有传统落后的现金支付方式，农民支付结算很不方便，农村金融的电子化、信息化建设与城市金融相比差距很大，农村金融的支付系统建设任重道远，目前远远满足不了农村和农民的需要。

3. 法律环境方面：城乡金融法律法规建设存在非均衡性

改革开放以来，随着我国社会主义市场经济体制的建立和发展，我国金融领域，包括银行、证券、保险等方面的法律法规不断完善，由于这些金融机构的业务主要集中在城市，属于城市金融的范畴，所以这些法律法规多是针对我国城市金融设计的。2005年，经过改革开放20多年的实践，我国城市金融建立了较为完备的法律法规体系，基本形成了良好的法律环境。

与此相反，我国农村金融相关的法律法规数量不足。一是缺乏专门针对农村金融业务的法律法规。与商业银行一样，我国农村金融机构开展业务的法律依据主要有《商业银行法》《贷款通则》等，这些法律法规并没有区分农村金融与城市金融的实际情况，普遍做出"一刀切"

的规定，很不适应农村金融机构的业务情况。二是缺乏专门的农村合作金融立法。自 20 世纪 80 年代以来，农村信用社的改革，无论是恢复"三性"，还是"合作制"改革以及建立"农村合作银行"，都没有制定出一部关于农村合作金融的专门法律，合作金融的"股权机构"、"民主形式"与"分红"等极为重要的标志都没有得到法律的有效保障，且农村合作金融改革思路不清晰，政策摇摆不定，这不利于规范引导农村合作金融机构健康发展。三是有关抵押担保的相关法律规范亟待完善。由于农村地区的房屋、土地等不能作为证券化的财产，其不能作为金融机构抵押担保的有效资产。如何通过法律法规引导农村金融机构的业务拓展问题越来越重要，但此领域的法律法规不完善，必然对农村金融业务开展产生影响。

4. 公司治理方面：城乡金融机构存在较大差距

随着社会主义市场经济的建立和发展，我国城市金融稳步迈向现代化，城市金融机构的现代化、信息化水平都有很大的提高，具有良好的信息管理系统，它们的计算机、互联网覆盖率基本达到 100%。截至 2005 年，城市主要金融机构基本完成了股份制改革，公司治理架构基本搭建起来，内控制度相对健全，全部实行了贷款五级分类，部分大银行已经开始实行 12 级分类。城市主要金融机构的资产质量明显提高，2005 年底主要银行业金融机构的不良资产率下降到 8.9%，资本充足率达到 8.0% 的银行增加到 53 家，达标资产占银行体系总资产的 75%。[1]

而农村金融的公司治理结构改革才刚刚起步。1979~2002 年，农村金融改革主要是对农村信用社的"合作制"进行改革，虽然农村信用社也建立起合作金融的法人治理结构，但是存在严重的缺陷。其突出表现为：农村信用社的产权关系模糊、民主管理流于形式，出现了"内部人控制"的局面，而且其商业化严重，大量资金流向城市非农领域，而

---

[1] 中国金融学会主办《中国金融年鉴 2006》，中国金融年鉴编辑部，2006，序言第 2 页。

股东社员贷款难、贷款贵，"三农"问题日益严重。与此同时，农村信用社发生经营困难，出现了严重的整体性亏损。2002 年底，全国农村信用社净资产合计为－3300 多亿元，资本充足率为－8.45%，55% 的农村信用社处在亏损阶段，[①] 这导致了 20 世纪 80～90 年代恢复农村信用社合作制的改革未能取得成功。鉴于此，2003 年国家不得不试点农村信用社的多元模式改革，虽然取得了一定成效，如农村信用社不良贷款率由 2002 年的 36.9% 下降到 2005 年的 14.8%，资本充足率大幅提升，[②] 产权改革稳步推进，产权制度和组织形式呈现多样化格局，基本建立了"三会一层"的法人治理结构。但是，农村信用社多元模式改革存在很多问题，突出表现在：农村信用社股权过于分散，股东缺乏参与意愿，"内部人控制"的状况没有根本改变，"三会"形同虚设，权力相互制衡的法人治理结构没有完全形成，农村信用社成为省联社的隶属机构，难以体现独立法人地位。[③] 实际上，农村金融机构的法人治理结构普遍存在缺陷，其资产质量低，内部控制薄弱，操作风险大，犯罪案件数量远远高于城市，仅农村合作金融机构的犯罪案件数量就占整个银行业的一半以上。

五　城乡金融业务与经营环境的非均衡发展

由于城乡金融结构、城乡基础设施建设等方面存在较大的差距，城乡金融业务发展水平与经营环境也必然存在很大的非均衡性。

就城乡金融业务发展水平的非均衡性来说，经过 20 多年的改革，城市金融稳步迈向现代化，其法人治理水平、风险监控水平、经营效率等方面都得到了很大的提高，金融创新能力明显提升，金融产品不断丰富，电子银行、银行卡、证券等各种衍生产品层出不穷，方便、快捷的

---

① 郑醒尘：《我国第二轮农村信用社改革进展和经验》（上），《中国经济时报》2012 年 10 月 15 日。
② 陈俭：《中国农村信用社研究（1951—2010）》，北京大学出版社，2016，第 150 页。
③ 陈俭：《中国农村信用社研究（1951—2010）》，北京大学出版社，2016，第 158～161 页。

金融服务能够满足城市居民基本的需求。而农村金融发展还处在传统阶段，业务发展缓慢。由于农村金融的机构规模小、资金实力弱、风险大、电子化和信息化程度低、辖内联网不足，其只能提供存、贷、汇等传统的金融服务，且信贷市场基本被农村信用社垄断，农村证券业务、保险业务发展缓慢，农村金融产品缺乏、服务方式单一、结算手段滞后，难以满足"三农"发展的需求，这严重制约农村经济的发展。

就城乡金融经营环境的非均衡性来说，城市金融在机构、市场与制度方面的改革取得了重要进展，城市金融基础设施建设稳步发展，大大促进了城市金融的现代化，城市金融整体发展水平远远高于农村金融。城市的信用环境相对较好，金融市场相对完善。金融机构之间的竞争是服务水平和服务质量的竞争，为了在竞争中取得优势，城市金融机构在人才引进、培训方面的力度都很大，尤其是国有大型金融机构凭借雄厚的资金实力通过市场化吸收了大量高学历人才，城市金融机构职工在学历、年龄方面都具有优势，人才队伍素质明显提升，银行的企业文化也逐步形成。

而农村金融在机构、市场和制度建设方面进展缓慢，农村金融处在传统阶段，其基础设施建设滞后，资产质量远远低于城市金融。农村征信体系还没有建立起来，信用环境差，缺乏担保抵押产品。在农村金融市场中，除了还很不完善的信贷市场外，其他市场发展滞后，且农村金融市场基本由农村信用社垄断经营，呈现低水平竞争。同时，农村金融从业人员文化程度普遍不高，高素质人才少，年龄偏大，人才结构性矛盾日益突出。在农村合作金融机构员工中，本科学历占比不到1%，所有员工的平均年龄接近 40 岁。在城市金融机构员工中，本科学历占 30%以上，大专以上学历基本占 70%以上，年龄在 40 岁以下的占55%~75%。[1] 无论是职工的年龄还是学历，农村金融都比城市金融落后很多。

---

[1]　中国金融学会主办《中国金融年鉴 2006》，中国金融年鉴编辑部，2006，第 538~542 页。

尤其值得注意的是，城市金融机构基本完成了股份制改造，独立法人地位突出，行政干预少，公司治理结构日益完善。而农村金融机构是按行政区划设立的，机构改革缓慢，公司治理结构很不完善，多年来一直处在地方政府的干预下，独立性不强。在农村信用社多元模式改革后，其管理权上移，虽然摆脱了基层政府的控制，却又受省联社的干预，这也给农村合作金融机构造成新的潜在风险。而且，多年来农村金融遭受地方政府的行政干预，也使农村金融机构缺乏自主创新能力，农村金融产品创新不足，农村金融发展滞后于城市金融。

总之，改革开放以来，随着城乡金融关系的分化，农村金融与城市金融发展的差距越来越大，二者在金融结构、金融中介、金融市场、金融基础设施与服务、金融业务与经营环境等方面存在发展的非均衡性，即城市金融具有发达的金融体系、完善的金融组织机构和网络、竞争较充分的金融市场、较高的金融服务水平，具有现代金融的一般特征。而农村金融体系很不完善，无论是金融组织结构、金融市场还是金融服务等都远远滞后于城市金融，其还处在传统阶段或从传统向现代过渡的阶段。

第三节 城乡金融非均衡发展的原因与实质

中国城乡金融关系的演进及其制度安排都是由政府主导的，政府采取强制性制度变迁，通过控制城乡金融来弥补财政的不足以实现自己的效益最大化，使城市金融与农村金融在相互作用与影响中形成了非均衡发展。城乡金融非均衡发展的本质是：城市金融通过市场手段汲取农村金融资源。

一 城乡金融非均衡发展的原因

（一）双重金融抑制使农村金融得不到充分发展

为获得发展工业所需资金，绝大多数发展中国家的农村金融被抑制，以保证农村资金向城市流动。我国农村金融自计划经济体制实施开始就被抑制，而且这种抑制是双重的，即无论是农村正规金融还是农村非正规金融都被抑制。就农村正规金融来说，虽然中国人民银行的机构向县区延伸，并普遍建立农村信用社以占领农村借贷市场、消灭农村高利贷剥削。但是，农村正规金融机构把在农村吸收的存款上缴中国人民银行总行，并按照国家信贷计划在农村实行信贷配给，不向城市居民发放贷款而向农民发放生活贷款，这种贷款一般都带有救济性质，无法收回，农村金融具有财政性质。就农村非正规金融来说，为避免与农村正规金融机构争夺金融资源，农村民间借贷等非正规金融被禁止或当作高利贷取缔，计划经济体制下的农村金融失去了调节农村经济运行与资源配置的功能。

改革开放初期，由于我国采取偏向城市的金融体制，城市金融凭借在金融产品与服务、金融机构、金融制度等方面的优势，得到长足的发展。[①] 而农村金融发展比较缓慢，农村正规金融市场不完善，农村正规金融机构效率低。虽然建立了中国农业银行、中国农业发展银行和农村信用社三位一体的农村正规金融支农体系，但是中国农业发展银行的政策性金融业务仅限于粮棉油收购，农村信用社恢复的合作金融属性不断异化，中国农业银行为规避风险把很多基层营业所撤并了。这样，大量资金通过中国农业银行和农村信用社流出农村。同时，邮政储蓄机构在农村只吸收存款，把大量资金转存至中国人民银行。广大农民和农村中小企业难以从农村正规金融机构获得贷款，不得不求助于民间借贷甚至是高利贷，这是我国农村金融典型的供给型抑制。就农村非正规金融来说，改革开放初期的民间金融在农村内部融资，能够在一定程度弥补农村正规金融供给的不足，但是为了规避金融风险，在 20 世纪 90 年代末都被"一刀切"地取缔，农村金融出现了正规、非正规金融双重抑制局面。

---

① 仇娟东、何风隽：《中国城乡二元经济与二元金融相互关系的实证分析》，《财贸研究》2012 年第 4 期。

即使是 21 世纪以来我国政府不断改革涉农金融机构（诸如中国农业银行、农村信用社），以增加农村金融的有效供给，然而，农村经济的强风险性使商业化的正规金融望而却步，它们普遍对放贷的安全性有更高的要求，无法提供抵押或担保的农民与农村中小企业很少能够从中获得贷款支持，农村正规金融抑制的问题没有得到根本改善；而民间金融缺乏规范引导与合法性支持，处在隐蔽运行状态，利率高、风险大，农村非正规金融抑制问题也没有得到实质改变。

此外，受到抑制的农村金融普遍缺乏担保、征信等基础性制度保障，农村金融环境欠佳，农村金融机构商业化严重，大量资金流入城市；农村金融服务方式单一，除了传统的"存贷汇"业务外，农业保险发展滞后，农民对于股票、债券、期货几乎闻所未闻。

这些情况客观上说明了双重金融抑制使农村金融得不到充分发展，其不充分发展造成农村金融服务能力和服务水平低，农村金融无法满足农村、农民和农业经济发展的需求，这使农村金融与城市金融的发展差距不可避免地拉大，从而必然会形成城乡金融的非均衡发展。因此，城乡金融发展的不均衡与农村金融发展不充分非并列关系。农村金融发展不充分，必然会造成城乡金融差距拉大，即城乡金融发展不均衡；城乡金融发展不均衡，主要是指农村金融发展滞后，内含农村金融发展不充分。农村金融发展不充分是城乡金融发展不均衡的根本原因，也是我国城乡金融发展的主要矛盾和重点问题。农村金融发展不充分和城乡金融发展不均衡共同成为我国城乡二元结构在金融领域的典型特征。

（二）农村金融资源外流严重与农村金融供给不足，导致农村金融发展滞后

农村金融资源外流到城市、农村金融供给不足，是我国城乡金融非均衡发展的重要原因。在现有的农村金融体制下，由于农村金融市场不健全，农村金融风险大、成本高，又加上农村金融环境差，农村金融机构把更多的资金投向城市和非农产业，导致农村金融资源外流严重。农村金融资源的外流，又被称作金融渠道的农村资金外流，其金额等于通过相关农村金融机构吸收的存款减去对农村发放的贷款。综合表 3-4 和表 3-5 对 1979~2005 年我国农村存款与农村贷款进行整理，计算出存贷差，得出在此期间农村金融资源外流情况（见表3-10）。

表 3-10　1979~2005 年中国农村金融资源外流情况

单位：亿元

年份	农村存款（Ⅰ）	农村贷款（Ⅱ）	存贷差（Ⅰ-Ⅱ）
1979	446.4	184.2	262.2
1980	512.4	253.5	258.9
1981	598.0	286.0	312
1982	719.8	333.5	386.3
1983	878.9	394.8	484.1
1984	997.3	643.7	353.6
1985	1174.5	832.7	341.8
1986	1521.9	1574.3	-52.4
1987	1851.5	2058.1	-206.6
1988	2069.4	2467.8	-398.4
1989	1746.0	1955.2	-209.2
1990	2234.7	2412.8	-178.1
1991	2966.3	2976.0	-9.7
1992	3816.1	3868.5	-52.4
1993	4649.8	4839.1	-189.3
1994	5879.2	4644.5	1234.7
1995	7391.8	5659.6	1732.2
1996	9034.6	7123.0	1911.6
1997	10665.2	8350.4	2314.8
1998	12189.0	10024.2	2164.8
1999	13343.6	10953.7	2389.9
2000	14998.2	10949.8	4048.4
2001	16904.7	12124.5	4780.2

续表

年份	农村存款（Ⅰ）	农村贷款（Ⅱ）	存贷差（Ⅰ-Ⅱ）
2002	18170.0	13696.8	4473.2
2003	23076.0	16072.9	7003.1
2004	26292.5	17912.3	8380.2
2005	30810.2	19494.7	11315.5
合计	214938.0	162086.6	52851.4

注：由于统计口径的变化，1989年之前的农村存款是由国家银行的农业存款与农村信用社的全部存款构成，从1989年开始农村存款由各金融机构的农业存款和农户储蓄存款之和构成；同样，1989年之前的农村贷款是由国家银行的农业贷款与农村信用社的全部贷款构成，从1989年开始农村贷款由各金融机构的农业贷款和乡镇企业贷款之和构成（金融机构包括中国人民银行、政策性银行、国有独资商业银行、邮政储蓄机构、其他商业银行、农村信用社、外资银行、信托投资公司、财务公司等）。

资料来源：根据历年《中国农村金融统计年鉴》《中国金融年鉴》《中国统计年鉴》整理。

由表3-10可知，在1979~2005年的农村存贷款中，除了1986~1993年这8年出现农村贷款大于农村存款的现象，即所谓的"贷差"，共计1296.1亿元；其他年份都是农村存款大于农村贷款，即存在所谓的"存差"，19年共计54147.5亿元。农村金融存在大量"存差"，表明农村金融资源外流严重。这种"存差"在1979~1985年缓慢波动增长，1994年后迅速增加，且呈不断扩大的趋势。在1993年"贷差"189.3亿元的基础上，1994年"存差"突然增加为1234.7亿元，到2005年又增长到11315.5亿元，1994~2005年增长了8.16倍。综合1979~2005年的"存差"和"贷差"，可以计算出这27年我国农村金融资源的存贷差为52851.4亿元，年均增长率为15.58%，这期间我国农村金融资源外流52851.4亿元，平均每年外流1957.5亿元。

在农村金融资源外流严重的同时，我国农村金融供给不足，这成为农村金融的一个"悖论"：一方面，农村金融机构把大量资金投向城市非农产业，通过金融渠道大量流出资金；另一方面，大量农户、中小企业等农村经济主体的融资需求得不到满足，不得不求助于民间借贷，甚至是高利贷。20世纪90年代后期，随着国有商业银行撤离县以下的金融机构，农村金融市场中，农村信用社成为服务农村的"主力军"。然而，农村信用社资金外流严重，大量的农村金融资源通过农村信用社外流到城市与非农领域，例如在城市购买股票、债券，这促进了城市金融发展。而农村金融供给不足，农村金融市场的资金缺口很大，是我国农民贷款难、贷款贵和收入低的关键原因。

农村金融资源"单向度"地流向城市，致使城市金融资产膨胀，城市金融获得源源不断的农村金融资金支持而稳步迈向现代化。而农村金融资源外流，造成农村金融供给不足，农村经济发展滞后；农村金融供给不足与农村经济发展滞后，又致使农村金融得不到充分发展，与城市金融的差距越来越大。城乡金融市场是两个分割的市场，农村金融资源单向外流到城市，而城市金融支农的渠道还没有完全畅通，金融资源无法自由流动，大量资金滞留在城市金融机构，使城市金融资产膨胀，这就形成了城乡金融非均衡发展。因此，改革开放以来，我国农村金融资源外流到城市支持城市化与工业化发展的过程，也是城乡金融非均衡发展的过程。实际上，这是我国城乡二元结构在金融领域的又一个典型特征。

（三）国家发展战略及其政策偏好的影响

新中国成立以来，不同时期国家发展战略与政策偏好不同，政府通过控制金融资源并把它投入自己偏好的部门，使不同部门的金融资源配置和利益分配迥异。计划经济时期，重工业优先发展且在国民经济中占主导地位，这决定了我国经济资源，包括金融资源都要向城市和重工业领域集中。为保证重工业发展所需的低成本金融资源，我国实行了"大一统"的金融体制。在这种体制下，我国城乡金融合一，各种政策与制度安排，如统存统贷、信贷配给、低利率等都是为城市重工业筹资服务的，我国涉农金融机构——农村信用社与中国人民银行在农村地区的营业所成为农村金融剩余的动员工具，它们把农村金融剩余引入城市，再通过信贷配给的方式为工业发展提供金融服务，使农村成为金融资源的净流出地。

改革开放以来，我国经济处在转型时期，实行以经济增长为主导的发展战略，政府在执行过程中采取了偏向城市和工业的政策，其实质是工业化与城市化优先发展战略。在计划经济向市场经济转变过程中，政府财政汲取能力弱化，为保证国民经济稳定增长，政府通过高存款准备金率、利率管制、信贷配给与信贷补贴等手段约束和限制储蓄向投资转化，把资金投入城市工业部门，从而为国有企业提供金融补贴。实际上，金融发挥"第二财政"的功能，为国有企业改革提供低成本资金。城乡金融制度安排注重对金融的掌控，重视城市金融的全面发展，以保证渐进式改革过程中国民经济的平稳发展；而农村金融也服务于城市化和工业化优先发展战略的需要，在农村建立非正式的竞争性金融组织，必然会分散或削弱政府通过正式金融机构支配农村金融资金的能力，并不符合政府的政策偏好与效益最大化目标。因此，农村金融政策随着国民经济发展和城市金融发展态势的变化而不断变化，缺乏连贯性的农村金融政策使农村金融资源大量外流，使农村金融的发展滞后于城市金融的发展，形成了城乡金融的非均衡发展。21世纪以来，虽然政府采取统筹发展战略，但这时期我国城市化加速发展，加上对原有制度的路径依赖特性以及农村金融改革的滞后性，农村金融动员农村储蓄为城市和工业提供金融资源的状况还没有完全改变，农村仍然是金融资源的净流出地，城乡金融非均衡发展有不断强化的趋势。因此，我国农村金融改革从属于国家发展战略而不是内生于"三农"发展的需要，城乡金融互动发展的逻辑源自国家发展战略及其政策偏好，这必然造成城乡金融非均衡发展。

二 城乡金融非均衡发展的实质

1979年以来，随着改革开放的实施，原国民经济结构中重工业畸形发展的状况开始改变，农村经济体制开始变革，原先城乡分割的二元体制开始被打破。这表现为：农民分到了承包的土地，有一定的经营自主权，有支配自己劳动成果、迁徙以及选择就业的自由，农民发展经济的积极性、主动性大大增强，农村经济出现了新中国成立以来最好的发展势头，农村剩余增加，城乡二元结构缓解的趋势明显；而且农村经济的市场化、货币化日益加剧，对金融改革提出了新的要求。然而，在我国城乡二元结构缓解的趋势下，我国金融改革过程中城市金融与农村金融走上了不同的发展道路，从而形成了城乡金融差距与城乡金融非均衡发展，其实质是城市金融通过市场手段汲取农村金融资源，以支持城市化、工业化发展。

一方面，中国农业银行、中国银行、中国建设银行和中国工商银行从中国人民银行中分设出来，成为专业银行开始独立开展业务，这打破了中国人民银行"大一统"金融体制，各专业银行从中央到地方设立组织网络，并把基层机构延伸到县乡，以动员农村金融剩余。不过，除中国农业银行外，其他金融机构只在农村吸收存款而很少向农村发放贷款。另一方面，农村金融在发展过程中，遭到了普遍的抑制。虽然农村金融也建立起包括合作金融（农村信用社）、商业性金融（中国农业银行）和政策性金融（中国农业发展银行）在内的金融体系，但是这个体系在实际操作中存在很大的问题。20 世纪 90 年代末中国农业银行为规避金融风险撤并了在农村地区的分支机构，中国农业发展银行的资金运行只限于粮棉油收购，农村信用社合作金融异化、商业趋向明显，大量资金流向城市非农产业。同时，内生于农村经济的民间金融组织被政府以"扰乱金融秩序"为由取缔。即使是 2003 年后的农村信用社多元化改革也没有改变其作为农村金融资源外流渠道的地位，也没有改变农村贷款难、贷款贵的局面。在这种情况下，农村金融资源大量外流，如表 3-10 所示，1979～2005 年通过农村金融机构存贷差外流的资金达52851.4 亿元。农村信用社、中国农业银行和邮政储蓄机构都是农村资金外流的渠道。而且，农村缺乏资本市场，农业保险发展不充分，农村金融市场与城市金融市场相互分割，农村金融与城市金融差距拉大，形成城乡金融的非均衡发展。在这种体制下，城市金融支农的渠道不畅，城乡金融机构之间基本上是单向资金流动，农村是金融资金净流出地。

农村金融剩余流入城市，弥补了转轨时期国家财政能力弱化，为政府合意的经济增长提供了大量廉价的资金，避免了苏联或东欧转型国家出现的"J"形和"L"形经济下行，[①] 降低了我国城市改革的成本。因此，这一阶段，我国计划经济时期形成的城乡"汲取型"金融关系还没有发生实质性改变，只不过这一阶段城市金融对农村金融的"汲取"不是靠计划配置而是靠市场力量推动的，即我国城乡金融非均衡发展的本质是城市金融通过市场手段汲取农村金融资源，以支持收益率更高、投资风险更低的非农产业与城市经济，降低城市改革的成本。但是，在改革开放以来城乡二元结构不断缓解的趋势下，我国农村金融资源的外流，也与 21 世纪初期提出的城市反哺农村的政策背道而驰，成为影响我国城乡协调发展的巨大障碍。因此，实现城乡协调发展、破除城乡二元经济结构，必须首先消除城乡金融非均衡发展的体制机制障碍。

第四节　农村金融资源外流对农村经济社会发展的影响

改革开放以来，随着城乡金融关系的分化，农村金融与城市金融走上了不同的发展道路，形成了城乡金融非均衡发展。在城乡金融非均衡发展的情形下，农村金融资源外流到城市及非农领域，对农村经济社会发展产生重要影响，主要表现在以下几个方面。

一　农村金融资源外流加剧了农村资金短缺

改革开放以来，我国农村发展经历了传统农业向现代农业转型、传统社会向现代社会转型、传统农民向现代农民转型的过程。在这个过程中，不仅普遍存在农民由小农生产向扩大再生产转变、农业增长方式由粗放式经营向集约化经营转变、农业生产方式由劳动密集型向资本密集型与技术密集型转变的现象，而且普遍存在农村中小企业、第二产业、

---

① 何风隽：《中国转型经济中的金融资源配置研究》，社会科学文献出版社，2010，第108 页。

第三产业发展缓慢以及公共基础设施、社会保障制度等不完善的现象，这些问题都需要庞大的资金才能解决。然而，我国农村资金外流严重，外流渠道包括财政渠道、金融渠道、价格渠道等，其中财政渠道和金融渠道是农村资金外流的主要渠道。农村资金外流不可避免地造成农村资金供求缺口，加剧了农村资金短缺。

关于农村资金的需求数量和供给数量，笔者根据武翠芳等对农村资金净供给和需求的定量分析进行整理①，得出农村资金外流后的资金供求缺口。如表3-11所示，1981~2004年我国农村资金供给与需求以及农村资金缺口是不断增加的。就供给来说，1981年农村资金供给为625.71亿元，到2004年增加到20236.56亿元，增长了31.3倍；就需求来说，1981年农村资金需求为849.10亿元，到2004年增长到123565.36亿元，增长了144.5倍。由此可见，农村资金需求的增长速度远远快于农村资金供给的增长速度，农村资金存在很大的资金缺口。1981年农村资金缺口为223.39亿元，到2004年增长到103328.80亿元，增长了461.5倍。由于计算的农村资金供给是财政渠道、金融渠道外流后的净供给，显然，农村金融资源外流减少了农村资金的净供给，实际上增加了农村资金供求的缺口。因此，农村金融资源外流加剧了农村资金短缺。

表3-11 1981~2004年中国农村资金供求缺口情况

单位：亿元

年份	资金供给（1）	资金需求（2）	资金缺口（3）=（2）-（1）
1981	625.71	849.10	223.39
1982	725.62	1028.15	302.53
1983	837.08	1285.35	448.27
1984	1436.10	1861.69	425.59
1985	1607.01	2271.92	664.91

① 武翠芳、赵其有、王向东：《我国农村资金供求缺口分析》，《金融理论与实践》2007年第5期。

年份	资金供给（1）	资金需求（2）	资金缺口（3）=（2）-（1）
1986	2140.66	2990.80	850.14
1987	2726.37	3798.89	1072.52
1988	3321.68	4615.61	1293.93
1989	3599.46	5353.42	1753.96
1990	4048.44	7340.83	3292.39
1991	4761.71	9384.70	4622.99
1992	6059.82	12523.28	6463.46
1993	7604.69	18207.26	10602.57
1994	6716.78	24118.68	17401.90
1995	2614.03	31286.51	28672.48
1996	10278.45	39264.97	28986.52
1997	11427.38	46953.57	35526.19
1998	14301.98	54025.72	39723.74
1999	14645.09	62107.11	47462.02
2000	13598.53	67305.20	53706.67
2001	14680.24	77884.53	63204.29
2002	15984.91	90098.41	74113.50
2003	18331.74	106850.60	88518.87
2004	20236.56	123565.36	103328.80

注：农村资金供给包括财政资金、信贷资金、农村集体资金和农民个人资金，农村资金外流主要包括财政渠道流出、金融渠道流出等；此表中的农村资金供给是扣除财政渠道和金融渠道资金流出后的净供给。

资料来源：武翠芳、赵其有、王向东《我国农村资金供求缺口分析》，《金融理论与实践》2007年第5期。

二 农村金融资源外流制约了农村经济发展

一般来说，经济发展离不开资金的投入，经济的增长有赖于投资规模的扩大。只有把储蓄资金转化为投资，经济才能更快增长。同理，农村经济发展有赖于农村投资规模的扩大，尤其需要把农村储蓄资金转化为对农村的投资，这样农村经济规模才能扩大，农村经济发展才有可靠的物质基础条件。改革开放以来，随着我国农村经济体制的改革，农业开始由传统农业向现代农业发展、农村由传统社会向现代社会转型、农民由传统农民向新型农民转变。在这个过程中，资金投入起到关键性作用。然而，改革开放以来，我国农村金融资源（主要是储蓄资金）长期外流到城市，农村主要金融机构充当"抽水机"，把农村金融资源转移到城市非农领域，以获取更高的收益与避免高风险。在这种情况下，农村金融资源不能完全转化为对农村的投资，农村金融资源外流制约了农村经济发展，突出表现在以下几个方面。

首先，农村金融资源外流延缓了传统农业转型进程，阻碍了现代农业的发展。传统农业主要依靠手工劳动和畜力，靠天吃饭，是一家一户的小农生产；而现代农业是机械化、集约化和规模化生产。因此，传统农业向现代农业转型需要大量的资金投入，而在"城市偏向"的政策导向下，国家对"三农"的投入有限，农村经济发展更需要农村金融资源的支持。然而，有限的农村金融资源外流到城市，加剧了我国农村资金短缺问题。在缺乏资金的情况下，农民扩大再生产的进展缓慢，根本没有多余资金采用新技术、新设备去改造传统产业、投资现代农业，这不利于农业产业结构的调整，农业机械化、集约化和规模化发展缓慢。即使出现了农村剩余劳动力，也转移到了城市。在 20 世纪 90 年代末期农民负担繁重的情况下，农村出现了土地抛荒而无法形成规模化生产的局面，这客观上延缓了我国传统农业转型进程，阻碍了现代农业发展。

其次，农村金融资源外流使农村社会转型困难。农村社会由传统社会向现代社会转型，是我国现代化建设的重要内容，农村水、电、路、网等基础设施建设与农村医疗保险、养老保险等社会保障制度建设都需要大量的资金投入，在财政资金不足的情况下，农村信贷资金显得尤为重要。然而，长期以来，我国农村金融资源外流严重，投向农村基础设施和社会保障方面的资金尤为缺乏，农村公共事业发展缓慢，农村社会转型困难，农村现代化发展尤为缓慢。

最后，农村金融资源外流阻碍了新型农民的形成。无论是现代农业的发展，还是农村社会转型都离不开新型农民。新型农民是有知识、懂技术且愿意扎根农村、发展农村的农民。然而，长时期的农村金融资源外流，加剧了农村资金短缺，农村资金价格高，农民与农村中小企业扩大再生产的成本高而农业的收益低、风险高，在城乡二元经济结构下城市非农产业的高收益吸引农民进城务工，很多农民放弃了农业，选择进城以获取更高的工资收入。年轻农民在农村缺乏创业资金，进城务工成为必然的选择，这使得农村老人、妇女和儿童居多。新型农民的形成缺乏根基，只有统筹城乡协调发展才能解决这些问题。

三　农村金融资源外流拉大了城乡收入差距

改革开放以来，随着经济的快速发展，我国城乡居民人均收入有所增长，但是二者增长速度不同，从而形成了城乡收入差距。从城乡居民人均收入增长速度看，表3-12显示，1979年我国城镇居民人均收入为405元，到2005年增长到10382元，增长了24.6倍，年均增速为13.3%；1979年我国农村居民人均收入为160元，到2005年增长到3370元，增长了20.1倍，年均增速为12.4%。显然，城镇居民人均收入增长速度快于农村居民人均收入增长速度。从城乡居民人均收入同比增长情况看，1979~1983年，农村居民人均收入增长速度快于城镇居民，这显示了我国改革开放初期农村经济体制改革的政策效应。随着我国城市偏向政策的实施，我国城市居民的收入效应开始占据优势，如1984年以后，除了1990年、1995年、1996年、1997年、2004年和2005年外，我国城市居民人均收入增长速度明显快于农村居民，尤其是2002年，城镇居民人均收入增长速度比农村居民人均收入增速高7个百分点。而且，1979~2005年城镇居民人均增长速度平稳增长，农村居民人均收入增长速度波动起伏。从城乡居民收入差距倍数看，由于我国改革是先从农村开始，城乡居民收入差距在1979~1983年呈缩小趋势，如1979年城镇居民的收入是农村居民的2.53倍，1983年降低到1.82倍。随着1985年我国改革的重点转向城市，城乡居民人均收入差距倍数又出现增加趋势，1992 年城乡居民人均收入差距倍数增长到 2.59 倍，超过了 1979 年的 2.53 倍，1994 年又上升到 2.86 倍，然后缓慢下降后又开始回升，到 2003 年城乡居民收入差距倍数扩大到 3.12 倍，是 1979~2005 年城乡居民收入差距倍数的最高点。

表 3-12　1979~2005 年城乡居民人均收入差距情况

年份	城镇居民人均收入（元）（1）	比上年增长（%）	农村居民人均收入（元）（2）	比上年增长（%）	城乡居民人均收入差距倍数（倍）（3）=（1）/（2）
1979	405	—	160	—	2.53
1980	478	18.02	191	19.38	2.50
1981	500	4.60	223	16.75	2.24
1982	535	7.00	270	21.08	1.98
1983	565	5.61	310	14.81	1.82
1984	652	15.40	355	14.52	1.84
1985	739	13.34	398	12.11	1.86
1986	901	21.92	424	6.53	2.13
1987	1002	11.21	463	9.20	2.16
1988	1180	17.76	545	17.71	2.17
1989	1374	16.44	602	10.46	2.28
1990	1510	9.90	686	13.95	2.20
1991	1701	12.65	709	3.35	2.40
1992	2027	19.17	784	10.58	2.59
1993	2577	27.13	922	17.60	2.80
1994	3496	35.66	1221	32.43	2.86
1995	4283	22.51	1578	29.24	2.71
1996	4839	12.98	1926	22.05	2.51
1997	5160	6.63	2090	8.52	2.47
1998	5418	5.00	2171	3.88	2.50
1999	5839	7.77	2229	2.67	2.62
2000	6256	7.14	2282	2.38	2.74
2001	6824	9.08	2407	5.48	2.84
2002	7652	12.13	2529	5.07	3.03

年份	城镇居民人均收入（元）(1)	比上年增长（%）	农村居民人均收入（元）(2)	比上年增长（%）	城乡居民人均收入差距倍数（倍）(3)=(1)/(2)
2003	8406	9.85	2690	6.37	3.12
2004	9335	11.05	3027	12.53	3.08
2005	10382	11.22	3370	11.33	3.08
年均增速（%）	13.3		12.4		

资料来源：历年《中国统计年鉴》。

  城乡居民收入差距的扩大有多方面的原因，其中农村金融资源外流是一个重要原因。从宏观角度看，金融的支持对资本和投资的形成起着至关重要的作用，但农村金融资源外流使得原本就稀缺的农村金融资源流向城市，由此引致城乡相关投资的非均衡性增长，进而直接对城乡居民收入差距产生影响。而且，农村金融资源流向经济效益更高的城市非农产业，使城市相比农村能产生更多的资本积累，从而从整体上拉大城乡居民收入差距。从微观角度看，在城乡二元结构下，农村金融资源外流，使资本积累原本就少的农村居民更无法形成投资规模以及达到享受金融服务门槛的水平，即穷人面临门槛约束而得不到高收益的回报，富人可以凭借自身资本积累的优势获得高收益的回报。[1] 这样，农村金融资源外流，不可避免地造成了城乡居民收入差距的扩大。

  实际上，农村资金外流与农村居民收入存在很大的相关性，农村金融资源外流，导致农村消费和投资不足，影响了农村居民收入水平的提高。据统计，农村资金每净流出 10 亿元，农村居民的家庭人均年收入就减少 9.5 元。[2] 由此推断，2005 年，我国农村金融资源净流出达 11315.5 亿元，农村居民家庭人均年收入减少了 1191.1 元，农村居民家庭人均年收入应该达到 4561.1 元，城乡收入差距理应是 2.27 倍，不是

---

[1] 黄海峰、邱茂宏：《城乡金融非均衡性及其对城乡居民收入差距的影响研究》，《农村经济》2014 年第 11 期。

[2] 张国强：《农村资金外流对农村经济的影响》，《经济研究参考》2006 年第 55 期。

实际的3.08倍。而且，1979~2005年，我国农村金融资源净流出总额达52851.4亿元，农村居民人均收入共计减少5563.3元，平均每年每人减少206.0元的收入，这说明农村和农村居民为城市发展做出了很大的牺牲。1979~2005年长时期的农村金融资源外流，影响了农村居民人均收入的增长，拉大了城乡居民的收入差距。因此，要缩小城乡居民收入差距，必须着重解决农村金融资源外流问题，以促进城乡金融协调发展。

四　农村金融资源外流造成了农村正规金融市场的萎缩与农村高利贷的兴起

我国农村金融的主要业务是在农村吸收存款与对农村发放贷款，以及汇兑，就是传统的"老三样"。然而，我国农村金融机构在吸收农村存款的同时，把资金大量投向城市与非农业产业，从而造成农村金融资金供给短缺，又加上20世纪90年代末国有商业银行减少其在农村地区的网点数量，这使得农村正规金融市场发生萎缩，即农民从农村正规金融市场获取的资金占比越来越低，不得不求助于农村非正规金融。农村非正规金融主要指民间借贷、典当、私人钱庄、农民合作基金会、民间集资、民间自由借贷等。由于农村非正规金融在农村具有信息充分、交易成本低和操作便利等优点，与农村经济具有内在契合性，其得到了广大农民的认可。农民通过农村非正规金融机构获取的资金占比超过农村正规金融机构。根据何广文对浙江、江苏、河北、河南、陕西5省21县的365户农民家庭的调查，就农民贷款发生次数来说，农民从农村正规金融机构农村信用社、中国农业银行借款的次数分别占借款总次数的30.63%、3.6%，通过农村非正规金融（农村合作基金会、民间私人借贷等）渠道进行借款的次数占借款总次数的61.57%，其中通过民间借贷形式获取借款的次数占比为60.96%。[①] 郭晓鸣对四川省4个县的17个村的243名农户的调查显示，农民通过农村信用社和私人借贷方式获

---

① 何广文：《从农村居民资金借贷行为看农村金融抑制与金融深化》，《中国农村经济》1999年第10期。

取借款的次数占比分别为 33.5% 和 66.5%。[1] 可见，在农村正规金融市场萎缩、农民不能从农村正规金融市场获取信贷资金的情况下，民间借贷成为农民借款的主要渠道。

然而，民间借贷具有广泛性、分散性和隐蔽性，其经营活动游离于监管部门的监管之外，不具备外部审计和相应的外部风险分担机制，在农村正规金融市场萎缩与农村资金短缺的情况下，民间借贷的利率不断走高，这很容易造成农村高利贷的兴起，从而扰乱金融秩序，增加金融体系的风险。21 世纪初期，农村高利贷引起的经济纠纷逐年增加，金融成为影响农村社会稳定的重要因素。同时，民间借贷与高利贷往往会造成资金的体外循环，影响中央银行货币政策目标的实现，从而削弱中央银行对国民经济的调控能力。[2]

总之，在城乡二元结构下，城乡金融的非均衡发展、农村金融资源的外流，加剧了农村正规金融市场的萎缩，农民在得不到正规金融机构贷款的情况下，只能求助于农村非正规金融，这客观上造成了农村民间金融及高利贷的兴起。但是，农村高利贷的高收益性伴随高风险性。在其脱离中央银行监管的情况下，它必然会威胁到农村经济社会的稳定。因此，必须对高利贷进行有效监管，引导民间资本合理流动。同时，国家还要对农村金融进行一揽子改革，在制度安排上先要解决农村金融资源外流问题，增加农村资金供给，从源头上遏制农村高利贷的产生。

---

[1] 兰庆高、于丽红、丛正：《非正规金融与农村信用社改革》，《商场现代化》2007 年第 36 期。

[2] 武翠芳：《中国农村资金外流研究》，中国社会科学出版社，2009，第 101 页。

第四章 2006~2019年城乡金融关系的统筹联动与城乡金融均衡化发展

2006年以来，随着国民经济的发展，我国城乡金融关系进入了统筹联动①发展时期，政府采取各种财税、货币优惠政策支持农村金融改革，让农村金融充分发展，引导农村金融资源留在农村；同时，把城市金融资源引入农村，畅通城市金融支农渠道。城乡金融关系统筹联动发展，促进了城乡金融差距的缩小，城乡金融发展呈现均衡化发展趋势，其实质是城市金融对农村金融的"反哺"。城乡金融关系的统筹联动发展有利于遏制农村金融资源外流，提升了农村金融供给能力；有利于促进农村经济社会发展；有利于增加农民收入，缩小城乡居民收入差距；有利于推进农村正规金融市场的兴起与农村高利贷的萎缩。

第一节 城乡金融关系统筹联动的必要性和可行性

一 城乡金融关系统筹联动的必要性

2002年11月，党的十六大明确提出"统筹城乡经济社会发展，建

---

① 这里的"统筹联动"是指在党中央的领导与统筹下，多层级政府共同支持、多部门协同推进、城乡金融机构等广泛参与，支持"三农"与农村金融发展。

设现代农业，发展农村经济，增加农民收入，是全面建设小康社会的重大任务"，① 并强调把解决"三农"问题作为全党工作的重中之重。2004年9月，在党的十六届四中全会上，党中央提出了"两个趋向"的重要论断和我国总体上已进入"以工促农、以城带乡"的发展阶段，② 制定了"工业反哺农业、城市支持农村"的基本方针与向"三农"倾斜的"多予、少取、放活"的支农政策，这意味着我国城乡工农关系进入了统筹发展的新时期。为落实党中央的城乡统筹发展的战略方针，2003年3月国务院发布《关于全面推进农村税费改革试点工作的意见》，正式启动了农村税费改革，并宣布从2006年开始废除农业税；同时，在试点地区对农民推行"四项补贴"③，在经济社会的其他方面不断推出各种支农、惠农措施，以减轻农民负担，增加农民收入，这提高了农民的种粮积极性，缓和了日益紧张的城乡工农关系。

然而，在城乡统筹发展过程中，"三农"问题的根本解决不仅需要政府财政资金的支持，同时还需要政府金融政策的支持，特别是农村金融政策的支持。实际上，农村经济的发展离不开农村金融的支持，农村金融在发展农村经济和提高农民收入方面发挥着关键性作用。所以，在我国城乡关系调整中，要支持农业和农村经济的发展，解决我国"三农"问题，农村金融及其体制改革显得极其重要。但是，在城乡统筹发展的背景下，我国农村金融发展日益表现出与农村经济发展不相适应的状况。

一是农村金融资源外流严重。20世纪90年代后期，由于亚洲金融危机的爆发，我国国有商业银行普遍减少了在农村地区的网点数量，最终在农村开展业务的商业银行只剩下中国农业银行一家；但是，中国农业银行采取"脱农进城"的经营策略，把基层贷款审批权上收，其在农村的基层机构只吸收存款，较少发放贷款，成为农村资金的"抽水机"。由中国农业银行存贷款及贷款结构变动即表3-2可知，中国农业银

---

① 中共中央文献研究室编《十六大以来重要文献选编》（上），中央文献出版社，2005，第17页。
② 《胡锦涛文选》（第二卷），人民出版社，2016，第248页。
③ 这里的"四项补贴"是指种粮直补、良种补贴、农机补贴和猪仔补贴。

行农业贷款和乡镇企业贷款占比由 1997 年的 31.04% 下降到 2005 年的 11.19%，下降了 19.85 个百分点，这说明中国农业银行给农村发放的贷款越来越少，相应地，转移到城市的资金就越来越多。在中国农业银行"脱农进城"的过程中，农村信用社成为农村正规金融市场的"主力军"，但是农村信用社不仅产权模糊、亏损严重，大部分资不抵债，而且商业化严重，大量资金流入城市非农产业。2003 年农村信用社开始由合作制向多元模式转型，但是，农村信用社资金外流的趋势并没有被遏制，反而越来越严重，2003 年、2004 年、2005 年存贷差分别为 6731.5 亿元、8051.3 亿元、8924.4 亿元，[①] 这三年通过农村信用社外流的资金达 23707.2 亿元。邮政储蓄机构在农村地区只吸收存款、不发放贷款，充当名副其实的"抽水机"，1997～2005 年在农村吸收的储蓄存款分别为 882.78 亿元、1078.96 亿元、1262.68 亿元、1632.69 亿元、2024.85 亿元、2511.85 亿元、3066.13 亿元、3768.31 亿元、4861.69 亿元，[②] 9 年共计从农村地区吸收储蓄存款达 21089.94 亿元，这些存款基本流出农村。

二是农村金融市场发育不良。在农村信贷市场上，国有大型商业银行大部分撤出农村地区，即使只有中国农业银行一家国有商业银行，其主要金融业务也开始向城市集中。而中国农业发展银行负责粮棉油收购，资金封闭运行，不对农民放款。邮政储蓄机构在农村只吸收存款，不发放贷款。所以，在农村正规金融机构中，只有农村信用社一家提供信贷服务，这使其成为农村金融名副其实的"主力军"，在农村金融信贷市场上处于垄断地位。然而，由于历史的原因和现实的政策、体制等多方面的影响，农村信用社还存在产权关系模糊不清、商业化严重、亏损严重等诸多问题，难以承担支农的重任。在无法从农村正规金融机构获取贷款的情况下，农民只有求助于民间借贷甚至高利贷，这给农村金融市场和农村经济带来潜在的风险。在农村保险市场上，20 世纪 90 年代后期，随着保险公司的市场化改革，我国农业保险的险种、机构数

---

① 根据《中国金融年鉴》（2005～2006 年）计算整理。
② 资料来源：《中国金融年鉴》（1998～2006 年）。

量、从业人数及保费收入不断萎缩，农业保险发展陷入低谷，农业保险市场几乎停滞，2004 年国家不得不开始考虑试办政策性农业保险。在农村证券市场上，由于农村企业规模小、资金实力弱，很难达到国家设立的企业上市标准，所以，农村企业通过证券市场获得的融资十分有限。这些情况说明，我国农村金融市场发育不良，与农村金融发展要求相差甚远，迫切需要国家的政策引导和支持。

三是农村金融基础设施建设落后。农村金融基础设施建设包括农村信用体系、支付系统、法律环境和公司治理等方面。在信用体系方面，虽然党的十六大报告提出"健全现代市场经济的社会信用体系"，在部分城市试点的基础上要求扩大试点覆盖面。但是，信用体系建设的试点主要在城市，还没有扩展到农村地区，农村的讨债、废债现象依然存在，这也成为农村金融资源外流的重要原因之一。在支付系统方面，由于服务"三农"的主要金融机构——农村信用社没有像国有大型商业银行那样的全国上下一体的垂直管理体系，也就没有全国性的支付结算网络，农村金融的电子化、信息化建设与城市金融相比差距很大，农民支付结算很不方便，只能使用传统的落后的现金支付方式。在法律环境方面，我国农村金融相关的法律法规缺乏，而城市金融建立了较为完备的法律法规体系，基本形成了良好的法律环境。在公司治理方面，主要的农村金融机构还没有进行股份制改造，公司内部治理和外部治理结构很不完善，尤其是农村信用社产权关系模糊不清，亏损严重，在 2003 年不得不开始由合作制向多元模式转变，以期建立完善的公司治理结构，改善农村信用社经营状况。其初步试点效果并不明显，农村金融机构建立完善的公司治理结构任重道远。

四是城乡金融市场"分割性"严重。改革开放以来，我国城乡金融发展具有不同的路径：城市金融初步具有了现代化的特征，而农村金融发展缓慢，农村金融市场还处在传统阶段。城乡金融市场是分割的，其突出表现为：①城乡金融发展的不均衡与农村金融发展不充分；②农村金融资源外流严重与农村金融供给不足；③城市金融出现流动性过剩与城市金融支农渠道不畅。[①] 其中，第一点城乡金融发展的不均衡，主要是政策性、历史性原因造成的农村金融没有得到充分发展而大大落后于城市金融；第二点、第三点是我国农村金融发展的两个"悖论"。我国的城乡二元结构导致城乡金融市场分割，这使城乡金融资源不能"双向"自由流动，在城市化背景下，农村金融资源"单向度"地流向收益率较高的城市及非农产业是农村金融资本必然的理性选择。

以上这些情况表明，我国农村金融不仅落后于城市金融，而且滞后于农村经济，农村金融与农村经济发展"格格不入"，城乡金融市场的二元分割与"工业反哺农业、城市支持农村"的方针背道而驰。而我国城乡金融改革应是"一盘棋"，但是在"城市偏向"政策背景下，我国金融改革发展过程中，农村金融为城市金融提供支持，如 20 世纪 80~90 年代城市金融多年来出现规模庞大的"贷差"，此贷差来源于农村金融资源的流入，促进了城市金融的改革与现代化发展。

在城市金融现代化发展到一定时期时，应该支持农村金融发展，从而缩小二者之间的差距，实现城市金融与农村金融的协调发展。因此，在城乡统筹发展阶段，金融发展也要从城乡统筹的角度考虑，不能只偏向城市金融发展，而忽视农村金融发展。也就是说，我国在安排与设计金融制度时，要统筹考虑农村金融和城市金融发展，让二者协调联动、互利共赢，共同支撑国民经济持续、健康、协调发展，这是我国城乡金融关系统筹联动发展的内在逻辑。

二 城乡金融关系统筹联动的可行性

我国城乡金融关系统筹联动也有可行性。一方面，21 世纪以来，我国经济快速发展，城市化也加速发展，政府财政收入稳步提高，如 2005 年财政收入为 31649.29 亿元，占 GDP 的比重为 17.3%，[②] 这表明国家有能力拿出更多的资金支持农业发展，"工业反哺农业、城市支持

---

① 陈俭：《中国城乡金融关系发展的政治经济学》，《江汉论坛》2018 年第 12 期。
② 中国金融学会主办《中国金融年鉴 2006》，中国金融年鉴编辑部，2006，第 559 页。

农村"可以真正得到有效落实。同时，城市金融机构也出现了流动性过剩的现象，如果不加控制，有可能引起或加剧通货膨胀。在这种情况下，国家就应该采取适当措施，把农村金融资源留在农村，引导城市金融支持农村金融、城市金融反哺农村金融，把城市金融资源引入农村，促进城乡经济、金融协调发展。另一方面，面对加入 WTO 时被给予的金融市场开放的 5 年保护期，国家把城市金融作为改革的重点，并规定 2003 年后对国有商业银行进行股份制改造，这是公有制实现形式的重要探索，将有利于健全银行法人治理结构，提高银行资产质量和经营效益。① 地方性国有银行、保险公司等金融机构也相继完成债务重组，向股份制转化。在城市金融基本完成股份制改造后，城市金融顺利进入了现代化发展的轨道，下一步我们就应该把金融改革的重点转向农村，着手解决农村金融领域的各种突出问题与乱象，支持农村金融发展，并实施城乡金融关系统筹联动，让城乡金融协调发展、共赢发展，这也是我国金融改革发展的必然选择。

第二节　城乡金融关系统筹联动的主要措施之一：加强农村金融改革，让农村金融充分发展，引导农村金融资源留在农村

长期以来，农村金融机构的商业化改革，使农村金融资源外流严重，农村金融得不到充分发展，城乡金融发展显著失衡。因此，必须加快促进城乡金融关系的统筹联动，加强农村金融改革，建立金融机构对农村社区服务的机制，明确县域内各金融机构为"三农"服务的义务，② 让农村金融充分发展，引导农村金融资源回流农村。

---

① 《江泽民文选》（第三卷），人民出版社，2006，第 434 页。
② 中共中央文献研究室编《十六大以来重要文献选编》（上），中央文献出版社，2005，第 680~681 页。

一　改革农村金融机构，增强农村金融服务能力

（一）农村信用社改革与增强其农村金融的"主力军"地位

1. 农村信用社全面改革主要分为两个阶段

第一个阶段是 2006～2010 年，农村信用社按照多元模式全面改革。

2006 年 12 月，国务院批准海南农村信用社改革试点实施方案，这标志着农村信用社在全国范围内全面推进改革。这次改革思路有重大突破：一是通过设计正向激励机制，引导农村信用社逐步"上台阶"，真正实现"花钱买机制"；二是不再强调按照"合作制"来规范农村信用社，允许农村信用社结合实际情况，从股份制、股份合作制以及合作制三种模式中自行选择；三是将农村信用社的管理权交给省级地方政府，调动地方政府参与改革的积极性，地方政府积极出台配套政策，帮助农村信用社催收债务和进行产权改革。地方政府成立省联社作为其代表机构，负责对农村信用社实行管理；中国银监会作为国家银行的监管机构，承担对农村信用社的金融监管职能。[①]按照国务院的部署和要求，各地农村信用社可以结合自身的实际情况选择不同的产权改革模式和组织形式。但是，由于市场化的导向和监管部门的实际政策引导，农村信用社普遍放弃了乡镇作为一级法人的组织模式，转向股份制、股份合作制或以县（市）为单位统一法人。经过这次改革，农村信用社的产权结构和组织形式开始发生变化。截至 2010 年底，全国共组建以县（市）为单位的统一法人农村信用社 1976 家，农村商业银行 84 家，农村合作银行 216 家。[②]

同时，国家出台多项扶持政策，帮助消化信用社历史包袱。据统计，截至 2010 年 9 月末，中国人民银行累计对 2408 个县（市）农村信

---

① 《国务院关于印发深化农村信用社改革试点方案的通知》（国发〔2003〕15 号），中国政府网，2003 年 6 月 27 日，https://www.gov.cn/gongbao/content/2003/content_62255.htm。

② 《2010 年第四季度中国货币政策执行报告》，中国人民银行网站，2011 年 1 月 30 日，http://www.pbc.gov.cn/goutongjiaoliu/113456/113469/2850132/index.html。

用社发行专项票据 1699 亿元，对 2366 个县（市）农村信用社兑付专项票据 1650 亿元，兑付进度达到 97% 以上。[①] 但是，此次改革没有建立起完善的产权形式和法人治理结构，农村信用社的产权和法人治理结构缺乏制度保障，内部管理并没有发生根本性的变化，农村信用社的改革流于形式。而且，改革的具体政策执行与当时的农村信用社经营现实还存在矛盾和问题，如增资扩股工作困难，农村信用社难以吸纳新资进入。分红的限制与增资扩股的矛盾导致在现实改革中，一些农村信用社难以满足和达到政策所要求的条件和标准。因此，农村信用社改革在"转制"方面的进展不大，农村信用社法人地位的"独立性"难以体现。而且，在省联社的管理下，农村信用社在多元模式改革进程中更注重贷款风险而对农民慎贷、惜贷，大量资金流向城市。农村信用社多元模式改革没有扭转农村信用社资金外流的形势，更没有改变农村贷款难、贷款贵的局面。2010 年中国人民银行、中国银监会出台《关于鼓励县域法人金融机构将新增存款一定比例用于当地贷款的考核办法（试行）》，明确将农村信用社纳入考核对象，对达标机构执行比同类机构正常标准低 1 个百分点的存款准备金率，农村信用社可按新增贷款的一定比例申请再贷款并享受优惠利率，这极大地激发了农村信用社支农的内生动力。

第二个阶段是 2011 年以来，农村信用社按照股份制原则重构产权结构。

针对我国农村信用社的产权关系和制度安排存在的一些突出问题，2010 年 11 月，中国银监会发布《关于加快推进农村合作金融机构股权改造的指导意见》，提出农村信用社（农村商业银行、农村合作银行）实施股权改造工作的总体目标是：全面取消资格股，加快推进股份制改造；稳步提升法人股比例，优化股权结构；有效规范股权管理，健全流

---

① 《2010 年第三季度中国货币政策执行报告》，中国人民银行网站，2010 年 11 月 2 日，http://www.pbc.gov.cn/zhengcehuobisi/125207/125227/125957/126000/2848754/index.html。

转机制，用3～5年时间将农村合作金融机构总体改制为产权关系明晰、股权结构合理、公司治理完善的股份制金融企业，为建立现代农村金融制度奠定良好基础。[①] 实际上，中国银监会要求必须按照股份制原则重建农村信用社的产权结构，这意味着多元模式改革的终结。

2011年开始，农村信用社按照股份制原则改造股权结构。中国银监会发布的《关于加快推进农村合作金融机构股权改造的指导意见》指出，农村合作金融机构应加快推进资格股改造工作，在2015年底前全面取消资格股。今后不再组建农村合作银行，把符合农村商业银行准入条件的农村信用联社和农村合作银行，直接改制为农村商业银行；暂不符合条件的，要尽快将资格股全部转换为投资股，并改制组建为股份制的农村信用社。[②] 2016年中央一号文件提出对农村信用联社进行改革试点，要求其逐步淡化行政管理职能，强化服务职能。同时，农村信用社大力推进以服务"三农"为根本目标、以做实县域为基本要求的改革，全面实施支持优先服务"三农"的股东承诺制，夯实"三农"导向的产权基础，并不断强化"三农"的市场定位，提高农村金融服务质量。

2. 农村信用社改革效果

一是产权制度改革成效显著，法人治理结构明显改善。

自2011年中国银监会要求农村信用社按股份制原则改革以来，农村信用社成熟一家改制一家，农村商业银行的数量逐渐增加，农村信用社与农村合作银行数量逐渐减少。截至2019年末，全国共组建以县（市）为单位的统一法人农村信用社722家，比2010年减少1254家；农村商业银行1478家，比2010年增加1394家；农村合作银行28家，比2010年减少188家。[③] 其中，农村商业银行已经占全部农村合作金融

---

① 《中国银监会关于加快推进农村合作金融机构股权改造的指导意见》，中国政府网，2010年11月9日，https://www.gov.cn/zhengce/2016-05/24/content_5076306.htm。

② 《中国银监会关于加快推进农村合作金融机构股权改造的指导意见》，中国政府网，2010年11月9日，https://www.gov.cn/zhengce/2016-05/24/content_5076306.htm。

③ 《银行业金融机构法人名单（截至2019年12月底）》，国家金融监督管理总局网站，2020年3月24日，http://www.cbirc.gov.cn/cn/view/pages/ItemDetail.html?docId=894966&itemId=863&&generaltype=1。

机构的 66.34%。安徽、江苏、湖北、山东、江西、湖南 6 省的农村信用社已全部改制为农村商业银行。农村信用社在明晰产权关系的基础上，按照现代企业制度的要求，初步形成了决策、执行、监督相互制衡的法人体系，法人治理结构明显改善。

二是资产质量明显提高，盈利能力显著增强。

自 2006 年农村信用社全面实施多元模式改革以来，国家在央行资金支持、财政补贴和税收减免等方面对农村信用社进行大量的政策支持，又加上中国银监会、省级地方政府比较重视解决农村信用社的不良贷款问题，使农村信用社资产质量明显提高，不良贷款比例持续下降，而且盈利能力显著增强。按照贷款五级分类，2006 年的不良贷款率为 27.93%，农村信用社、农村商业银行、农村合作银行资本充足率分别达 9.14%、8.58%和 13.69%。2004 年全国农村信用社（含农村商业银行、农村合作银行，下同）实现扭亏为盈，2010 年全年利润为 678 亿元；到 2018 年末，全国农村信用社不良贷款率为 4.97%，资本充足率为 12.3%，2018 年累计实现净利润 2508 亿元，[①] 资产总额达 32.2 万亿元（超过五大国有银行），占银行业金融机构的 13.6%，农村信用社的资产、存款、贷款总额均居全国银行业首位。客观上，农村信用社资产质量的提高以及盈利能力的增强为农村信用社的可持续发展提供了前提条件，也为提高农村信用社的支农能力奠定了坚实基础。

三是支农投放不断增加，支农力度明显加大。

农村信用社全面推行多元模式改革以来，其各项存款、贷款增长很快，对农投放的资金不断增加，支农力度明显加大，其服务农村金融的"主力军"地位更加巩固。2007 年末，农村信用社各项存款为 45947 亿元（占全国金融机构的 11.80%），各项贷款为 31356 亿元（占全国金融机构的 11.98%）。[②] 其中，涉农贷款为 20850 亿元，占各项贷款的

---

① 中国人民银行金融稳定分析小组编《中国金融稳定报告 2019》，中国金融出版社，2019，第 100 页。
② 中国人民银行农村金融服务研究小组编《中国农村金融服务报告 2008》，中国金融出版社，2008，第 14 页。

66.49%，占全国涉农贷款的 34.10%；农户贷款为 11655 亿元，占全国农户贷款的 86.98%。2019 年，农村信用社涉农贷款达 102843 亿元，比 2007 年增加了 3.93 倍，占各项贷款的 56.98%，占全国涉农贷款的 29.23%；农户贷款为 54637 亿元，比 2007 年增加了 3.69 倍，占全国农户贷款的 52.82%（见表 4-1）。这些比例比 2007 年有所下降的原因是，近年来有更多的城市金融机构加大对"三农"贷款的投放力度，但是农村信用社涉农贷款、农户贷款在全国金融机构涉农贷款、农户贷款中所占比重仍是最大的。而且，农村信用社开展了小微企业贷款，2018 年末发放给小微企业的贷款达 7.87 万亿元，占全国金融机构小微企业贷款的最高比例，大大缓解了农村小微企业的融资难问题，有力地支持了"三农"的经济发展。

表 4-1　2007～2019 年农村信用社（含农村商业银行、农村合作银行）
涉农贷款情况

单位：亿元，%

年份	涉农贷款（1）	占各项贷款的比例	全国涉农贷款（2）	(1)/(2)	农户贷款（3）	全国农户贷款（4）	(3)/(4)
2007	20850	66.49	61151	34.10	11655	13399	86.98
2008	25431	65.84	69124	36.79	13319	15170	87.80
2009	30919	65.81	91316	33.86	16414	20134	81.52
2010	38743	65.59	117658	32.93	20351	26043	78.14
2011	54335	68.13	146016	37.21	23444	31023	75.57
2012	46083	68.94	176310	26.14	26407	36195	72.96
2013	62154	67.82	208893	29.75	30000	45047	66.60
2014	70695	66.9	236002	29.96	33889	53587	63.24
2015	—	—	263522	—	—	61488	—
2016	81900	61.03	282336	29.01	39600	70846	55.90
2017	—	—	309547	—	—	81056	—
2018	96222	—	326806	29.44	49442	92322	53.55
2019	102843	56.98	351850	29.23	54637	103446	52.82

注：2007 年中国人民银行对涉农贷款采用新的统计方法，为了便于统一分析，没有把 2006 年的数据纳入进来。

资料来源：中国人民银行货币政策司、调查统计司。

（二）中国农业银行面向"三农"改制与成立"三农"金融事业部

1997 年，亚洲金融危机爆发后，中国农业银行加快撤离在农村的网点，积极向商业银行转变。一方面，按照商业化原则，以服务"三农"的指导思想，转变经营方式，寻找"三农"业务的经济增长点；另一方面，按照国家要求，加快发展城市金融业务，试图发挥城市业务对"三农"业务的支持和促进作用。2002 年，第二次全国金融工作会议提出国有商业银行实行股份制改革的决定。中国工商银行、中国银行和中国建设银行先后进行了股份制试点的改革，中国农业银行也在加强自身建设，酝酿股份制改革。其改革可以分为两个阶段。

1. 面向"三农"改制的中国农业银行：由"国有独资"到"股份制"

2007 年 1 月，第三次全国金融工作会议确定中国农业银行进行股份制改革，中国农业银行是我国最后一个实行股份制改革的国有大型商业银行。该会议确定了中国农业银行"面向'三农'、整体改制、商业运作、择机上市"的总体改革原则，并借鉴中国工商银行、中国银行和中国建设银行改革的经验，处理不良资产和进行股份制改造。这标志着中国农业银行进入由"国有独资"向"股份制"商业银行改革的新时期。但是，由于历史分工、政策性贷款与经营管理不善等原因，中国农业银行存在历史包袱重、经营效率较低等问题。如何化解沉重的历史包袱，提高经营绩效？解决好这个问题不仅能够夯实中国农业银行的财务基础，也是这次中国农业银行改制成功的前提条件。

2008 年 10 月 21 日，国务院批准了《农业银行股份制改革实施总体方案》，确定了中国农业银行股份制改革的总体目标，即"按照现代商业银行的要求，以建立健全现代公司治理制度为核心，以服务'三农'为方向，积极稳妥地推进各项改革，转换经营机制，努力成为资本充足、治理规范、内控严密、运营安全、服务优质、效益良好、创新能力和国际竞争力强的现代化商业银行"。2008 年 11 月起，中国农业银行开始进行坏账核销工作，经财政部批准，中国农业银行按 2007 年底账面数剥离处置不良资产 8156.95 亿元，其中可疑类贷款 2173.23 亿元、损失类贷款 5494.45 亿元、非信贷资产 489.27 亿元。[①]

2008 年 11 月 6 日，中央汇金公司向中国农业银行注资 1300 亿元，并与财政部各持有中国农业银行 50% 的股份。2009 年 1 月 9 日，中国农业银行股份有限公司创立大会召开；2010 年 7 月，中国农业银行分别在上海证券交易所与香港联合交易所挂牌上市，真正完成了向公众持股的股份制商业银行的跨越，这也标志着中国农业银行实现了从国有独资商业银行向股份制商业银行的转变。中国农业银行股份制改革取得了成功，资金实力明显增强，资产质量和盈利明显提高，公司治理结构也明显改善，业务结构也得到优化，经营绩效明显提升，已成为名副其实的股份制商业银行。但是，中国农业银行股份制改革后，其主要业务集中在城市，除了有部分农村金融业务外，与其他国有大型商业银行没有根本的区别。

2. 中国农业银行推行"三农"金融事业部改革

按照国务院的要求，中国农业银行的改革思路是强化其为"三农"服务的市场定位和责任，实行整体改制，充分利用其在县城的资金、网络和专业等优势，更好地为"三农"服务。为探索大型商业银行服务"三农"的有效模式，实现面向"三农"与商业运作的有机结合，中国农业银行在改制过程中，推行"三农"金融事业部改革。2007 年 9 月，中国农业银行从吉林、福建、安徽、湖南、广西、四川、甘肃和重庆等 8 个省（自治区、直辖市）选择了有代表性的 17 个地区、123 个县支行开展面向"三农"金融服务试点。[②] 随着中国农业银行不断扩大试点范围，到 2015 年中国农业银行"三农"金融事业部改革范围推广至全国所有县域支行。

中国农业银行"三农"金融事业部改革获得国家的支持。2010 年中国人民银行、中国银监会出台文件，明确将中国农业银行县域"三

---

① 数据来源：《中国农业银行统计年鉴（1979—2008）》。
② 中国人民银行农村金融服务研究小组编《中国农村金融服务报告 2008》，中国金融出版社，2008，第 16 页。

农"金融事业部"新增存款一定比例用于当地贷款"纳入考核对象，对达标机构执行比同类机构正常标准低 1 个百分点的存款准备金率，其可按新增贷款的一定比例申请再贷款并享受优惠利率。2011 年，中国人民银行对达标机构执行比中国农业银行低 2 个百分点的优惠存款准备金率；县域"三农"金融事业部发放的农户贷款、农村企业和农村各类组织贷款取得的利息收入按 3%的税率征收营业税或增值税；比照农村信用社的标准免收业务监管费和机构监管费。2019 年，中国农业银行县域金融事业部五项指标全部达标。

3. 中国农业银行改革的成效

中国农业银行面向"三农"的体制改革，不仅使农业银行服务"三农"的认识不断深化和统一，而且经营决策重心下沉，县域"三农"金融事业部单独核算，激发了中国农业银行支农的积极性，中国农业银行"三农"服务能力和水平明显提高。

一是"三农"贷款显著增加。中国农业银行面向"三农"改制，推行"三农"金融事业部，农村金融供给显著提升。2008 年末，中国农业银行涉农贷款为 9330 亿元，农户贷款为 988 亿元，到 2019 年末，中国农业银行涉农贷款达 37547 亿元，农户贷款达 16152 亿元，[①] 分别增长了 3.02 倍、15.35 倍。其中，涉农贷款占其各项贷款的比重由 2008 年的 27.0%增长到 2019 年的 28.1%，增加了 1.1 个百分点，2019 年中国农业银行的涉农贷款比例也高于 2005 年以前平均 25.5%的涉农贷款比例。客观上来说，这在一定程度上遏制了中国农业银行的农村资金外流趋势，表明中国农业银行面向"三农"改制取得了一定的成效。

二是"三农"重点领域金融服务成效显著。党的十七大以来，我国城市化、新农村建设加速推进，县域城镇化建设、农业产业化和家庭农场成为解决"三农"问题的重点领域。中国农业银行为这些"三农"重点领域提供金融服务，发放了大量贷款。截至 2018 年末，中国农业

---

① 中国金融学会主办《中国金融年鉴 2020》，中国金融年鉴杂志社有限公司，2021，第 362 页。

银行县域城镇化建设贷款余额达6627亿元，产业化农业龙头企业贷款余额达1494亿元，家庭农场和专业大户贷款余额达820亿元。[①] 同时，中国农业银行还积极践行普惠金融政策，不仅对农户发放贷款，还对小微企业发放大量贷款，2019年末，中国农业银行发放的普惠型小微企业贷款余额达5923亿元，高于全行贷款增速46.3个百分点,[②] 这对解决农村贷款难问题有重要作用。

三是为脱贫攻坚贡献金融力量。中国农业银行响应国家政策，强化服务"三农"的责任担当，积极支持脱贫攻坚和乡村振兴。2015年以来中国农业银行金融扶贫信贷投放大幅增加，截至2019年9月末，该行在832个贫困县的贷款余额为10712亿元，比2015年末增长75%；产业精准扶贫贷款余额达到1999亿元，比2015年末增长2.9倍，在深贫地区贷款余额达3914亿元，比年初增长17%,[③] 高于全行贷款增幅，带动了近500万贫困群众脱贫,[④] 为打赢脱贫攻坚战贡献金融力量。

四是农村基础金融服务水平持续提升。长期以来，农村金融基础设施建设薄弱，农村基础金融服务水平低，是城乡金融差距的重要表现。针对这些问题，中国农业银行在农村地区发放惠农卡，布设转账电话、ATM机、POS机等，提供便利的金融服务，这客观上提高了农村基础金融服务水平。截至2018年末，中国农业银行累计发放惠农卡2.16亿张，在农村地区设立"金穗慧农通"工程服务点60多万个，在县以下布设转账电话、ATM机、POS机等各类电子机具约86.5万台，代理新农保1422个县，代理新农合931个县，代理涉农财政补贴及其他项目

---

① 中国人民银行农村金融服务研究小组编《中国农村金融服务报告2018》，中国金融出版社，2019，第32页。

② 《农行：2019净利润2129.24亿元 同比增5.08%》，"新浪财经"百家号，2020年3月31日，https://baijiahao.baidu.com/s? id=1662690655009804741。

③ 《中国农业银行在国家扶贫重点县贷款余额超万亿元》，"中国新闻网"百家号，2019年10月17日，https://baijiahao.baidu.com/s? id=1647644975866090180&wfr=spider&for=pc。

④ 中国金融学会主办《中国金融年鉴2020》，中国金融年鉴杂志社有限公司，2021，第42页。

6071 个县，对行政村的服务覆盖率为 74.2%。① 同时，中国农业银行总行还研发出了"惠农 e 贷""惠农 e 付""惠农 e 商"等一批特色产品，不断扩大新产品使用范围，让农民足不出户就可以享受到现代金融服务，极大地提高了农村金融服务的创新能力。

（三）中国农业发展银行扩大业务范围与强化政策性职能定位

长期以来，中国农业发展银行作为政策性银行，主要业务局限于粮棉油收购，对农村很少发放贷款，而新农村建设和乡村振兴实施过程中的农村基础设施建设、农业产业化、农村综合开发等项目亟须农村政策性银行的支持。但是，在现有体制下，中国农业发展银行应有的政策性功能没有完全发挥出来，这不仅限制了"三农"的发展，也不利于中国农业发展银行本身的发展。所以，中国农业发展银行的改革，要从扩大业务范围和强化政策性职能定位开始。

1. 中国农业发展银行扩大业务范围

随着国民经济市场化程度的提高，粮食流通体制改革的深入和农村税费改革的全面实行，中国农业发展银行开始拓展业务范围，将传统贷款业务的支持对象由国有粮棉油购销企业扩大到各种所有制的粮棉油购销企业。2006 年，中国农业发展银行的业务已经拓展到粮棉油产业化龙头企业、加工企业的农业科技贷款业务，不断探索商业化业务。

2007 年 1 月，第三次全国金融工作会议确定了政策性银行商业化转型的改革思路，先对国家开发银行进行商业化改革，并要求中国农业发展银行进行内部改革，从而为进一步商业化创造条件。会议还规定政策性金融业务要公开招标，财政给予贴息，各家银行都要按照市场竞争的原则承担政策性金融业务。对于中国农业发展银行，除了传统意义上的负责"粮棉油收购的资金发放外，还被赋予了对所有涉农产业特别是对农业产业化项目的信贷支持职能"。同时，国务院还明确规定，中国农业发展银行是新农村建设的银行。这意味着，中国农业发展银行被赋

---

① 中国人民银行农村金融服务研究小组编《中国农村金融服务报告 2018》，中国金融出版社，2019，第 32 页。

予了更多的商业化职能，这无疑会加快中国农业发展银行商业化改革的步伐。

为支持农村改革发展，2008 年党的十七届三中全会明确指出"拓展农业发展银行支农领域，加大政策性金融对农业开发和农村基础设施建设中长期信贷支持"。[①] 2011 年中国银监会批准中国农业发展银行开展水利中长期政策性贷款，2012 年又批准中国农业发展银行加大对农业科技产业的贷款力度。以上这些业务有政策性的，更多是商业性的，中国农业发展银行有向综合性金融发展的趋向。2012 年，为了实现多元化经营和可持续发展，中国农业发展银行还成立了投资部，拟进军直接投资和资产证券化等领域，在全社会吸收资金，这不仅意味着其商业化程度的进一步提升，还表明其朝着综合性金融的发展方向稳步前进。

2. 强化中国农业发展银行政策性职能定位

为了把中国农业发展银行办成真正的农村政策性银行，促进其可持续发展，2014 年 12 月，国务院批准了中国农业发展银行改革实施的总体方案，强调要进一步强化中国农业发展银行的政策性职能定位，提出要"坚持以政策性业务为主体。通过对政策性业务和自营性业务实施分账管理、分类核算，明确责任和风险补偿机制，确立以资本充足率为核心的约束机制，建立规范的治理结构和决策机制，把中国农业发展银行建设成为具备可持续发展能力的农业政策性银行"。[②]

因此，中国农业发展银行的改革方向就是强化其政策性金融职能，这要求中国农业发展银行在继续做好粮棉油收储信贷业务的同时，要突出重点，加大对农业基础设施、重大水利工程、贫困地区公路建设等领域的支持力度，通过改革建成具备可持续发展能力的农业政策性银行，在农村金融体系中真正发挥主体和骨干作用。为支持中国农业发展银行改革，2015 年财政部向中国农业发展银行注资 100 亿元，并将中国农

---

① 中共中央文献研究室编《十七大以来重要文献选编》（上），中央文献出版社，2009，第 676 页。
② 《国务院关于同意中国农业发展银行改革实施总体方案的批复》，中国政府网，2015年 4 月 12 日，https://www.gov.cn/zhengce/zhengceku/2015-04/12/content_9593.htm。

业发展银行的未分配利润 270 亿元转为资本。[①]

2016 年中央一号文件提出"强化中国农业发展银行政策性职能，加大中长期'三农'信贷投放力度"，推动金融资源更多向农村倾斜。2017 年，中国农业发展银行认真落实国务院《推进普惠金融发展规划（2016—2020 年）》，坚持农业政策性银行的发展方向，充分发挥政策性银行的优势，致力于提高或增强政策性金融服务效率、可得性和满意度，为"三农"领域普惠金融的发展做出了重要贡献。2017 年 11 月，中国银监会印发的《中国农业发展银行监督管理办法》，突出了中国农业发展银行服务国家战略的政策性金融定位，要求其坚持以政策性业务为主体开展经营活动；要求中国农业发展银行围绕农业农村重点领域和薄弱环节提供金融服务，主要服务国家粮食安全、脱贫攻坚、乡村振兴、农业农村现代化、农村基础设施建设等领域，在农村金融体系中发挥主体和骨干作用；[②] 要求中国农业发展银行构建决策科学、执行有力、监督有效的公司治理机制，并结合自身业务特点构建全面风险管理体系和内部控制系统。

3. 中国农业发展银行改革的成效

中国农业发展银行扩大业务范围与强化政策性职能定位，不断健全公司治理机制，加强全面风险管理体系建设，建立资本管理体制，健全激励约束机制，中国农业发展银行资产质量明显提高，盈利能力和支农能力增强。主要表现在以下几个方面。

一是支农投入显著增加。随着中国农业发展银行业务范围的拓展，其支农信贷规模快速扩大。2006 年末，中国农业发展银行各项贷款余额为 8848.96 亿元，2007 年末增长到 10224.38 亿元，占全国金融机构涉农贷款的 16.72%。2019 年末，中国农业发展银行各项贷款余额为

---

① 中国人民银行农村金融服务研究小组编《中国农村金融服务报告 2016》，中国金融出版社，2017，第 34 页。
② 中国人民银行编著《中国金融改革开放大事记 1978—2018》（下册），中国金融出版社，2020，第 1129 页。

55800 亿元, 较 2006 年增加了 5.31 倍, 占全国金融机构涉农贷款余额的 15.85%; 农林牧副渔贷款为 978 亿元, 占全国金融机构农林牧副渔贷款的 2.46%; 农村贷款为 26601 亿元, 占全国金融机构农村贷款的 9.22%,[①] 中国农业发展银行的支农能力显著增强。

二是服务国家粮食安全。中国农业发展银行坚持把支持粮棉油收储作为全行工作的重中之重, 全力支持粮棉油全产业链发展, 坚决维护国家粮食安全。在粮棉油收储工作中, 中国农业发展银行统筹支持政策性收储和市场化收购。2019 年末, 中国农业发展银行累计发放粮棉油收购贷款 2982 亿元, 较 2006 年增长了 38.7%, 中国农业发展银行支持收购粮油 3607 亿斤、棉花 323 万吨, 充分发挥了粮棉油收购资金供应主渠道作用。其中, 中国农业发展银行发放市场化收购贷款 797 亿元, 同比增长 42.8%。[②] 中国农业发展银行积极投放信贷资金, 对有效落实国家粮食购销及调控政策, 促进粮食市场稳定和农民增收起到了重要作用。

三是服务农村脱贫攻坚。中国农业发展银行响应国家发展战略, 积极承担服务 "三农" 的社会责任, 聚焦深度贫困地区和产业扶贫, 着力推进解决农村 "两不愁三保障" 等突出问题, 突出支持产业扶贫, 大力支持易地扶贫搬迁, 扎实推进贫困村提升工程以及教育扶贫、健康扶贫等专项扶贫工作, 积极支持东西部扶贫协作和 "万企帮万村" 精准扶贫行动, 出台 "三区三州" 深度贫困地区脱贫攻坚 28 条差异化支持政策, 在脱贫攻坚中发挥重要作用。2019 年, 中国农业发展银行累计发放各类扶贫贷款 4045 亿元, 其中, 投放产业扶贫贷款 2593 亿元, 占比 64%, 扶贫贷款累计发放金额和余额在金融系统中居首位, 实现国

---

① 中国金融学会主办《中国金融年鉴 2020》, 中国金融年鉴杂志社有限公司, 2021, 第 362 页。

② 中国金融学会主办《中国金融年鉴 2020》, 中国金融年鉴杂志社有限公司, 2021, 第 40 页。

定贫困县全覆盖。[①]

四是服务新农村建设与乡村振兴。在服务新农村建设与乡村振兴中，中国农业发展银行聚焦农村"三农"重点领域与薄弱环节，加大对棚改、水利、农村路网、人居环境、生态保护等领域的支持力度。2019 年，其发放基础设施贷款 6272 亿元，较 2007 年增长了 17.5 倍，贷款余额为 2.9 万亿元，其有力地发挥了补短板、强弱项的支撑作用。围绕乡村产业兴旺，其以农村土地流转和规模经营、农村流通体系建设、乡村旅游、生猪产业等为重点，累计发放农业现代化贷款 2193 亿元，余额为 3612 亿元。[②] 同时，中国农业发展银行还积极服务民营小微企业，2019 年小微企业贷款余额为 117 亿元，较 2007 年增长了 43.2%；支持企业 6858 户，较 2007 年增长了 2.03 倍。[③] 这不仅促进了农业产业化发展，也促进了农村发展环境的优化和现代农业的发展。

（四）中国邮政储蓄银行的成立与建立"三农"金融事业部

邮政储蓄机构对中央银行控制货币投放、治理通货膨胀具有重大的意义。但是，长期以来邮政储蓄机构"只存不贷"，把农村资金输送到城市，这是造成农村资金短缺的重要原因。为统筹城乡发展，加快推进社会主义新农村建设，把农村资金留在农村支持农村经济发展，引导邮政储蓄将资金返还农村已经势在必行。

1. 成立并开始在农村办理贷款业务

2005 年 7 月，国务院通过《邮政体制改革方案》，要求邮政储蓄机构要加快成立中国邮政储蓄银行，实现金融业务规范化经营。2007 年 3 月经中国银监会批准，中国邮政储蓄银行成立。同时，中国邮政储蓄银行确立"服务城乡大众、支持'三农'的零售银行"的定位，开始在

---

① 中国金融学会主办《中国金融年鉴 2020》，中国金融年鉴杂志社有限公司，2021，第 40 页。

② 中国金融学会主办《中国金融年鉴 2020》，中国金融年鉴杂志社有限公司，2021，第 40 页。

③ 中国金融学会主办《中国金融年鉴 2020》，中国金融年鉴杂志社有限公司，2021，第 40 页。

农村地区开展信贷业务，这就改变了邮政储蓄机构多年来在农村只存不贷、充当农村"抽水机"的局面。自此，中国邮政储蓄银行开始商业化运作，在此基础上探索为农村服务的有效形式，并且按照商业银行的公司治理机制组建分支机构，2010 年中国邮政储蓄银行有 2.96 万个位于县及县以下农村地区的邮政储蓄网点。[①]

2011 年初，国务院批准了中国邮政储蓄银行的股份制改革方案，明确要求将中国邮政储蓄银行建设成为资本充足、内控严密、运行安全、服务优质、效益良好、市场竞争力强，以及立足服务"三农"、城乡居民和中小企业的现代商业银行。2012 年 3 月，财政部、中国人民银行和中国银监会印发《关于细化中国邮政储蓄银行有限责任公司股份制改革实施方案的批复》，明确指出中国邮政储蓄银行应将涉农信贷业务与其他业务区别开来，加大支农服务力度，实现可持续发展。自此，中国邮政储蓄银行不断加大涉农信贷支持力度，大力提供县域基本金融服务。2015 年 12 月，中国邮政储蓄银行成功引进中国人寿、中国电信、瑞士银行、摩根大通等国内外战略投资者，股权多元化改革进展顺利；2016 年 9 月，在香港联合交易所挂牌上市；2019 年 12 月，在上海证券交易所挂牌上市：中国邮政储蓄银行已成功向现代化银行迈进。

2. 全面推行农村小额贷款

中国邮政储蓄银行拥有遍布城乡的经营网点，这是我国商业银行所不具备的优势。因此，中国邮政储蓄银行在服务城乡大众和"三农"经济中，利用现有的机构、人员和技术发展农村小额贷款具有比较优势。其在 2006 年 3 月开始办理存单小额质押贷款，2007 年开始试点"好借好还"小额贷款业务，2008 年 6 月在全国 31 个省（自治区、直辖市）分行和 5 个计划单列市分行全面推行农村小额贷款业务，并将其作为与其他农村正规金融机构的差异化定位；同时，还办理小微企业贷款、个人商务贷款等业务；2008~2010 年累计为全国 400 万户发放小额

[①] 中国人民银行农村金融服务研究小组编《中国农村金融服务报告 2010》，中国金融出版社，2011，第 13 页。

贷款近 2300 亿元，是全国唯一小额贷款对象超过百万户的法人金融机构，在全国 4301 个二级支行开办了小额信贷业务，其中 67% 的小额贷款网点分布在县及县以下地区。[①]

3. 建立"三农"金融事业部

2016 年中央一号文件提出"支持中国邮政储蓄银行建立三农金融事业部，打造专业化为农服务体系"。[②] 2016 年 9 月，中国邮政储蓄银行"三农"金融事业部成立，第一批试点在内蒙古、吉林、安徽、河南、广东等 5 家分行开始实施，2017 年上半年逐步把试点地区拓展到全国。2018 年 36 家中国邮政储蓄银行一级分行"三农"金融业务管理框架搭建完成，中国邮政储蓄银行不断完善有别于城市业务的政策和运行模式，中国邮政储蓄银行"三农"金融事业部按照"边界清晰、核算准确、权责明确、运转高效"的原则构建四级经营体系。

4. 中国邮政储蓄银行改革的成效

一是在农村办理贷款，资金直接"回流"农村。中国邮政储蓄银行的成立及其"支持'三农'的零售银行"的定位，结束了邮政储蓄机构"只存不贷"的历史，各分支机构利用其网点优势，扩大农村金融服务的范围，通过协议存款、银团贷款、小额贷款等方式引导资金回流农村。2019 年中国邮政储蓄银行涉农贷款为 12644 亿元，较 2013 年增长 2.26 倍，占全国金融机构涉农贷款的 3.6%；农林牧副渔贷款 1469 亿元，占全国金融机构农林牧副渔贷款的 3.7%；农村贷款 12119 亿元，占全国金融机构农村贷款的 4.2%；农户贷款 9874 亿元，占全国金融机构农户贷款的 9.55%。[③] 中国邮政储蓄银行在"三农"领域投入了大量的信贷资金，实际上把资金返还给了农村，为"三农"发展注

[①] 中国金融学会主办《中国金融年鉴 2011》，中国金融年鉴杂志社有限公司，2011，第 60 页。

[②] 中共中央党史和文献研究院编《十八大以来重要文献选编》（下），中央文献出版社，2018，第 119 页。

[③] 中国金融学会主办《中国金融年鉴 2020》，中国金融年鉴杂志社有限公司，2021，第 362 页。

入了资金，有力地支持了农村经济的发展。

二是利用网点优势沟通城乡，为农村提供基础金融服务。中国邮政储蓄银行网点比较多，截至 2018 年末，中国邮政储蓄银行有 39719 个网点，其中县域及以下网点数量 27901 个，占全行网点数量的 70.25%。① 中国邮政储蓄银行近 4 万个网点已覆盖全国超过 98% 的县级区域，向广大农村居民提供存取款、汇兑，代理保险，代收农村电费、电视有线费，代发粮食直补款、良种补贴资金、退耕还林款、最低保障金和计划生育奖励金等基础金融服务。此外，其积极开展 "新农保"、"新农合"、银行卡以及 ATM 机助农取款等金融服务，这些基本的金融服务大大方便了农民，增强了农民的金融获得感。

三是聚焦 "三农" 重点领域和薄弱环节，提供金融支持。中国邮政储蓄银行积极落实国家关于支持乡村振兴战略、服务实体经济、精准扶贫的工作部署，聚焦 "三农" 重点领域和薄弱环节，提升 "三农" 金融服务能力，打造专业化为农服务体系。中国邮政储蓄银行持续加大农村贷款投入力度，构建 "农户贷款、新型农业经营主体贷款、涉农商户贷款、县域涉农小微企业贷款、农业龙头企业贷款" 五大涉农贷款产品体系，推进农村承包土地的经营权抵押贷款和农民住房财产权抵押贷款产品试点；积极支持国家粮食安全、产业融合、小农户和现代农业有机衔接、美丽乡村建设等乡村振兴重点领域；积极助力脱贫攻坚战，提供扶贫小额信贷服务以精准支持贫困户建档立卡，全力支持贫困地区基础设施建设，重点支持交通、水利、电力、电网、电信、易地扶贫搬迁等领域的项目建设。截至 2019 年末，中国邮政储蓄银行普惠型小微贷款为 6531.85 亿元，在国有大型商业银行普惠型小微贷款中排名第二，占其全部贷款的 13.58%；金融精准扶贫贷余额（含已脱贫人口贷款）为 938.58 亿元，较上年末增长 52.46%。②

---

① 《奋进的历程：农村金融发展与改革 70 年》，新浪财经网，2019 年 9 月 30 日，http://finance.sina.com.cn/stock/relnews/cn/2019-09-30/doc-iicezueu9275582.shtml。

② 中国金融学会主办《中国金融年鉴 2020》，中国金融年鉴杂志社有限公司，2021，第 49 页。

二 开放农村金融市场，增加农村金融供给

（一）放宽市场准入限制，建立新型农村金融机构

1. 建立村镇银行、贷款公司与农村资金互助社

为统筹城乡金融发展、解决农村金融服务供给不足的问题，2006 年 12 月 20 日，中国银监会印发《关于调整放宽农村地区银行业金融机构准入政策　更好支持社会主义新农村建设的若干意见》，按照"低门槛、严监管"原则，调整放宽农村地区银行业金融机构准入政策，允许包括民间资本在内的各类资本参与发起设立村镇银行等新型农村金融机构。中国银监会选择在内蒙古、吉林、湖北、四川、甘肃、青海 6 个省（自治区）进行村镇银行、贷款公司、农村资金互助社 3 类新型农村金融机构首批试点，2007 年又将试点地区扩大到全国 31 个省（自治区、直辖市）的金融机构（网点）覆盖率低、资金供给不足、竞争不充分的县（市）及其以下地区。自此，我国新型农村金融机构开始建立和发展，农村金融体系开始丰富多彩，农村金融发展也进入了一个新的历史时期。

为保障新型农村金融机构规范、健康、可持续发展，2008 年中国人民银行和中国银监会发布《关于村镇银行、贷款公司、农村资金互助社、小额贷款公司有关政策的通知》，明确了这几类机构的设立、监管、存款准备金、风险管理等方面的政策；同年，财政部对其暂免收取监管费 3 年。2009 年，财政部出台《中央财政新型农村金融机构定向费用补贴资金管理暂行办法》，并将该政策扩大到基础金融服务薄弱地区。2010 年，村镇银行被纳入中国人民银行、中国银监会要求的"新增存款一定比例用于当地"的考核体系中，中国人民银行对达标机构执行比同类机构正常标准低 1 个百分点的存款准备金率，可按新增贷款一定比例申请再贷款并享受优惠利率。

在国家政策支持下，新型农村金融机构稳步发展，尤其是村镇银行发展迅速。2007 年末，已有包括村镇银行、贷款公司和农民互助合作

社在内的 31 家新型农村金融机构开业，其中村镇银行 19 家，贷款公司 4 家，农民互助合作社 8 家。[①] 其中，村镇银行占比 61.3%。2012 年底，全国 250 家银行业金融机构共发起设立 939 家新型农村金融机构，其中村镇银行 876 家、贷款公司 14 家、农村资金互助社 49 家，[②] 村镇银行占 93.3%，在新型农村金融机构中占有绝对优势。后来由于实体经济不景气、风险防控能力弱等原因，很多贷款公司无法经营下去，其数量呈减少趋势。2019 年新型农村金融机构增加到 1687 家，其中村镇银行 1630 家，比 2012 年增加 754 家；贷款公司 13 家，比 2012 年减少 1 家；农村资金互助社 44 家，比 2012 年减少 5 家，[③] 村镇银行占新型农村金融机构的比例为 96.6%。

2. 建立新型农村金融机构取得的成效

一是解决县域金融服务不足问题，完善农村金融体系。新型农村金融机构在农村地区设立，以服务"三农"为市场定位，在消除乡镇金融空白，解决农村地区银行业金融机构网点覆盖率低、竞争不充分等问题方面发挥了重要作用，尤其是 2018 年中国银监会提出在中西部和老少边穷地区且村镇银行未完全覆盖的省份实行"多县一行"村镇银行试点，这有利于进一步扩大村镇银行县（市）覆盖面。2018 年末，全国已有 1286 个县（市）核准设立村镇银行 1621 个，村镇银行的县（市）覆盖率为 70%。[④] 而且，村镇银行等新型农村金融机构扎根农村，在农村金融市场上打破了农村信用社垄断地位，有效增加了农村信贷资金的投入，培育了有竞争力的农村金融市场，在构建可持续发展的农村

---

① 中国人民银行农村金融服务研究小组编《中国农村金融服务报告 2008》，中国金融出版社，2008，第 31 页。

② 中国人民银行农村金融服务研究小组编《中国农村金融服务报告 2012》，中国金融出版社，2013，第 32～33 页。

③ 《银行业金融机构法人名单（截至 2019 年 12 月底）》，国家金融监督管理总局网站，2020 年 3 月 24 日，http://www.cbirc.gov.cn/cn/view/pages/ItemDetail.html?docId=894966&itemId=863&&generaltype=1。

④ 中国人民银行农村金融服务研究小组编《中国农村金融服务报告 2018》，中国金融出版社，2019，第 36 页。

金融体系方面发挥的作用日益增强。

二是发放信贷资金用于支农支小，有力支持"三农"发展。新型农村金融机构发放的信贷资金超过 80%用于"三农"和小企业。以村镇银行为例，其贷款主要分布在农村制造业、批发和零售业及农林牧渔业，发放大量信贷资金用于支农支小。2012 年末，全国村镇银行的各项存款余额为 3025 亿元，各项贷款余额为 2324 亿元，存贷比为 76.8%。其中，村镇银行农村贷款余额为 1610 亿元，占其各项贷款余额的 69.3%，将近七成贷款投向农村；村镇银行农业贷款余额为 558 亿元，占其各项贷款余额的 24.0%；农户贷款余额为 805 亿元，占其各项贷款余额的 34.6%。[①] 2019 年末，全国村镇银行发放的农村贷款余额为 6984 亿元，较 2012 年增长了 3.34 倍；农业贷款余额为 2178 亿元，较 2012 年增长了 2.90 倍；农户贷款余额为 5271 亿元，较 2012 年增长了 5.55 倍。实际上，2019 年末，村镇银行涉农贷款为 7706 亿元，[②] 支农支小的贷款余额连续 7 年保持在 90%以上，累计发放"三农"和小微贷款余额达 6.37 万亿元。[③] 客观上，村镇银行发放贷款支农支小，缓解了农村金融供给不足的问题，促进了"三农"经济和小微企业发展。

三是对缓解农村金融资源外流起到重要作用。每增加一家村镇银行，会减少周边地区人均 3.08 元的资金外流，[④] 这说明村镇银行的设立及其业务实践，可以在一定程度上缓解我国农村金融资源外流，改善我国"三农"和小企业受到的金融服务。同时，发起设立村镇银行的主要机构是地方中小银行，尤其是农村商业银行。据统计，截至 2019 年末，共有 175 家农村商业银行在全国 30 个省（自治区、直辖市）271

---

① 中国金融学会主办《中国金融年鉴 2013》，中国金融年鉴杂志社有限公司，2013，第 594~595 页。
② 中国金融学会主办《中国金融年鉴 2020》，中国金融年鉴杂志社有限公司，2021，第 362 页。
③ 中国银行业协会村镇银行工作委员会编著《中国村镇银行行业发展报告 2019—2020》，中国金融出版社，2020，第 9 页。
④ 田杰：《新型农村金融机构、资金外流与乡村振兴》，《财经科学》2020 年第 1 期。

个市发起设立935家村镇银行，①占全部村镇银行数量的57.36%，高出城市商业银行发起设立的村镇银行数量占比28.94个百分点。农村商业银行发起设立的村镇银行，较好地传承了农村基因，与村镇银行的定位较为契合，村镇银行把资金用于支农支小，客观上有利于把农村金融资源留在农村、县域资金留在县域，在一定程度上缓解了农村金融资源外流的局面。而且，在村镇银行设立过程中还出现了东部地区的农村商业银行在中西部地区发起、入股村镇银行，初步探索出了在金融资源供给上的"以东补西"农村金融发展模式。

（二）设立小额贷款公司，办理农村小额贷款

1．试点并推广小额贷款公司

为了解决农民贷款难、贷款贵的问题，2005年5月，中国银监会批准商业性小额贷款公司在山西、四川、陕西、贵州和内蒙古5个省（自治区）试点。试点成立的小额贷款公司是由自然人、企业法人和其他社会组织投资成立的非金融企业，是以服务"三农"、支持农村经济发展为重点，为农户、个体经营者和小微企业提供小额贷款的机构。试点地区的小额贷款公司不吸收存款，不跨区经营，贷款利率由贷款双方自行协商，具有很大的灵活性。

2008年5月，中国人民银行、中国银监会联合发布《关于小额贷款公司试点的指导意见》，进一步规范了小额贷款公司的有关政策，要求各省份按照有关情况制定符合本省份特色的小额贷款公司政策，小额贷款公司试点开始迅速发展，并于2012年普及全国所有省份，其业务规模也迅速扩展。由表4-2可知，2009年，各地已设立小额贷款公司的数量达1334家，从业人数达14574人，贷款余额达766.41亿元。之后各项指标逐渐增加，到2015年达到最高峰。2015年小额贷款公司数量增加到8910家，从业人数达115188人，贷款余额达9411.51亿元。2016年由于受实体经济不景气以及小额贷款公司自身粗放式管理、风

---

① 中国银行业协会村镇银行工作委员会编著《中国村镇银行行业发展报告2019—2020》，中国金融出版社，2020，第112页。

险防控能力弱等因素的影响，全国小额贷款公司数量和贷款余额有减少的趋势（有的转为村镇银行），至 2019 年全国共有 7551 家小额贷款公司，比 2015 年减少了 15.25%；从业人数为 80846 人，比 2015 年减少了 29.81%；贷款余额为 9108.78 亿元，比 2015 年减少了 3.22%。

表 4-2　2007～2019 年小额贷款公司基本情况

年份	机构数量（家）	从业人数（人）	贷款余额（亿元）
2007	7	—	3.92
2008	206	—	85.73
2009	1334	14574	766.41
2010	2614	27884	1975.05
2011	4282	47088	3914.60
2012	6080	70343	5921.38
2013	7839	95136	8191.27
2014	8791	109948	9420.38
2015	8910	115188	9411.51
2016	8673	108881	9272.80
2017	8551	103988	9799.49
2018	8133	90839	9550.44
2019	7551	80846	9108.78

资料来源：《中国金融年鉴》（2008～2020 年）。

　　在坚持"小额、分散"原则的基础上，各省份小额贷款公司的贷款对象主要是符合贷款条件的辖区内种植养殖户、个体工商户、私营企业，各省份贷款投向有较大差距。广东、浙江、山东、河北、重庆等主要将贷款投向当地中小企业，当地中小企业贷款所占比重在 50% 以上；上海、江苏、福建、内蒙古等主要将贷款投向个体工商户，甘肃、宁夏等主要将贷款投向当地的农户，农户贷款所占比重达到 50% 以上。[①] 而且，小额贷款公司主要分布在中东部发达地区，从 2019 年的数据看，主要集中在江苏（568 家）、辽宁（482 家）、广东（454 家）、河北

---

① 中国金融学会主办《中国金融年鉴 2009》，中国金融年鉴杂志社有限公司，2009，第 635～636 页。

（420家）、安徽（410家）、浙江（315家）、山东（311家）、广西（307家）8个省（自治区），[①] 这8个省（自治区）的小额贷款公司数量占全国小额贷款公司的43.3%，贷款余额占全国小额贷款公司贷款余额的44.28%。

　　政府非常重视小额贷款公司，采取了一系列政策支持小额贷款公司发展，引导小额贷款公司把资金投向"三农"、小微企业，服务实体经济发展。2012年财政部对符合监管要求的小额贷款公司执行县域金融机构涉农贷款增量奖励政策；2017年，为引导小额贷款公司支农支小，财政部、国家税务总局印发《关于小额贷款公司有关税收政策的通知》，准予小额贷款公司的贷款损失准备金在企业所得税税前扣除，并对其发放的农户小额贷款免收增值税，这进一步激发了小额贷款公司服务"三农"的积极性。

2. 设立小额贷款公司的成效

　　一是小额贷款公司以服务"三农"和小微企业为定位，以"小额、分散"为原则，促进了农村金融服务的改善与发展。小额贷款公司把资金投向"三农"和小微企业，尤其是发放给农户大量的贷款，有效地满足了贫困农户的贷款需求。由表4-2可知，2007~2019年小额贷款公司共计提供了77421.76亿元的贷款，将大量资金投向农户、个体工商户、小微企业，虽然利率是相互协商的，但是小额贷款利率远低于民间借贷利率，在一定程度上缓解了农户贷款难、贷款贵的问题，促进了农村金融服务的改善与发展，对脱贫攻坚和乡村振兴战略的实施也具有重要的作用。因此，小额贷款公司因其方便、快捷、灵活的经营方式而具有很强的活力，很快就成为我国普惠金融的重要组成部分。

　　二是探索出把"社会资金"引入农村金融市场的创新性举措。这里的把"社会资金"引入农村金融市场，可以从两个方面来说明：一方面，从小额贷款公司的设立来说，其主要是由自然人、企业法人和其

---

① 中国金融学会主办《中国金融年鉴2020》，中国金融年鉴杂志社有限公司，2021，第363页。

他社会组织投资成立的非金融企业，"只贷不存"，其注册资本、实收资本即"社会资金"用于"三农"和农村经济发展领域，如 2019 年小额贷款公司注册资本为 8060.62 亿元、实收资本为 8097.51 亿元，贷款余额为 9108.78 亿元，[①] 这无疑增加了农村金融供给；另一方面，小额贷款公司不吸收存款，其资金来源于自有资金、捐赠资金或单一来源的批发资金，来自银行业的资金也有一部分融入如中长期借款、应付及暂收款。如 2010 年小额贷款公司从商业银行拆借的资金达 219 亿元，占资金来源总额的 9.68%。[②] 小额贷款公司成为连接"小农户"与"大银行"的桥梁，把来自银行业的"批发"资金用于对农户和小微企业的"零售"，很好地起到了引入"社会资金"、把农村资金"留在农村"的作用，客观上有利于遏制农村金融资源外流、增加农村金融供给。

（三） 开展新型农村合作金融试点

农村合作金融是现代农村金融体系中不可或缺的组成部分，党和政府历来高度重视发展农村合作金融，连续多年在中央一号文件中做出了明确部署。20 世纪 80~90 年代农村信用社恢复合作金融制度的改革未能取得成功，以及 21 世纪农村信用社产权实施多元模式的改革使其向股份制的农村商业银行转变，表明要恢复农村信用社成立初期的合作金融属性已经基本不现实，建立真正的农村合作金融制度必须另辟蹊径。2006 年，随着《农民专业合作社法》的颁布，我国合作经济又开始发展起来，各地开展多种形式的合作金融试点，形成了初具规模、各有特色的农村合作金融组织。目前，开展农村信用合作互助的机构和组织主要有四大类：中国银监会批准设立的农村资金互助社、扶贫办牵头批设的贫困村互助资金试点、开展信用合作的农民专业合作社、供销社内部融资平台。

---

① 中国金融学会主办《中国金融年鉴 2020》，中国金融年鉴杂志社有限公司，2021，第 363 页。
② 中国金融学会主办《中国金融年鉴 2011》，中国金融年鉴杂志社有限公司，2011，第 556 页。

1. 中国银监会批准设立的农村资金互助社

2006 年中国银监会提出允许包括民间资本在内的各类资本参与发起设立新型农村金融机构，其中就包括农村资金互助社。它是依托行政村或专业合作社设立，面向成员开放存款业务，办理成员小额、分散的贷款业务的组织。2007 年中国银监会印发的《农村资金互助社组建审批工作指引》将农村资金互助社定义为"由农户和农村小企业资源入股、联合发起设立，经营存贷款业务及结算等金融服务，为社员提供金融服务的社区互助性金融机构"，这与 20 世纪 50 年代初期成立的农村信用社具有的"自愿性、互助性、非营利性"等特点相似。2007 年 2 月全国首家农村资金互助社在吉林省梨树县开业，到 2008 年底，全国共有 10 家农村资金互助社获准开业；2014 年 3 月末，全国共组建农村资金互助社 49 家，分布在 17 个省份，主要集中在浙江、山西、黑龙江，服务社员 3.6 万人，存款余额为 16.4 亿元，贷款余额为 13.1 亿元。①

然而，农村资金互助社是社区性微型金融机构，按照正规银行业金融机构标准，中国银监会无法把监管业务覆盖到全部农村资金互助社，因此，2012 年后全国具有正规资质的农村资金互助社的数量不再增加，停留在 49 家。由于 2016 年后实体经济不景气，为规避风险，部分农村资金互助社向村镇银行发展。2019 年末，全国农村资金互助社共有 44 家，比 2012 年减少了 5 家。

2. 扶贫办牵头批设的贫困村互助资金试点

2006 年扶贫办开展了贫困村互助资金试点，主要目的是解决贫困村、贫困户发展生产和自主创业时面临的资金短缺问题，强化扶贫工作的精准性。2006 年 5 月，国务院扶贫办和财政部联合下发《关于开展建立"贫困村村级发展互助资金"试点工作的通知》，选择了河北、山西、内蒙古、黑龙江、安徽、河南等 14 个省（自治区）作为试点，要求在这些地区成立贫困村村级资金互助组织，资金主要来源于中央财政

---

① 中国人民银行农村金融服务研究小组编《中国农村金融服务报告 2014》，中国金融出版社，2015，第 51 页。

与农户自有资金。为规范贫困村互助资金试点工作，2009年国务院扶贫办、财政部发布《关于进一步做好贫困村互助资金试点工作的指导意见》，要求互助资金"不出（跨）村、不吸储"，资金互助组织具有"准正式"金融组织的特征。同时，该意见还要求互助资金试点限制在贫困村，贫困户在财政资金支持下"入社免交或少交互助金""社员优先获得资金和技术支持"，真正使资金互助组织实现"民有、民用、民管、民享"，国务院试图通过资金合作互助的方式实现贫困村、贫困户的脱贫问题。虽然，这类合作金融组织没有受到中国银监会的批准，但一般受到地方政府扶持和认可，由于其准入门槛低，受到贫困户的欢迎，发展速度快。截至2014年3月末，全国共成立扶贫互助社20700家，分布在28个省份，主要集中在甘肃、安徽、陕西、四川、重庆，社员有191.4万人，筹措资金余额为49.6亿元，放款余额为18.1亿元。[①] 随着我国精准扶贫政策和各种惠农政策的实施，贫困地区和贫困人口的发展资金基本得到满足，脱贫的人越来越多；而资金互助组织由于农户入社率低、资金借出率低，存在一些安全隐患，很多资金互助组织停止运行，资金互助组织开始退出市场。

3. 开展信用合作的农民专业合作社

为了发展合作经济与解决"三农"问题，2007年7月，国家实施了《农民专业合作社法》；2008年10月，党的十七届三中全会首次提出"允许有条件的农民专业合作社开展信用合作"，[②] 此后中央一号文件多次对合作社内开展信用合作提出了明确要求。一些农民专业合作社开展了信用合作的探索。截至2014年3月，开办信用合作的农民专业合作社达2159家，它们分布在23个省份，主要集中在山东、浙江、云

---

① 中国人民银行农村金融服务研究小组编《中国农村金融服务报告2014》，中国金融出版社，2015，第51页。
② 中共中央文献研究室编《十七大以来重要文献选编》（上），中央文献出版社，2009，第677页。

南，社员有 19.9 万人，累计筹措资金 36.9 亿元，累计放款 42.4 亿元。[1] 但是，各试点对合作社内的信用合作组织的监管主体不明确，一些管理规定过于严格，一些省份开展信用合作试点的农民专业合作社的数量逐年减少，筹措的资金也增长缓慢。

4. 供销社内部融资平台

在供销合作社总社的推动下，各地供销合作社（简称供销社）在内部搭建融资平台，面向社员开展资金融通。2014 年 3 月末，开展资金互助的供销社达 341 家，分布在 15 个省份，主要集中在山东、贵州、浙江，社员有 15.1 万人，筹措资金余额达 26.7 亿元，放款余额达 19.2 亿元。[2] 为深入开展农村金融服务、服务乡村振兴，2015 年，中共中央、国务院发布《关于深化供销合作社综合改革的决定》，对供销合作社以生产、供销、信用"三位一体"为主要内容的综合改革进行部署，要求供销合作社发展农村合作金融，解决农民融资难问题，这进一步推动了供销合作社在内部开展资金互助合作与创新农村金融服务方式。2017 年末，供销社在 19 个省份开展了资金互助合作，开展股金互助服务的组织达 790 家，业务覆盖 175 个县 510 个乡镇，贷款余额达 94.99 亿元。[3] 2018 年 7 月，供销合作社总社在内部成立金融服务部，主要职责就是指导农村合作金融组织制度建设与农村资金互助合作等，这进一步推进了农村普惠金融的发展，促进了金融扶贫工作的有效开展。

综上所述，新型合作金融组织，试图在吸收农村信用社合作金融经验的基础上试点建立新的合作金融组织，这些组织在建立的一开始就注重"民有、民用、民管、民享"的合作金融理念，为试点地区的农户，尤其是贫困农户生产、生活和创业提供了小额互助资金支持，对我国精

---

[1] 中国人民银行农村金融服务研究小组编《中国农村金融服务报告 2014》，中国金融出版社，2015，第 51 页。

[2] 中国人民银行农村金融服务研究小组编《中国农村金融服务报告 2014》，中国金融出版社，2015，第 51~52 页。

[3] 张承惠、潘光伟等编著《中国农村金融发展报告 2017—2018》，中国发展出版社，2019，第 201 页。

准扶贫和脱贫攻坚起到重要作用。但是，由于缺乏监管、管理混乱，农户缺乏积极性，有的新型合作金融组织停止经营甚至退出市场，有少数组织转制为村镇银行，这说明我国新型农村合作金融需要得到进一步规范与引导才能健康发展。

三　加强政策性农业保险发展，不断丰富和拓展农业保险的品种和覆盖面

党的十六大以来，我国城乡关系进入了新的调整时期，这期间党中央高度重视"三农"保险问题，对农业保险提出新的要求。2004年的中央一号文件首次提出我国应"加快建立政策性农业保险制度，选择部分产品和部分地区率先试点，有条件的地方可对参加种养业保险的农户给予一定的保费补贴"[①]；2005年进一步提出"扩大农业政策性保险的试点范围，鼓励商业性保险机构开展农业保险业务"[②]。此后，我国建立了以加速探索政策性保险为主、以商业性和合作性保险为补充的农业保险体系，这大大促进了我国农业保险的发展。

（一）2006～2012年稳步推进农业保险试点，扩大农业保险试点区域和险种范围

2006年，中央一号文件强调"稳步推进政策性农业保险试点工作，加快发展多种形式、多种渠道的农业保险"，[③] 随后中国保监会研究制定了《政策性农业保险试点方案》，农业保险得到各地方政府的支持，该方案有力地推动了农业保险发展，农业保险试点区域和险种范围不断扩大，当年开办了玉米、水稻、生猪、奶牛等种养殖业保险。

2007年中央一号文件提出"各级财政对农户参加农业保险给予保

---

① 中共中央文献研究室编《十六大以来重要文献选编》（上），中央文献出版社，2005，第681页。

② 中共中央文献研究室编《十六大以来重要文献选编》（中），中央文献出版社，2006，第529页。

③ 中共中央文献研究室编《十六大以来重要文献选编》（下），中央文献出版社，2008，第152页。

费补贴",① 中央财政首次对农业保险给予补贴，选择内蒙古、吉林、江苏、湖南、新疆、四川 6 个省（自治区）开展试点；保险对象为棉花、玉米、水稻、大豆、小麦五大种植品种，这对农业保险的发展起到了重要的推动作用。截至 2007 年底，保险业开办的"三农"保险险种达 160 余种，有 6 家商业保险公司参与农业保险试点，它们的网点基本延伸到全国大部分乡村。2007 年，农业保险覆盖全国 4980.85 万（户次），承保金额为 1126 亿元，农业保险保费收入为 51.84 亿元，同比增长 5.15 倍，其中政府财政支持达 40.6 亿元，占比 78.32%。②

　　2008 年，中央财政又增加对农业保险的补贴，补贴的保费达 110.7亿元；不断扩大政策性农业保险试点，2008 年扩大到 16 个省份和新疆生产建设兵团。2012 年底，农业保险保费达 240.3 亿元，承保各类农作物 9.7 亿亩，为 1.83 亿（户次）农户提供了共 9006 亿元的风险保障。③ 农业保险品种已经覆盖农林牧渔业各个领域，覆盖全国所有省份。2012 年我国开展农业保险业务的保险公司已由试点初期的 6 家增至 25 家。

　　农村保险产品和服务不断创新。各地开发有本地特色的农业保险品种，如云南的烤烟、陕西的苹果、江西南丰的蜜橘等区域性特色农产品保险不断涌现。部分地区创新银保互动模式，由银行对参保农户给予优先贷款，形成了政府财政资金引导，政府、银行、保险公司和农户共同合作、共担风险的模式。

　　为更好地服务"三农"，保险机构加快涉农服务网点的布局。中国人民保险公司设立"三农"保险部；中国人寿成立县域保险部，设立"三农"管理岗；太平洋人寿制定了县域及农村市场发展战略，不断加

---

① 中共中央文献研究室编《十六大以来重要文献选编》（下），中央文献出版社，2008，第 838 页。
② 中国人民银行农村金融服务研究小组编《中国农村金融服务报告 2008》，中国金融出版社，2008，第 17 页。
③ 中国人民银行农村金融服务研究小组编《中国农村金融服务报告 2012》，中国金融出版社，2013，第 53 页。

大对农村市场的服务力度。各保险机构在县域基本形成了县、乡（镇）、村三级保险网络，这大大便利了农户享受农业保险的服务。

与此同时，国家还鼓励大力开展农村小额保险试点。2008 年中国保监会发布《农村小额人身保险试点方案》，在黑龙江、山西等 9 省进行试点。至 2012 年，农村小额人身保险的试点范围已经扩大到全国，开始在全国推广农村小额人身保险，承保人数从 2008 年的 238 万人增加到 2012 年的 3200 万人，[1] 增长了 12.45 倍。而且，有的地方还开始探索农业互助保险试点。

（二）2013 年以来农业保险快速发展，不断"扩面、提标、增品"

随着 2012 年 11 月国务院颁布《农业保险条例》，我国农业保险工作开始全面铺开。2013 年以来，我国农业保险出现了大发展的良好局面，无论是保费收入还是保险覆盖面都达到历史最高水平，风险保障能力日益增强。2019 年，我国已经成为亚洲第一、世界第二大农业保险市场。

1. 农业保险覆盖面不断扩大

一是农业保险承保农作物品种接近 400 种，基本涵盖农林牧渔业的各个领域。其中，关系国计民生和国家粮食安全的农作物保险、主要畜产品保险、重要"菜篮子"品种保险和森林保险获得了重点发展，农房、农机具、设施农业、渔业、制种保险等逐渐推广，我国主要农作物保险的覆盖面（参与率）不断提高，2018 年水稻、小麦、玉米三大主粮作物保险覆盖面接近播种面积的 70%。[2] 二是农业保险网点覆盖率提高，农业保险试点由初期的 6 个省（自治区）覆盖到全国，农业保险的经营主体由初期的 6 个增加到 30 个，多数省份拥有 3 家以上经营主

---

① 中国人民银行农村金融服务研究小组编《中国农村金融服务报告 2012》，中国金融出版社，2013，第 55 页。
② 庹国柱：《"扩面、提标、增品"是不断递进的发展方向》，中国银行保险报网，2019年 11 月 22 日，http://pl.cbimc.cn/2019-11/22/content_313206.htm。

体，我国初步形成了适度竞争的农业保险市场体系。[1] 2019 年全国共有近 40 万个基层服务网点、50 万名基层工作人员为亿万农户和农业生产经营组织提供保险服务，农村基层保险服务点覆盖超过 3 万个城镇，乡镇覆盖率达 95%，[2] 行政村覆盖率超过 50%；农业保险服务的农户数也从 2007 年的 4981 万户次增长到 2019 年的 1.8 亿户次。

2. 农业保险保费收入迅速增加

在国家财政政策支持和推动下，我国农业保险获得大发展，同时，农业保险保费收入也迅速增加。由表 4-3 可知，我国农业保险保费收入从 2007 年的 53.33 亿元，快速增长到 2019 年的 672.48 亿元，增长了11.61 倍。农业保险保费收入占财产保险保费收入的比例也逐渐提高，2019 年达到了 5.77%，成为财产保险市场的重要组成部分。

表 4-3 2007~2019 年农业保险保费收入、财政补贴、赔付状况

单位：亿元，%

年份	保费收入	财政补贴金额	财政补贴占比	赔付金额
2007	53.33	40.60	76.13	29.75
2008	110.68	86.30	77.97	64.14
2009	133.90	106.80	79.76	95.20
2010	135.90	115.40	84.92	96.00
2011	174.03	138.00	79.30	81.78
2012	240.60	184.90	76.85	131.34
2013	306.59	229.60	74.89	194.94
2014	325.78	250.70	76.95	205.80
2015	374.90	287.80	76.77	237.10
2016	417.71	317.80	76.08	299.24
2017	478.90	362.70	75.74	333.40

---

[1] 中国人民银行农村金融服务研究小组编《中国农村金融服务报告 2018》，中国金融出版社，2019，第 12 页。

[2] 《王玉祥：推动农险从"保基本保成本"向"保价格保收入"升级》，"金融界"百家号，2020 年 11 月 12 日，https://baijiahao.baidu.com/s？id=1683129401273195485&wfr=spider&for=pc。

年份	保费收入	财政补贴金额	财政补贴占比	赔付金额
2018	572.74	428.00	74.73	394.31
2019	672.48	505.00	75.10	527.87
总和	3997.54	3053.60	76.39	2690.87
年平均	307.50	234.89	76.39	206.99

资料来源：《中国统计年鉴》（2007~2020 年）、《中国保险年鉴》（2008~2020 年）。

3. 农业保险承保金额和赔付金额不断增加

随着保费收入规模的扩大，我国农业保险提供的风险保障金额不断增加。2007 年农业保险的承保金额为 1126 亿元，2012 年增加到 9006 亿元，到 2019 年底，增加到 3.6 万亿元，占农林牧渔总产值的 29.04%，[①] 2019 年承保金额比 2007 年增长了 30.97 倍，比 2012 年增长了 3 倍。随着农业保险保费收入的增加，农业保险保障程度也不断提高，我国农业保险的赔付金额也迅速增加。如表 4-3 所示，2007 年我国农业保险赔付金额为 29.75 亿元，2019 年增加到 527.87 亿元，增长了 16.74 倍。2007~2019 年农业保险共赔付 2690.87 亿元，平均赔付率为 67.31%，有些年份出现了重大动物疫情、特大洪涝灾害，当它们对农业生产造成重大损失时，赔付率超过 100%。

4. 农业保险产品不断创新

中国银保监会积极引导保险经营机构加大产品创新力度，服务现代农业发展和农业供给侧结构性改革。在增品方面，除了积极发展中药材、茶叶、火龙果、石榴、葡萄、枇杷、烤烟等富有特色的农产品保险产品外，还大力发展价格保险、收入保险、气象指数保险、大病保险和大灾保险等新型险种，农业保险保障的领域不断拓展，促进了农业保险产品不断创新。

（三）财政支持农业保险改革的成效

2007 年以来，我国政府财政资金对农业保险进行了大力支持，如

---

① 张承惠、潘光伟、朱进元主编《中国农村金融发展报告 2019—2020》，中国发展出版社，2021，第 255 页。

表 4-3 所示，2007 年财政补贴农业保险保费 40.6 亿元，2019 年增长到 505.0 亿元，增长了 11.44 倍，2007~2019 年财政共给予农业保险保费补贴 3053.6 亿元，平均每年补贴 234.89 亿元，财政补贴平均占农业保险保费收入的 76.39%。政府财政资金的投入，极大地调动了农户、保险企业等经济主体的积极性，使农业保险实现了跨越式发展，突出表现为：农业保险的覆盖面、保费收入、承保金额和赔付金额等都达到了历史最高水平，农业保险的"扩面、提标、增品"取得了很大成效，基本实现了农业风险补偿和恢复生产的功能，我国农业保险市场成为世界第二大市场。而且，我国农业保险市场形成了以政策性保险为主、以商业性和合作性保险为补充的保险体系，初步形成了有效的市场竞争格局。需要强调的是，财政补贴型险种仍是我国农业保险的主要险种，有效地减轻了农民的保费负担。

同时，农业保险不仅实现了对"三农"进行风险补偿，促进了农村经济发展和农民增收，而且对贫困地区和贫困户脱贫起到了必不可少的作用。中国银保监会开发多种扶贫特色产品，与银行联合开发"信贷+保险"产品，解决"三农"融资难问题，推动信贷资源向贫困地区投放。2016~2019 年，保险业累计为 9840 万户次建档立卡贫困户、不稳定脱贫户提供 9121 亿元的风险保障，累计为 3031 万受灾农户支付赔款 230.38 亿元，[①] 这极大地解决了农村贫困群体"因病因灾致贫返贫"的突出问题。而且，国家对农业保险的支持力度不断加大，持续推进以"扩责任、提保障、简理赔"为核心的农业保险产品改革，农业保险保障的责任范围显著扩大，保障水平大幅提升，理赔条件明显优化，农业保险业向高质量发展阶段迈进。

四　畅通并拓宽涉农领域直接融资渠道

多年来，我国农村金融市场以间接融资为主，股票、债券等直接融

---

① 《王玉祥：推动农险从"保基本保成本"向"保价格保收入"升级》，"金融界"百家号，2020 年 11 月 12 日，https://baijiahao.baidu.com/s？id=1683129401273195485&wfr=spider&for=pc。

资工具的发展相对滞后。随着现代农业发展，直接融资渠道的缺乏成为农村生产经营主体面临的重要融资困境。因此，在农村金融市场上发展证券业，不仅有利于拓宽农村金融市场的多样化融资渠道，而且对促进农村金融市场健康、快速和有序发展具有重大意义。

（一）扩大涉农企业股票市场融资规模

为促进农村金融市场多元化融资，中国银监会积极支持符合上市条件的涉农中小企业上市融资，我国设立创业板后，又明确创业板市场现阶段应重点支持农业等符合国家战略性新兴产业发展方向的企业，并不断探索为尚不符合上市条件的涉农小微企业提供资本市场资源配置服务的模式。以农业类股票首发筹资来说明涉农企业证券市场融资情况。表4-4显示，2006～2019年我国农业类股票首发筹资额呈波动式增长的趋势，2006年，农业类股票首发筹资额为9.66亿元，占全国股票首发筹资额的0.61%；2010年农业类股票首发筹资额呈现大发展，当年筹资额为55.26亿元，占全国股票首发筹资额的1.85%；占比最高峰在2014年，农业类股票首发筹资额为106.39亿元，占全国股票首发筹资额的15.91%，之后占比呈下降趋势，但是农业类股票首发筹资额最高为2016年的144.59亿元，占比为9.66%。可见，我国农业类股票首发筹资额虽然在有些年份减少，但总趋势是上升的，农业类股票市场的发展还很不稳定，亟待完善。

表4-4　2006～2019年农业类股票首发筹资情况

单位：亿元，%

年份	全国股票首发筹资额（Ⅰ）	农业类股票首发筹资额（Ⅱ）	农业类股票首发筹资额占比（Ⅱ／Ⅰ）
2006	1572.24	9.66	0.61
2007	4593.98	3.46	0.08
2008	1034.38	2.86	0.28
2009	2021.97	14.38	0.71
2010	2991.07	55.26	1.85

年份	全国股票首发 筹资额（Ⅰ）	农业类股票首发 筹资额（Ⅱ）	农业类股票首发筹资额 占比（Ⅱ／Ⅰ）
2011	2777.35	28.96	1.04
2012	1034.32	12.37	1.20
2013	—	13.68	—
2014	668.89	106.39	15.91
2015	1576.39	137.65	8.73
2016	1496.07	144.59	9.66
2017	2301.08	103.71	4.51
2018	1378.15	74.67	5.42
2019	2490.00	70.90	2.85

注：股票首发筹资是指 A 股股票首发筹资。

资料来源：历年《中国统计年鉴》《中国证券期货统计年鉴》。

（二）扩大涉农企业债券市场融资规模

为促进农村金融融资模式由间接融资模式向直接融资模式发展，除了积极发展股票市场的融资外，中国人民银行、中国证监会等部门还积极鼓励发展债券市场的融资。2010 年 5 月，中国人民银行、中国银监会、中国证监会、中国保监会联合印发了《关于全面推进农村金融产品和服务方式创新的指导意见》，提出"合理运用多样化的金融工具管理和分散农业行业风险"，银行间债券市场先后推出支持农业产业化发展的结构化中期票据和短期融资券等创新产品，引导涉农企业通过资本市场融资。随后，国家又鼓励涉农企业利用集合授信、打包发行等方式，推进涉农中小企业发行集合票据。2014 年，中国人民银行、中国证监会提出要鼓励符合条件的涉农企业在多层次资本市场上发行企业债、公司债和中小企业私募债来进行直接融资，逐步扩大涉农企业发行短期融资券、中期票据、超短期融资券等非金融企业债务融资工具的规模。2015 年，中国证监会修订发布《公司债券发行与交易管理办法》，积极推动涉农企业在交易所发行债券，这大大促进了我国涉农企业债券市场的发展。

在中国人民银行、中国银监会的支持下，我国涉农企业发行的主要融资工具有中期票据、短期票据、超短期票据、定向债券和中小企业集合票据等，无论是发行规模、发行家数、发行只数，还是期末余额都增长很快。由表 4-5 可知，2012 年，我国累计有 180 家涉农企业在银行间债券市场发行 449 只债券，发行规模达 1293.34 亿元，期末余额为 1970.71 亿元；2018 年累计有 257 家涉农企业在银行间债券市场发行 1553 只债券，发行规模达 14663.4 亿元，期末余额为 2958.40 亿元，分别比 2012 年增长了 42.78%、245.88%、1033.76%、50.12%。涉农企业债券融资规模的扩大，有利于涉农企业由间接融资向直接融资模式发展，这促进了我国农村金融市场的健康发展。

表 4-5 涉农企业债务融资工具发行数及余额

年份	发行品种	发行规模（亿元）	发行家数（家）	发行只数（只）	期末余额（亿元）
2012	中期票据、短期票据、超短期票据、定向债券、中小企业集合票据等融资工具	1293.34	180	449	1970.71
2014		7233.39	218	782	2953.58
2016		10928.90	396	1101	5144.60
2018		14663.40	257	1553	2958.40

资料来源：《中国农村金融服务报告》（2012 年、2014 年、2016 年、2018 年）。

（三）加强农产品期货市场对"三农"的服务

早在 2003 年党的十六届三中全会上，党中央就明确提出"稳步发展期货市场"。此后，几乎每年的中央一号文件都提到要发展期货市场。为规范期货市场发展，2007 年国务院颁布《期货交易管理条例》，2012 年又对其进行修订，大大促进了我国期货市场健康、快速发展。近年来，中国证监会稳步发展农产品期货市场，引导农产品期货发挥引导生产、规避风险、促进农业产业化发展的积极作用，农产品期货市场对"三农"的服务能力不断增强。

品种是期货市场功能发挥的载体。从期货市场农产品品种看，2007 年底，我国期货市场上市的产品主要有黄大豆一号、黄大豆二号、玉米、豆粕、棕榈油、大豆原油、天然橡胶、一号棉花、白砂糖、强麦、硬麦、油菜籽等。2012年底，我国期货市场上市的产品比2007年又增加了早籼稻、普麦、菜籽粕等，市场上共计15个农产品期货品种，覆盖粮棉油糖的农产品期货品种体系基本形成；2019年底，我国已上市70个期货期权品种，其中农产品期货品种有25个。新增的农产品期货品种有晚籼稻、粳稻、粳米、棉纱、玉米淀粉、菜籽油、鸡蛋、苹果、红枣等。

市场规模是期货市场功能发挥的标志。我国农产品期货市场规模不断扩大，2007年，我国农产品期货共成交6.4亿手，成交金额为26.5万亿元；2012年，我国农产品期货共成交8.02亿手，成交金额为51.36万元；[①] 2019年，我国农产品期货和期权交易量达11.96手，总成交金额达52.8万亿元，[②] 比2007年分别增长了86.88%、99.25%。经过多年的培育和发展，我国农产品期货市场已经逐步成长为品种覆盖广泛、市场规模较大、具有一定国际影响力的市场。

我国农产品期货市场的发展有力地支持了"三农"经济的发展。期货经营机构深化服务"三农"工作，提高服务质量和效率。郑州商品交易所、大连商品交易所和上海期货交易所加强信息服务，推动农民合作社、种粮大户、农户等涉农主体开展期货套期保值培训，鼓励农产品市场经营企业进入期货市场开展套期保值业务，为涉农企业提供个性化的风险管理服务。农产品期货市场的价格发现和套期保值功能，在稳定农业生产、助推农业现代化建设和促进农产品价格形成机制改革等方面发挥了积极作用，为农村经济持续、健康、稳定发展做出越来越积极的贡献。

---

① 中国人民银行农村金融服务研究小组编《中国农村金融服务报告2012》，中国金融出版社，2013，第52页。

② 张承惠、潘光伟、朱进元主编《中国农村金融发展报告2019—2020》，中国发展出版社，2021，第222页。

五　加强农村金融基础设施建设

2006 年以来，为适应农村金融机构业务发展的需要，中国人民银行大力推进农村信用体系、农村信贷担保体系以及农村支付服务体系等农村金融基础设施建设，不断提高农村金融机构的运行效率，提高农村金融的服务质量。

（一）　加强农村信用体系建设

2006 年以来，中国人民银行开始逐步扩大征信系统在农村地区的覆盖范围，推动农村信用体系建设。同时，为配合推动小额信贷业务的开展，各地在农村地区持续推进信用户、信用村、信用乡镇建设，并不断加强征信知识宣传，推动电子化农户信用档案的建立，试图在农村地区建立一套便捷、有效的农户信用评价体系，以改善农村金融基础服务。截至 2007 年底，全国已经建立农户信用档案 7400 多万户，评定信用农户 5000 多万户，金融机构对已建立信用档案的 3900 多万农户累计发放贷款达 9700 多亿元，贷款余额为 4800 多亿元。[1] 可见，加强农村信用体系建设有利于改善农村信用环境与农村金融服务。

为持续推进农村信用体系建设、规范体制机制，2009 年中国人民银行发布《关于推进农村信用体系建设工作的指导意见》，要求"推进农户电子信用档案建设""探索建立农民专业合作社等农村新型经济组织的信息采集与信用评价机制""加快农村中小企业信用体系建设"，[2]以推进农村地区的金融服务工作。2013 年 3 月，中国人民银行印发了《农村信用体系建设基本数据项指引》，规范信用信息采集指标和指标类型、格式、内容。[3] 2014 年 2 月，中国人民银行印发了《关于加快小

---

[1]　中国人民银行农村金融服务研究小组编《中国农村金融服务报告 2008》，中国金融出版社，2008，第 22 页。

[2]　《中国人民银行关于推进农村信用体系建设工作的指导意见》（银发〔2009〕129号），中国人民银行网站，2009 年 11 月 14 日，http://www.pbc.gov.cn/bangongting/135485/135495/135499/2843745/index.html。

[3]　中国人民银行农村金融服务研究小组编《中国农村金融服务报告 2014》，中国金融出版社，2015，第 109 页。

微企业和农村信用体系建设的意见》，提出"发展金融普惠，改善信用环境""支持有信用、有市场的小微企业、农户等经济主体融资发展"，① 并将全国 32 个县（市）作为试验区，引导、推进农村信用体系建设。各地联合政府部门、农村基层组织、金融机构、信用评级机构等推进信用户评定和"信用户""信用村""信用乡镇"建设，逐步明确了"政府领导、人行推动、多方参与、服务社会"的工作原则，不断健全风险补偿和守信联合激励机制，我国初步形成了较为完善的农村信用体系。

中国人民银行以农户、家庭农场、农民专业合作社等农村地区生产经营主体为对象，持续推进农村信用体系建设，为农户、金融机构、政府部门等提供信息服务，降低信息不对称，并在此基础上为各经济主体提供与信用等级相对应的信贷额度与利率。促进小额信用贷款发展，是缓解农村地区融资难、融资贵问题，促进"三农"发展的有效途径。截至 2016 年末，全国累计为 1.72 亿农户建立信用档案，已有近 9284 万农户获得银行贷款，贷款余额为 2.7 万亿元。② 随着农村信用体系的建设和不断发展，2019 年末，中国人民银行通过农户信用信息系统已累计为 1.86 亿农户建立信用档案，2019 年建档农户信贷获得率为 51.47%。③ 其中，对建档立卡贫困人口及已脱贫人口贷款的余额为 7139 亿元，惠及 2013 万贫困人口。④ 因此，通过农村信用体系建设，农村地区形成了"守信激励、失信惩戒"机制，不仅改善了农村信用环境，提升了农村金融服务水平，而且促进了普惠金融在农村的发展，

① 《中国人民银行关于加快小微企业和农村信用体系建设的意见》（银发〔2014〕37 号），中国人民银行网站，2015 年 7 月 15 日，http://www.pbc.gov.cn/zhengxinguanli-ju/128332/128434/128480/2813757/index.html。
② 中国人民银行农村金融服务研究小组编《中国农村金融服务报告 2016》，中国金融出版社，2017，第 90 页。
③ 《中国普惠金融指标分析报告（2019 年）》，中国人民银行网站，2020 年 10 月 15 日，http://www.pbc.gov.cn/goutongjiaoliu/113456/113469/4110025/index.html。
④ 《中国普惠金融指标分析报告（2019 年）》，中国人民银行网站，2020 年 10 月 15 日，http://www.pbc.gov.cn/goutongjiaoliu/113456/113469/4110025/index.html。

强化了精准扶贫的效果。

（二）加强农村信贷担保体系建设

缺乏抵押担保物品是农民、农村中小企业等市场主体贷款难的重要原因之一。2005年12月，中共中央、国务院在《关于推进社会主义新农村建设的若干意见》中提出，"各地可通过建立担保基金或担保机构等办法，解决农户和农村中小企业贷款抵押担保难问题，有条件的地方政府可给予适当扶持"。① 2008年12月，国务院办公厅发布《关于当前金融促进经济发展的若干意见》，要求"建立政府扶持、多方参与、市场运作的农村信贷担保机制。在扩大农村有效担保物范围基础上，积极探索发展农村多种形式担保的信贷产品"。② 为落实中央文件精神，各地在中国人民银行的指导下，结合本地实际，积极创新抵押担保方式，形成了土地承包经营权抵押、农房抵押、林权抵押和动产抵押等多种抵押担保模式。2010年4月，中国银监会与中国保监会联合发布《关于加强涉农信贷与涉农保险合作的意见》，提出"通过保单质押拓展借款人抵（质）押物范围"，这有利于分散银行业金融机构的涉农贷款风险，③ 在一定程度上扩大了农村贷款的交易规模。

但是，囿于农村抵押物的特点，这些抵押担保方式并不能满足农村金融快速发展的需要，农村信贷抵押担保模式还需进一步创新发展。在国际上，荷兰等国家采取财政出资建立担保基金等形式，促进农村信贷业务的发展，这对我国建立农村信贷担保体系有一定的借鉴意义。如何利用财政资金引导我国农村建立抵押担保机制，是我国创新财政支农方式与促进现代金融发展面临的重要问题。

党中央、国务院高度重视建立由政府支持的信贷担保体系。2015

---

① 中共中央文献研究室编《十六大以来重要文献选编》（下），中央文献出版社，2008，第152页。

② 中共中央文献研究室编《十七大以来重要文献选编》（上），中央文献出版社，2009，第765页。

③ 中国人民银行编著《中国金融改革开放大事记1978—2018》（下册），中国金融出版社，2020，第884页。

年 5 月，财政部、农业部联合印发了《关于调整完善农业三项补贴政策的指导意见》，要求"在全国范围内调整 20% 的农资综合补贴资金用于支持粮食适度规模经营，重点支持建立完善农业信贷担保体系"，着力解决新型经营主体在粮食适度规模经营中的融资难、融资贵问题。[①] 为深入推进这项工作，同年 7 月，财政部、农业部、中国银监会印发了《关于财政支持建立农业信贷担保体系的指导意见》，提出"力争用 3 年时间建立健全具有中国特色、覆盖全国的农业信贷担保体系框架"，即搭建起由全国性的农业信贷担保机构，省级农业信贷担保机构和市、县农业信贷担保机构等组成的农业信贷担保体系的组织架构。2016 年 5 月，国家农业信贷担保联盟有限责任公司（简称国家农担公司）成立，各省份也扎实推动省级农业信贷担保公司（简称省级农担公司）组建。

为规范农业信贷担保体系建设，2017 年 5 月，财政部、农业部、中国银监会又联合出台了《关于做好全国农业信贷担保工作的通知》，强调省级农担公司要"专注服务农业、专注服务农业适度规模经营主体的政策性定位"，明确对省级农担公司的政策性业务实行"业务范围"和"担保额度"的"双控"管理，明确政策性农业信贷担保业务的财政支持政策，农担政策框架基本搭建起来。截至 2019 年底，除西藏、上海，各省份均已成立农担公司，基本建成"国家—省—市（县）"三级服务体系。各省级农担公司在市县设立了 1247 家分支机构，[②] 形成了政策性农业信贷担保机构网络。

农业信贷担保的业务范围也不断扩大，政策效果逐步显现。2019年底，全国农担体系累计担保金额 2203.04 亿元，纳入再担保项目13.68 万个，金额 603.49 亿元；累计纳入再担保项目 22.18 万个，金额

---

① 中国人民银行农村金融服务研究小组编《中国农村金融服务报告 2016》，中国金融出版社，2017，第 93 页。
② 《农业现代化辉煌五年系列宣传之三十六：建立农业信贷担保体系 引入金融活水 助力农业适度规模经营》，农业农村部网站，2021 年 8 月 27 日，http://www.ghs.moa.gov.cn/ghgl/202108/t20210827_6375014.htm。

1044.93亿元；在保项目14.35万个，在保余额633.17亿元。① 农业担保体系的发展，不仅可以有效降低农业贷款风险，促进农业产业化发展，而且可以有效推动解决农村融资难题。

（三）加强农村支付服务体系建设

长期以来，农村金融基础设施及其配套服务相对滞后，农村支付服务体系不健全，这造成农村地区存款、取款和汇款很不方便，延长了交易时间，也制约了农村经济的发展。2006年以来，随着社会主义新农村建设的提出与农村金融改革发展，畅通农村支付结算渠道，为农民和农村地区提供便捷的金融服务日益紧迫，农村支付服务体系建设便被提上日程。2006年7月，中国人民银行印发《关于做好农村地区支付结算工作的指导意见》，主要内容是：加快推进农村地区支付服务基础设施建设，逐步扩展和延伸支付清算网络在农村地区的辐射范围，大力推广非现金支付工具，减少农村地区现金使用，构建与当地经济金融发展相适应、立足"三农"、服务"三农"、支付工具丰富多样、支付系统先进高效的农村支付服务体系。② 自此，我国农村支付服务体系开始逐步完善。为提升农村地区支付服务效率、促进城乡支付服务一体化发展，2009年7月，中国人民银行印发《关于改善农村地区支付服务环境的指导意见》，提出要建立有利于实施各项惠农政策的银行账户服务体系，促进农村地区银行结算账户的开设和使用，合理布设ATM机、POS机以推进银行卡等非现金支付工具的使用，积极推进银行卡、电子支付、票据业务等非现金支付工具的推广普及，不断拓展支付清算网络的覆盖面。

党的十八大以来，我国农村支付服务体系建设进入了快速发展阶段。2014年8月，中国人民银行印发《关于全面推进深化农村支付服

---

① 《农业现代化辉煌五年系列宣传之三十六：建立农业信贷担保体系 引入金融活水 助力农业适度规模经营》，农业农村部网站，2021年8月27日，http://www.ghs.moa.gov.cn/ghgl/202108/t20210827_6375014.htm。

② 《中国人民银行关于做好农村地区支付结算工作的指导意见》（银发〔2006〕272号），中国人民银行网站，2006年8月7日，http://www.pbc.gov.cn/tiaofasi/144941/144959/2818659/index.html。

务环境建设的指导意见》，提出的目标是："进一步扩大现代化支付体系建设成果在农村的应用和普惠面，丰富农民易于接受和获得的支付服务和支付产品，提升农村支付服务水平，形成以'三农'金融需求为导向，多层次、广覆盖、可持续的农村支付服务体系，推动金融包容性增长和城乡金融服务一体化发展。"① 具体措施是：丰富银行卡助农取款服务点的业务功能，通过服务点新增办理转账汇款等业务，代理水电费、新农合、新农保等缴费业务，推进综合性惠农支付服务建设；积极推广适应农资企业、种养殖大户、农副产品收购企业需求的新型电子支付方式；不断延伸支付清算网络覆盖面；不断完善政策扶持体系，加强风险监管。这些政策措施的实施，不仅极大地畅通了农村支付结算渠道，而且便利了农民和农村地区的支付活动。

为提高农村支付服务的效率和水平，2017 年 4 月，中国人民银行办公厅印发《关于修订农村支付服务环境建设业务统计指标的通知》，将农村地区个人银行账户、银行卡数量、银行卡业务量、票据业务量、网上支付、移动支付、电话支付、ATM 机与 POS 机业务量、农村电商、接入银行的网点数以及覆盖比率、财政支持等指标，全部纳入农村支付服务环境建设业务，这推动了各类银行业金融机构移动支付便民工程"下沉"、服务"进村"。

经过多年的建设，我国农村支付服务基础设施不断完善，基本上形成了多层次、广覆盖、可持续的农村支付服务体系，其服务水平不断提升。截至 2018 年末，我国农村地区基本实现人人有银行结算账户、乡乡有 ATM 机、村村有 POS 机。其中，农村地区个人银行账户有 43.05亿户，人均 4.44 户；ATM 机数量为 380.45 万台，平均每万人拥有3.93 台；POS 机数量为 715.62 万台，平均每万人拥有 73.9 台。农村地区银行网点不断巩固和优化，2018 年末，农村地区银行网点数为 12.66

---

① 《中国人民银行关于全面推进深化农村支付服务环境建设的指导意见》（银发〔2014〕235 号），中国人民银行网站，2014 年 8 月 12 日，http://www.pbc.gov.cn/tiaofasi/144941/3581332/3587520/index.html。

万个，农村地区银行网点撤并收缩的趋势逐渐扭转。其中，农村地区直接接入中国人民银行支付系统的银行网点有12.29万个，接入率为97.05%，基本实现了农村银行网点全覆盖。[①]

同时，我国农村支付服务工具和服务方式也不断升级，农村地区基本实现了由现金或存折向刷卡支付方式的升级，电子支付和网络支付服务也向农村地区延伸。截至2018年末，农村地区银行卡数量为32.08亿张，农村地区人均持有量为3.31张；网上银行开通户数为6.12亿户，手机银行开通户数为6.7亿户，"银联云闪付"、微信支付、支付宝等非银行手机支付方式加速向农村地区推广，非银行支付机构移动支付笔数为93.87亿笔，金额为52.21万亿元。[②]

而且，我国针对农村地区特定群体的惠农支付服务也不断健全。我国农村地区开展的银行卡助农取款服务、农民工银行卡特色服务，不仅有效解决了农民工返乡取款难问题，而且有效解决了偏远地区农民临时取款难问题。截至2018年末，全国农村地区共设置助农取款服务点86.49万个，覆盖村级行政区50万个，覆盖率达98.23%；全国有20.61个银行卡服务点加载了村级电子商务服务。[③] 因此，我国农村支付服务体系的建设和发展，促进了我国农村地区支付服务现代化水平的提高，农村金融服务升级，客观上有利于缩小城乡金融服务差距。

综上，2006年以来，我国进行了农村金融改革，让农村金融充分发展，实施了一系列以引导农村金融资源留在农村为主要内容的城乡金融关系统筹联动改革的措施。主要内容为：改革农村金融机构，增强农村金融服务能力；开放农村金融市场，增加农村金融供给；加强政策性农业保险改革，畅通并拓宽涉农领域直接融资渠道，不断增强农业企业融

---

① 中国人民银行农村金融服务研究小组编《中国农村金融服务报告2018》，中国金融出版社，2019，第84页。

② 中国人民银行农村金融服务研究小组编《中国农村金融服务报告2018》，中国金融出版社，2019，第84页。

③ 中国人民银行农村金融服务研究小组编《中国农村金融服务报告2018》，中国金融出版社，2019，第85页。

资能力；同时，加强农村金融基础设施建设，提高农村金融服务水平。实施以上措施，再辅以国家财政、金融政策的支持，引导农村金融机构资金回流农村，这客观上有效遏制了农村资金外流的局面，为促进农村金融充分发展、缩小城乡金融服务差距和提高服务"三农"水平起到极其重要的作用。

第三节　城乡金融关系统筹联动的主要措施之二：
把城市金融资源引入农村，畅通
城市金融支农渠道

2007 年党的十七大明确提出"统筹城乡发展，扎实推进社会主义新农村建设"，我国城乡金融关系也进入了统筹联动发展时期。国家不仅加大对农村金融改革的力度，以促进农村金融机构更好地服务"三农"发展；而且统筹城市金融和农村金融发展，采取各种优惠政策，不断畅通城市金融支农的渠道，鼓励城市金融机构把资金投向"三农"领域，千方百计地把城市金融资源引入农村，以缩小城乡金融差距，促进城乡金融均衡化发展。

一　国家开发银行大力发挥开发性金融支农作用，涉农业务快速发展

长期以来，国家开发银行服务国家战略，支持基础设施、基础产业、支柱产业发展，保持金融稳定，对稳定我国经济发展起到重要作用。但是，国家开发银行的业务主要集中在城市的公共设施融资领域，对"三农"的支持并不是其主要业务。随着我国社会主义市场经济深入发展，国家开发银行面临的外部环境和内部机制都发生了变化，需要从国家经济社会发展和金融体制改革的全局出发，实现转型和发展。2006 年 12 月，中央经济工作会议要求重点推进国家开发银行改革，主要是推进政策性金融机构按照现代企业制度进行商业化改革。但是，由

于商业化的国家开发银行与商业银行之间存在业务竞争，2015 年 3 月，国务院批复《国家开发银行深化改革方案》，确定国家开发银行开发性金融机构的功能定位，明确其改革的目标是进一步发挥中长期的投融资作用，加大对重点领域、薄弱环节的支持力度。

（一）国家开发银行的涉农业务

2006 年以来，国家开发银行把新农村建设和县域经济发展作为信贷支持的重点，发挥开发性金融支农作用，利用中长期投融资的优势，不断拓展支农领域，其支农业务不断增加，主要表现为：一是支持农村基础设施建设，支持农村公路改造、农村污水垃圾处理、农村电网改造、农村户用沼气设备安装等多项基础设施建设；二是开展农村教育、农村医疗基础设施贷款；三是对农村危旧房进行改造，为农民安置房建设提供信贷支持；四是通过"龙头企业+农户""龙头企业+合作社+农户"等途径，用统一的标准化模式解决农户个性化融资需求问题，支持农业产业化龙头企业的发展，支持现代农业发展；五是开展农村中小企业贷款、农村助学贷款；六是建立农村灾害应急机制，支持抗灾救灾；七是成立扶贫金融事业部，开展精准扶贫，积极推进开发式扶贫（含农村干部培训、派驻扶贫干部）；八是积极开展农业国际合作，支持农业企业"走出去"；等等。

（二）国家开发银行对农村金融机构的支持方式

国家开发银行对农村金融机构的支持方式有多种，主要表现在以下方面。一是为更好地使业务向县域农村有效延伸、服务"三农"发展，国家开发银行与全国 2000 多个市县政府建立合作关系，与 1431 家投融资公司、担保公司、小额贷款公司、中小商业银行等机构签订合作协议并实现业务运行，不断以批发方式支持中小企业贷款和农民增收。二是以"资金+技术+IT"的模式支持了 274 家小额贷款公司，累计培训 1900 多名小额贷款公司业务人员。[1] 三是在青海、甘肃、湖北、四川、

---

[1] 中国人民银行农村金融服务研究小组编《中国农村金融服务报告 2010》，中国金融出版社，2011，第 14 页。

吉林、北京等地参与组建村镇银行，控股、参股村镇银行 15 家，把资金投向县域农村，积极为"三农"提供金融服务。

（三）国家开发银行投入的涉农资金

国家开发银行对涉农业务的贷款支持力度不断加大。由表 4-6、表 4-7 可知，2006 年底，国家开发银行新农村建设及县域贷款余额为 640 亿元，至 2009 年增长到 2014 亿元，增长了 2.15 倍，2010～2011 年有所下降。2012 年后，国家开发银行涉农贷款余额呈不断增长趋势，2012 年涉农贷款余额为 7651.35 亿元，2019 年增长到 17627.00 亿元，增长了 1.30 倍，年均增长 12.66%。其中，2019 年的涉农贷款中，农林牧渔业贷款为 492 亿元、农村贷款为 12184 亿元、农户贷款为 846 亿元，[①] 占其全部贷款的 14.45%。国家开发银行的涉农贷款，客观上把城市金融资金引入农村，极大地支持了农村基础设施建设、农业产业化和农村小微企业发展等农村薄弱环节和重点领域，改变了多年来国家开发银行对我国"三农"领域支持不足的局面。

表 4-6　2006～2011 年国家开发银行新农村建设及县域贷款余额

单位：亿元

指标	2006 年	2007 年	2008 年	2009 年	2010 年	2011 年
贷款余额	640	937	1086	2014	1824	1432

资料来源：《中国农村金融服务报告》（2008 年、2010 年、2012 年）、《中国金融年鉴》（2007～2012 年）。

表 4-7　2012～2019 年国家开发银行涉农贷款余额

单位：亿元

指标	2012 年	2013 年	2014 年	2015 年	2016 年	2017 年	2018 年	2019 年
贷款余额	7651.35	8821.68	9976.95	11045.68	12572.19	15566.73	16902.43	17627.00

资料来源：《中国农村金融服务报告 2018》《中国金融年鉴 2020》。

---

① 中国金融学会主办《中国金融年鉴 2020》，中国金融年鉴杂志社有限公司，2021，第 362 页。

二 城市金融机构发起设立村镇银行，把资金输入农村

改革开放以来，随着农村经济体制改革，我国农村经济也取得了飞跃式发展。但是，我国城乡经济发展不平衡，城乡经济差距不断扩大，农村金融供给不足，农村网点覆盖率低，农村金融资源外流严重。2006年末，全国还有3000多个乡镇没有金融机构网点，占全部乡镇数的近11%；农村地区每万人拥有金融机构网点数为1.3个，比城市地区少0.7个。[①] 为改变我国农村金融发展滞后，中国农业银行、中国邮政储蓄银行、农村信用社等传统金融机构的服务难以满足"三农"发展需要的局面，党中央多次发布中央一号文件，对农村金融改革进行部署，并提出在农村地区新设村镇银行。在国家政策支持下，除了农村商业银行、中国农业银行等农村金融机构发起设立村镇银行外，国家政策性银行、国有大型商业银行、股份制商业银行、城市商业银行等各类城市银行类金融机构均积极参与发起设立村镇银行，村镇银行也成为民间资本参与金融业务的重要路径之一。2019年末，全国组建村镇银行的数量达到1630家。设立村镇银行，不仅有利于把农村金融资源留在农村，遏制农村金融资源外流，而且有利于把城市金融资源引入农村，促进城乡金融资源双向流动，促进城市金融机构支持"三农"发展。

（一）国有大型商业银行发起设立的村镇银行

国有大型商业银行是指中国银行、中国建设银行、中国工商银行、中国农业银行、交通银行。这5家银行都是综合性大型商业银行，具有雄厚的资金实力，强大的管控能力、战略引领能力、品牌影响力和科技服务能力，它们对村镇银行的运行有极其重要的影响。2008年，全国村镇银行发起设立的步伐逐步加快，中国农业银行率先在湖北和内蒙古发起设立2家村镇银行，开创了大型商业银行发起设立村镇银行的先例，此后中国工商银行、中国建设银行、中国银行、交通银行开始涉足

---

① 中国银行业协会村镇银行工作委员会编《村镇银行十年发展报告（2006—2016）》，中国金融出版社，2017，第3页。

村镇银行，截至2019年底，大型商业银行共发起设立村镇银行139家，占全国村镇银行数量的8.53%。其中，由于设立的村镇银行普遍存在规模较小、业务创新不足的特征，中国银行设立中银富登村镇银行于2017～2018年并购国家开发银行的15家村镇银行、中国建设银行的27家村镇银行；中国农业银行共设立6家村镇银行，主要分布在湖北、福建、山西、安徽、浙江、内蒙古等地；中国工商银行共设立2家村镇银行，位于浙江和重庆；交通银行共设立4家村镇银行，主要分布在山东、浙江、四川和新疆。[①]

国有大型商业银行具有雄厚的资金实力，通过发起设立村镇银行，改善农村金融机构布局，通过在农村投放ATM机、POS机，发放银行卡等方式提供助农服务，而且把资金投向县域农村，不仅有利于改善农村金融服务供给不足的局面，也有利于"三农"经济发展。如2019年底中国银行的中银富登村镇银行已经建成全国最大的村镇银行集团，法人机构增加到127家，支行网点168家，形成了覆盖全国22个省份的县域农村金融服务网络，累计服务客户260万户，累计发放贷款近1300亿元。[②] 由于村镇银行不允许跨区经营，其发放的贷款基本留在了县域农村地区，其发放的涉农贷款及小微贷款占比超过90%，这有利于增加农村金融供给，支持乡村振兴和"三农"事业。

（二）股份制商业银行发起设立的村镇银行

全国性股份制商业银行主要是指招商银行、华夏银行、中信银行、兴业银行、浦发银行、民生银行、光大银行、广发银行、平安银行、渤海银行、恒丰银行和浙商银行，共12家。股份制商业银行，相较国有大型商业银行，经营机制更为灵活；可以跨区经营，比城市商业银行、农村商业银行的规模大，具有超强管理能力和市场反应能力。这些优势赋能村镇银行，可以促进村镇银行的运行和管理水平的提高。股份制商

---

① 中国银行业协会村镇银行工作委员会编著《中国村镇银行行业发展报告2019—2020》，中国金融出版社，2020，第33页。

② 中国银行业协会村镇银行工作委员会编著《中国村镇银行行业发展报告2019—2020》，中国金融出版社，2020，第35页。

业银行积极贯彻落实党中央、国务院和中国银监会关于服务"三农"、推进普惠金融发展的政策要求，在县镇布设村镇银行，大力推动村镇银行在县域的发展，而且在农村投放 ATM 机、POS 机，并发放银行卡，强化对"三农"、小微企业的支持。其中，民生银行、浦发银行和光大银行三家股份制商业银行表现最为突出。2008 年 9 月，民生银行发起设立的第一家村镇银行，是四川成都彭州村镇银行，也是当时全国首家由全国性股份制商业银行作为发起人筹建的村镇银行，随后其他股份制商业也开始设立村镇银行。2019 年底，民生银行、浦发银行和光大银行等 6 家股份制商业银行在全国 24 个省份 62 个市发起设立村镇银行 69 家，① 占全部村镇银行数量的 4.23%。

其中，2008 年民生银行发起设立第一家村镇银行后，相继设立多个村镇银行，深耕县域市场。截至 2019 年底，民生银行共发起设立村镇银行 29 家，设立营业网点 85 个，它们分布于 16 个省份，多处于经济相对落后的偏远县区。这 29 家村镇银行的注册资本总计 23.55 亿元，其中民生银行出资 13.23 亿元，平均持股比例为 56.18%；这 29 家村镇银行的总资产为 353.1 亿元，各项贷款余额为 202.28 亿元。② 民生银行发起设立村镇银行，引导村镇银行根植县域、服务"三农"，以"做散、做小、做微"的经营理念，实现了把城市资金引入农村，有利于弥补农村金融供给不足，促进"三农"和普惠金融发展。

2008 年 12 月，浦发银行发起设立的第一家村镇银行在四川绵竹开业，然后不断增设村镇银行，截至 2019 年底，浦发银行在全国 19 个省份共设立村镇银行达 28 家，其中七成以上分布在中西部地区。浦发银行发起设立的村镇银行以服务"三农"为宗旨，积极践行"立足县域、支持小微"的原则，不断加大对"三农"的资金投入力度。截至 2019 年底，浦发银行发起设立的村镇银行的总资产达 383

---

① 中国银行业协会村镇银行工作委员会编著《中国村镇银行行业发展报告 2019—2020》，中国金融出版社，2020，第 45 页。

② 中国银行业协会村镇银行工作委员会编著《中国村镇银行行业发展报告 2019—2020》，中国金融出版社，2020，第 47 页。

亿元，贷款余额达233.9亿元。其中，发放精准扶贫贷款1309笔，金额达7082万元，年末余额达35467万元，合计发放农户贷款82.89亿元，覆盖32088户农户。[①]为解决农户和小微企业融资难、融资贵的难题，浦发银行发起设立的村镇银行投放的涉农贷款和小微企业贷款连续4年在90%以上，不断助力县域经济发展，为精准扶贫和乡村振兴事业做出了重要贡献。

2009年9月，光大银行在湖南韶山发起设立第一家村镇银行后，截至2019年6月，光大银行投资控股三家村镇银行，分别为韶山光大村镇银行、淮安光大村镇银行、瑞金光大村镇银行，控股率为70%。光大银行充分利用科技、服务、管理等资源优势，承担起主发起行对村镇银行的支持和帮扶责任，引导村镇银行坚守"做小、做广、做精"的经营定位，实施"整村建档、连片授信"普惠金融工程，大力支持"三农"和个体工商户、小微企业等融资发展。[②]截至2019年末，韶山光大村镇银行自成立以来，累计发放涉农贷款23亿元（扶贫贷款5000万元），累计促进就业4000余人；淮安光大村镇银行自成立以来，累计发放小微企业贷款28亿元，累计促进5000人就业。[③]

（三）城市商业银行发起设立的村镇银行

城市商业银行是城市金融业的重要组成部分，其前身是20世纪80年代设立的城市信用社，当时主要为城市中小企业提供金融支持，为地方经济服务，90年代中期以后逐步向城市商业银行转型。2008年末，城市商业银行响应党中央的号召，开始在农村布局村镇银行。城市商业银行的小微信贷理念、技术、模式和管理经验能较好地传递给村镇银行，通过发起设立村镇银行，帮助村镇银行建立业务发展需要的信息科

---

① 中国银行业协会村镇银行工作委员会编著《中国村镇银行行业发展报告2019—2020》，中国金融出版社，2020，第68页。
② 中国银行业协会村镇银行工作委员会编著《中国村镇银行行业发展报告2019—2020》，中国金融出版社，2020，第60页。
③ 中国银行业协会村镇银行工作委员会编著《中国村镇银行行业发展报告2019—2020》，中国金融出版社，2020，第65页。

技系统、组织人才培训，促进村镇银行管理体系不断健全，引导村镇银行"支农、支小"，在农村投放 ATM 机、POS 机，发放银行卡，促进普惠金融的发展。截至 2019 年末，全国 95 家城市商业银行在全国 31 个省（自治区、直辖市）215 个市发起设立村镇银行 463 家，机构数量占全部村镇银行数量的 28.4%。[①] 其中，以内蒙古银行、哈尔滨银行、齐鲁银行、郑州银行和台州银行为代表的城市商业银行发起设立的村镇银行最为典型。

2010 年 12 月，内蒙古银行发起设立蒙银村镇银行，随后继续增加村镇银行的数量，到 2019 年末，共发起设立村镇银行 31 家，是城市商业银行发起设立村镇银行数量较多的银行之一。内蒙古银行主发起的村镇银行中有 24 家位于西部地区，多数村镇银行设立在经济欠发达地区，设立在国家级、省级贫困旗县的村镇银行共 13 家，占总数的 41.94%。[②] 客观上，这些村镇银行的设立，有利于填补农牧区金融服务空白，提高金融网点覆盖率。同时，内蒙古银行利用股份制商业银行的优势，在科技系统、人才培训和政策协调等方面不断支持村镇银行的硬件和软件建设，引导村镇银行按照"支农、支小"的办行方向和"小额、分散"的市场原则开展业务，不断推进蒙银村镇银行发展壮大。截至 2019 年底，蒙银村镇银行资产总额为 477.22 亿元，各项贷款为 306.78 亿元，累计发放贷款 1650 亿元，其中农牧户和小微企业贷款占比保持在 90% 以上；累计发放扶贫贷款 20 余亿元。[③] 有的经营状况较好的村镇银行，成为地方的纳税大户，有力地支持了地方经济发展。

2008 年 12 月，哈尔滨银行发起设立第一家村镇银行——巴彦融兴

---

① 中国银行业协会村镇银行工作委员会编著《中国村镇银行行业发展报告 2019—2020》，中国金融出版社，2020，第 65 页。

② 中国银行业协会村镇银行工作委员会编著《中国村镇银行行业发展报告 2019—2020》，中国金融出版社，2020，第 105 页。

③ 中国银行业协会村镇银行工作委员会编著《中国村镇银行行业发展报告 2019—2020》，中国金融出版社，2020，第 110 页。

村镇银行，到 2019 年末，共发起设立 32 家村镇银行，设有支行 41 家，主要分布在中国东部、中部和西部地区，也是城市商业银行发起设立村镇银行数量较多的银行之一。哈尔滨银行承担其主发起行的责任，在科技系统、人才培训、政策协调和公司治理等方面，为村镇银行提供支持和指导，促进村镇银行健康发展。而村镇银行以支持"三农"、服务小微企业为根本宗旨，以小额信贷为特色，为当地居民、个体工商户和小微企业提供各类存款、贷款、结算等银行服务，积极投身各县域经济建设。2019 年末，其发起设立的 32 家村镇银行资产总额为 222.51 亿元，各项存款余额为 162.7 亿元，各项贷款余额为 135.06 亿元，[①] 大部分贷款投向了"三农"和小微企业。

齐鲁银行于 2011 年 9 月在济南发起设立了章丘齐鲁村镇银行，并于 2017 年 11 月，受让了澳洲联邦银行作为主发起行在河南、河北设立的 15 家村镇银行。齐鲁银行为指导村镇银行稳健发展，成立村镇银行管理部，负责村镇银行的公司治理、经营管理、风险管理、检查监督和信息科技等，代表主发起行履行对村镇银行管理、监督、指导和服务的职能。主发起行指导村镇银行制定发展规划，明确村镇银行服务"三农"、小微企业的市场定位，协助村镇银行开发小微类和支农支小类金融产品和服务，不断促进村镇银行健康发展。2019 年底，齐鲁银行下辖的 16 家村镇银行资产总额达 54.93 亿元，各项贷款余额达 47.21 亿元，农户和小微贷款余额占比为 93.34%，户均贷款 22.45 万元，[②] 真正践行了"小额、分散"的发展理念，不断助力普惠金融和乡村振兴。

郑州银行自 2009 年 12 月在中牟发起设立首家村镇银行——中牟郑银村镇银行以来，至 2019 年底，共在河南发起设立了 7 家村镇银行。郑州银行利用主发起行的资金实力、管理经验、资源优势，对村镇银行

---

① 中国银行业协会村镇银行工作委员会编著《中国村镇银行行业发展报告 2019—2020》，中国金融出版社，2020，第 103 页。

② 中国银行业协会村镇银行工作委员会编著《中国村镇银行行业发展报告 2019—2020》，中国金融出版社，2020，第 90 页。

的人事、财务、风险、审计等方面进行监测和管理，为村镇银行提供指导和帮助，实行"集团化"并表管理，不断探索村镇银行发展模式。其中，郑州银行支持中牟郑银村镇银行设立20余家支行，中牟郑银村镇银行坚持"扎根乡镇、服务'三农'、支持小微、同生共赢"的市场定位，成立了"三农"业务部，组建"三农"服务客户经理队伍，实行分片包村责任制，形成了覆盖中牟县所有乡镇和重点村的金融服务网络。① 中牟郑银村镇银行始终坚持把资金投向"三农"和中小客户，支持当地县域经济发展。截至2019年底，郑州银行发起设立的7家村镇银行资产总额为242.5亿元，各项贷款余额为152.87亿元。②

2010年3月，台州银行在浙江三门发起设立的第一家村镇银行开业，至2019年末台州银行共设立7家村镇银行，下辖112家分支机构。③ 台州银行作为主发起行，对辖内村镇银行在战略规划、资本管理、审计监督、科技系统、人才培训、业务创新、政策协调和公司治理等方面进行指导和支持，不断增强村镇银行的经营管理能力和业务可持续发展能力。台州银行村镇银行以支持小微企业、社区居民和"三农"为市场地位，在"支农支小"方面发挥了积极作用。2019年末，其发起设立的7家村镇银行资产总额达524.06亿元，各项贷款余额为411.04亿元，其中小微企业和农户贷款合计达364.84亿元，④ 占比88.8%。而且，台州银行发起设立的村镇银行，除了分布在浙江、广东、北京等东部地区外，还在重庆、江西等中西部地区布局，初步探索出在金融资源供给上"以东补西""以城带乡"的城市"反哺"农村发展模式。

---

① 中国银行业协会村镇银行工作委员会编著《中国村镇银行行业发展报告2019—2020》，中国金融出版社，2020，第93页。
② 中国银行业协会村镇银行工作委员会编著《中国村镇银行行业发展报告2019—2020》，中国金融出版社，2020，第95页。
③ 中国银行业协会村镇银行工作委员会编著《中国村镇银行行业发展报告2019—2020》，中国金融出版社，2020，第79页。
④ 中国银行业协会村镇银行工作委员会编著《中国村镇银行行业发展报告2019—2020》，中国金融出版社，2020，第83页。

综上，城市银行业金融机构在农村发起设立村镇银行，是落实党中央、国务院城乡统筹发展和乡村振兴战略的重要策略，也是我国大力发展农村金融，统筹城乡金融关系，促进城乡金融一体化发展的重要举措。不同类型的主发起行利用其资金、科技、人才、品牌和管理等资源优势，对辖内村镇银行实行"集团化"并表管理，对其控股的村镇银行的战略规划、资本管理、审计监督、业务创新、风险控制、科技系统、人才培训、公司治理等方面进行全面指导和支持，不断提高村镇银行的经营管理能力和业务发展水平，引领村镇银行实现高质量可持续发展，这在客观上有利于城乡金融一体化发展和融合发展。而且，城乡金融机构引导辖内村镇银行树立"支农、支小、支微"的业务定位，把资金投向县域农村，尤其是把资金投向农村金融服务空白的乡镇，支持当地的"三农"和小微客户。从这个意义上说，城市金融机构在农村发起设立村镇银行，有利于畅通城市金融支持农村金融的渠道，把城市金融资源引入农村，加强城市金融对农村金融的支持，有利于城乡金融一体化与均衡化发展。

三　城市金融机构在农村开展普惠金融和金融扶贫，加大对"三农"和小微企业的支持力度

（一）农村普惠金融和金融扶贫政策的提出

普惠金融是世界银行扶贫协商小组（Consultative Group to Assist the Poor，CGAP）在 2005 年世界小额信贷年提出的，其定义为：让每一个有金融需求的人都能够及时地、方便地、有尊严地以适当的价格获得高质量的金融服务。我国普惠金融的政策目标主要集中在三个领域：普及银行业基础金融服务（银行账户和支付服务）、向农户提供生产经营性贷款、向小微企业提供信贷支持。[①]

党中央高度重视农村普惠金融和金融扶贫工作。早在 20 世纪 50 年

---

① 李德编著《中国金融改革开放四十年》（上卷），中国金融出版社，2022，第 267~268 页。

代，我国就建立起服务农民的农村信用社，让农村正规金融机构遍布农村地区，方便为农民提供信贷服务。改革开放以来，我国又不断加强农村金融改革，试图恢复农村信用社的合作金融性质。但是，由于各种原因，改革未能取得预期成果，我国实施普惠金融政策的效果并不理想。2008 年党的十七届三中全会提出"各类金融机构都要积极支持农村改革发展"。[①] 这里的"各类金融机构"不仅包括农村金融机构，显然也包括位于县域的各种城市金融机构。实际上，这就是要改变长期以来位于县域的城市金融机构在农村只吸收存款、不发放贷款或对农村发放很少贷款而造成县域金融资源外流的局面，这对促进县域内各种金融机构承担支持"三农"和小微企业的社会责任起到积极作用，对我国发展普惠金融起到关键性作用。

为了进一步促进普惠金融的发展，2013 年党的十八届三中全会明确把"发展普惠金融"作为完善金融市场体系的重要目标。[②] 2014 年国务院办公厅发布《关于金融服务"三农"发展的若干意见》，再次强调要"大力发展农村普惠金融"。2015 年国务院又发布《推进普惠金融发展规划（2016—2020 年）》，开始全面促进普惠金融的发展，强调到2020 年"建立与全面建成小康社会相适应的普惠金融服务和保障体系"，特别是要"让小微企业、农民、城镇低收入人群、贫困人群和残疾人、老年人等"及时获得价格合理、便捷安全的金融服务。[③] 同时，强调"普惠金融重点要放在乡村"。[④] 这实际上是把推进普惠金融与精准扶贫结合起来，解决农村经济主体的融资难问题。

---

① 中共中央文献研究室编《十七大以来重要文献选编》（上），中央文献出版社，2009，第 676 页。

② 中共中央文献研究室编《十八大以来重要文献选编》（上），中央文献出版社，2014，第 518 页。

③ 《国务院关于印发推进普惠金融发展规划（2016—2020 年）的通知》（国发〔2015〕74 号），中国政府网，2015 年 12 月 31 日，https://www.gov.cn/gongbao/content/2016/content_5036266.htm。

④ 中共中央党史和文献研究院编《十九大以来重要文献选编》（上），中央文献出版社，2019，第 178 页。

为开展普惠金融和精准扶贫，2017 年 3 月，国务院《政府工作报告》明确指出，"鼓励大中型商业银行设立普惠金融事业部，国有大型银行要率先做到，实行差别化考核评价办法和支持政策，有效缓解中小微企业融资难、融资贵问题"。2017 年 5 月，国务院召开常务会议，明确要求工、农、中、建、交五大国有大型商业银行在 2017 年内完成普惠金融事业部的设立工作，解决小微企业、"三农"等薄弱领域融资难、融资贵的问题，明确提出大型商业银行发展普惠金融责无旁贷。

党中央对开展普惠金融和金融扶贫工作的政策指引，实际上要求我国各类金融机构，尤其是城市金融机构（国有大型商业银行、股份制商业银行、城市商业银行等）以开展普惠金融和金融扶贫工作为契机，不断加大对"三农"和小微企业的金融资源投入力度，有效提高金融服务的覆盖率，尤其是提高贫困地区金融服务的覆盖率，明显增强和提高贫困地区人民对金融服务的获得感和满意度。同时，党中央要求把县域金融资源留在县域，把城市金融资源引入农村，这无疑对遏制农村金融资源外流、缩小城乡金融差距以及促进城乡金融一体化发展起到重要作用。

（二）国有大型商业银行开展普惠金融和金融扶贫工作及其对"三农"和小微企业的支持

2006 年以来，我国国有大型商业银行积极响应党中央的号召，承担服务国家战略的责任，并把服务国家战略与服务"三农"结合起来，不断调整信贷结构，加大对"三农"、小微企业的信贷支持力度。其中，以中国工商银行、中国银行、中国建设银行和交通银行为代表的四家国有大型商业银行，进一步下沉服务重心，激发涉农信贷的经营活力，不断优化调整县域机构布局，做大做强县域网点，2019 年这四大行在县域的网点共计 11796 家，占全国国有大型商业银行县域网点的 25.38%，占整个银行业县域网点的 13.56%。[①] 同时，国有大型商业银

---

① 根据中国银保监会《2019 年中国县域银行网点分布特征分析》计算所得。

行在农村投放 ATM 机、POS 机，发放银行卡，有效拓宽了支农服务的渠道。其不断开展农村普惠金融和金融扶贫工作，不断加大对"三农"和小微企业的投入，显示了不同的特色。

1. 中国工商银行开展普惠金融和金融扶贫工作，加强对"三农"和小微企业的支持

中国工商银行开展普惠金融和金融扶贫工作及其对"三农"和小微企业的支持，分为两个阶段。

第一阶段是 2006～2012 年，中国工商银行积极支持国家区域发展战略，实施有针对性的涉农区域投放政策，不断创新涉农信贷产品。例如，其出台促进成渝统筹城乡综合配套改革试验区的信贷政策；在天津、浙江、重庆、江苏等地试点开办新农村（小城镇）建设贷款，用于支持农民住房拆迁、土地复垦、农民安置房建设、挂钩建设用地整理出让和配套基础设施建设等项目；优先选择有利于粮食和农业稳定增产的重大项目和重点企业以及技术装备和市场领先的涉农企业发放贷款；实施专门的涉农个人信贷支持政策，如针对黑龙江农垦总局试点开办现代化农业机械贷款业务，针对新疆生产建设兵团职工开办涉农个人小额贷款业务等。截至 2012 年末，中国工商银行涉农贷款余额为 15755 亿元，占各项贷款余额的 19.02%，比年初增加 2561 亿元，增幅为 19.41%，高于各项贷款平均增幅 6.94 个百分点。[1] 不过，这一阶段，中国工商银行积极服务国家区域发展战略和农村重点领域的涉农项目，对涉农小微企业和农户个人贷款还不普遍，在农村开展的普惠金融工作还处在初期阶段。

第二阶段是 2013 年党的十八届三中全会以来，中国工商银行认真贯彻落实中央关于"三农"领域金融服务的战略部署，充分发挥综合性金融服务的优势，注重服务实体经济，大力开展普惠金融、脱贫攻坚和精准扶贫工作，积极支持农业发展、农村振兴、农民致富。尤其是

---

[1] 中国人民银行农村金融服务研究小组编《中国农村金融服务报告 2012》，中国金融出版社，2013，第 29～30 页。

2017 年 6 月，中国工商银行在总行成立普惠金融业务部；2018 年 9 月，中国工商银行启动"工银普惠行"活动，进一步打造"广覆盖、多层次、高效率、可持续"的普惠金融体系。中国工商银行灵活运用多种方式持续加大对农村、农业、农民的金融服务力度，着力补齐和加强金融服务的短板和薄弱环节，积极探索各种金融惠农新模式。如针对农业龙头企业、新型农业经营主体、农户等不同类型的客户，尤其是针对中小涉农企业、农户缺乏抵质押物等问题，中国工商银行通过打造"产业扶贫+涉农供应链"的服务模式，推广"公司+农户贷款""政银担合作支农""两权抵押贷款"等多种业务模式，① 不断增强对"三农"和小微企业的金融供给能力。

中国工商银行开展普惠金融和金融扶贫工作取得了很大的成效，如表 4-8 所示，2015～2019 年，中国工商银行涉农贷款余额在高位运行，2015 年涉农贷款余额达 19979 亿元，比 2012 年增加 4200 多亿元，增幅为 26.81%；2015～2019 年其涉农贷款余额虽有小幅度波动，但是增长的趋势不变，2019 年更是突破 20000 亿元，达到 20090 亿元，占中国工商银行总贷款的 11.99%。其中，农村贷款是中国工商银行最重要的涉农贷款，其农村贷款余额由 2015 年的 17833 亿元增长到 2019 年的 18126 亿元，增长了 293 亿元。其农户贷款余额这几年一直呈现增加趋势，2015 年农户贷款余额为 468 亿元，2019 年增长到 1237 亿元，增长 164.32%，占中国工商银行涉农贷款的 6.16%。而且，2019 年末，中国工商银行普惠型小微企业贷款增加到 4715.21 亿元，比年初增长 52.0%，是各项贷款平均增速的 5 倍，累放贷款平均利率为 4.52%，比上年下降 0.43 个百分点；② 精准扶贫贷款超过 1700 亿元。③ 中国工商银行支持普惠金融领域的步伐始终位于同业前列，这有利于缓解中小微企业融资

---

① 李坚：《工行全方位提升"三农"金融服务》，《经济日报》2017 年 10 月 20 日。
② 刘萌：《政策持续加持小微企业 六大行去年普惠小微贷超 3 万亿元》，《证券日报》2020 年 4 月 1 日。
③ 冯娜娜：《截至 2019 年末工行精准扶贫贷款余额超 1700 亿元》，《中国银行保险报》2020 年 4 月 9 日。

难、融资贵的问题。

表 4-8　2015~2019 年中国工商银行涉农贷款余额变动趋势

单位：亿元

项目	2015 年	2016 年	2017 年	2018 年	2019 年
涉农贷款余额	19979	19111	18788.07	18878	20090
农林牧渔贷款余额	519	446	428.40	385	396
农村贷款余额	17833	17168	16979.60	16946	18126
农户贷款余额	468	888	990.23	1060	1237

资料来源：《中国金融年鉴》（2016~2020 年）。

2. 中国银行开展普惠金融和金融扶贫工作及其对"三农"和小微企业的支持

中国银行开展普惠金融和金融扶贫工作及其对"三农"和小微企业的支持，也分为两个阶段。

第一阶段是 2006~2012 年，中国银行响应党中央号召，不断创新信贷产品，积极开展对县域小企业和农户以及"三农"的支持活动。2008 年中国银行针对中小企业打造了"中银信贷工厂"服务品牌，开发了棉农贷通、粮贷通宝、苹果通宝等 10 余款涉农产品，对农副产品生产加工、经销、农村建设等领域的中小企业进行全方位的金融支持。针对农户的信贷产品，中国银行于 2010 年推出"中国银行·益农贷"，业务范围覆盖至粮食、棉花、家禽、畜牧、苗木、水产、食用菌、茶叶、药材、农用机械等多个产业集群，涉及农产品生产、加工、流通、销售等领域。针对农户缺乏抵押物的情况，中国银行推出不需要抵押担保的农户小额信用贷款、联保贷款、银保合作贷款，并探索"银行+企业+农户+合作社+保险+担保"的信贷联合服务模式，不断加大对"三农"的投入力度。截至 2012 年底，中国银行的涉农贷款余额合计达9313 亿元，[①] 比 2010 年增长 47.03%。

---

① 中国人民银行农村金融服务研究小组编《中国农村金融服务报告 2012》，中国金融出版社，2013，第 30 页。

第二阶段是 2013 年党的十八届三中全会以来，中国银行认真贯彻落实中央关于"三农"领域金融服务的战略部署，在巩固传统业务的同时，把"发展普惠金融"作为改革目标，注重服务脱贫攻坚，积极支持"三农"和小微企业的融资需求。2017 年 6 月，中国银行总行成立普惠金融业务部，随后中国银行各支行都成立了普惠金融事业分部、普惠金融服务中心，中国银行的普惠金融事业进入了新的阶段。

中国银行依托中银集团的资源，把中银富登村镇银行作为县域普惠金融服务的生力军，不断创新县域普惠金融和金融扶贫模式。针对县域"三农"客户，中国银行推出"中银新农通宝""中银林权通宝"等系列产品，开创性地以林权、棉花、苹果、蔬菜、乳产品、肉产品等作为抵押品，解决农业企业抵押担保难的问题。[1] 在金融扶贫方面，中国银行全面落实国家关于脱贫攻坚的有关部署，加大对贫困地区基础设施、公共服务、特色产业的金融支持力度，大力推广金融扶贫新模式，如围绕贫困地区的特色产业，批量服务产业链上下游贫困农户；建立中小企业定点扶贫精准撮合项目联动工作机制，帮助贫困地区对接国内外优质客户和项目；利用互联网技术，组织开发了"公益中行"精准扶贫平台，帮助贫困县销售农村特色产品。[2]

中国银行开展农村普惠金融和金融扶贫工作，落实乡村振兴战略，不断增加涉农贷款投入。表 4-9 显示，2015~2019 年，中国银行涉农贷款余额呈增加的趋势，由 2015 年的 12155 亿元增长到 2019 年的 14119亿元（占中国银行所有贷款的 11.98%），增长了 16.16%。其中，农村贷款余额由 2015 年的 11251 亿元增长到 2019 年的 12588 亿元，增长了11.88%；农户贷款余额呈稳定上升趋势，2015 年为 1499 亿元，2019 年增长到 3404 亿元（占中国银行涉农贷款的 24.11%），增长了 1905 亿元，

---

[1]　刘强：《打造大行特色的普惠金融》，《中国金融》2018 年第 1 期。

[2]　刘强：《打造大行特色的普惠金融》，《中国金融》2018 年第 1 期。

涨幅为 127.08%。其中，中国银行普惠型小微企业贷款余额为 4129 亿元，较上年末增长 38%;[1] 扶贫贷款余额为 1173 亿元,[2] 这有利于缓解"三农"、小微企业融资难、融资贵问题。

表 4-9　2015~2019 年中国银行涉农贷款余额变动趋势

单位：亿元

项目	2015 年	2016 年	2017 年	2018 年	2019 年
涉农贷款	12155	12413	13063.89	12914	14119
农林牧渔贷款	350	379	418.24	391	435
农村贷款	11251	11356	11722.20	11494	12588
农户贷款	1499	2010	2418.00	2806	3404

资料来源：《中国金融年鉴》（2016~2020 年）。

3. 中国建设银行开展普惠金融和金融扶贫工作及其对"三农"和小微企业的支持

中国建设银行开展普惠金融和金融扶贫工作，积极服务"三农"和小微企业，同样也分为两个阶段。

第一阶段是 2006~2012 年，中国建设银行积极落实党中央精神，确立了以服务"三农"为重点、将农村金融服务作为战略转型的发展模式，明确对涉农领域优先给予信贷资源倾斜，且不断创新和完善服务模式，创立了新农村金融服务部、兵团业务部、村镇银行等专业化的"三农"服务机构，支持农村新社区建设、城乡基础设施建设，以及现代化农业和生态农业、农村水利等项目。针对农户个人贷款，中国建设银行以农业产业化、规模化经营为重点，以"合作机构+农户+银行"为主要模式，推出小额农户贷款、林权抵押贷款、农业订单贷款、农民工特色银行卡等 10 余种系列产品，服务范围包括蔬果粮食种植、种苗

---

[1] 刘萌：《政策持续加持小微企业 六大行去年普惠小微贷超 3 万亿元》，《证券日报》2020 年 4 月 1 日。

[2] 中国金融学会主办《中国金融年鉴 2020》，中国金融年鉴杂志社有限公司，2021，第 45 页。

培育、农资流通供给、农机设备购买、果品采摘储藏、标准化基地养殖、牛羊育肥等领域。[①] 2011 年，中国建设银行还提出涉农贷款年新增要高于全行各项贷款平均新增至少 3 个百分点的发展目标，[②] 不断增加涉农贷款，2012 年底涉农贷款余额为 12748.99 亿元，[③] 其增速连续多年超过全行各项贷款的平均增速。

　　第二阶段是 2013 年党的十八届三中全会以来，中国建设银行贯彻党和国家的决策部署，在巩固和扩大传统优势的同时，把"发展普惠金融"作为改革目标，借助新兴科技，重构小微金融服务模式，拓展金融服务"三农"和小微企业的广度和深度。2017 年 6 月，中国建设银行总行成立普惠金融业务部；2018 年 5 月，中国建设银行又提出实施普惠金融发展战略，聚焦小行业、小企业，引导全行将战略重点转向大众市场，深度拓展小微、双创、涉农、扶贫、住房租赁等民生领域。中国建设银行推出"裕农通"，创新乡村振兴综合服务平台，推动普惠金融服务重心向乡村下沉。在金融扶贫方面，中国建设银行不断创新服务模式，将普惠金融与精准扶贫深度融合，将产业扶持与扩大就业有效结合，构建新型农业经营主体与贫困户之间的利益联结机制，带动建档立卡贫困户增收、脱贫，让急需金融服务的人尽可能公平、有尊严地获取金融资源。

　　中国建设银行开展的普惠金融和金融扶贫工作，在对"三农"和农户的贷款投入方面取得较好的效果。根据表 4-10 和表 4-11 可知，2015～2019 年，中国建设银行涉农贷款总量是很大的，2019 年涉农贷款余额达 18125 亿元，在城市四大国有大型商业银行中，仅次于中国工商银行，排名第二，占城市四大国有大型商业银行涉农贷款余额的31.03%，占中国建设银行贷款总额的 12.06%。其中，农户贷款余额为4423 亿元，居城市四大国有大型商业银行之首，占其涉农贷款余额的

---

① 中国人民银行农村金融服务研究小组编《中国农村金融服务报告 2012》，中国金融出版社，2013，第 31 页。

② 《建设银行：深耕实体经济最深处》，《农村金融时报》2012 年 11 月 12 日。

③ 中国人民银行农村金融服务研究小组编《中国农村金融服务报告 2012》，中国金融出版社，2013，第 30 页。

24.40%。而且，2019年末，中国建设银行普惠金融小微企业贷款余额为9631.55亿元，居六大国有大型商业银行（除表4-11所列的城市四大国有大型商业银行外，外加中国邮政储蓄银行、中国农业银行）之首，以"小微快贷"为代表的新模式产品累计投放贷款超过1.7万亿元，[①] 惠及小微企业超100万户，对缓解"三农"和小微企业融资难问题起到重要作用。

表4-10　2015~2019年中国建设银行涉农贷款余额变动趋势

单位：亿元

项目	2015年	2016年	2017年	2018年	2019年
涉农贷款	18928	16940	17650.87	17647	18125
农林牧渔贷款	1276	1050	898.91	732	758
农村贷款	17134	15442	16050.68	16090	16633
农户贷款	3112	3173	3377.24	3846	4423

资料来源：《中国金融年鉴》（2016~2020年）。

表4-11　2019年城市四大国有大型商业银行涉农贷款余额比较

单位：亿元，%

项目	中国建设银行	中国工商银行	中国银行	交通银行
涉农贷款	18125	20090	14119	6078
农户贷款	4423	1237	3404	444
农户贷款占比	24.40	6.16	24.11	7.31

资料来源：《中国金融年鉴2020》。

4. 交通银行开展普惠金融和金融扶贫工作及其对"三农"和小微企业的支持

交通银行在国有大型商业银行中，体量最小，机构也比较少，其网点布局以中心城市为主。2006年以来，交通银行响应国家支持"三农"的政策，以"工业反哺农业"为切入点，向农村地区下沉服务网点，不

---

① 《服务实体坚守本源 聚焦民生践行责任 中国建设银行公布2019年度经营业绩》，中国建设银行网站，2020年3月29日，http://ccb.com/cn/ccbtoday/newsv3/20200329_1585475647.html。

断加强对农业产业化龙头企业等"三农"建设领域的信贷支持，涉及粮食加工、乳制品生产、农资经销等产业。交通银行通过信贷投放先后扶持了多个农业产业化集团，不断增强对县域"三农"的金融服务能力。

党的十八届三中全会以来，交通银行把"发展普惠金融"作为重点领域，并于 2017 年 6 月成立普惠金融业务部，不断加强对"三农"的信贷支持，对小微企业给予信贷资源倾斜，并积极开展精准扶贫工作。针对农业产业化，支持从事粮食生产和农业的适度规模经营的种养大户、家庭农场、农民专业合作社、农业社会服务组织、小微农业企业等新型农业经营主体继续大力扶持农业产业化建设，把农业贷款重点投向农副产品流通、农用物资流通等行业。针对小微企业，交通银行开通小企业贷款绿色通道，实行"三优政策"，即"优先受理、优先审批、优先发放"，优先支持小微企业发展，并探索"以强扶弱"模式，让龙头企业带动小微企业发展。针对精准扶贫，交通银行加大产业扶贫信贷投放力度，通过"龙头企业+"模式，带动上下游产业发展和贫困人口就业，充分利用贫困地区的资源优势，使贫困户增收、脱贫。同时，交通银行精准对接贫困人口，加大个人扶贫贷款支持力度，不断创新信贷产品，积极加强对县域小微企业和"三农"的支持。

表 4-12 显示，2015～2019 年，总的来看，交通银行的涉农贷款余额呈波动增长的趋势，农林牧渔贷款余额和农村贷款余额也呈小幅度波动。2019 年末，交通银行涉农贷款余额为 6078 亿元，虽然在城市四大国有商业银行中处于末位，但占其国内贷款总额的 12.89%，比其他 3 家城市大型商业银行要高。在交通银行的涉农贷款余额中，农户贷款稳步增加，由2015 年的 401 亿元增长到 2019 年的 444 亿元，增长了 10.72%。而且，2019年末，交通银行普惠金融"两增"口径贷款余额仅为 1639.52 亿元，[1] 在国有大型商业银行处于末位，但也占其涉农贷款余额的 26.97%。另外，交通银行的精准扶贫贷款余额为 292.85 亿元，定点扶贫投入资金为

---

① 刘萌：《政策持续加持小微企业 六大行去年普惠小微贷超 3 万亿元》，《证券日报》2020 年 4 月 1 日。

2401.3 万元,[①] 这些资金对缓解小微企业和农户融资难问题有重大意义。

表 4-12　2015～2019 年交通银行涉农贷款余额变动趋势

单位：亿元

项目	2015 年	2016 年	2017 年	2018 年	2019 年
涉农贷款	5993	6248	6536.18	5811	6078
农林牧渔贷款	536	583	585.81	520	438
农村贷款	4737	4393	4249.52	3430	3605
农户贷款	401	408	400.69	410	444

资料来源：《中国金融年鉴》（2016～2020 年）。

（三）股份制商业银行成立普惠金融事业部及其对"三农"和小微企业的支持

全国股份制商业银行积极贯彻落实中共中央、国务院关于服务"三农"的号召。2007 年中国银监会允许股份制商业银行设立县域分支机构，这意味着股份制商业银行的服务范围和市场将首次从城市的市区扩大到县域农村。自此以后，股份制商业银行不仅在县域农村发起设立村镇银行，也开始在县域农村设立分支机构。由表 4-13 可知，截至 2019 年末，全国股份制商业银行共有 1479 个县域（农村）网点，占其网点总数的 9.99%，占全国县域（农村）网点总数的 1.29%。股份制商业银行利用比国有大型商业银行更为灵活的经营机制，跨区经营，把资金投向县域农村，加大对"三农"和农村企业的支持。2013 年后，全国股份制商业银行响应党中央推进普惠金融发展的政策要求，开始把"发展普惠金融"作为重点，招商银行、民生银行、兴业银行、光大银行等12 家全国股份制商业银行相继成立普惠金融事业部，自上而下构建普惠金融经营管理体系，下沉业务重心，不断强化对"三农"、小微企业的支持，而且在农村投放 ATM 机、POS 机，发放银行卡，把城市金融资源带到农村，支持农村金融的发展。

---

① 《交行发布 2019 年企业社会责任报告》，中国金融新闻网，2020 年 4 月 2 日，https://www.financialnews.com.cn/yh/sd/202004/t20200402_187261.html。

表 4-13 2019 年中国城乡银行业机构网点分布

单位：家，个

名称	一级法人	城市（市区）	县域（农村）	总计
1. 国有大型商业银行	6	61267	46481	107748
中国银行	1	7716	2908	10624
中国农业银行	1	12099	11068	23167
中国工商银行	1	11561	4496	16057
中国建设银行	1	10775	4114	14889
交通银行	1	2809	278	3087
中国邮政储蓄银行	1	16307	23617	39924
2. 股份制商业银行	12	13323	1479	14802
3. 城市商业银行	134	13361	4518	17879
4. 农村商业银行	1478	22765	34525	57290
5. 中国农业发展银行	1	536	1693	2229
6. 农村信用社	722	—	19468	19468
7. 农村合作银行	28	—	918	918
8. 村镇银行	1630	—	5764	5764
9. 农村资金互助社	44	—	44	44
合计	4055	111252	114890	226142

注：2019 年中国城乡银行业机构网点分布统计，没有包括国家开发银行、中国进出口银行、民营银行、外资银行、金融租赁公司、金融资产管理公司、消费金融公司、汽车金融公司、货币经纪公司、企业集团财务公司等银行业金融法人机构，也没有包括贷款公司等非银行金融机构与小额贷款公司。2019 年中国邮政储蓄银行按其资产实力被划为国有大型商业银行。

资料来源：中国银保监会网站、《中国金融年鉴 2020》、《中国农村金融服务报告 2018》、《中国农业发展银行 2019 年度报告》、《中国农村金融发展报告 2019—2020》。

由表 4-14 可知，2015～2019 年全国股份制商业银行对"三农"的贷款总量全面增加。2019 年全国股份制商业银行涉农贷款余额为 26509 亿元，比 2015 年增长了 1235 亿元，增长幅度为 4.89%。其中，农林牧渔贷款余额 2015 年为 1365 亿元，2019 年增长到 1559 亿元，增长 14.21%；农村贷款余额 2015 年为 22341 亿元，2019 年增长到 23534 亿元，增长了 5.34%；农户贷款余额由 2015 年的 1113 亿元增长到 2019 年的 2183 亿元，增长 96.14%。在涉农贷款余额中，农户贷款余额增幅最大，其次是农林牧渔贷款余额，体现了股份制商业银行对"三农"

的支持。同时，股份制商业银行积极履行普惠金融的职责，大力支持普惠型小微企业融资。表 4-15 显示，2019 年末，股份制商业银行普惠型小微企业贷款余额为 21612 亿元，占全国银行业金融机构相应值的 18.52%。

表 4-14　2015 年、2019 年 12 家全国股份制商业银行涉农贷款余额变化情况

单位：亿元

银行	农林牧渔贷款		农村贷款		农户贷款		涉农贷款	
	2015 年	2019 年	2015 年	2019 年	2015 年	2019 年	2015 年	2019 年
招商银行	136	47	2182	1629	32	184	2493	1841
浦发银行	165	227	3531	3025	95	190	3876	3449
中信银行	121	154	2995	2733	71	235	3311	3048
兴业银行	68	74	2734	3435	196	447	3160	3901
民生银行	208	118	2712	2977	279	310	2934	3179
光大银行	232	497	2013	2751	213	233	2433	3416
华夏银行	123	146	2017	2151	48	109	2216	2391
广发银行	69	54	883	934	50	137	980	1038
平安银行	144	62	1576	998	33	136	1872	1147
恒丰银行	59	109	818	1085	25	18	1017	1159
浙商银行	24	55	596	1485	51	152	655	1584
渤海银行	16	16	284	331	20	32	327	356
合计	1365	1559	22341	23534	1113	2183	25274	26509

资料来源：《中国金融年鉴 2016》《中国金融年鉴 2020》。

表 4-15　2019 年银行业金融机构普惠型小微企业贷款余额情况

单位：亿元

项目		2019 年			
		第一季度	第二季度	第三季度	第四季度
银行业金融机构合计		99693	106960	113081	116671
其中：	国有大型商业银行	25783	29117	31605	32571
	股份制商业银行	18656	19801	20855	21612
	城市商业银行	14852	15796	16643	17415
	农村金融机构	39184	40748	42325	43207

资料来源：中国银保监会官网。

（四）城市商业银行成立普惠金融事业部及其对"三农"和小微企业的支持

城市商业银行主要是由城市信用社发展而来的，资产规模多在100 亿元以下，除了北京银行、上海银行、江苏银行资产规模稍大一些，属于中型商业银行外，其他基本上属于中小银行的范畴。长期以来，城市商业银行主要为中小企业提供金融支持，为地方经济服务，很少对"三农"发放贷款。为支持新农村建设和"三农"发展、缓解农村贷款难问题，2007 年，中国银监会发布了《关于允许股份制商业银行在县域设立分支机构有关事项的通知》，允许和鼓励城市商业银行在商业可持续的前提下，在县域设立支行，[①] 支持城市商业银行的县域支行加快小企业金融服务创新步伐和品牌建设。自此，城市商业银行下沉机构，一方面在农村地区发起设立村镇银行，另一方面下设分支机构，不断在县域布置网点。2007 年末，123 家城市商业银行中，有 72 家设立了县支行，它们设立的支行总数达 347 家；2019 年末，全国共有城市商业银行 134 家，城市商业银行县域（农村）网点增加到4518 个，占城市商业银行所有银行网点数量的 25.27%，占全国县域（农村）网点的比例为 3.93%（见表 4-13）。2007 年末，国内各家城市商业银行设立的县域（农村）支行，有 70% 的存款回流县域和农村，近 25% 的贷款投向县域和农村小企业，[②] 对支持县域经济和新农村建设起到重要作用。

2013 年党的十八届三中全会以来，城市商业银行开始把"发展普惠金融"作为信贷工作的重点，不断加强对"三农"和小微企业投资、生产、销售各环节的资金支持。表 4-16 显示，2015 年我国城市商业银行（包括中型、小型城市商业银行）涉农贷款余额为 17538 亿元，2019年涉农贷款余额为 30150 亿元，2019 年比 2015 年增长了 71.91%。其

---

① 中国人民银行编著《中国金融改革开放大事记 1978—2018》（下册），中国金融出版社，2020，第 793 页。

② 《银监会：城商行县域支行 70% 存款回流县域和农村》，中国政府网，2008 年 3 月 25日，https://www.gov.cn/jrzg/2008-03/25/content_928429.htm。

中，农林牧渔贷款余额由 2015 年的 1840 亿元增长长到 2019 年的 2285 亿元，增长 24.18%；农村贷款余额由 2015 年的 15586 亿元增长到 2019 年的 27436 亿元，增长了 76.03%；农户贷款余额白 2015 年的 1902 亿元增长到 2019 年的 4565 亿元，增长幅度为 140.01%。显然，城市商业银行的涉农贷款中，农户贷款余额增长幅度最大，城市商业银行把资金大量投向小微企业。由表 4-15 可知，2019 年，全国城市商业银行普惠型小微企业贷款余额为 17415 亿元，占全国中小型城市商业银行涉农贷款余额的 57.76%，占全国银行业普惠金融小微企业贷款余额的 14.93%，这些都体现了城市商业银行践行普惠金融理念。

表 4-16　2015 年、2019 年全国中小型城市商业银行涉农贷款余额情况

单位：亿元

银行	农林牧渔贷款		农村贷款		农户贷款		涉农贷款	
	2015 年	2019 年	2015 年	2019 年	2015 年	2019 年	2015 年	2019 年
北京银行	100	151	415	530	18	28	551	704
上海银行	21	53	298	324	22	51	337	414
江苏银行	91	156	1024	1386	54	199	1178	1654
小型城市商业银行	1628	1925	13849	25196	1808	4287	15472	27378
合计	1840	2285	15586	27436	1902	4565	17538	30150

资料来源：《中国金融年鉴 2016》《中国金融年鉴 2020》。

四　城市互联网金融向农村拓展，不断提高农村金融服务效率

互联网金融主要是指传统金融机构与互联网企业利用互联网技术和信息通信技术实现资金融通、支付、投资和信息中介服务的新型金融业务模式，是既不同于商业银行间接融资，也不同于资本市场直接融资的第三种金融融资模式，被称为"互联网金融模式"。[1] 互联网金融利用互联网技术、金融科技和大数据，在提高金融效率、降低交易成本、缓解信息不对称方面发挥了很大的作用，不仅促进了金融的创新发展与金

---

[1]　谢平、邹传伟：《互联网金融模式研究》，《金融研究》2012 年第 12 期。

融服务效率的提高，而且有效支持和推动了小微企业融资和民间金融的"阳光化"、规范化发展。互联网金融具有低成本、便捷、快速、高效的特点，大大提高了农村金融服务效率。

随着 2007 年国内第一家 P2P 网络借贷平台——拍拍贷的成立，我国的互联网金融行业开始了快速发展，在 2013 年前后达到巅峰，出现了蚂蚁金服、京东金融、微众银行、陆金所、众安保险、民生银行、泰康在线、江苏银行、苏宁金融、51 人品等大型的互联网金融公司。互联网金融主要有三种模式：一是互联网金融服务，如网络基金、保险销售、余额宝和融资等；二是金融的互联网居间服务，如第三方支付平台、P2P 信贷、众筹等；三是传统金融服务的互联网延伸，如电子银行、网络支付等。① 互联网金融现在不断向消费金融、流动性管理、供应链金融、信用证融资等新领域拓展。但是，此时互联网金融的业务主要在城市。

互联网金融公司的地址和业务主要集中在城市，被称为"城市互联网金融"。城市互联网金融的发展，尤其是 P2P 信贷、众筹等出现了一些乱象，引起了党和政府的高度重视。2015 年 3 月，国务院《政府工作报告》提出促进"互联网金融健康发展"；同年 7 月，中国人民银行等部门联合发布《关于促进互联网金融健康发展的指导意见》，开始规范互联网金融的发展，标志着我国互联网金融进入了规范发展阶段；同年 10 月，互联网金融被纳入政府的"十三五"规划。

最早在农村拓展业务的互联网金融公司主要是蚂蚁金服和京东金融两大平台，2014 年后，这两大互联网金融公司开始将业务向农村拓展。2014 年 10 月，蚂蚁金服成立后发布平台、农村、国际化三大发展战略，阿里巴巴启动"千县万村"计划；2015 年 5 月，蚂蚁金服成立农村金融业务团队，然后发放第一笔 2 万元的农村纯信用贷款，并在线上发放第一款互联网农村保险产品。同时推出"三农"信贷品牌"旺农

---

① 中国金融学会主办《中国金融年鉴 2013》，中国金融年鉴杂志社有限公司，2013，第608 页。

贷"，主要采用"线上+线下"的熟人模式，在信息化和金融服务欠缺的县域农村，联合阿里巴巴村淘合伙人、中和农信的线下"熟人"，为用户提供贷款等金融服务。2015 年 10 月，蚂蚁金服上线第一款互联网农业保险产品。2016 年 1 月，蚂蚁金服又成立农村金融事业部，形成"旺农贷""旺农保""旺农村"三大品牌，并开始联合中国扶贫基金会旗下的中和农信推进精准扶贫。2016 年 12 月，蚂蚁金服发布"谷雨"计划，提出"未来 3 年与合作伙伴一起为 1000 个县提供综合金融服务，包括支付、信贷、保险等；面向国内所有'三农'用户，拉动合作伙伴及社会力量提供累计 10000 亿元信贷"。同时，蚂蚁金服战略入股中和农信，并与中华保险联合宣布成立合资公司，将专注为农业龙头企业的种养殖户提供"融资+保险+农业"的一体化服务。① 截至 2017 年 3 月，蚂蚁金服通过网络方式在支付、保险、信贷方面服务的"三农"（农业、农村、农民）用户数分别达到 1.63 亿人、1.4 亿人、4205 万人。其中，蚂蚁金服服务了 175.7 万家（户）农村小微企业、农村个体工商户和农村种养殖户，② 在农村的服务面不断扩大。

2015 年 3 月，京东发布农村电商"3F"战略，包括农产品进城战略、工业品进农村战略和农村金融战略，提供针对农村全产业链的金融服务。2015 年 6 月，京东金融筹备组建专门负责农村金融的业务部门，向四川福仁缘农业开发有限公司发放第一笔农村纯信用贷款 80 万元，迈出了向农村拓展互联网金融贷款的第一步；随后，京东金融上线农村消费信贷产品"农村白条"，用户线上申请，3 分钟即可激活，用户最高可获得 3 万元的消费信贷额度。③ 2015 年 9 月，京东金融又发布自己的农村金融战略，推出了农业产业链信贷品牌"京农贷"，它具有无抵

---

① 张承惠、潘光伟等编著《中国农村金融发展报告 2016》，中国发展出版社，2017，第 390～391 页。

② 张承惠、潘光伟等编著《中国农村金融发展报告 2016》，中国发展出版社，2017，第 392 页。

③ 张承惠、潘光伟等编著《中国农村金融发展报告 2016》，中国发展出版社，2017，第 390～391 页。

押、低利息、放贷快等特点，主要服务于农户在农资采购、农业生产、农产品加工销售以及各类养殖领域的融资。而且，京东金融实现了理财、保险、白条、金条、众筹、支付等全系列产品在农村渠道的下沉，不断满足"三农"融资需要。

2016 年 1 月，京东集团与国务院扶贫办签署《电商精准扶贫战略合作框架协议》，帮助农村企业和农户在网上销售农产品，助力"三农"发展，开展电商精准扶贫。借助集团的优势，京东金融很快就发展成为覆盖农村范围最广、服务农民数量最多的金融科技公司。据京东金融业务统计，截至 2018 年 3 月，京东金融已经在全国 1700 个县、30 万个行政村开展各类农村金融业务，为"三农"提供的贷款总额超过 400 亿元；京东还在 832 个国家级贫困县发展合作商 6000 余家，上线贫困地区商品 136 个品类 300 万种，实现销售额 200 亿元，累计帮扶 10 万户建档立卡贫困家庭、超过 20 万贫困群体增收 2000~3000 元。其中，京东农村金融已经使 4.2 万贫困群体的经济状况得到显著改善，[①] 让农民切实感受到了金融服务带来的脱贫希望。

互联网金融的发展对传统金融机构造成重大影响，传统金融机构开始加强与互联网金融公司的合作，促进金融科技创新，逐渐向金融智能化转型。2017 年以来，国内各商业银行与互联网金融公司的合作呈快速发展趋势，国有大型商业银行、股份制商业银行、城市商业银行、城市保险机构开始与具有较强技术或数据能力的互联网公司达成合作，全面实施互联网金融战略，着力推动金融机构的智能化转型，这有助于金融机构降低对物理网点的依赖。在这一过程中，城市金融机构通过互联网金融利用金融科技、大数据把业务向农村延伸，不断拓展服务"三农"的金融业务，大大促进了农村金融服务效率提升。

综上，随着 2006 年以来城乡金融关系的统筹联动发展，原本不对"三农"发放贷款或很少对"三农"发放贷款的城市金融机构（包括国

---

① 《京东金融开创农村金融新模式　助力打赢脱贫攻坚战》，人民网，2018 年 3 月 6 日，http://it.people.com.cn/n1/2018/0306/c1009-29851817.html。

家开发银行、中国进出口银行等政策性金融机构，中国工商银行、中国
建设银行、中国银行、交通银行等城市国有大型商业银行，招商银行、
浦发银行、中信银行等 12 家全国股份制商业银行，北京银行、上海银
行、江苏银行和其他小型城市商业银行等城市商业银行），在党中央的
号召下和国家政策的引导和支持下，把"三农"领域的资金需求变为
自己信贷支持的重点，积极承担服务"三农"的责任。截至 2019 年末，
这些城市金融机构涉农贷款总额达 136454 亿元，占全国涉农贷款总额
的 38.78%。它们大量的资金投向农村中小企业和农民，对贫困地区和
贫困人口给予大量信贷支持，有力支持了"三农"和小微企业的融资，
促进了普惠金融在农村的发展。而且，城市金融机构在农村投放大量的
ATM 机、POS 机，发放银行卡，大大提高了县域农村金融服务水平。
同时，城市互联网金融向农村拓展，互联网金融具有低成本、便捷、快
速、高效的特点，逐步被农村经济主体认可，对于服务"三农"，尤其
是对于农村金融服务空白的地区有重要意义，这对缩小城乡金融的差
距、促进城乡金融一体化与均衡化发展有关键性作用。

第四节　城乡金融关系统筹联动的成效：
城乡金融均衡化发展趋势

2006 年以来，随着城乡金融关系的统筹联动发展，党和政府逐渐
理顺了农村金融经营管理体制，明确了农村金融机构服务"三农"的
市场定位，让农村金融机构把更多资金留在县域，不断加强农业保险、
农业直接融资制度改革，完善农村基础设施建设，不断改善农村金融环
境，有效遏制农村资金外流，促进农村金融充分发展。同时，党和政府
还引导城市金融机构在农村拓展金融业务，把金融资源投向农村，支持
"三农"发展，这些政策措施有效改善了农村金融的供给状况，客观上
缩小了城乡金融的差距，有利于促进城乡金融的均衡化发展。在城乡金
融的联动发展中，我国城乡金融出现了均衡化发展趋势，主要表现在以

下几个方面。

一　城乡金融结构的均衡化发展趋势

2006 年以来，随着城乡金融关系的统筹联动发展，我国城乡金融结构发生翻天覆地的变化，城市金融机构不断向农村拓展业务，有效增加了农村金融供给、支持"三农"发展。除了农村存贷款大幅增加外，农业保险得到较大的发展，而且农业股票、涉农企业债券等直接融资工具也呈现快速发展趋势，虽然城乡金融差距依然很大，但相较而言，城乡金融结构呈现均衡化发展的趋势。

（一）城乡存贷款的均衡化发展趋势

2006 年以来，党和政府采取城乡金融关系的统筹联动措施，不仅改革农村金融机构、增加农村金融的有效供给，而且把城市金融资源引入农村，引导城市金融机构支持"三农"。除了中国农业银行外，其他国有大型商业银行、股份制商业银行和城市商业银行在 2006 年之前很少对农村发放贷款，2006 年之后，尤其是近年来国有大型商业银行、股份制商业银行和城市商业银行积极响应国家战略、承担社会责任，加大对"三农"和小微企业发放贷款的力度，把从县域吸收的存款用于服务县域农村，使农村贷款迅速增加，城乡存贷款[①]呈均衡化发展趋势。由表 4-17 可知，2006 年全国各项贷款为 238519 亿元，到 2019 年增长到 1509845 亿元，增长了 5.33 倍；而农村贷款由 2006 年的 19430 亿元增长到 2019 年的 288371 亿元，增长了 13.84 倍。可见农村贷款的增长速度远快于全国各项贷款的增长速度。同时，农村贷款的增长速度也快于城市贷款的增长速度。2006 年城市贷款为 219089 亿元，2019 年增长到 1221474 亿元，增长了 4.58 倍。

---

① 由于 2006 年以来涉农金融机构增加，农村存贷款统计方法发生了变化，除了主要农村金融机构存款数据可以获得外，国有大型商业银行、股份制商业银行和城市商业银行等金融机构在农村的存款数据暂时无法获取，因此，在这里只研究城乡贷款的均衡化发展趋势。

表 4-17　1979～2019 年中国城乡贷款情况统计

年份	全国各项贷款（亿元）	农村贷款		城市贷款		城市贷款是农村贷款的倍数(倍)
		金额(亿元)	占比（%）	金融(亿元)	占比（%）	
1979～2005	1450614.5	162086.6	11.2	1288528.0	88.8	7.95
2006	238519	19430	8.2	219089	91.9	11.28
2007	277747	50384	18.1	227363	81.9	4.51
2008	320049	55569	17.4	264480	82.6	4.76
2009	425597	74551	17.5	351046	82.5	4.71
2010	509226	98017	19.2	411209	80.8	4.20
2011	581893	121469	20.9	460424	79.1	3.79
2012	672872	145467	21.6	527405	78.4	3.63
2013	766327	173025	22.6	593302	77.4	3.43
2014	867868	194383	22.4	673485	77.6	3.46
2015	993460	216055	21.8	777405	78.3	3.60
2016	1120552	230092	20.5	890460	79.5	3.87
2017	1256074	251398	20.0	1004676	80.0	4.00
2018	1417516	266386	18.8	1151130	81.2	4.32
2019	1509845	288371	19.1	1221474	80.9	4.24
2006～2019	10957545	2184597	19.9	8772948	80.1	4.02

注：农村贷款包括县及县以下的农户贷款、企业和各类组织的本外币贷款（不含票据融资）；城市贷款由全国各项贷款减去农村贷款所得；1979～2005 年的数据来自表 3-5。

资料来源：中国人民银行调查统计司、历年《中国金融年鉴》。

　　而且，城乡贷款呈现均衡化发展趋势，这个均衡化趋势是相对于 2005 年以前的城乡金融非均衡发展而言的。由表 3-5 可知，1979～2005 年有 22 个年份的城市贷款是农村贷款的 6 倍以上，2000 年以来均在 8 倍以上，这 27 年城市贷款平均是农村贷款的 7.95 倍。而由表 4-17 可知，2006～2019 年，农村贷款占比呈上升趋势，近年来基本稳定在 20% 左右，这 14 年农村贷款平均占全国各项贷款的 19.9%，比 1979～2005 年农村贷款平均占比高 8.7 个百分点；而城市贷款占比呈下降趋势，2006 年城市贷款占比为 91.9%，是农村贷款的 11.28 倍，然后在 2013 年城市贷款占比下降到最低点 77.4%，此时城市贷款只是农村贷款的

3.43 倍；虽然 2014 年后稍有增加，但城乡贷款的倍数一直稳定在 4 倍左右。2006~2019 年城市贷款平均占全国各项贷款的 80.1%，城市贷款平均是农村贷款的 4.02 倍，远远低于 1979~2005 年的 7.95 倍。可见，2006 年前后两个阶段的城乡贷款差距相对缩小，从这个角度来说，城乡贷款呈现均衡化发展趋势。

（二）城乡股票筹资的均衡化发展趋势

2006 年以来，党和政府非常重视农村企业的融资问题，积极支持涉农企业上市融资。为落实中央精神，中国人民银行、中国证监会等部门积极发挥股票的融资作用，支持符合上市条件的涉农中小企业上市融资，降低监管要求，以促进农村金融市场多元化融资，这些政策措施有明显的效果。如表 4-18 所示，2006 年以来，我国农村股票首发筹资额呈快速增加趋势。2006 年农村股票筹资额为 9.66 亿元，在全国股票首发筹资额中占比 0.61%，然后在波动中增加，到 2016 年达到了历史最高点 144.59 亿元，占全国股票首发筹资额的比重为 9.66%，而占比最高的年份是 2014 年，农村股票首发筹资额占全国股票首发筹资额的 15.91%。2006~2019 年农村股票首发筹资额为 778.54 亿元，平均占比为 3.00%，虽然这个比例不高，但是相对于 1991~2005 年农村股票首发筹资额占全国股票首发筹资额的 0.99% 相比，增长了 2.01 个百分点。而且，2006~2019 年城市股票首发筹资额是农村股票首发筹资额的 32.33 倍，比 1991~2005 年的 99.56 倍少很多，说明了 2006~2019 年城乡股票首发筹资额的差距比 1991~2005 年的差距缩小很多，也就是说 2006~2019 年城乡股票首发筹资额呈现均衡化发展的趋势。

表 4-18　1991~2019 年城乡股票首发筹资情况

年份	全国股票首发筹资额（亿元）（Ⅰ）	农村股票首发筹资额（亿元）（Ⅱ）	农村股票首发筹资额占比（%）（Ⅱ/Ⅰ）	城市股票首发筹资额（亿元）（Ⅲ）	城市股票首发筹资占比（%）（Ⅲ）	城乡股票筹资额的倍数（倍）（Ⅲ/Ⅱ）
1991~2005	4835.90	48.09	0.99	4787.81	99.01	99.56

续表

年份	全国股票首发筹资额（亿元）（Ⅰ）	农村股票首发筹资额（亿元）（Ⅱ）	农村股票首发筹资额占比（%）（Ⅱ／Ⅰ）	城市股票首发筹资额（亿元）（Ⅲ）	城市股票首发筹资额占比（%）（Ⅲ）	城乡股票筹资额的倍数（倍）（Ⅲ／Ⅱ）
2006	1572.24	9.66	0.61	1562.58	99.39	161.76
2007	4593.98	3.46	0.08	4590.52	99.92	1326.74
2008	1034.38	2.86	0.28	1031.52	99.72	360.67
2009	2021.97	14.38	0.71	2007.59	99.29	139.61
2010	2991.07	55.26	1.85	2935.81	98.15	53.13
2011	2777.35	28.96	1.04	2748.39	98.96	94.90
2012	1034.32	12.37	1.20	1021.95	98.80	82.62
2013	—	13.68	—	—	—	—
2014	668.89	106.39	15.91	562.5	84.09	5.29
2015	1576.39	137.65	8.73	1438.74	91.27	10.45
2016	1496.07	144.59	9.66	1351.48	90.34	9.35
2017	2301.08	103.71	4.51	2197.37	95.49	21.19
2018	1378.15	74.67	5.42	1303.48	94.58	17.46
2019	2490.00	70.90	2.85	2419.10	97.15	34.12
2006~2019	25935.89	778.54	3.00	25171.03	97.05	32.33

注：由于统计资料的限制，还没有农村股票和城市股票的具体数据，只有农业类股票，而农村非农业类股票数量非常少，非农业类股票主要集中在城市，所以本书在实际分析中，把农业类股票看作农村股票，把非农业类股票看作城市股票；股票首发筹资是指 A 股股票首发筹资；1991~2005 年的数据来自表 3-6。

资料来源：历年《中国统计年鉴》《中国证券期货统计年鉴》。

（三）城乡企业债券融资的均衡化发展趋势

2006 年以前，农村企业由于规模小、资金实力弱，很少能够在银行间债券市场融资，这也是农村企业在农村金融市场上融资难、融资贵的重要原因之一。为了在农村金融市场上建立多元化的融资渠道，解决农村企业融资问题，近年来中国人民银行、中国证监会等部门还积极发展债券市场的融资，推进涉农中小企业发行集合票据，鼓励符合条件的涉农企业在多层次的资本市场上发行企业债、公司债和中小企业私募债

进行直接融资，这大大促进了我国农村企业债券市场融资的发展。由表
4-19 可知，2012 年，农村企业在银行间债券市场发行 1293.34 亿元的
债券，到 2018 年增长到 14663.4 亿元，增长了 10.34 倍，同期城市企
业在银行间债券市场的发行规模只增长了 3.78 倍，客观上说明了农村
企业债券发行规模的增长速度是很快的，远高于城市企业债券发行规模
的增长速度。

表 4-19　部分年份中国城乡企业在银行间债券市场的发行规模

单位：亿元，倍

年份	银行间债券市场发行规模	农村企业银行间债券市场发行规模（Ⅰ）	城市企业银行间债券市场发行规模（Ⅱ）	Ⅱ／Ⅰ
2012	77474.98	1293.34	76181.64	58.90
2014	115112.62	7233.39	107879.23	14.91
2016	324880.30	10928.90	313951.40	28.73
2018	379090.36	14663.40	364426.96	24.85

注：由于涉农企业主要分布在县域，把涉农企业看作农村企业，把涉农企业在银行间债
券市场的发行规模看作农村企业在银行间债券市场的发行规模；城市企业在银行间债券市场
的发行规模，是银行间债券市场发行规模减去农村企业在银行间债券市场的发行规模。

资料来源：历年《中国农村金融服务报告》《中国金融年鉴》。

而且，城乡企业在银行间发行债券的差距也在逐渐缩小。如表 4-19
所示，2012 年城市企业在银行间发行债券是农村企业的 58.90 倍，到
2018 年这一差距缩减到 24.85 倍。虽然，2018 年农村企业在银行间发
行的债券占比为 3.87%，城乡之间企业债券融资规模的差距还很大，但
是，相较于 2006 年以前，农村企业在银行间债券市场上的融资，从无
到有、从小到大，涉农企业债券融资规模不断扩大，涉农企业融资由间
接融资向直接融资发展，这大大促进了我国农村金融市场的发展，从这
个角度来说，我国城乡企业债券融资呈现均衡化发展趋势。

（四）城乡保险的均衡化发展趋势

2006 年以来，我国农业保险业在政府财政补贴的推动下发展很快，
农业保险的供给不断增加，品种不断丰富，截至 2019 年，承保农作物

品种超过 270 个，大灾保险保障范围超过 500 个产粮大县。随着农业保险市场的发展，农业保险保费收入也逐渐增加，2019 年我国已经成为全球农业保险保费收入规模第二大的国家。

表 4-20 显示，2006 年以来，我国城乡保险保费收入差距呈不断缩小的趋势。2006 年全国保费收入是 5640.34 亿元，到 2019 年增长到 42644.80 亿元，增长了 6.56 倍。其中，农业保费收入增长迅速，由 2006 年的 8.48 亿元增长到 2019 年的 672.48 亿元，增长了 78.30 倍，远远高于全国保费的增长水平。而且，这期间城乡保费收入差距呈不断缩小的趋势。2006 年非农业保费收入是农业保费收入的 664.13 倍，到 2019 年下降到 62.41 倍，2006~2019 年的 14 年间农业保费收入共计 4006.02 亿元，非农业保费收入共计 283826.46 亿元，非农业保费收入平均是农业保费收入的 70.85 倍，远远低于 1985~2005 年的 308.60 倍；而且，2006~2019 年农业保费收入平均占比是 1.39%，远远高于 1985~2005 年的 0.32%。因此，与 1985~2005 年相比，2006~2019 年农业保费收入与非农业保费收入的差距不断缩小，从这个意义上说城乡保险呈现均衡化发展的趋势。

表 4-20　1985~2019 年城乡保费收入情况

年份	全国保费（亿元）	农业保费（亿元）	农业保费占比（%）	非农业保费（亿元）	非农业保费占比（%）	非农业保费是农业保费的倍数（倍）
1985~2005	27108.33	87.56	0.32	27020.77	99.68	308.60
2006	5640.34	8.48	0.15	5631.86	99.85	664.13
2007	7035.76	53.33	0.76	6982.43	99.24	130.93
2008	9784.23	110.68	1.13	9673.55	98.87	87.40
2009	11137.30	133.90	1.20	11003.40	98.80	82.18
2010	14527.97	135.90	0.94	14392.07	99.06	105.90
2011	14339.25	174.03	1.21	14165.22	98.79	81.40
2012	15487.93	240.60	1.55	15247.33	98.46	63.37

年份	全国保费（亿元）	农业保费（亿元）	农业保费占比（%）	非农业保费（亿元）	非农业保费占比（%）	非农业保费是农业保费的倍数（倍）
2013	17222.24	306.59	1.78	16915.65	98.22	55.17
2014	20234.81	325.78	1.61	19909.03	98.39	61.11
2015	24282.54	374.90	1.54	23907.64	98.46	63.77
2016	30904.15	417.71	1.35	30486.44	98.65	72.98
2017	36577.77	478.90	1.31	36098.87	98.69	75.38
2018	38013.39	572.74	1.51	37440.65	98.49	65.37
2019	42644.80	672.48	1.58	41972.32	98.42	62.41
2006～2019	287832.48	4006.02	1.39	283826.46	98.61	70.85

注：由于统计资料的限制，还没有专门的农村保费收入和城市保费收入的具体数据，实际上这时期的农村保费收入中，除了农业保费收入外，农村其他保费收入数量较少，而非农保费收入主要来自城市的保险业务，所以本书在实际分析中，把农业保费收入看作农村保费收入，把非农业保费收入看作城市保费收入；1985～2005 年的数据来自表 3-7。

资料来源：历年《中国统计年鉴》《中国保险年鉴》。

二　城乡金融服务机构或网点（金融中介）的均衡化发展趋势

2006 年以来，党和政府采取城乡金融关系统筹联动发展的措施，不仅大力改革农村金融机构，提升农村金融供给能力，而且畅通城市金融资源支农的渠道，把城市金融资源引入农村，支持农村金融与"三农"发展，促使城乡金融资源双向流动。这时期，农村金融服务机构或网点数量不断增加，包括银行类金融机构、非银行类金融机构和其他形式的金融机构。银行类金融机构主要包括中国农业发展银行及其分支机构，中国工商银行、中国农业银行、中国银行、中国建设银行、交通银行等国有大型商业银行在县域内的分支网点，全国股份制商业银行与城市商业银行在县域内的分支网点，以及中国邮政储蓄银行、农村商业银行、农村合作银行、农村信用社、村镇银行、贷款公司、农村资金互助组织等。① 其中，中国工商银

---

① 中国人民银行农村金融服务研究小组编《中国农村金融服务报告 2008》，中国金融出版社，2008，第 5 页。

行、中国银行、中国建设银行、交通银行等国有大型商业银行，全国股份制商业银行，城市商业银行的业务主要集中在城市，是主要的城市金融机构；中国农业发展银行、农村商业银行、农村合作银行、农村信用社、村镇银行的业务集中在农村，是主要的农村金融机构。非银行类金融机构主要包括在农村地区提供服务的政策性保险公司、商业性保险公司、证券公司、期货公司等。其他形式的金融机构主要包括小额贷款公司、小额信贷组织、典当行等。[①] 以上这些情况说明，我国已经建立起多层次的农村金融机构体系。

农村金融机构与城市金融机构服务县域农村的分支机构、网点等，构成了我国多层次的农村金融机构体系，不断消除我国金融服务空白的乡镇。由表 4-13 可知，2019 年我国城乡银行业机构网点分布中，6 家国有大型商业银行，县域（农村）网点总数达 46481 个，占其网点总数的 43.14%。其中，中国农业银行县域（农村）网点达 11068 个，占其网点总数的 47.77%；中国工商银行县域（农村）网点有 4496 个，占其网点总数的 28.00%；中国银行县域（农村）网点总数为 2908 个，占其网点总数的 27.37%；中国建设银行县域（农村）网点总数为 4114 个，占其网点总数的 27.63%；中国邮政储蓄银行在县域（农村）的网点总数在国有大型商业银行中是最多的，达 23617 个，占其网点总数的 59.15%，超过了市区的网点数；交通银行县域（农村）网点在国有大型商业银行中最少，只有 278 个，占其网点总数的 9.01%。而且，12 家股份制商业银行、134 家城市商业银行也在县域建立分支机构，县域（农村）网点分别达到了 1479 个、4518 个，分别占各自网点总数的 9.99%、25.27%。

同时，在县域农村提供服务的银行业金融机构，还包括中国农业发展银行、农村信用社、农村商业银行和村镇银行等。由表 4-13 可知，中国农业发展银行主要业务在农村，城市网点较少，2019 年只有 536

---

① 中国人民银行农村金融服务研究小组编《中国农村金融服务报告 2008》，中国金融出版社，2008，第 5 页。

个，而县域（农村）网点达1693个，占其网点总数75.95%；农村商业银行主要业务在农村，近年来不断向城市布局，城市（市区）网点达22765个，而县域（农村）网点为34525个，占其网点总数的60.26%；农村信用社有法人机构722家，业务主要集中在农村，经营网点19468个；农村合作银行有法人机构28家，主要面向"三农"业务，服务网点有918个。其他新型农村银行业金融机构有村镇银行、农村资金互助社等，业务几乎全部集中在农村地区。其中，村镇银行有1630家，其不断探索"多县一行"模式，不断扩大在农村地区的覆盖面，在县域（农村）共有5764个服务网点；而只在县域（农村）提供金融服务的农村资金互助社网点较少，只有44个。

随着国有大型商业银行、股份制商业银行、城市商业银行等城市金融机构下沉服务，在县域布置网点，又加上村镇银行等新型农村金融机构的设立及其在农村布局网点，县域的金融网点不断增加。县域金融服务的覆盖面不断扩大，使城乡银行业金融机构和网点呈现均衡化发展趋势。如表4-13所示，就农村银行业金融机构（包括农村商业银行、中国农业发展银行、农村信用社、农村合作银行、村镇银行、农村资金互助社）来说，2019年末我国农村银行业金融机构共有3903家，农村银行业金融机构具有数量多、资产规模小等特点。从金融机构的网点布局看，2019年末，全国银行业网点有226142个，而全国县域（农村）银行业机构服务网点达到114890个，占比为50.80%，超过了城市银行业机构网点数量。而且，全国银行业金融机构的乡镇分支机构覆盖率达到96%，全国行政村基础金融服务覆盖率达97%，[①]助农取款服务点已基本覆盖全部村级行政区，这大大减少了农村金融服务空白的乡镇，再加上县域的贷款公司、典当行以及保险公司、证券公司、期货公司等非银行类金融机构网点在县域农村的布局，使城乡金融机构一体化发展，客观上城乡金融机构网点呈现均衡化发展的趋势。

---

① 张承惠、潘光伟、朱进元主编《中国农村金融发展报告2019—2020》，中国发展出版社，2021，第76页。

三 城乡金融市场的均衡化发展趋势

2006 年以来，随着我国城乡金融关系的统筹联动发展，我国城乡金融市场得到了很大的发展，甚至呈现均衡化发展的趋势。我国城乡金融在信贷市场的差距不断缩小，农村保险市场也飞速发展，农村股票、债券市场不断发展壮大，农产品期货市场从无到有，规模不断扩大，甚至还出现"信贷+保险""信贷+保险+期货"等农村金融市场联动发展的现象，这些情况表明我国城乡金融市场的差距在缩小，并呈现均衡化发展的趋势，这在中国经济金融发展史上是前所未有的。

就信贷市场来说，近年来我国农村金融市场发生了很大的变化。服务于"三农"发展的农村金融主体，主要包括四种。一是农村信用社、农村商业银行、农村合作银行和中国农业发展银行等传统的农村金融机构；二是村镇银行、农村资金互助社、贷款公司等新型农村金融机构；三是城市银行业金融机构在县域的分支机构网点，如国有大型商业银行、股份制商业银行、城市商业银行；四是国家开发银行。2006 年以来，这些城市金融机构在县域建立分支机构网点，2019 年末位于县域农村的银行网点占全国银行业机构网点数量的比例超过了 50%。这使我国农村金融市场形成了商业性金融、政策性金融和合作性金融等多层次的大、中、小金融机构并存的市场体系。而且，城市金融机构不断下沉服务，加强对"三农"和小微企业的支持，2006～2019 年农村贷款占全国各项贷款的 20% 左右，大大高于 1979～2005 年 11.2% 的比例，城乡贷款的差距呈缩小趋势（见表 4-17）。这些情况表明，我国农村信贷市场不断扩大，城乡信贷市场的差距不断缩小以及呈现均衡化发展的趋势。

就保险市场来说，2006 年以来我国农村保险市场出现了大发展的局面。国家大力发展农业保险，鼓励城市保险机构拓展农村业务，在县域建立分支机构和代办点，办理农业保险，并给予农民保费补贴，这极大地增强了农民投保的积极性。2019 年末，全国共有 33 家保险机构开展农业保险业务，包括综合性保险公司、专业农业保险公司和农业互助合作保险组织等，已建成基层农业保险服务网点 40 万个，基本覆盖所有县级行政区域、95% 以上的乡镇和 50% 的行政村。[①] 中国已经成为世界第二大规模的农业保险市场，而且农业保险成为近年来财险增收的主要来源。可见，2006 年以来我国城乡保险市场呈现均衡化发展趋势。

就农村证券和债券市场来说，农村证券和债券业务从无到有、从小到大，证券市场、债券市场发展较快。党的十八大以来，国家实施乡村振兴战略和精准扶贫，对涉农企业开展直接融资进行大力支持，鼓励涉农企业通过上市、发行债券来融资，探索农业农村多样化融资格局。截至 2018 年末，新三板挂牌的涉农企业累计达 418 家，共完成 55 次股票定向发行；累计有 257 家涉农企业在银行间债券市场发行 1553 只、1.47 万亿元的债券债务融资工具。[②] 随着发行股票和债券融资的涉农企业数量的增加及其发行规模的扩大，农村证券市场、债券市场也随之发展起来，虽然与城市证券、债券市场的差距还很大，但相较于2006 年前，农村证券、债券市场发展很快，与城市证券、债券的差距有所缩小（见表 4-18、表 4-19），城乡证券、债券市场呈均衡化发展的趋势。

就农产品期货市场来说，其从无到有，功能逐渐显现。党和政府非常重视农产品期货市场对"三农"发展的促进作用。2008 年 12 月，国务院办公厅发布《关于当前金融促进经济发展的若干意见》，提出"推动期货市场稳步发展，探索农产品期货服务'三农'的运作模式"，我国农产品期货市场获得较快发展。中国证监会积极引导农产品期货市场发挥扩大生产、规避风险、促进农业产业化发展的积极作用。截至2019 年，农产品期货有 25 个品种，占我国已上市期货期权品种的

---

① 《服务农业现代化和乡村振兴 加快推动农业保险高质量发展——财政部有关负责人就推进落实〈关于加快农业保险高质量发展的指导意见〉答记者问》，财政部网站，2019 年 10 月 16 日，http://jrs.mof.gov.cn/zhengcejiedu/201910/t20191016_3403575.htm。

② 中国人民银行农村金融服务研究小组编《中国农村金融服务报告 2018》，中国金融出版社，2019，第 11 页。

35.71%，农产品期货成交金额达 52.80 万亿元，[①] 占我国期货成交总额的 18.17%，我国农产品期货市场已成长为品种覆盖广泛、市场规模较大、具有一定国际影响力的期货市场。农产品期货市场的快速发展，客观上有利于城乡金融的均衡化发展。

四 城乡金融基础设施和服务的均衡化发展趋势

2006 年以来，为改善农村金融滞后的局面、提高农村金融服务水平，中国人民银行大力推进农村信用体系、农村支付服务体系等农村金融基础设施建设，不断提高农村金融机构的运行效率和服务质量。虽然城乡金融基础设施和服务还存在不小的差距，但与 2006 年前相比，农村金融基础设施建设几乎是从无到有、从小到大，并不断完善，城乡金融基础设施建设和服务呈现均衡化发展趋势。

在信用环境方面，城乡信用体系建设呈现均衡化发展趋势。为适应农村金融机构业务发展状况与改善农村信用环境，中国人民银行大力推动农村信用体系建设，各地联合政府部门、农村基层组织、金融机构、信用评级机构等推进信用户评定和"信用户""信用村""信用乡镇"建设，不断改善农村信用环境，农村地区基本形成了"守信激励、失信惩戒"的机制。而且，近年来城市征信系统[②]不断向农村拓展，在支持农村信用体系建设方面发挥了重要作用。截至 2018 年末，征信系统已经收录了 9.8 亿自然人、2582.8 万家企业及其他组织的信用信息，其中办理过农户贷款的自然人有 9467.5 万人、办理过农林牧渔类信贷业务的农村企业及其他组织有 56.6 万家。[③] 目前，征信系统基本覆盖主要

---

① 张承惠、潘光伟、朱进元主编《中国农村金融发展报告 2019—2020》，中国发展出版社，2021，第 222 页。

② 征信系统，是国家金融信用信息基础数据库的简称，于 2006 年成立，是我国重要的金融基础设施，它通过采集、整理、保存、加工企业和个人的基本信息、信贷信息及反映其信用状况的其他信息，依法向放贷机构、社会公众提供信用报告查询等征信服务。

③ 中国人民银行农村金融服务研究小组编《中国农村金融服务报告 2018》，中国金融出版社，2019，第 87 页。

农村金融机构，涉农放贷机构之间可以共享涉农企业和农户个人的信用信息，这不仅有效降低了放款风险，提高了贷款审批效率；而且有效改善了农村信用环境，促进了城乡金融信用环境的一体化、均衡化发展。

在信贷担保方面，城乡信用担保体系呈现均衡化发展趋势。2006年以来，在国家政策的支持与中国人民银行的指导下，各地结合本地实际，积极创新抵押担保方式，使农村信用担保与城市信用担保的差距不断缩小。首先，农村形成了土地承包经营权抵押、农房抵押、林权抵押和动产抵押等多种抵押担保模式。其次，中国人民银行征信中心建立动产融资统一登记公示系统，提供应收账款质押和转让、融资租赁、保证金质押、存货和仓单质押等多种登记和查询服务，有效解决了农户和农村企业不动产资源有限、担保品不足的问题，盘活了农户和农村企业的动产资源。最后，农村搭建起由全国性的农业信贷担保机构（全国农业信贷担保联盟）、省级农业信贷担保机构和市/县农业信贷担保机构等组成的农业信贷担保体系。农村信用担保体系的建立和完善，解决了过去农村缺乏抵押品和担保机构支持的问题，不仅有利于降低农村贷款风险，有效推动解决农村融资难、融资贵的问题；而且有利于缩小城乡信用担保的差距，促进城乡信用担保体系一体化、均衡化发展。

在支付服务体系方面，城乡支付服务体系呈现均衡化发展趋势。2006年以来，在国家政策支持下，中国人民银行逐渐完善了农村支付配套政策，农村支付服务体系建设滞后的状况得到了根本改善，目前农村已经基本建立起多层次、广覆盖、可持续的农村支付服务体系，城乡支付服务体系呈现均衡化发展的趋势。第一，农村地区基本实现了人人有结算账户，2019 年末农村地区累计开设个人银行结算账户的数量占全国累计开设个人银行结算账户总量的 40.04%。而且，农村地区拥有活跃使用账户的成年人比例为 83.37%，只比全国拥有活跃使用账户的成年人比例（89.90%）低 6.53 个百分点。[1] 第二，农村地区 ATM 机、

---

① 《中国普惠金融指标分析报告（2019 年）》，中国人民银行网站，2020 年 10 月 15 日，http://www.pbc.gov.cn/goutongjiaoliu/113456/113469/4110025/index.html。

POS 机布设数量不断增加，基本实现乡乡有 ATM 机、村村有 POS 机，2018 年末分别达到了每万人拥有 3.93 台、73.90 台;[1] 而全国平均每万人拥有 ATM 机 7.96 台、POS 机 244.72 台，农村地区每万人拥有的 ATM 机、POS 机分别占全国的 49.37%、30.20%。第三，农村银行网点基本上接入了中国人民银行的支付系统，接入率达 97.05%，便于用户进行跨行支付，有利于形成城乡统一的网络支付服务体系。第四，农村地区支付服务方式和工具不断升级，已经由现金支付向刷卡支付转变、向"银联云闪付""微信""支付宝"等非银行移动支付转变，2019 年末，农村地区使用电子支付的成年人比例为 76.21%,[2] 有利于形成城乡一体化的支付系统。这些情况表明，我国城乡在支付服务工具和方式方面的差距不断缩小，呈现城乡金融支付服务体系的均衡化发展趋势。

在法治环境方面，城乡金融法律法规建设呈现均衡化发展趋势。2006 年以来，农村金融的相关法律法规建设取得了很大的进展，农村地区的金融法律环境基本形成。首先，在降低农村金融机构的成立门槛后，中国银监会出台了《农村资金互助社管理暂行规定》《村镇银行管理暂行规定》《贷款公司管理暂行规定》《小额贷款公司改制设立村镇银行暂行规定》《农村中小金融机构行政许可事项实施办法》等政策文件，不仅对新型农村金融机构（含新型农村合作金融机构）的设立进行制度规范，而且对成立农村商业银行、农村信用社、农村合作银行进行制度规定，不断促进农村金融健康发展。其次，中国人民银行还颁布《农民住房财产权抵押贷款试点暂行办法》《农村承包土地的经营权抵押贷款试点暂行办法》《关于做好集体林权制度改革与林业发展金融服务工作的指导意见》《关于加快小微企业和农村信用体系建设的意见》等政策文件，不断完善农村地区担保抵押、支付环境和信用体系等农村金融基础设施建设，促进农村金融健康发展。再次，国务院首次颁布了

---

[1] 中国人民银行农村金融服务研究小组编《中国农村金融服务报告 2018》，中国金融出版社，2019，第 84 页。

[2] 《中国普惠金融指标分析报告（2019 年）》，中国人民银行网站，2020 年 10 月 15 日，http://www.pbc.gov.cn/goutongjiaoliu/113456/113469/4110025/index.html。

《农业保险条例》，为规范农业保险奠定了基础；中国保监会制定了《农业保险承保理赔管理暂行办法》《相互保险组织监管试行办法》等，不断规范和促进农业保险健康发展。最后，相关部门正在酝酿起草"农村金融法""合作金融法"等法律法规。这些与农村金融直接相关的法律法规，很多都是首次颁布，可以填补农村金融有关的法律法规空白，有利于缩小城乡金融法律法规建设的差距，客观上促进了城乡金融法律法规建设的均衡化发展。

在公司治理方面，城乡金融机构呈现均衡化发展趋势。2006 年以来，随着城市金融机构的股份制改革，城市金融的公司治理结构日益完善，而农村金融的公司治理结构改革也在不断深化。主要农村金融机构多向股份制转变，农村信用社多向农村商业银行转变，其吸收社会资本，按照股份制要求建立农村商业银行；农村信用社和农村合作银行各自按照"三会一层"的管理体制进行规范化改革，不断完善治理结构。新成立的村镇银行多是由国有大型商业银行、股份制商业银行、城市商业银行、农村商业银行等发起设立的，本身就有商业银行的股份制"基因"。按照股份制建立起来的农村金融机构，其公司治理结构明显改善：资产质量提高，内部控制明显改善，操作风险大大降低。如 2018 年全部金融机构的不良贷款率为 3.6%，其中农村商业银行为 4.9%，村镇银行为 3.3%；虽然农村信用社与农村合作银行不良贷款率还很高，分别达到了 10.0%、13.3%，[1] 但它们都比 2006 年农村合作金融机构不良贷款率（27.93%）低了很多。而且，主要农村金融机构是盈利的，2018 年末，农村商业银行、农村合作银行、农村信用社和新型农村金融机构的资本利润率分别达到了 10.61%、5.97%、10.17% 和 5.62%。[2] 这些都表明了我国主要农村金融机构资产质量的提高与经营状况的改善。客观上说，在公司治理方面，农村金融机构的股份制改革，使其治理结构有很大的改善，

---

[1] 中国人民银行农村金融服务研究小组编《中国农村金融服务报告 2018》，中国金融出版社，2019，第 10 页。

[2] 中国人民银行农村金融服务研究小组编《中国农村金融服务报告 2018》，中国金融出版社，2019，第 9 页。

城乡金融机构在这方面的差距正在缩小，呈现均衡化发展趋势。

五　城乡金融业务发展水平与经营环境的均衡化发展趋势

近年来，国家注重城乡金融关系统筹联动发展，不断强化农村金融基础设施建设，农村金融业务发展水平得到很大提升，农村金融机构经营环境明显改善，农村金融的现代化水平不断提高，城乡金融业务发展水平与经营环境的差距不断缩小，并呈现均衡化发展趋势。

第一，就城乡金融业务发展水平来说，经过 10 多年的改革，农村金融的现代化水平不断提高，其法人治理结构、风险监控、经营效率等方面都得到了极大改善，金融创新能力明显提升，金融产品不断丰富，除了传统金融服务（存款、贷款、外汇），保险、证券投资、理财和期货等城市金融已普及的金融产品现在都基本拓展到农村金融领域。而且，农村金融的服务方式也开始多元化。农村金融的电子化、信息化和数字化程度不断提高，电子银行、银行卡支付以及微信支付、云闪付、支付宝等非银行支付方式都很普遍，方便、快捷的金融服务不仅能够满足城市居民的基本需求，也能满足农村居民的基本需要。可见，与城市金融相比，农村金融业务发展水平得到很大提高，二者呈现一体化、均衡化发展的趋势。

第二，就城乡金融经营环境来说，农村金融在机构、市场与制度方面的改革取得了重要进展，农村金融基础设施建设稳步推进，这大大促进了农村金融的现代化，农村金融机构资产质量明显提高，盈利能力增强。农村征信体系基本建立起来，信用环境得到了较大的改善。国家明确了土地承包经营权抵押、农房抵押、林权抵押和动产抵押等多种抵押担保模式，这促进了农村信贷担保体系的建设。在农村信贷市场上，我国形成了农村信用社、农村商业银行、农村合作银行、村镇银行、小额贷款公司、农村资金互助社与国有大型商业银行、股份制商业银行、城市商业银行以及国家开发银行、中国农业发展银行等商业性、合作性和政策性金融既相互竞争又分工合作的多层次的农村金融服务体系，这极大地改善了农村金融的经营环境，农村金融的"三农"服务能力得到了极大的增强。而且，近年来，农村金融机构也在加大人员培训和专业人才的引进力度，员工的学历、年龄结构等方面都有很大的优化，人才队伍素质明显提升。可见，农村金融与城市金融整体发展水平的差距有所缩小，城乡金融经营环境呈均衡化发展的趋势。

第五节　城乡金融关系统筹联动的特点与实质

金融支持农业农村发展，促进农民增收，是国家强农惠农和金融改革的重点。要实现这一目标，需要统筹城乡金融关系，不仅要加强农村金融改革，让农村金融资源回流农村，而且要引导城市金融机构把金融资源投向"三农"领域，实现城乡金融关系的统筹联动发展。然而，农村金融普遍存在"成本高、风险高"的问题，这就需要政府对涉农金融机构进行政策扶持，加大对农村金融政策支持力度，降低涉农金融成本与风险，建立各种正向激励机制，形成常态化的扶持政策体系，引导更多信贷资金和社会资金投向农村，这是我国城乡金融关系统筹联动发展的突出特点。实际上，城乡金融关系统筹联动发展的实质是城市金融对农村金融的"反哺"。

一　城乡金融关系统筹联动的特点：政府对涉农金融机构进行了大量的政策扶持

（一）财税扶持政策

1. 财政补贴和奖励政策

首先，对新设立的农村金融机构与网点实施定向费用补贴政策。党的十七届三中全会提出"加大对农村金融政策支持力度，拓宽融资渠道，综合运用财税杠杆和货币政策工具，定向实行税收减免和费用补贴，引导更多信贷资金和社会资金投向农村"。[①] 为落实会议精神，中

---

① 中共中央文献研究室编《十七大以来重要文献选编》（上），中央文献出版社，2009，第 676 页。

央财政对符合条件的村镇银行、贷款公司和农村资金互助社三类新型农村金融机构，按贷款平均余额的2%给予补贴。2010年中央一号文件强调，"抓紧制定对偏远地区新设农村金融机构费用补贴等办法，确保三年内消除基础金融服务空白乡镇"。[①] 随后，中央财政将西部基础金融服务薄弱乡镇的银行业金融机构网点也纳入补贴范围。2014年，中央财政对补贴政策进行优化，明确金融机构享受补贴政策的期限，并采取中央和地方财政分担补贴资金的机制，东部、中部、西部地区中央财政和地方财政的分担比例分别为3：7、5：5、7：3。[②] 这调动了金融机构到农村地区，尤其是偏远地区设立分支机构网点、拓展服务的积极性，促进了新型农村金融机构及其网点的快速发展，增强了农村金融供给能力。

其次，对县域金融机构涉农贷款实施增量奖励政策。党的十七届三中全会提出"县域内银行业金融机构新吸收存款主要用于当地发放贷款"。[③] 为落实中央精神，激励金融机构加大支农力度，2009年财政部发布《财政县域金融机构涉农贷款增量奖励资金管理暂行办法》，提出"财政部门对县域金融机构上年涉农贷款平均余额同比增长超过15%的部分，按2%的比例给予奖励"。从2012年起，国家还在辽宁、山东、天津、贵州4省（直辖市）开展试点，对符合条件的小额贷款公司参照执行涉农贷款增量奖励政策。2014年，该项政策覆盖山西、内蒙古、辽宁、吉林、黑龙江、安徽、江西、河南、贵州、云南、西藏等25个省（自治区、直辖市），涵盖所有粮食主产区和大多数中西部地区。截至2014年底，中央财政累计向试点地区1.74万户次县域金融机构和小

① 中共中央文献研究室编《十七大以来重要文献选编》（中），中央文献出版社，2011，第340页。
② 中国人民银行农村金融服务研究小组编《中国农村金融服务报告2016》，中国金融出版社，2017，第23页。
③ 中共中央文献研究室编《十七大以来重要文献选编》（中），中央文献出版社，2011，第339页。

额贷款公司拨付奖励资金 115.34 亿元。[①]

2015 年起，财政部将农村金融机构定向费用补贴和县域金融机构涉农贷款增量奖励资金整合并入普惠金融发展专项资金。2016 年财政部又发布了《普惠金融发展专项资金管理办法》，其中第三条规定：专项资金遵循惠民生、保基本、有重点、可持续的原则，综合运用业务奖励、费用补贴、贷款贴息、以奖代补等方式，引导地方各级人民政府、金融机构以及社会资金支持普惠金融发展，弥补市场失灵，保障农民、小微企业等我国普惠金融重点服务对象的基础金融服务可得性和适用性。2016 年起，中央财政加大对普惠金融的支持力度，截至 2019 年，中央财政累计拨付普惠金融专项资金 397.15 亿元。[②]

2. 农业保险保费补贴政策

党中央非常重视农业保险的发展。2007 年中央一号文件提出"各级财政对农户参加农业保险给予保费补贴"。按照"政府引导、市场运作、自主自愿、协同推进"的原则，中央财政开始对农业保险给予补贴，并选择内蒙古、吉林、江苏、湖南、新疆、四川 6 个省（自治区）开展试点，保险对象为棉花、玉米、水稻、大豆、小麦五大种植品种，中央财政为投保农户提供保费补贴，引导和支持农户参加农业保险，推动农业保险的发展。随后，中央财政加大对农业保险的补贴力度，由表 4-3 可知，2007 年财政对农业保险的保费补贴金额为 40.6 亿元，占农业保险保费收入的 76.13%；到 2019 年末财政补贴增长到 505.0 亿元，占农业保险保费收入的 75.10%，2007～2019 年财政共计对农业保险的保费补贴达到 3053.6 亿元，年均补贴 234.89 亿元，财政补贴占农业保险保费收入的比例达 76.39%。中央财政对农业保险的保费补贴，促进了农业保险飞速发展。截至 2019 年末，农业保险网点在全国乡镇的覆

---

① 中国人民银行农村金融服务研究小组编《中国农村金融服务报告 2014》，中国金融出版社，2015，第 25 页。

② 根据中国人民银行农村金融服务研究小组编《中国农村金融服务报告 2020》，中国金融出版社，2021，第 22 页计算整理。

盖率达到 95%，农业保险补贴范围由试点初期的 6 个省份扩大到全国，农业保险承保农作物品种增加到接近 400 种，基本涵盖了农林牧渔业各个领域。

3. 不良贷款呆账核销与重组减免政策

为提高涉农金融机构化解不良资产的能力，增加涉农贷款投放，增强金融业促进农村经济发展的能力，2008 年国务院发布《关于当前金融促进经济发展的若干意见》，要求"放宽金融机构对中小企业贷款和涉农贷款的呆账核销条件。授权金融机构对符合一定条件的中小企业贷款和涉农贷款进行重组和减免"。[①] 2009 年，财政部出台《关于中小企业涉农不良贷款重组和减免有关问题的通知》，对于中小企业贷款借款人发生财务困难、无力及时足额偿还贷款本息的，在确保重组和减免后能如期偿还剩余债务的条件下，允许金融机构对债务进行展期或延期、减免表外利息后，进一步减免本金和表内利息，[②] 并要求简化税务部门审核金融机构呆账核销的手续和程序，涉农贷款和中小企业贷款税前全额拨备损失准备金，促进金融机构及时化解不良资产，防止信贷收缩。

同时，财政部还放宽金融机构对中小企业贷款的呆账核销条件，允许金融机构对符合一定条件且确实无法收回的中小企业贷款，按照账销案存的原则自主进行核销。2010 年 3 月，财政部将放宽金融机构对中小企业贷款的呆账核销条件这一政策作为中长期制度纳入《金融企业呆账核销管理办法》。主要涉农金融机构，如农村信用社、农村商业银行、村镇银行等，利用财政部关于不良贷款呆账核销与重组的减免政策，化解不良资产，不断提高资产质量。2014 年，农村信用社、农村商业银行、农村合作银行和新型农村合作金融机构的资产利润率分别为

---

① 中共中央文献研究室编《十七大以来重要文献选编》（上），中央文献出版社，2009，第 768 页。

② 《财政部：支持加大对中小企业的金融服务力度》，中国政府网，2013 年 5 月 23 日，https://www.gov.cn/gzdt/2013-05/23/content_2409722.htm。

0.95%、1.38%、1.15%和1.42%，①达到2006年农村金融机构改革以来的最高水平。

4. 涉农税收优惠政策

为了支持农村金融发展，引导金融机构把更多的资金投向"三农"领域，政府统筹城乡金融发展，针对涉农金融机构及其相关业务出台了一系列税收优惠政策，以缓解农村贷款难、贷款贵问题。

一是对涉农金融机构的税收优惠。自2003年农村信用试点改革以来，政府在税收上给予优惠，对农村信用社的营业税减按3%征收，所得税中西部地区全免、东部地区减半。2006年农村信用社实施全面改革时，也是执行这种优惠政策，但是这种税收优惠政策在两批试点地区的最后实施期限分别是2008年底和2009年底。为促进农村信用社的全面改革及其改革后成立的农村商业银行、农村合作银行扎根农村，促进村镇银行、农村资金互助社、贷款公司等农村新型金融机构支持"三农"发展，2010年5月财政部、国家税务总局发布的《关于农村金融有关税收政策的通知》规定：自2009年1月1日至2011年12月31日，对农村信用社、村镇银行、农村资金互助社、由银行业机构全资发起设立的贷款公司、法人机构所在地在县（含县级市、区、旗）及县以下地区的农村合作银行和农村商业银行的金融保险业收入减按3%的税率征收营业税。这比城市大型商业银行的营业税税率低2个百分点。为继续扶持农村中小银行发展，财政部、国家税务总局又将这一政策的执行期限延长至2015年12月31日。2016年4月，财政部、国家税务总局联合发布的《关于进一步明确全面推开营改增试点金融业有关政策的通知》规定，"营改增"实施后，农村中小银行在税收上仍享受3%的优惠政策。

2015年6月，财政部、国家税务总局发布的《关于中国农业银行三农金融事业部涉农贷款营业税优惠政策的通知》提出：自2015年5

① 中国人民银行农村金融服务研究小组编《中国农村金融服务报告2018》，中国金融出版社，2019，第9页。

月 1 日至 2015 年 12 月 31 日，对中国农业银行纳入"三农"金融事业部改革试点的各省、自治区、直辖市、计划单列市分行下辖的县域支行和新疆生产建设兵团分行下辖的县域支行，提供农户贷款、农村企业和农村各类组织贷款取得的利息收入减按 3% 的税率征收营业税。2016 年4 月，"营改增"实施后，中国农业银行的涉农贷款取得的利息收入仍按照 3% 的税率征收增值税，也就是说"营改增"后继续对中国农业银行的涉农贷款实施税收优惠政策。2018 年 9 月，财政部、国家税务总局发布的《关于中国邮政储蓄银行三农金融事业部涉农贷款增值税政策的通知》，又把中国邮政储蓄银行的"三农"贷款也纳入这种税收优惠的范围。

另外，为调动涉农金融机构支农的积极性，2009 年 8 月，财政部、国家税务总局还发布了《关于金融企业涉农贷款和中小企业贷款损失准备金税前扣除政策的通知》，对涉农贷款五级分类中的关注类、次级类、可疑类与损失类四类贷款按规定比例提取专项准备金，金融企业发生的符合条件的涉农贷款和中小企业贷款损失，应先冲减已在税前扣除的贷款损失准备金，不足冲减部分可据实在计算应纳税所得额时扣除。

二是对金融机构相关涉农业务的税收优惠。2010 年 5 月，财政部、国家税务总局发布的《关于农村金融有关税收政策的通知》规定：自2009 年 1 月 1 日至 2013 年 12 月 31 日，对金融机构农户小额贷款（单笔且该户贷款余额总额在 5 万元及以下）的利息收入，免征营业税；对金融机构农户小额贷款的利息收入在计算应纳税所得额时，按 90% 计入收入总额；对保险公司为种植业、养殖业提供保险业务取得的保费收入，在计算应纳税所得额时，按 90% 比例减计收入。[①] 2012 年 3 月，财政部、国家税务总局发布《关于保险公司农业巨灾风险准备金企业所得税税前扣除政策的通知》，对保险公司计提的农业保险巨灾风险准备金在企业所得税税前进行扣除。2014 年 12 月，国务院将金融机构农户小

---

① 《关于农村金融有关税收政策的通知》，中国政府网，2010 年 5 月 27 日，https://www. gov. cn/zwgk/2010-05/27/content_1614753. htm。

额贷款与保险公司农业巨灾风险准备金这两项税收优惠政策延长至 2016 年底，且财政部、国家税务总局把金融机构对农户的小额贷款免税额提高到 10 万元。2017 年，财政部、国家税务总局发布《关于延续支持农村金融发展有关税收政策的通知》，又将上述两项税收优惠政策延长到 2019 年底，以增强农户对小额贷款和农业保险的可获得性。

另外，为促进农村信用担保业务的发展，财政部、国家税务总局还开展对农村信用担保业务的税收优惠。2016 年 3 月，财政部、国家税务总局发布《关于全面推开营业税改征增值税试点的通知》，对符合一定条件的担保机构从事中小企业信用担保或者再担保业务取得的收入 3 年内免征增值税。2017 年 12 月，财政部、国家税务总局又发布《关于租入固定资产进项税额抵扣等增值税政策的通知》，规定：自 2018 年 1 月 1 日至 2019 年 12 月 31 日，为农户、小型企业、微型企业及个体工商户借款、发行债券提供融资担保取得的担保费收入，以及为上述融资担保提供再担保取得的再担保费收入，免征增值税。实际上，国家不断延续对开展农村信用担保业务的税收优惠政策，以支持农村信用担保基础设施建设。

（二）货币信贷扶持政策

1. 差异化的存款准备金率政策

为了提升农村金融供给能力，中国人民银行对农村金融机构实施差异化的存款准备金率政策。2008 年 6 月末，全国性商业银行、城市商业银行、农村商业银行执行的法定存款准备金率为 17.5%，农村合作银行为 16.5%，农村信用社为 15%，其中对涉农贷款比例较高、资产规模较小的 1379 家县（市）农村信用社执行 12% 的法定存款准备金率，比一般商业银行低 5.5 个百分点。[①] 2010 年以来，中国人民银行多次上调存款准备金率。农村信用社执行比大型商业银行低 6 个百分点的优惠存款准备金率，尤其是涉农贷款比例较高、资产规模较小的农村信用社执

---

① 中国人民银行农村金融服务研究小组编《中国农村金融服务报告 2008》，中国金融出版社，2008，第 33 页。

行的存款准备金率比大型商业银行低 7 个百分点。同时，村镇银行的法定存款准备金率执行当地农村信用社的标准。[①] 2014 年，中国人民银行实行"定向降准"，对符合条件的商业银行实行 17.5% 的法定存款准备金率，对农村商业银行、农村合作银行、农村信用社和村镇银行分别实行 16%、14%、14% 和 14% 的法定存款准备金率，这一政策覆盖大约 2/3 的城市商业银行、80% 的非县域农村商业银行和 90% 的非县域农村合作银行。[②]

2016 年以来，中国人民银行多次下调存款准备金率，对涉农金融机构执行更为优惠的存款准备金政策。大型商业银行执行 17% 的存款准备金率，县域农村商业银行执行 12% 的存款准备金率，农村合作银行、农村信用社、村镇银行执行 9% 的存款准备金率。[③] 如果银行可将新增存款的一定比例用于当地贷款，那么该银行的存款准备金率可以再降低 1 个百分点；符合宏观审慎经营标准且"三农"或小微企业贷款达到一定比例的商业银行，可享受比同类机构正常标准低 0.5～1.5 个百分点的存款准备金率；中国农业银行县级"三农"事业部执行比中国农业银行低 2 个百分点的存款准备金率。[④] 2019 年，中国人民银行对服务县域的农村商业银行定向降准 2～3.5 个百分点，[⑤] 并与农村信用社并档。

2017 年，中国人民银行将对"三农"和小微企业实施的定向降准政策拓展至脱贫攻坚等普惠金融领域，考核的金融机构范围包括国有大型商业银行、中国邮政储蓄银行、股份制商业银行、城市商业银行、非县域农村商业银行等，符合宏观审慎经营标准且普惠金融领域贷款达到

---

① 中国人民银行农村金融服务研究小组编《中国农村金融服务报告 2010》，中国金融出版社，2011，第 41 页。

② 中国人民银行农村金融服务研究小组编《中国农村金融服务报告 2014》，中国金融出版社，2015，第 20～22 页。

③ 中国人民银行农村金融服务研究小组编《中国农村金融服务报告 2016》，中国金融出版社，2017，第 19 页。

④ 中国人民银行农村金融服务研究小组编《中国农村金融服务报告 2016》，中国金融出版社，2017，第 19 页。

⑤ 中国人民银行农村金融服务研究小组编《中国农村金融服务报告 2020》，中国金融出版社，2021，第 17 页。

一定比例的城市金融机构，可享受 0.5 个百分点或 1.5 个百分点的存款准备金率优惠，以鼓励城市金融机构对"三农"、小微企业的信贷投入。2018 年 1 月，普惠金融定向降准全面实施，惠及全部大中型商业银行、近 80% 的城市商业银行和 90% 的非县域农村商业银行，释放资金约 4500 亿元。①

　　综上，2008 年以来，中国人民银行实行有差异的存款准备金制度，主要农村金融机构执行的存款准备金率从 15%～17.5% 下降到 2019 年的 8%，下降了 7～9.5 个百分点，大大低于国有大型商业银行、股份制商业银行和城市商业银行等城市金融机构的执行标准；同时，对实施普惠金融政策的国有大型商业银行、股份制商业银行和城市商业银行等城市金融机构也实行比正常标准优惠 0.5 个百分点或 1.5 个百分点的存款准备金率。中国人民银行实施的"定向降准"政策，聚焦"三农"、小微、扶贫等普惠金融领域，有效推动了农村金融的发展，促进了农村地区信贷可获得性的增强。

　　2. 支农再贷款政策

　　支农再贷款是 1999 年中国人民银行为改善农村金融服务，支持涉农信贷达到一定比例而使农户贷款不足的农村信用社增加对农户的资金投放，给予的利率较低的再贷款政策。2006 年以来，随着农村信用社改革后资金实力的增强，中国人民银行开始加强支农再贷款的地区间调剂，把资金向中西部地区和粮食主产区倾斜，把支农再贷款的发放范围由农村信用社扩大到农村商业银行、农村合作银行、村镇银行等设在县域的农村中小金融机构，并将支农再贷款的适用范围由农户扩大到其他涉农领域。2012 年，中国人民银行发布的《关于开展拓宽支农再贷款适用范围试点的通知》，又将支农再贷款的适用范围拓展到设在市区的涉农贷款占其各项贷款的比例不低于 70% 的农村信用社、农村商业银行、农村合作银行和村镇银行四类机构，中国人民银行不断加大对支农

---

　　①　中国人民银行农村金融服务研究小组编《中国农村金融服务报告 2018》，中国金融出版社，2019，第 20 页。

再贷款的支持力度，当年累计发放支农再贷款 2090 亿元。[1]

2014 年，中国人民银行发布的《关于完善信贷政策支持再贷款管理 支持扩大"三农"、小微企业信贷投放的通知》强调，"调整信贷政策支持再贷款发放条件，下调支农、支小再贷款利率，明确量化标准，对信贷政策支持再贷款业务管理进行全面规范完善"。[2] 该通知把支持小微企业（简称"支小"）也明确纳入农村金融机构支持的对象范围，并把支持主体由农村金融机构拓展到城市商业银行，把支农、支小再贷款利率分别下调 0.25 个百分点、0.4 个百分点，通过降低涉农贷款成本，引导金融机构扩大涉农贷款投资规模。2014 年末全国支农再贷款余额达 2154 亿元。[3] 2016 年，中国人民银行又把支农、支小再贷款一年期利率分别下调到 2.75%、3.25%。[4] 同时，其开展扶贫再贷款业务，一年期利率为 1.75%。可见，支农再贷款的利率水平远远低于同期国家贷款的基准利率水平，大大增强了金融机构支持"三农"和小微企业融资的积极性。截至 2018 年末，全国支农、支小再贷款余额分别为 2870 亿元、2172 亿元，[5] 比 2010 年支农再贷款余额（723 亿元）增长了 2.97 倍，比 2016 年支小再贷款余额（537 亿元）增长了 3.04 倍。

中国人民银行对金融机构发放大量的支农、支小再贷款，实施较低的优惠利率。支农再贷款，作为一项长期的政策工具，在我国城乡金融关系统筹联动的背景下，降低了涉农贷款的资金成本，调动了城乡金融机构增加涉农贷款的积极性，有利于增强农村金融领域的资金供给能力，尤其是增加城乡金融机构对中西部贫困地区的资金供给，增强农户

---

[1] 中国人民银行农村金融服务研究小组编《中国农村金融服务报告 2012》，中国金融出版社，2013，第 83 页。

[2] 中国人民银行编著《中国金融改革开放大事记 1978—2018》（下册），中国金融出版社，2020，第 1036 页。

[3] 中国人民银行农村金融服务研究小组编《中国农村金融服务报告 2014》，中国金融出版社，2015，第 20 页。

[4] 中国人民银行农村金融服务研究小组编《中国农村金融服务报告 2016》，中国金融出版社，2017，第 20 页。

[5] 中国人民银行农村金融服务研究小组编《中国农村金融服务报告 2018》，中国金融出版社，2019，第 18 页。

和小微企业的信贷可获得性，客观上有利于缩小城乡金融的差距。

3. 支农再贴现政策

再贴现是中国人民银行对金融机构持有的已贴现票据进行贴现的业务，是中国人民银行向金融机构提供融资的一种方式。自 1986 年再贴现正式开办以来，票据市场发展滞后，票据贴现和再贴现的规模都比较小，其难以发挥货币政策工具的功能。2006 年以来，随着我国社会主义市场经济改革深入发展，中国人民银行开始重视发挥再贴现政策的功能，将再贴现政策重点用于支持金融机构扩大对涉农、小微企业的信贷投放。2014 年，中国人民银行明确要求各分支机构对涉农票据、小微企业持有或收受的票据，以及中小金融机构承兑、持有的票据优先办理再贴现，对票面金额在 500 万元以下的票据优先办理再贴现。同时，中国人民银行给予利率优惠，要求金融机构办理再贴现时的贴现利率应低于该金融机构同期同档次贴现的加权平均利率，以降低社会融资成本，[①] 不断引导金融机构增加对"三农"、民营企业、小微企业尤其是普惠口径小微企业的信贷投放。2014 年底，中国人民银行发放的再贴现余额为 1372 亿元，[②] 到 2018 年末就增长到 3290 亿元，[③] 增长了 1.40 倍，这些资金都投向了"三农"和小微企业。

4. "新增存款一定比例用于当地贷款"的政策

为遏制农村金融资源外流、促进农村金融改革与支持"三农"发展，2008 年 10 月，党的十七届三中全会发布《关于推进农村改革发展若干重大问题的决定》，提出"县域内银行业金融机构新吸收的存款，主要用于当地发放贷款"的明确要求。为落实中央精神，2010 年中国人民银行、中国银监会发布了《关于鼓励县域法人金融机构将新增存款

---

① 《人民银行增再贴现 支持"三农"和小微企业信贷》，中国政府网，2014 年 8 月 8 日，https://www.gov.cn/xinwen/2014-08/08/content_2734366.htm。

② 中国人民银行农村金融服务研究小组编《中国农村金融服务报告 2014》，中国金融出版社，2015，第 21 页。

③ 中国人民银行农村金融服务研究小组编《中国农村金融服务报告 2018》，中国金融出版社，2019，第 18 页。

一定比例用于当地贷款的考核办法（试行）》，考核范围为中部、西部、东北地区的 20 多个省（自治区、直辖市）内全部县域，以及东北地区 7 个国家扶贫开发工作重点县和省级扶贫开发工作重点县。考核对象是县域内法人存款类金融机构，主要包括农村信用社、农村合作银行、农村商业银行和村镇银行等。根据考核办法，这些农村金融机构考核达标后，存款准备金率按低于同类金融机构正常标准 1 个百分点执行；达标且财务健康的县域法人金融机构可按其新增贷款的一定比例申请再贷款，并享受优惠利率，以促进农村金融机构改善农村金融服务。

随后，为保证县域法人金融机构的两项激励措施能够有效衔接，2011 年中国人民银行发布《关于认真组织落实县域法人金融机构新增存款一定比例用于当地贷款激励政策及农村信用社专项票据兑付后续监测考核激励约束政策的通知》，将两项政策合并执行，对于达标的农村信用社和村镇银行，中国人民银行安排增加支农再贷款。2012 年，对于两项考核同时达标的 536 个县（市）农村信用社和 78 个村镇银行，中国人民银行安排增加 300 亿元的支农再贷款。[①] 之后，考核达标的农村金融机构不断增多。2013 年以来，中国人民银行不断加强对县域法人金融机构"新增存款一定比例用于当地贷款"的考核和检测，通过差别化的存款准备金率和优惠的支农再贷款利率政策，引导县域金融机构把资金投向"三农"领域，这些政策措施取得了较好的效果。据统计，2015 年末，农村小型金融机构（含农村商业银行、农村信用社、农村合作银行和村镇银行）的涉农贷款余额达 82411 亿元，[②] 2019 年增长到 110549 亿元，[③] 增长了 34.14%，创下了涉农贷款的新高。

此外，中国人民银行还发行专项票据用于置换农村信用社的不良资产和弥补历年亏损，实际就是国家用钱购买了改革成效突出的农村信用社的不良资产，即所谓"花钱买机制"，以促进农村信用社改革的顺利

---

① 中国人民银行农村金融服务研究小组编《中国农村金融服务报告 2012》，中国金融出版社，2013，第 84 页。
② 根据《中国金融年鉴 2016》计算整理。
③ 根据《中国金融年鉴 2020》计算整理。

进行。自改革以来,中国人民银行共完成32期专项票据发行、兑付考核,对2408个县(市)农村信用社发行、兑付专项票据1699亿元。[①]专项票据兑付后,中国人民银行还将对农村信用社进行3年的监测,对各项关键指标进行考核和开展现场检查,以帮助农村信用社化解历史包袱,顺利进行产权制度改革,增强农村信用社的支农能力。

(三) 差异化监管政策

1. 对农村商业银行服务"三农"机制建设进行监管

为贯彻中共中央、国务院关于金融支持"三农"发展的有关精神,促进农村金融健康发展,2014年,中国银监会出台《加强农村商业银行三农金融服务机制建设监管指引》[②],对农村信用社改制为农村商业银行后的股权结构、公司治理、发展战略、组织架构、业务发展、风险管理、人才队伍和绩效考核等方面进行了制度安排,以保障农村商业银行支持"三农"发展。该指引在股权结构方面,要求"鼓励吸收优质涉农企业、农民合作社、种养大户、家庭农场等新型农业经营主体投资入股";在公司治理方面,要求"大中城市和县域农村商业银行董事会下应设立由董事长任主任委员的三农金融服务委员会";在发展战略方面,要求"明确三农业务发展战略目标,建立服务三农的差异化业务模式";在组织架构方面,要求"大中城市和城区农村商业银行三农金融业务规模较大的分支机构应按照总行部门设置相应设立三农业务部门或岗位";等等。

为保证农村商业银行"三农"金融服务机制建设的顺利进行,中国银监会将监督检查和评价结果与机构市场准入、监管评级、标杆行评选、高管人员履职评价挂钩,建立正向激励机制。中国银监会对服务"三农"业绩突出的农村商业银行在利用资本市场和债券市场募资、业务创新、机构设立等方面予以优先支持,在监管评级时予以特殊安排,

---

① 中国人民银行农村金融服务研究小组编《中国农村金融服务报告2014》,中国金融出版社,2015,第42页。
② 农村合作银行、农村信用合作联社参照本指引执行,村镇银行可比照本指引执行。

允许对涉农贷款不良率在容忍度以内的农村商业银行，宽松处理资产质量要素相关评级指标。中国银监会建立农村商业银行服务"三农"机制建设的上下联动和横向联动的监管机制，增强监管合力，强化监管有效性。①

加强对农村商业银行服务"三农"机制建设的监管，不仅有利于农村金融机构不断增强服务"三农"的能力；而且有利于巩固农村金融机构面向"三农"服务社区的市场定位，使其不脱农、多惠农，不断强化普惠金融理念，建立农村金融服务"三农"的长效机制。

2. 对农村金融机构实行差异化监管

为支持农村金融的改革发展，建立多层次的农村金融机构体系，中国银监会对商业银行和主要农村金融机构实行差异化监管政策。农村金融机构在注册资本金、股东人数、股东资格、股权结构规定、核心资本充足率、存款准备金率、贷款利率和经营管理等方面的限制规定和门槛要求都比商业银行更宽松和更低，为资本回流农村创造了有利条件。而且，对于在农村地区新设机构的商业银行，中国银监会对其在城区机构和业务准入方面给予便利。中国银监会免征农村资金互助社的监管费，对其他农村金融机构的监管费减半征收；② 对在农村贫困地区设立的机构网点适度放宽准入标准，建立绿色通道。同时，中国银监会也根据农村金融机构的实际情况，对农村合作银行、农村信用社和村镇银行设定差异化资本要求，允许支农再贷款发放的涉农贷款和"三农"金融专项债所对应的涉农贷款不纳入存贷比分子计算范围，并对农村金融机构给予差别化流动性覆盖率考核和涉农不良贷款容忍度。③ 可见，中国银监会对农村金融机构实行有别于城市金融机构的差异化监管政策，有利

---

① 《中国银监会办公厅关于印发加强农村商业银行三农金融服务机制建设监管指引的通知》，国家金融监督管理总局网站，2014 年 12 月 9 日，https://www.cbirc.gov.cn/cn/view/pages/governmentDetail.html? docId = 279731&itemId = 868&generaltype = 1。

② 中国人民银行农村金融服务研究小组编《中国农村金融服务报告 2008》，中国金融出版社，2008，第 35 页。

③ 中国人民银行农村金融服务研究小组编《中国农村金融服务报告 2016》，中国金融出版社，2017，第 27 页。

于促进农村金融机构的充分发展。

3. 把普惠金融纳入监管评价体系，督促城市大中型商业银行履行"支农"的社会责任

普惠金融要求以可负担的成本为有金融服务需求的社会各阶层和群体提供适当、有效的金融服务。在我国，小微企业、农民、城镇低收入人群和贫困人群等弱势群体是普惠金融的重点服务对象。大力发展普惠金融，为小微企业、农民、城镇低收入人群等弱势群体提供有效金融服务，有利于缩小城乡金融差距。同时，发展普惠金融是我国银行业履行社会责任的重要体现。社会责任能使银行业更加注重长远利益而非短期利益，当银行按照社会目标行事时，就可以实现银行和社会的双赢。[①]我国银行业承担社会责任，在追求利润最大化的同时，严格履行社会责任，包括支持"三农"、小微企业和贫困地区发展，这是精准扶贫的必然选择，也是全面建设小康社会的内在要求。

中共中央、国务院非常重视普惠金融发展。2013 年，党的十八届三中全会明确把"发展普惠金融"作为我国金融改革的重要目标，并做出了具体的规划；2017 年，国务院《政府工作报告》明确指出，"鼓励大中型商业银行设立普惠金融事业部"，这实际上明确提出发展普惠金融是城市大中型商业银行责无旁贷的社会责任。

随后，中国银监会等部门联合发布《大中型商业银行设立普惠金融事业部实施方案》，对大中型商业银行普惠金融事业部经营情况进行差异化监测、评估和考核，围绕小微企业、农户等普惠金融重点客户，将其基础金融服务、信贷投放以及服务的覆盖率、可得性、满意度等情况纳入监管评价体系。2018 年，中国银监会办公厅印发《关于 2018 年推动银行业小微企业金融服务高质量发展的通知》《关于做好 2018 年银行业三农和扶贫金融服务工作的通知》，不断细化普惠金融考核目标，明确普惠金融差异化监管要求，对从事普惠金融的城市大中型商业银行开

---

① 刘明康主编《中国银行业改革开放 30 年（1978—2008）》（下册），中国金融出版社，2009，第 657～658 页。

展涉农贷款、精准扶贫贷款不良率高出自身各项贷款目标 2 个百分点（含）以内，不作为银行内部考核评价的扣分因素，并要求各银行业金融机构制定和完善涉农、扶贫金融服务尽职免责制度。[①] 正是在党中央的号召下与中国银监会的推动下，我国城市大中型银行积极实施普惠金融政策，不断加大对"三农"和小微企业的信贷投入力度。据统计，2019 年末全国大中型银行涉农贷款、农户贷款分别为 1208852 亿元、38640 亿元，[②] 占全国金融机构涉农贷款、农户贷款的 59.36%、37.35%。这已经完全扭转了 2006 年以前很少对"三农"、小微企业发放贷款的局面。

总之，为落实中央精神，中国银监会把发展普惠金融纳入监管评价体系，将城市大中型银行发放"三农"、小微企业和扶贫贷款的数量、增速等作为考核目标，这有利于把城市金融资源引入农村，畅通城市金融支农的渠道，解决小微企业、"三农"等薄弱领域融资难、融资贵等问题，促进城乡金融的均衡化发展。实际上，这也是中国银监会督促城市大中型银行履行支持"三农"、小微企业和扶贫等社会责任的内在要求。

二 城乡金融关系统筹联动的实质：城市金融"反哺"农村金融

在我国城乡金融关系发展史中，2005 年以前，农村金融长期为城市金融输送资金，促进城市金融向高级阶段的现代化金融迈进，而农村金融发展还处在传统阶段，两者巨大的差距不仅影响农村金融发展，也不利于城市金融发展。客观上来说，2005 年以前，城市金融从农村金融"汲取"了大量资金，属于"汲取型"城乡金融关系，是不可持续的。只有城乡金融统筹联动发展，让城市金融资源进入农村，农村资金

---

① 中国人民银行农村金融服务研究小组编《中国农村金融服务报告 2018》，中国金融出版社，2019，第 25 页。
② 根据《中国金融年鉴 2020》计算整理。

"回流"，城乡金融关系才能由"汲取型"向"互助型"转变，才能缩小城乡金融差距，实现城乡金融的协调发展。

2006 年以来，我国城乡金融关系进入了统筹联动发展时期，国家通过顶层设计，采取多种措施，不断强化城乡金融关系的统筹联动发展。一方面，加强农村金融改革，让农村金融充分发展，遏制农村金融资源外流，引导农村金融资源留在农村。突出表现为：改革农村金融机构，增强农村金融服务能力，包括农村信用社改革与增强农村金融"主力军"地位、中国农业银行股份制改革及其"三农事业部"的建立、中国农业发展银行扩大业务范围与强化政策性职能定位、中国邮政储蓄银行的成立及其"三农事业部"的建立，放宽市场准入限制，建立村镇银行、农村资金互助社等新型农村金融机构，设立农村小额贷款公司与试点农村新型合作金融，试图将农村资金留在农村，不断增加农村金融供给。另一方面，通过政策指引，把城市金融资源引入农村，畅通城市金融支持农村金融的渠道，包括支持国家开发银行大力发挥"开发性"金融支农作用；鼓励城市金融机构发起设立村镇银行，把资金流入农村；引导大型商业银行、股份制商业银行、城市商业银行等城市金融机构成立普惠金融事业部，开展普惠金融和金融扶贫工作，不断加大对"三农"和小微企业的支持力度；同时，引导城市互联网金融向农村拓展，不断提高农村金融服务效率。

在城乡金融关系统筹联动发展过程中，针对农村金融"成本高、风险大"的核心问题，政府对其中成本费用相对较高的地域、业务领域给予财政补贴、税收优惠或实施激励性金融政策。各项政策的实施降低了涉农贷款的成本与风险，形成了农村金融的政策扶持体系，在一定程度上弥补了市场配置机制的不足，对消化农村金融机构历史包袱、促进深化改革和有效调动城乡金融机构的支农积极性发挥了正向作用，这是我国城乡金融关系统筹联动发展的突出特点。

实际上，我国城乡金融关系统筹联动发展的实质是城市金融对农村金融的"反哺"。从国内大循环系统看，我国城乡金融属于"共生"关系，不能把二者看作单独的、互不相关的事物，实际上二者是相互影响、相互促进与相互依存的关系。在城市金融发展水平较低时，城市金融的优先发展是以抑制、牺牲农村金融为代价的；当城市金融发展到一定程度时，城市金融就应该支持、"反哺"农村金融，实现二者协调发展。2006 年以来，我国主要城市金融机构基本完成现代化的股份制改造，公司治理结构日益完善，核心资本充足率等基本达到国际通用的《巴塞尔协议Ⅲ》要求。而且，城市金融机构的盈利能力增强，出现了流动性过剩的问题，基本达到了城市金融"反哺"农村金融的条件与"临界点"。相反，农村金融还处在传统阶段，不仅严重滞后于城市金融，也严重滞后于农村经济发展，长此以往，必然影响国民经济协调发展与高质量发展。

在这种情况下，政府促进城乡金融关系的统筹联动发展，实施一系列财政、金融补贴政策与建立正向激励机制，从而形成了常态化的农村金融支持体系。这促进了农村金融基础设施的完善，扩大了农村金融的覆盖面，增强了农村金融的可获得性，而且畅通了城市金融支持农村金融的渠道，把城市金融资源引入农村，实现城乡金融资源的双向流动，形成了"互助型"城乡金融关系。其中，城市金融机构对农村地区发放了大量涉农贷款和农户贷款，承担起了服务"三农"和扶贫的社会责任；城市金融机构在农村地区发起设立村镇银行、贷款公司等金融机构，把其资金、设备、管理、人才、企业文化和理念等也引入农村，改善了农村金融市场的竞争环境，促进了农村金融的有序竞争和良性发展，缩小了城乡金融的差距。因此，我国城乡金融关系统筹联动发展，实现了城市金融支持农村金融发展壮大，呈现城乡金融的一体化、均衡化发展趋势，实质上就是城市金融对农村金融的"反哺"。这是在金融领域对胡锦涛在党的十六届四中全会上提出"两个趋向"论断的具体实践，也是在金融领域对习近平总书记在党的十九大提出的建立健全城乡融合发展体制机制和政策体系的探索性实践。

第六节 城乡金融关系的统筹联动对农村经济社会发展的影响

随着我国城乡金融关系的统筹联动发展，农村金融进入了充分发展的大好时期，我国城乡金融呈现均衡化发展趋势。在这一过程中，我国不仅有效遏制了农村金融资源外流，还引导城市金融资源进入农村，不断提升农村金融供给能力。这有效满足了"三农"、小微企业和贫困地区的资金需求，增加了农民收入，缩小了城乡收入差距，对实现精准扶贫、促进农村经济社会发展与全面建设小康社会做出重要贡献。

一 有利于遏制农村金融资源外流，提升农村金融供给能力

长期以来，我国农村金融资源外流严重，农村信用社、邮政储蓄机构、中国农业银行以及位于县域的其他金融机构都是农村资金外流的渠道，这致使我国农民不能获取足够的资金去发展生产，"三农"问题长期得不到有效解决，这是严重影响我国在农村全面建设小康社会的因素之一。2006 年以来，中共中央、国务院不断加强农村金融发展的顶层设计，通过采取一系列财税、货币支持政策，促进城乡金融关系统筹联动发展。首先，对农村信用社、中国农业银行、中国农业发展银行和中国邮政储蓄银行等农村金融机构进行"存量"改革，引导这些金融机构以服务"三农"为市场定位，把更多的资金投向农村地区。其次，放宽市场准入限制，对农村金融的"增量"进行改革，建立村镇银行、农村资金互助社等新型农村金融机构，这些新型金融机构扎根农村，方便农户存款，并对"三农"发放贷款，基本上把"农村的资金留在了农村"；同时，还设立农村小额贷款公司与试点农村新型合作金融，把农村资金用于农村，不断增加农村金融供给。再次，对城市金融机构的县域分支机构网点，通过实施各种激励性、导向性的政策与措施，引导其服务"三农"。最后，通过设立"三农事业部"，引入城市金融资源

服务"三农"与小微企业。这些政策措施的实施不仅使农村金融机构的绝大多数资金留在农村，有效遏制了农村金融资源大量外流，而且把城市金融资源引入农村，拓宽了农村金融信贷渠道，从而提升了农村金融的供给能力。

表 4-21 显示，2007~2019 年城乡金融机构对"三农"发放的贷款增长很快，无论是增长数量还是增长速度都达到了很高的水平。从涉农贷款来看，2007 年城乡金融机构涉农贷款余额为 61151 亿元，到 2019 年增长到 351850 亿元，增长了 4.75 倍，年均增长 15.7%（全国各项贷款年均增长 15.4%），且涉农贷款占全国各项贷款的比重均在 20% 以上，尤其是 2014 年达到了 28.1%。其中，农村贷款余额由 2007 年的50384 亿元增长到 2019 年的 288371 亿元，增长了 4.72 倍，年均增长15.6%；农林牧渔贷款余额由 2007 年的 15055 亿元增长到 2019 年的39695 亿元，增长了 1.64 倍，年均增长 8.4%。表现最为突出的是农户贷款，其余额由 2007 年的 13399 亿元增长到 2019 年的 103446 亿元，增长了 6.72 倍，年均增长 18.6%，比全国各项贷款年均增长率高 3.2 个百分点。这些情况表明，2007 年以来，我国农村金融供给能力大大超过历史上任一时期，达到最高水平。

表 4-21 2007~2019 年城乡金融机构"三农"贷款统计

单位：亿元，%

年份	农村贷款		农林牧渔贷款		农户贷款		涉农贷款	
	余额	占全国各项贷款	余额	占全国各项贷款	余额	占全国各项贷款	余额	占全国各项贷款
2007	50384	18.1	15055	5.4	13399	4.8	61151	22.0
2008	55569	17.4	15559	4.9	15170	4.7	69124	21.6
2009	74551	17.5	19488	4.6	20134	4.7	91316	21.5
2010	98017	19.2	23045	4.5	26043	5.1	117658	23.1
2011	121469	20.9	24436	4.2	31023	5.3	146016	25.1
2012	145467	21.6	27261	4.1	36195	5.4	176310	26.2
2013	173025	22.6	30437	4.0	45047	5.9	208893	27.3

续表

年份	农村贷款		农林牧渔贷款		农户贷款		涉农贷款	
	余额	占全国各项贷款	余额	占全国各项贷款	余额	占全国各项贷款	余额	占全国各项贷款
2014	194383	23.2	33394	4.0	53587	6.4	236002	28.1
2015	216055	22.8	35137	3.7	61488	6.5	263522	27.8
2016	230092	21.6	36627	3.4	70846	6.6	282336	26.5
2017	251398	20.7	38713	3.2	81056	6.7	309547	25.4
2018	266386	19.6	39424	2.9	92322	6.8	326806	24.0
2019	288371	19.1	39695	2.6	103446	6.9	351850	23.3
年均增长	15.6		8.4		18.6		15.7	

资料来源：《中国金融年鉴》（2008~2020 年）、《中国农村金融服务报告 2020》。

二　有利于促进农村经济社会发展

农村经济发展需要资金投入，尤其是需要把农村储蓄资金转化为对农村的投资，如此农村经济规模才能扩大，农村经济发展才有坚实的物质基础。2006 年以来，中共中央、国务院加大统筹城乡发展力度，进一步夯实农业农村发展基础，农业由传统农业向现代农业发展、农村由传统社会向现代社会转型、农民由传统农民向新型农民转变的速度不断加快。在这个过程中，资金投入尤其是金融资金的投入起到关键性作用。通过采取财税优惠、货币政策扶持和差异化监管等正向激励措施，不断加大对农村金融改革的政策支持力度，引导更多信贷资金投向农村。同时，畅通城市金融支农渠道，把城市金融资源引入农村，并不断增加对农村的投资，使农村投资规模不断扩大。由表 4-21 可知，2007 年以来，金融机构的涉农贷款规模是非常庞大的，2019 年涉农贷款余额达到了 351850 亿元，占全国各项贷款的 23.3%，农村贷款、农林牧渔贷款与农户贷款都达到了历史上的峰值。这些资金转化为对农村的投资，促进了农村经济社会的快速发展，突出表现在以下几个方面。

首先，农村金融供给的增加促进了现代农业的发展。现代农业是指采用机械化、集约化和规模化的生产方式，运用农业科技。2006 年以来，我国大量金融资金投向"三农"领域，尤其支持种植大户与农业企业规模化经营、集约化生产，促进了农业机械化、农业产业化与现代特色农业的发展，取得了较好的效果。在农业机械化方面，银行业加大对"三农"使用农业机械的支持力度，助力农业机械化发展。2006 年我国农业机械总动力为 72522.1 万千瓦，2019 年增加到 102758.3 万千瓦，增加了 41.69%；大中型拖拉机由 2006 年的 171.82 万台增加到 2019 年的 443.86 万台，[①] 增加了 158.33%。2019 年，全国农作物耕种收综合机械化率超过 70%。在农业集约化方面，主要表现为金融大力支持"三农"开展农田基本建设，发展浇灌，采用农业新技术增施肥，营销推广优良品种，推行专业化耕作机制等。2019 年全国耕地灌溉面积为 68678600 公顷，农药化肥施用量为 5403.6 万吨，[②] 分别比 2006 年增长了 23.19%、9.66%。在农业产业化方面，金融机构支持农业产业化龙头企业、家庭农场与农业合作社等农村经济组织，为产供销、农工商一体化经营提供融资支持。2019 年，全国农业产业化龙头企业共 9.3 万家，家庭农场有 60 万个，农业合作社达到 220.3 万家。[③] 农村金融供给的增加大大促进了农业产业化、规模化发展。在农业科技方面，金融机构为"三农"发展农业科技提供融资支持，现代农业的发展越来越取决于农业科技。2019 年，农业科技进步对农业增长的贡献率达到 59.2%。[④] 这些情况表明，2006 年以来，我国现代农业的发展与农村金融支持密不可分。

其次，农村金融供给增加促进了农村社会转型。农村社会由传统社

[①] 资料来源：《中国统计年鉴 2020》。
[②] 资料来源：《中国统计年鉴 2020》。
[③] 孙世芳、辛贤、刘溟等：《2019 中国农业经济发展报告及展望》，《经济日报》2020 年 6 月 19 日。
[④] 孙世芳、辛贤、刘溟等：《2019 中国农业经济发展报告及展望》，《经济日报》2020 年 6 月 19 日。

会向现代社会转型需要大量的资金投入，特别是农村水、电、路、网等基础设施建设与农村医疗保险、养老保险等社会保障建设都需要大量的资金投入。2006 年以来，党和政府非常重视解决农村公共服务不足的问题，将大量财政资金投向农村，农村金融供给不断增加，尤其是国家开发银行将大量资金投向农村水、电、路、管、网等基础设施与人居环境建设方面，再加上农村金融基础设施不断完善，农村金融机构为农村社会提供账户开通、银行卡发放与余额查询等服务，互联网金融也不断向农村拓展，为农民消费与农民创业提供融资服务……农村公共事务加快发展，城乡公共服务的差距在不断缩小，农村现代化稳步发展，农村社会正在快速从传统社会向现代社会转型。

最后，农村金融资源供给增加促进了新型农民的形成。新型农民是爱农业、懂技术、善经营的新型职业农民，新型农民包括生产经营、专业技能和社会服务等方面的专业人才。新型农民的形成离不开农村金融的支持。2006 年以来，在国家财政加大对农业农村投入的同时，农村金融供给也不断增加，大量资金投向农户，为农户提供技术培训，为农户创业提供贷款支持，从而不断增强农民专业技术能力、生产经营能力和社会化服务能力。表 4-21 显示，金融机构大量资金投向农户，2019 年农户贷款余额为 103446 亿元，占全国各项贷款的 6.9%，比 2007 年增长了 6.72 倍。显然，金融机构将大量资金贷给农户，对新型农民的培养和形成起到至关重要的作用。

三　有利于增加农民收入，缩小城乡收入差距

2006 年以来，随着经济的快速发展，我国城乡居民的人均收入都有所增长，但是农村居民收入增长速度超过了城镇居民收入增长速度，二者的差距呈不断缩小的趋势，这样就扭转了改革开放以来长时期城乡居民收入差距不断扩大的局面。主要表现为：从城乡居民人均收入增长速度看，表 4-22 显示，2006 年我国城镇居民人均可支配收入为 11759.5 元，到 2019 年增长到 42358.8 元，增长了 2.60 倍，年均增长速度为 10.36%；

2006 年农村居民人均可支配收入为 3587.0 元，到 2019 年增长到 16020.7 元，增长了 3.47 倍，年均增长速度为 12.20%。显然，农村居民人均可支配收入的增长速度快于城镇居民人均可支配收入的增长速度。从城乡居民人均可支配收入同比增长情况看，2006 年、2007 年和 2009 年，农村居民人均可支配收入同比增长速度慢于城镇居民，2010 年以后，我国农村居民人均可支配收入同比增长速度明显快于城镇居民，尤其是 2013 年，农村居民人均可支配收入同比增长速度比城镇居民人均可支配收入同比增速高 11.4 个百分点。虽然 2014 年后城乡居民人均可支配收入的增长速度变缓，但是农村居民人均可支配收入同比增长速度依然快于城镇居民人均可支配收入同比增长速度。从城乡居民人均可支配收入差距倍数看，2006~2019 年城乡居民人均可支配收入差距呈缩小趋势，尤其是 2012 年以后城乡居民人均可支配收入差距的倍数减少得更快。如表 4-22 所示，2006 年城镇居民的人均可支配收入是农村居民的 3.28 倍，2012 年为 3.10 倍，2019 年降低到 2.64 倍，达到了 21 世纪以来的最低点。

表 4-22　2006~2019 年城乡居民人均收入变化情况

年份	城镇居民人均可支配收入（元）（1）	比上年增长（%）	农村居民人均可支配收入（元）（2）	比上年增长（%）	城乡居民人均可支配收入差距倍数（倍）（3）=（1）/（2）
2006	11759.5	13.3	3587.0	6.4	3.28
2007	13785.8	17.2	4140.4	15.4	3.33
2008	15780.8	14.5	4760.6	15.0	3.31
2009	17174.7	8.8	5153.2	8.2	3.33
2010	19109.4	11.3	5919.0	14.9	3.23
2011	21809.8	14.1	6977.3	17.9	3.13
2012	24564.7	12.6	7916.6	13.5	3.10
2013	26467.0	7.7	9429.6	19.1	2.81
2014	28843.9	9.0	10488.9	11.2	2.75
2015	31194.8	8.2	11421.7	8.9	2.73
2016	33616.2	7.8	12363.4	8.2	2.72
2017	36396.2	8.3	13432.4	8.6	2.71

续表

年份	城镇居民人均可支配收入（元）（1）	比上年增长（%）	农村居民人均可支配收入（元）（2）	比上年增长（%）	城乡居民人均可支配收入差距倍数（倍）（3）=（1）/（2）
2018	39250.8	7.8	14617.0	8.8	2.69
2019	42358.8	7.9	16020.7	9.6	2.64
年均增速	10.36		12.20		

资料来源：历年《中国统计年鉴》。

城乡居民收入差距的缩小有多方面的原因，其中农村金融供给增加是一个重要原因。农村金融供给增加与农村居民收入存在很大的相关性。一方面，农村金融的支持对农村资本和投资的形成起到至关重要的作用，农村金融供给增加引致的农村相关投资规模的扩大会直接对农村居民收入产生影响。而且，在这时期我国全面建设小康社会，农村金融资源多投向农村基础设施建设、农户、农村小微企业等国民经济的重点领域和薄弱环节，这使这些领域能产生更多的资本积累，形成规模投资，增加了农村居民收入，尤其是"以工代赈"的实施增加了农村贫困人口的收入，从而从整体上缩小了城乡收入差距。另一方面，农村金融供给增加，导致农村消费和投资增加，促进了农村居民收入水平的提高。因此，2006~2019 年我国农村金融供给的增加，是农村居民人均可支配收入增加、城乡居民收入差距缩小的重要原因。

四　有利于农村正规金融市场的兴起与农村高利贷的萎缩

2006 年以来，我国实行城乡金融关系统筹联动发展的政策，加大对农村金融的改革力度，建立了有利于农村金融机构可持续发展的长效机制。一方面，改革现有农村金融机构，并放宽农村金融准入标准，建立服务农村的新型金融机构；另一方面，畅通城市金融支农渠道，鼓励城市金融机构在农村地区设立分支机构，积极服务"三农"。至此，我国已经建立起集商业性、政策性与合作性于一体的多层次的农村金融机构体系。2019 年末，银行业金融机构的乡镇分支机构覆盖率达到 96%，全国行政村基础金融服务覆盖率达98%。[①] 客观上，遍及全国的农村金融网络改变了21世纪前后农村正规金融信贷市场萎缩的局面，促进了农村正规信贷市场的快速形成，金融机构涉农贷款规模占全国各项贷款的比例保持在20%以上。而且，涉农金融机构基本上形成了从"下"到"上"或从"上"到"下"的融资机制。如农村信用社通过从"下"到"上"建立省联社，在全省范围内统筹、调配资金，有利于增强农村信用社的资金供给能力与抗风险能力；农村商业银行也在城市建立分支机构，甚至在全国范围内筹资与投资；很多村镇银行是由城市商业银行发起设立的，城市商业银行是村镇银行的大股东，为村镇银行提供融资支持。而城市金融机构在农村设立分支机构，本身就是一种从"上"到"下"的管理模式，这样就实现了城乡金融资金双向流动，客观上形成了规模较为庞大的农村信贷市场。另外，农村保险市场是除了农村信贷市场外发展最快的市场。2019年末，保险业金融机构的乡镇分支机构覆盖率达到95%，在财政资金的支持下，我国农业保险市场已经发展成世界第二大农业保险市场；而农村证券市场、债券市场与期货市场也在稳步发展。因此，2006年以来，我国农村正规金融市场兴起并呈现快速发展的大好局面。

农村正规金融市场的兴起，尤其是农村正规信贷市场的兴起，客观上有利于抑制农村民间借贷的发展，尤其是抑制农村高利贷发展。据统计，2013年全国有34.7%的家庭参与了民间借贷，农村民间借贷参与率高达43.8%。[②] 虽然我国农村家庭民间借贷活动非常旺盛，但农村民间借贷参与率明显低于2005年以前的水平。而且，随着农村金融的发展，农村民间借贷参与率有下降的趋势。58同镇调研数据显示，2019年我国县域民间借贷参与率达到36.2%、银行借贷参与率为31.8%、互

---

① 张承惠、潘光伟、朱进元主编《中国农村金融发展报告2019—2020》，中国发展出版社，2021，第76页。
② 《农村民间借贷参与率超43%》，中国新闻网，2014年4月24日，https://www.chinanews.com/cj/2014/04-24/6099868.shtml。

联网借贷参与率为 25.5%。[①] 这表明，熟人间的拆借仍是我国农村家庭的首选，但银行借贷、互联网借贷明显增多。

一般情况下，熟人间的民间借贷多是无息或低息，但也不可避免地出现了高利贷现象，尤其是在农村贫困地区的农户和小微企业生产、生活出现困难，正规信贷机构贷款不足或发放不及时的情况下，农户和小微企业不得不求助于高利贷。2006 年以来，国家实施普惠金融政策，并采取一系列财税、金融支持政策，引导正规金融机构对农户、小微企业发放大量贷款，对贫困地区的农户发放小额扶贫贷款，积极开展金融扶贫，聚焦支农、支小。据统计，2019 年我国农村金融机构发放普惠型小微企业贷款 4.32 万亿元，占我国银行业金融机构的 37%。[②] 农村金融供给的不断增加，有利于改善农户和小微企业贷款难、贷款贵的局面。实际上，这也是国家在宏观调控中用经济手段抑制农村民间借贷与高利贷发展。

同时，在这期间国家对高利贷一直持消极、否定态度，如国家司法政策对高利贷的态度经历了"不予保护—不宜定罪—严厉打击"三个阶段，尤其是 2019 年 10 月，全国扫黑办召开新闻发布会，最高人民法院、最高人民检察院、公安部、司法部联合发布《关于办理非法放贷刑事案件若干问题的意见》，将实际年利率超过 36% 的放贷行为规定为"非法放贷行为"，非法放贷情节严重的将以"非法经营罪"定罪处罚。实际上，这是国家在宏观调控中用法律手段严厉打击高利贷发展。自此，国家对农村高利贷的监管越来越严，放高利贷的行为已经触犯法律而无法进行。因此，与 2005 年以前相比，这时期的农村高利贷处于不断萎缩的发展状态。

---

① 《58 同镇联合清华发布〈县域创业报告〉：年轻人是创业主力军 返乡创业者占比过半》，"环球网"百家号，2020 年 6 月 16 日，https://baijiahao.baidu.com/s？id＝1669621403018814181&wfr＝spider&for＝pc。

② 张承惠、潘光伟、朱进元主编《中国农村金融发展报告 2019—2020》，中国发展出版社，2021，第 74 页。

第五章 结语：中国城乡金融关系
发展演变的理论反思与前瞻

中国城乡金融关系的发展演变，离不开国家发展战略与政府政策的支持，但也受农村自身的内在因素的影响。中国城乡金融关系发展有许多有益的经验启示，尤其要坚持党对城乡金融工作的集中统一领导、明确城市金融与农村金融的共生关系、重视建立城市金融与农村金融的互联—互助机制、积极发展内生于"三农"经济的非正规金融、建立城市金融与农村金融支农的长效机制等。城乡金融关系下一步改革与发展必须采取多样的措施，主要包括提高农业收益率，赋予农村土地金融属性，激发城乡金融支农的动力；积极引导、规范内生于农村经济的非正规金融发展，加强城市金融、农村正规金融与农村非正规金融的纵向合作；加快农村金融创新，以互联网金融与金融科技发展为契机，发展农村数字普惠金融，不断缩小城乡金融差距；进一步完善农村金融补贴与配套支持政策，调动城乡金融服务"三农"的积极性。

第一节 中国城乡金融关系发展演变的
理论反思
——政治经济学的视角

中国城乡金融关系发展演变的过程，是农村金融资源外流到城市支持城市化与工业化发展的过程，也是城乡金融非均衡发展与城乡金融分割的形成过程。对 70 年中国城乡金融关系发展历史的考察，有必要从政治经济学的视角对中国城乡金融关系发展演变及其影响机制进行反思，既要从国家发展战略、资源禀赋出发，又要结合农村自身的内部因素来分析城乡金融关系的演进逻辑。

一 国家发展战略、资源禀赋与城乡金融制度安排的内生性

一般来说，一国发展战略只有建立在该国资源禀赋的基础上，才能更好地实施与取得成功，否则必然要付出一定的代价，最终通过制度安排重新把发展战略调整到与该国资源禀赋相一致的基础上。改革开放前，为建立工业化的初步基础，政府在资源禀赋毫无比较优势（如资金不足、技术落后等）的情况下确立了重工业优先发展战略，通过计划经济的强制手段扭曲资源配置，为重工业发展提供资金保障。在金融领域，我国实行"大一统"金融体制，执行"统存统贷"的金融政策，强化城市金融与农村金融的集中统一管理，甚至使金融财政化，目的是使资金优先投向城市与国有企业。这样，计划经济时期的金融制度安排及金融服务的内容演变为促进重工业发展的融资服务，农村金融成为动员农村储蓄的工具，大量农村资金通过农村金融机构外流到城市以支持重工业优先发展。毫无疑问，为保证重工业优先发展战略而实行的计划经济体制与其内生的城乡金融制度安排，不仅背离我国资源禀赋，而且信息成本过高、缺乏激励，导致金融效率低下，金融的很多功能无从体现，正是在这种背景下，我国实行了改革开放政策。

从改革开放的过程看，中国的改革开放是市场化道路趋向，它有两层意思：一是对内改革，对原有经济体制进行改革，特别是对重工业占用过多资源的状况进行改善，使各产业协调发展；二是对外开放，吸引外国的资金、技术和先进的管理经验，以改变国有企业效率低下的局面，最终提高经济发展水平。可见，在中国的资源禀赋中，资金短缺、技术落后仍然是改革开放初期面临的约束条件。因此，实施改革开放战略必须对原有经济体制进行"松绑"，对农民和国有企业放权、让利，

提高微观经营效率。对原有经济体制的改革首先在农村取得成功，农村经济市场化、货币化程度日益加深，农业剩余增加。与此同时，对国有企业的放权、让利改革导致国家财政能力急剧弱化，国家财政不足以包揽国有企业的一切开支。1982年政府改革国有企业的投融资机制，实行"拨"改"贷"，即由财政对国有企业拨款改为国有企业向银行贷款。于是，动员金融资源，特别是动员由农业剩余所形成的农村金融资源为国有企业融资便成为我国内生性的金融制度安排。而原有的"大一统"金融体制并不能满足多元化经济主体的融资需要与日益蓬勃发展的经济，于是，各专业银行从中国人民银行中分设出来，打破了中国人民银行的金融垄断格局，并构建了从中央到地方的银行业组织网络，把基层机构延伸到县乡，延续了计划经济时期动员农村金融资源的功能。

在资金短缺的背景下，大量资金在中央政府主导的金融纵向分割和地方政府主导的横向分割下，流向国有工业部门。[①] 政府通过金融控制，在制度安排上为城乡居民储蓄提供隐性担保，保证城乡储蓄（尤其是农村储蓄）流向国有金融部门。这带来了城市金融资产的快速膨胀，形成了城市金融业的大发展。在这一过程中，政府以金融代替税收，弥补财政不足，为国有企业和城市居民提供金融补贴（包括低息或无息贷款）。据统计，1985~1996年，政府给予国有企业的金融补贴占GDP的比重为9.7%，1993年高达18.81%。[②] 政府通过国有银行为国有企业提供金融补贴，保证了转轨时期国有企业改制的资金来源，有利于社会经济的稳定发展，使我国避免了苏联、东欧社会主义国家改革引起社会动荡、经济倒退与政权更迭的悲剧，但不足之处是国有银行在为国有企业输入资金时形成了大量的不良贷款，已经严重威胁到我国金融安全与稳定，又加上2001年中国加入WTO后，国内金融机构面临着与国外银行的竞争，所以在财政、税收开始日益好转的情况下，政府为城市四大国

---

① 周立、周向阳：《中国农村金融体系的形成与发展逻辑》，《经济学家》2009年第8期。
② 陈刚、尹希果：《中国金融资源城乡配置差异的新政治经济学》，《当代经济科学》2008年第3期。

有商业银行直接融资上万亿元，以消化不良资产，并成立政策性金融机构剥离国有银行的政策性业务，国有银行实行资产负债管理，整个城市金融开始了公司制改革，银行、证券、保险等行业都开始实行规范化管理，城市金融市场的发展水平不断提高，城市金融功能日益完善，在政府主导下城市金融大踏步地向现代金融迈进，从而形成了金融发展的中国道路与中国模式。

与此同时，农村金融仍然做出了巨大的牺牲。改革开放以来，中国面临国有企业的市场化转型与城市化发展，二者都需要巨额资金投入，尤其是需要金融的支持。在城乡二元体制下，农村金融制度设计的逻辑是动员农村金融资源为国有企业的市场化转型与城市化发展提供融资支持，实质上是实施工业化与城市化优先发展战略。改革开放初期，国有银行在农村设立分支机构，只吸收农村存款，除了中国农业银行与农村信用社外，其他金融机构很少对农村发放贷款。农村正规金融机构主要发挥吸收农村金融剩余的功能，而农村非正规金融机构吸收农村储蓄且政府无法控制其资金投向，这必然与农村正规金融动员农村储蓄以支持国有企业的市场化转型和城市化发展相矛盾。所以，这时期我国的金融改革并不像国外农村金融发达的国家那样——农村正规金融与农村非正规金融保持垂直—合作、互利—共赢的关系，而是采取抑制农村非正规金融发展的政策，确保农村正规金融动员农村储蓄的功能，保证金融资源优先向城市集中。

在党的十六大以后，中国工业化积累已经基本完成，且迈入工业化中期阶段，国民收入具备了"反哺"农村的条件。在这个阶段，城乡资金流动方向应该发生逆转，大量外流的农村资金应回流，政府应引导更多外部资金流入农村。政府提出"建立市场化的农村金融体系"改革目标，实行农村金融机构商业化与市场化的竞争机制，但是在制度安排上没有明确金融机构的责任，导致农村地区的信贷投放激励不足，这一措施既不能阻止农村金融资源外流，也不能有效解决农村金融供给不足的问题，反而使农村成为这些金融机构转移农村资金的"竞技场"，农村仍然是资金的净流出地。这与我国存在多年的城乡二元体制及其影响还没有完全消除有直接关系，但其深层次原因，则与资本雇佣劳动的产业体系在全球的扩张，以及其在中国走向极端化有关。①

　　总之，在政府主导下，通过制度安排让农村资金单向流向城市，为国有企业的市场化转型与城市化发展提供了融资支持，保证了国家发展战略的有效实施与政府目标的顺利达成，也为城市金融发展提供机遇，但是客观上造成农村金融发展不充分、农村金融与城市金融发展的失衡；同时，也造成了城市金融市场与农村金融市场相互分割，城市金融很难下乡支农，最终形成了城市金融流动性过剩与农村金融流动性不足、现代化的城市金融与传统落后的农村金融二元并存的局面，即形成了城乡金融二元结构，且随着经济市场化程度的提高，城乡金融二元结构有不断强化的趋势，这成为我国破解城乡二元结构的最大障碍。

　　2006 年以来，随着我国经济社会的发展，政府财政实力不断增强，有更多资金去落实统筹城乡发展的战略。2007 年党的十七大提出要"统筹城乡发展，推进社会主义新农村建设"，并提出城镇化、工业化、信息化与农业现代化同步发展的要求，要求金融真正发挥支持农业发展的作用，明确各金融机构要积极承担"三农"发展的社会责任。在这种战略支配下，原有的城乡金融二元结构已经不适应我国农村经济发展的新形势，统筹城乡金融关系联动发展成为政府在金融领域的制度安排。政府通过财税、金融等支持政策，加大农村金融的改革力度，遏制农村金融资源外流，并放宽农村金融的市场准入限制，成立村镇银行等农村新型金融机构，消除农村金融服务空白乡镇，为农村经济发展注入更多"血液"。同时，政府还畅通城市金融支农的渠道，引入城市金融资源以支持农村金融、农村经济发展。在这种情况下，农村金融机构与城市金融机构有交叉融合发展的趋势，这在客观上有利于缩小城乡金融差距和使城乡金融均衡化发展。一方面，农村信用社、农村商业银行等

---

　　①　周立：《流动性悖论与资本雇佣劳动》，《银行家》2008 年第 1 期。

农村金融机构坚持服务"三农"的市场定位，又在省域的城市设立机构，在更大范围内筹集资金与统筹发展；另一方面，中国农业银行、中国工商银行等国有大型商业银行与招商银行、华夏银行、中信银行等股份制商业银行及城市商业银行已经完成现代企业制度的改造，它们在金融业落后的农村增设分支机构，办理农村金融业务，支持"三农"和小微企业的发展，拓展新的利润增长点，这些金融机构将资金注入农村，成为农村金融资金来源的重要组成部分。

尤其是 2012 年以来，我国全面建设小康社会的进程不断加快，政府又提出精准扶贫、乡村振兴战略，以实现城乡融合发展。因此，支持"三农"发展不仅是金融业的经济责任，也是金融业的政治责任。在此背景下，城乡金融关系统筹联动发展的趋势更加明显。政府在继续加快改革农村金融机构、增加农村金融供给的同时，还鼓励城市金融机构加大支持"三农"和小微企业的力度，积极践行"普惠金融"理念。在此期间，多数城市金融机构成立"三农事业部""普惠金融事业部"，积极开展农村扶贫贷款、小微企业贷款与"三农"贷款，农村贷款、农户贷款不断创下新高。与此同时，政府为改善农村金融环境，大力发展农村信用体系、担保体系、支付服务体系等金融基础设施，城乡金融基础设施的差距也在不断缩小。这样，经过城乡金融关系的统筹联动发展，农村信贷市场逐渐发展起来，每年的涉农贷款总量占到全国各项贷款的20%以上，有的年份达到25%以上；同时，农业保险市场、证券市场、期货市场也逐渐发展起来，城乡金融差距开始缩小，并呈现均衡化发展趋势。显然，我国城乡金融关系的统筹联动发展、城乡金融的均衡化发展趋势，与这一时期我国发展战略、资源禀赋相适应，必然成为城乡金融的内生性制度安排。

二　农业收益低，抵押物缺乏，城乡金融支农的动力先天不足与政府的特别支持

马克思在《资本论》中指出，"在生息资本上，资本关系取得了它的

最表面和最富有拜物教性质的形式。在这里，我们看到的是 $G—G'$，是生产更多货币的货币"。此时，"资本表现为利息的即资本自身增殖的神秘的和富有自我创造力的源泉"。[①] 利息是产业资本和商业资本利润的一部分，而利润本身表现为利息的最高界限，达到这个最高界限，归产业资本和商业资本的部分就会等于零。马克思还强调银行是货币资本的实际贷出者和借入者的集中，"银行的利润一般地说在于：它们借入时的利息率低于贷出时的利息率"。而且，银行的贷放"是通过不同形式的贷款，即以个人信用为基础的直接贷款，以有息证券、国债券、各种股票作抵押的贷款……及其他各种证明商品所有权的凭证作抵押的贷款来进行的"。[②] 通过马克思的理论，可以发现市场经济条件下银行经营货币资本必须具备两个条件：一是要取得利息收入，即通过存贷差使货币增值；二是要保证贷出资金的安全性，要求受贷方为贷款提供一定形式的抵押物。只有具备这两个条件，银行业务才能继续发展下去，否则银行没有动力发放贷款。

从第一个条件看，银行发放贷款的目的是要取得利息收入，但利息不能超过或等于受贷方通过此笔贷款获得的利润，利息作为受贷方的资金成本，越是逼近利润，受贷方获益就越少。利息逼近利润会产生两个后果：一是由于资金成本过高，受贷方不愿贷款即贷款需求不足；二是由于受贷方收益低，银行不愿发放贷款即资金供给不足。实际上，这两种情况在收益率较低的部门普遍存在。

在我国，由于农业部门收益率低，必然也存在以上两种后果，但是第二种后果是主要的，即农业收益低，银行不愿对农民发放贷款。马克思在《资本论》中，从商品价格构成和生产价格构成出发，分析粮食价格结构和粮食生产经营者的收益规律。按照马克思的理论，在正常经济条件下，商品价格（包括粮食）P 的构成如下：$P=c+v+m$。其中，c 是生产资料成本，v 是劳动力成本，m 代表平均利润。$c+v$ 是生产成本，用 k

---

① 《资本论》（第三卷），人民出版社，2004，第 440~441 页。

② 《资本论》（第三卷），人民出版社，2004，第 453~454 页。

表示，那么商品价格 $P=k+m$，在农产品价格一定的条件下，k 与 m 成反比。而银行等金融部门的生息资本通过利息获得的价值增值（ΔG）主要来源于实体经济部门的利润，在农产品的利润率大于利息率的情况下，银行等金融部门才会进入"三农"领域。因此，城乡金融支农动力不足不是由市场经济的内在机理引致的，而是由农业弱质性造成的低收益决定的。

改革开放前，在统购统销和人民公社的计划经济体制下，我国产业结构存在以农补工、以农补城，通过城乡不等价交换，政府以工农产品价格"剪刀差"形式从农业中提取的经济剩余为 6000 亿~8000 亿元，[①]粮食等农产品价格比较低，农业几乎不存在利润，在这种情况下，农村金融除了政策性放贷外，大部分资金被动员到城市支持工业化建设。

改革开放以来，随着市场化改革的推进，农业多样化经营以及养殖业、蔬菜瓜果等种植业的集约化经营，粮食产品价格有所提高，农产品开始有一定的利润空间。但是粮食价格上涨的速度远远赶不上农业生产资料上涨的速度，工农产品价格"剪刀差"继续扩大，由 1980 年的 300亿元增加到 1998 年的 3591 亿元，[②] 增加了近 11 倍。由于农业经营利润低，很多农民抛荒进城，在这种情况下，商业化的农村金融机构（农村信用社、中国农业银行等）把从农村吸收的资金投向由政府提供支持与担保的国有企业或投向收益较高的城市产业才是理性选择。2002 年，党的十六大的召开为统筹城乡发展拉开序幕，随后政府取消了农业税，并加强对三农的"反哺"，以缩小工农产品价格"剪刀差"，让农业有利润可图。然而，农产品价格上涨缓慢，农业生产资料价格上升较快，如1998~2005 年农产品生产价格指数只上升了 9.39 个百分点，而同期农业生产资料价格指数增加了 13.8 个百分点，[③] 农业依然缺少必要的利润，甚至其收入连劳动力成本也难以补偿。同时，这时期农村金融机构进行

[①]　韩俊：《中国城乡关系演变 60 年：回顾与展望》，《改革》2009 年第 11 期。

[②]　陈桂棣、春桃：《中国农民调查》，人民文学出版社，2004，第 191 页。

[③]　国家统计局国民经济综合统计司编《新中国六十年统计资料选编》，中国统计出版社，2010，第 121 页。

股份制改革，其更加追求盈利，对风险控制的要求更严格，在这种情况下金融没有动力去服务"三农"，只有把吸收的存款投向城市经济发展，以获取更高、更稳定、更安全的收益。

2006 年以来，尤其是党的十八大以来，党中央不仅高度重视城乡统筹与城乡融合发展，而且先后提出"统筹城乡发展，推进社会主义新农村建设""促进工业化、信息化、城镇化、农业现代化同步发展""乡村振兴"等发展战略，实施各种支农、惠农政策，以不断提高农民收入，缩小城乡收入差距，即对农业进行特别支持。其中，最重要的措施就是控制农业生产资料价格上涨的幅度，降低农业生产成本；同时，提高农产品价格，让农民得到实惠，让农业有利可图。如 2015~2019 年农业生产资料价格指数上涨了 4.2 个百分点，而同期农产品生产价格指数上涨了 12.8 个百分点。[1] 在这种情况下，农民人均可支配收入不断提高，2006~2019 年，农民人均可支配收入增加了 3.47 倍，年均增长 12.20%（见表 4-22）。农业利润的提高与农民收入的增加，要求增加对"三农"的投资，这必然会加强城乡金融机构对农民贷款的支持。与此同时，政府又实施城乡金融关系统筹联动发展的政策，对城乡金融机构支农采取各种财税、金融支持政策，并放宽农村金融贷款利率上限。这降低了城乡金融机构发放农村贷款的成本，提高了城乡金融机构的利润率，让城乡金融机构敢于向农村发放贷款、勇于向农村发放贷款、积极向农村发放贷款。政府引导金融机构加大对"三农"和小微企业的融资支持力度，尤其是把城市金融资源引入农村，不断增加农村的金融供给。

从第二个条件看，改革开放以来很长一段时间，由于农村还没有建立起信用体系，再加上存在不确定性与道德风险，银行发放贷款存在很大风险。为了保证贷款安全，银行一般要求每笔贷款都要提供一定形式的抵押或担保（政策性贷款除外），且银行对每笔贷款的用途、使用方向以及可能的绩效都要做明确的审核，并要求在财务账簿登记资

---

① 资料来源：《中国统计年鉴 2020》。

金的使用情况。而对于大多数农民来说，由于农村资本市场落后，缺乏有息证券、国债券以及各种股票做抵押，最重要的是土地、房屋的转让还没有完全得到官方的认可，或得到认可而转让受限，农村产权交易体制还不完善，远远比不上城市产权交易体制。同时，农村贷款的对象主要是普通农民与农村中小企业。农民贷款具有小额、分散和无抵押物等特点，且普遍存在不记财务账簿的习惯；农村中小企业经营农业以及与农业相关的加工、运输和销售等环节，受自然风险与市场风险的影响较大。也就是说，涉农贷款交易成本高、风险大，在这种情况下，商业化的城乡金融机构很难涉足农村经济，多把在农村吸收的存款投向经济效益高的城市及相关产业，即使是涉及农业的贷款，也多在具有规模经济、效益好的农村企业中，普通农民的贷款需求很难得到满足。因此，农民贷款难，主要难在银行对农民贷款的风险难以控制，而风险难以控制则是由于农民缺乏银行认可的有效抵押物，缺少抵押物就得不到银行贷款，生产就不能扩大，农民就没机会积累资本，那么就没有银行接受的有效抵押物，环环相扣形成了农民贷款的"戈尔迪之结"。[①] 因此，在城乡二元经济结构下，国家的产业政策是偏向城市的，而农村收益低、缺乏抵押物，农村金融机构贷款风险高、交易成本高、收益低，即农村金融存在"两高一低"问题，又缺乏政府的政策支持，所以农村金融机构不愿意向农民贷款，更愿意把资金投向城市以逐利。而城市商业化的大型银行为节省成本与控制风险，更不愿意把资金投向"三农"，即城乡金融支农的动力先天不足，这样就造成了农村金融发展不充分，与城市金融的差距越来越大，再加上城乡金融市场相互分割，必然形成城乡金融二元结构。

但是，2006 年以来，为打破城乡金融二元结构，统筹城乡金融发展，政府开始实施城乡金融关系统筹联动的策略，不仅加强对农村金融机构的"存量""增量"改革，而且加强农村信用体系、担保体系、支

---

① 《解开农村金融的"戈尔迪之结"》，《中国经济周刊》2012 年第 44 期。

付服务体系等金融基础设施建设。首先，在农村信用体系建设方面，中国人民银行扩大征信系统在农村地区的覆盖范围，加强对农户信息的采集与电子化农户信用档案的建立，推进信用户评定和"信用户""信用村""信用乡镇"建设，并实施与信用等级相对应的信贷额度与利率，农村地区形成了"守信激励、失信惩戒"机制。通过农村信用体系建设，中国人民银行为金融机构提供信息服务，降低信息不对称性，城乡金融机构发放涉农贷款的风险大大降低。其次，在农村担保体系建设方面，各地积极创新抵押担保方式，形成了土地承包经营权抵押、农房抵押、林权抵押和动产抵押等多种抵押担保模式，中国人民银行征信中心建立动产融资统一登记公示系统，提供应收账款质押和转让、融资租赁、保证金质押、存货和仓单质押等多种登记和查询服务。同时，我国重视建立由政府主导的信贷担保体系，搭建起由全国性的农业信贷担保机构、省级农业信贷担保机构和市、县农业信贷担保机构等组成的农业信贷担保体系的组织架构及上下联动的"三级"服务体系。农村担保体系的建设，盘活了农户和农村企业的动产资源，有效解决了农户和农村企业不动产资源有限、担保品不足的问题，有利于降低农村贷款的风险。

因此，在政府的特别政策支持下，农村信用体系、农村担保体系等金融基础设施建设不断发展，农村信用环境得到了很大的改善，农村贷款风险大大降低，再加上农村经济的发展与农民收入的提高，城乡金融机构对农村贷款的潜在动力被激活，其聚焦农户和农村小微企业等国民经济的薄弱环节，不断加大对"三农"和小微企业的贷款支持力度，农民贷款难的"戈尔迪之结"迎刃而解。反之，如果没有政府的特别支持与各种优惠政策的支持，仅仅依靠市场力量与市场机制去自发调节，那么农村经济的内在弱势会使农村金融很难健康而充分的发展，城乡金融的差距与鸿沟只会越来越大而难以协调。只有发挥政府的积极作用，才能更好保障农村金融市场的形成与运行，才能促进城乡金融一体化发展，实现城乡金融的均衡化发展。

第二节 中国城乡金融关系发展的经验教训

一 坚持党对城乡金融工作的集中统一领导

70 年来中国金融体系从无到有、从无序到有序、从弱到强、从封闭到开放，城乡金融由"低水平、低层次发展""二元结构"到均衡化发展，城乡金融呈现良好的互动关系，有一条重要经验就是坚持中国共产党对金融工作的集中统一领导。无论是在社会主义改造与社会主义建设时期，还是在改革开放时期，都只有坚持党的集中统一领导，才能真正坚持"以人民为中心""金融为人民谋福利"的理念；才能为城乡金融关系发展把方向、谋大局、定政策，保证经济金融发展的正确方向；才能始终总揽全局、协调各方，保证在城乡金融改革中促进经济发展；才能战胜金融危机与有效防治各种金融风险，指导中国金融事业实现多次跨越式发展。

新中国成立初期面临严重的通货膨胀，在中国共产党的领导下，政府通过强制没收官僚资本、和平赎买与改造私人金融机构，掌握了对金融工作的主动权和对金融的控制力，很快就治理了通货膨胀，促进了国民经济的恢复与发展。同时，中国人民银行在农村设立分支机构，并在乡村帮助、组织农民开展信用合作，建立农村信用社，为农村信用社提供国家信用担保与资金、组织、管理和技术等方面的支持。城市金融为农村金融提供帮助，农村金融把闲散资金输送到城市，城乡金融的互助合作，使我国新型城乡金融关系开始建立。这是一种"互助型"的新型城乡金融关系，它有力地支持了国民经济的恢复和发展，并成功支持了社会主义改造。在社会主义革命与建设时期，我国坚持党对城乡金融工作的集中统一领导，让城乡金融按照中央计划的要求把好国家计划的"口子"，保证国家预算平衡。

改革开放以来，中国经济开启了向市场化转型发展的新征程。在经济转型中，党非常重视城乡金融工作，并在城乡金融工作中加强领导，保证了在城乡金融改革中促进经济发展。1982 年随着国家投资政策的改变，金融逐渐替代财政成为资金配置的核心。在党的领导下，我国及时进行了城乡金融体制改革，"强金融"开始代替财政为国有企业提供稳定的资金来源，弥补了我国经济分权改革中财政能力弱化的不足，保证了经济转轨顺利进行。20 世纪 90 年代，党又提出建立同发展社会主义市场经济相适应的新的金融体制，使金融更好地为经济社会发展服务。[①] 我国坚持金融要承担起国有企业公司化改革及国民经济整体向社会主义市场经济转型发展的任务，避免国有经济市场化改革所引起的经济、社会震荡，经济金融改革跨越了发展中国家普遍存在的"贫困陷阱"。同时，在农村金融改革中，尤其是在农村信用社恢复合作制的改革中，针对过分强调合作金融的"形式""外衣"、忽视或弱化党的领导而造成"内部人控制"的局面，党及时进行了纠正，审时度势地加强农村信用社的股份制改革，建立"三会一层"的管理体制，量化了农户等小股东的股份，明确了其收益，使农村信用社改革行稳致远。21 世纪前后，随着社会主义市场经济体制改革不断深入，党对城乡金融的非法集资、高利贷等各种乱象进行了有效治理，又审时度势推进城乡金融市场化、规范化改革，使金融业健康发展。

党非常重视城乡金融的改革与创新发展，尤其是农村金融领域的改革。2006 年以来，在对城市金融机构的股份制改造完成后，党审时度势地把农村金融改革作为国民经济发展的重点内容和关键领域。通过总结中国城乡金融互动发展的经验，党认识到我国农村金融长期以来资金大量外流，为城市化、工业化做出巨大的贡献和牺牲。这要求新时期必须统筹城市金融与农村金融发展，发展更贴近"三农"实际的农村金融，以解决城市金融与农村金融之间的不平衡不充分发展问题。在具体的农村金融改革实践中，我国建立起从中央到地方、从城市到农村的由

---

① 《江泽民文选》（第二卷），人民出版社，2006，第 294 页。

多机构和多部门广泛参与、紧密配合、协调联动的机制，把农村金融发展置于国民经济协调发展、高质量发展的至关重要的位置上。一方面，重视市场的作用，让市场在农村金融资源配置中发挥决定性作用；另一方面，非常重视发挥政府的积极作用。政府实施新农村建设、乡村振兴战略，利用优惠的财税、货币信贷政策支持农村金融改革与发展，加强农村信用体系、担保体系和支付服务体系等农村金融基础设施建设，发展农村信贷市场、保险市场、证券市场和农产品期货市场，让农村金融充分发展，缩小城乡金融的差距。而且，在党的领导下，政府通过各种正向激励机制，畅通城市金融支农渠道，把城市金融资源引入农村，支持"三农"和小微企业的发展，完全扭转了城市金融不支农或不愿支农的局面。同时，在党的领导下，我国积极落实联合国提出的普惠金融理念，积极开展金融扶贫，让城市大中型银行承担更多的支农责任，全面建成了包括农民小康在内的小康社会。

而且，在党的领导下，城乡金融改革始终坚持以国有银行、国有资本为主导的渐进式改革，政府限制民间借贷资本野蛮生长与无序发展，重视城乡金融对实体经济的支持，正确处理城乡金融改革、城乡经济发展与城乡社会稳定的关系。这使得我国在国际风云变幻时期避免了东欧国家及很多发展中国家金融私有化、自由化过程中金融业被外资银行控制的不利局面，既保证了城乡金融业的健康发展，又保证了城乡金融改革的政治方向。同时，金融业是高风险行业，城乡金融稳定关系到千家万户的利益。党非常重视城乡金融的稳定发展，强调"中国金融不能走投机赌博的歪路，不能走金融泡沫自我循环的歧路，不能走庞氏骗局的邪路"。① 党始终坚持金融为实体经济服务、金融为人民群众服务的宗旨，并在城乡金融实践中，既重视金融改革与金融创新的自主性、安全性和可控性，又注重防范系统性金融风险，成功抵御了国际金融危机对

---

① 《王岐山：中国金融不能走投机赌博的歪路，不能走庞氏骗局邪路》，"澎湃新闻"百家号，2020 年 10 月 24 日，https://baijiahao.baidu.com/s？id＝1681396977811525021&wfr＝spider&for＝pc。

我国城乡经济和城乡金融市场的冲击。正是坚持了党对城乡金融工作的领导，我国城乡金融稳定、可持续发展，在世界金融市场上"一枝独秀"，我国城乡金融业不断发展壮大，在国际上的影响力也不断提升。

总之，只有坚持党对城乡金融工作的集中统一领导，才能保证金融改革的正确方向，坚持金融工作的渐进式改革与稳定发展，战胜各种危机挑战，保障金融安全；才能统筹城乡金融关系，促进农村金融充分发展，实现城乡金融协调发展；才能在金融领域正确运用"看得见的手"与"看不见的手"，成为善于驾驭政府和市场关系的行家里手，[1] 实现"有效市场"与"有为政府"的完美结合，发挥金融对民众、实体经济的支持作用，注重保障人民的金融利益。

二 明确城市金融与农村金融的共生关系

共生关系反映的是共生元素之间的物质信息交流与能量互换关系，共生元素之间相互依赖、合作与补充，共同进化是共生的深刻本质。[2] 就城乡金融关系来说，它属于共生关系，城市金融的发展离不开农村金融的支持，需要农村金融提供资金，尤其是在城市金融发展初期；而农村金融的发展也离不开城市金融在资金、人才培训等方面的支持。一般而言，在城市金融发展水平较低时，城市金融的发展是以牺牲和抑制农村金融发展为代价的，当城市金融发展到某一临界水平时，城市金融开始反哺农村金融，[3] 促进农村金融的发展，从而实现城市金融与农村金融的协调发展。如果任由农村金融与城市金融非均衡发展，对应的农村与城市两部门也不协调，最终会影响到我国经济整体发展质量。

然而，在国民经济发展中我国农村金融与城市金融处在不对等的地位，农村金融长期受到制度性压抑而没有得到真正发展。1953～1978年，城市金融通过计划手段向农村金融汲取大量金融资源，实际上城市

---

① 《习近平谈治国理政》（第一卷），外文出版社，2018，第118页。
② 袁纯清：《共生理论及其对小型经济的应用研究》（上），《改革》1998年第2期。
③ 江源、谢家智：《城乡金融非均衡发展的门槛效应分析——基于二元经济转型的城乡金融互动视角》，《中央财经大学学报》2015年第6期。

金融与农村金融是寄生性共生关系；1979 年以来偏向城市金融的发展策略造成城乡金融的非均衡发展，实际上城市金融与农村金融是偏利共生关系或非对称性共生关系。农村金融长期为城市金融输入资金，促进了城市金融向高级阶段的现代金融迈进，而农村金融长期缓慢发展使自身还没有迈出初级阶段，两者发展的差距不利于城市金融与农村金融的共同发展与和谐共生，最终必然会影响到农村金融服务的农村经济与城市金融服务的城市经济的统筹发展。2006 年以来，政府实施城乡金融关系的统筹联动发展，通过财税、金融等方面的正向激励政策，一方面促进了农村金融改革，建立了农村信用体系、担保体系和支付服务体系等金融基础设施，有利于农村金融的充分发展，缩小了城乡金融的差距；另一方面畅通了城市金融支农的渠道，将城市金融资源引入农村以支持农村经济发展，客观上有利于城乡金融的协调发展，促进城乡金融的均衡化发展。实际上，这时的城市金融与农村金融正在由偏利共生关系或非对称性共生关系向共赢性共生关系或对称性共生关系转变。

因此，必须明确农村金融与城市金融的共生关系，从统筹城乡经济的角度来统筹城乡金融的发展，既不应靠牺牲农村金融来发展城市金融，也不应用城市金融去替代农村金融（因为历史上城市商业银行服务农村经济就没有成功过），而应通过激励性的制度安排不断完善农村金融体系与农村金融市场，增强农村金融供给的有效性，改变农村金融抑制状况，以缩小城乡金融差距。同时，促进城乡金融资源双向流动，使农村金融与城市金融共同发展与和谐共生，这是实现城市金融与农村金融均衡化发展的关键，也是国民经济协调、稳定发展的基本要求。

三 重视建立城市金融与农村金融的互联—互助机制

一般来说，农村金融发达的工业化国家，城市金融系统与农村金融系统是开放的，资金、技术等要素能够在两个系统间无障碍对流，即建立了农村金融与城市金融的互联—互助机制。在这种机制下，城市金融与农村金融是相互联系、相互帮助的，二者之间是一种良性的共生关系。如果这种机制中断，那么城乡金融之间的这个开放系统就会被阻碍，资金、技术等要素就不能无障碍对流，处于弱势的农村金融就会不断把资金输入城市，成为城市金融的重要资金来源，导致城市金融资产膨胀。在这种情况下，农村金融得不到充分发展，城乡金融发展处于非均衡状态。而且，农村金融资源外流，农村储蓄转化为对农村的投资的数量减少，这必然影响农村经济增长，最终会造成农村经济的落后与国民经济结构的非协调发展，直到城市金融与农村金融建立起互联—互助机制。只有城乡金融资源双向地无障碍对流，农村金融充分发展，城乡金融才能协调发展。

新中国成立初期，党中央非常重视城市金融与农村金融的互联—互动机制的建设。在国民经济恢复过程中，中国人民银行把基层机构向农村地区延伸，并领导和组织农民建立农村信用社，即采取"银行+信用社"的金融模式支持农村经济的发展。农村信用社利用遍布乡村、贴近农民的优势，代理国家银行的业务，成为国家银行的"助手"。而且，当农村信用社资金不足时，由国家给予资金支持，国家银行发挥农村信用社的"联合社"作用。实际上，这时期城市金融与农村金融之间基本建立起互联—互助机制，城乡金融资源是双向流动的，即国家银行支持农村信用社的建立和发展，农村信用社把在农闲时期多余的资金存入国家银行，支持国家银行在城市的业务发展，从而形成了"互助型"城乡金融关系。1958 年以后，国民经济进入曲折发展时期，原有的城乡金融之间的"互助型"关系被破坏。其主要表现为农村金融机构不断被下放给政府基层机构管理，丧失了相对独立性。这造成城乡金融机构的同一性、城乡金融制度的统一性，金融财政化，城乡金融发展都受到了抑制。城市金融通过计划手段汲取农村金融资源，造成了我国城乡金融低水平、低层次发展。

改革开放以来，原有的计划金融体制被打破，由于金融体制等方面的原因，农村金融缺乏独立性，成为为城市输入资金的工具，不仅滞后于城市金融的发展，也滞后于农村经济的发展。这个现象出现的一个重要原因就是我国没有完全建立起城市金融与农村金融的互联—互助机制，没有搭建起城乡金融互联、互利的通道，在"城市偏向"导向下，农村金融资源"单向度"地外流到城市与非农产业，农村金融得不到充分发展，从而造成了城乡金融的非均衡发展与城乡金融二元结构。

由于城乡金融二元结构的长期存在，我国城市金融市场与农村金融市场相互分割，农村资金大量流入城市促进城市金融的发展，而城市金融支持农村金融的渠道不畅，形成了城市金融流动性过剩与农村金融供给不足的"悖论"。直到 2006 年，我国开始统筹城乡金融关系发展，注重搭建城乡金融互联、互利的通道。中央一号文件多次指出"城乡之间要素合理流动机制亟待健全"。其中的关键是要把城市过剩资金引入农村，改变农村资金单向流出局面，实现城乡金融资源双向流动，这要求构建城市金融与农村金融的互联—互助机制，即通过制度安排让城市金融直接为农村金融提供贷款支持，或成立农村金融机构直接为农村融资，把城市的资金、技术和管理经验引入农村，改善农村金融供给不足与农村金融落后的状况，实现城市金融与农村金融互联互通互助，最终使城乡金融一体化发展。而且，把城乡金融市场统一起来，有利于农村金融市场充分发展，促进城乡金融均衡发展与城乡金融融合。

四 积极发展内生于"三农"经济的农村非正规金融

长期以来，城乡金融关系源于国家发展战略及其政策偏好，农村金融从属于国家发展战略，相关制度安排并不完全符合农村经济发展的内在逻辑。由于农业是具有自然风险与市场风险的弱质产业，为其服务的农村金融市场一般存在信息不对称、抵押物缺乏、特质性成本与风险、以非生产性借贷为主[①]四大难题。针对这些难题，政府惯用的措施就是强化农村正规金融制度的建设，而忽视或排斥农村非正规金融，这反而不利于农村融资环境的改善，甚至会引起农村金融资源外流，最终形成

---

① 周立：《农村金融市场四大问题及其演化逻辑》，《财贸经济》2007 年第 2 期。

农村金融与城市金融的差距。因此，农村正规金融解决不了农村金融市场的四大难题，农村金融改革必须寻找新的突破口。

而农村非正规金融是解决农村金融四大难题的根本途径。因为农村非正规金融是基于乡情、亲情、友情或基于血缘、业缘、物缘、婚缘而在农村社区内熟人之间发展起来的小额借贷活动，所以其能够有效解决农村信息不对称问题（第一大难题）。农民的土地、房屋等无法变现的抵押物对正规金融而言没有价值，而对农村非正规放贷者来说情况就完全不同了。因为农村非正规放贷者可以利用违约农民的土地扩大自己生产经营，而且土地上生长出的农产品更能为放贷者提供资金保障；农村房屋及宅基地虽然不像城市房屋那样容易出售、出租，但可以作为仓库储存粮食，这对于家庭农场、种粮大户来说都有重要价值。关键问题在于农村房屋是农民立足乡村的根本，其社会价值远远大于经济价值，所以农民一般不愿冒失去房屋的风险去赖账（第二大难题）。而且农村非正规金融的借贷者之间不仅存在借贷关系，也在生产、消费、产品购销等方面存在联系。由于借贷者彼此熟悉，贷款者能够根据借款者的借款用途提高或降低利率，监管与赔偿也较容易，借款者违约的社会成本大。因此，农村非正规金融能够有效降低农村金融的特质性成本与风险（第三大难题）以及以非生产性借贷为主形成的还款风险（第四大难题）。

实际上，农村非正规金融内生于农村经济，农村经济的发展离不开农村非正规金融的支持。因此，发展农村金融的关键是促进农村非正规金融发展，而不仅仅是实现农村正规金融机构网点数量的扩张。近年来，虽然我国不断加强农村金融机构改革，建立农村新型金融机构，鼓励城市金融机构在农村建立分支机构或营业网点，引入城市金融资源支持"三农"发展，并加强农村信用体系、担保体系等农村金融基础设施建设，大大改善了农村金融环境。但是，由于农村非正规金融存在不可控制的高风险，很多农村非正规金融组织转变为农村正规金融组织，农村非正规金融组织的发展速度与农村正规金融组织的发展速度差距很大，农村非正规金融组织受到抑制的状况似乎并没有完全发生改变。事实上，每年我国民间借贷的规模是比较大的，农民很大一部分贷款是通过民间借贷获得的。因此，在农村金融的"四大难题"并没有完全解决的情况下，抑或从农村正规金融贷款还存在很高交易成本的情况下，农民更倾向于非正规金融的民间借贷。如 2006 年以来，在正规金融机构不断增加农村金融供给的同时，民间借贷规模也不断扩大，且在农村贷款中占比很大，甚至在有些地方成为农村借贷的主要形式。鉴于此，在农村正规金融大发展的同时，我们应该加快发展内生于"三农"经济的农村非正规金融，鼓励建立各种农村非正规金融组织，赋予其合法地位，并对其加强规范、引导与支持，这是在根本上缓解农村金融抑制以及消除城乡金融二元结构的关键。

五　建立城市金融与农村金融支农的长效机制

中国城乡金融关系发展 70 年的一条重要经验教训就是要建立城市金融与农村金融支农的长效机制。因为，农业是弱质产业，风险高、收益低，在这种情况下，无论是农村金融还是城市金融支农的动力都不足，只有通过实施各种财税、金融支持政策，理顺城乡金融关系，城市金融与农村金融支农的长效机制才能建立起来，城乡金融机构才有动力把资金投向"三农"。

早在新中国成立初期就建立起的新型城乡金融关系，实际上就是初步的城市金融与农村金融支农的长效机制。在这种机制下，城市金融帮助农村金融，给农村信用社更多的自由发展空间，这体现了民有、民享的合作金融发展理念；农民在家门口就可以享受到便捷、便宜的金融服务，避免了高利贷的盘剥；国家银行成为农村信用社的联合社，为农村信用社提供资金支持，农村信用社代理国家银行在乡村的业务。国家银行发放大量农贷，农村信用社把闲散资金存入国家银行以支持工业化建设，城乡金融之间的互联、互利关系，体现了城乡金融支农的长效机制已经初步建立。只可惜，在 1958 年后，随着国民经济管理体制的变动，我国城乡金融关系进入了"统一化"时期，城乡金融发展受到抑制，城乡金融功能财政化，农村金融成为动员农村储蓄的工具，大量资金流向城市支持工业化建设，原有的城乡金融支农机制被破坏。

改革开放以来，随着经济市场化改革，我国理应建立起城乡金融支农的长效机制。但是，在"城市偏向"导向下，农村金融机构改革的方式多处在突变中而没有连续性，为了规避风险，大量资金流向城市寻求更高的盈利收入；而城市金融机构经过渐进式改革，稳步迈入现代化，其主要业务集中在城市，对农村很少发放贷款。城乡金融市场是两个分割的市场，城乡金融资源不能双向流动。在这种情况下，城乡金融支农的长效机制难以有效建立。

直到 2006 年以来，随着城乡金融关系的统筹联动发展，政府通过建立优惠的财税政策、货币政策、监管政策等正向激励机制，不断加强农村金融机构改革、农村金融市场改革，引导农村金融机构树立服务"三农"的市场定位，并加强农村信用体系、担保体系等农村金融基础设施建设，为金融支农创造基础性条件，遏制农村资金外流。而且，政府还通过涉农政策支持，引导城市金融机构在县域设立分支机构和村镇银行等新型农村金融机构，畅通城市金融支农的渠道，把城市金融资源引入农村，增加农村金融供给，促进农村金融现代化与城乡金融均衡化发展。同时，政府还要求城市金融机构践行普惠金融，承担金融扶贫、服务"三农"的社会责任，并将其纳入金融监管评价的指标体系中。这表明，城乡金融支农的长效机制已经再一次建立起来了，但还需要进一步完善。

第三节　前瞻：统筹城乡金融关系下一步改革的方向及措施

习近平认为："历史，总是在一些特殊年份给人们以汲取智慧、继续前行的力量。"[1] 中国城乡金融关系经过 70 年的历史演进，留给我们

---

[1] 习近平：《开放共创繁荣　创新引领未来：在博鳌亚洲论坛 2018 年年会开幕式上的主旨演讲》，人民出版社，2018，第 2 页。

许多有益的启示。关于统筹城乡金融关系发展的下一步改革方向，我们不仅要重视历史问题，也要面向未来发展，更要结合我国乡村振兴战略的要求与农村经济社会发展的实际，综合考虑影响城乡金融关系发展的各种因素，在总结过去经验与教训的基础上，使城乡金融关系的改革具有一定的全局性、前瞻性。具体来说，主要包括以下几个方面。

一　提高农业收益率，赋予农村土地金融属性，激发城乡金融支农的动力

（一）提高农业集约化生产水平，增加农业生产利润，是城乡金融可持续服务"三农"的前提条件

农产品价格包含的"利润"是农业再生产的基础，也是商业化的城乡金融机构支农的前提条件，事实上低利润或无利润是市场经济条件下城乡金融机构支农的最大障碍。而增加农业生产的利润，一般有两种途径。一是在保持成本不变的前提下，通过提高农产品价格来"补上"利润。但是农产品关联着多种工业品的基础材料，其价格上升必然会推动物价水平的整体上升，因此，通过这种途径增加农业生产的利润短期内是有效的，但从长期看不是最优选择。二是提高农业集约化生产水平，在农产品价格稳定的前提下，通过降低成本来"争"利润。[1] 这种途径显然是现代农业发展的基本内容与应有之义，是我国政府多年来一直积极倡导的农民增收方式与发展现代农业的基本手段。如党的十九大提出，必须"构建现代农业产业体系、生产体系、经营体系……发展多种形式适度规模经营"，[2] 这无疑是发展现代农业、提高农业集约化生产水平的最佳路径。新时期乡村振兴的一项重要内容就是产业振兴，产业兴，则经济兴、农村兴。乡村产业振兴，就是要形成绿色安全、优质高效的乡村产业体系，为农民持续增收提供有力的产

---

[1]　王国刚：《从金融功能看融资、普惠和服务"三农"》，《中国农村经济》2018 年第 3 期。

[2]　《习近平谈治国理政》（第三卷），外文出版社，2020，第 25 页。

业支撑。① 实际上，乡村振兴就是要发展现代农业，提高农业集约化生产水平，增加农业生产的利润。只有农业生产的利润增加，农民收入提高，才会有更多的农村储蓄转化为对农村的投资，从而实现农村经济的快速增长与发展，即实现农村金融与农村经济的共赢发展，这样城乡金融机构就会有更充足的动力对"三农"发放更多的贷款，这也是一种良性的互动循环。

（二）进一步深化农村土地产权制度改革，赋予农村土地金融属性，为城乡金融支农提供必要的基础性条件

土地是农村最有价值的固定资产，但是长期以来农民承包的土地具有集体属性，产权关系模糊，这使农村土地作为抵押物的金融功能无法展现，金融支农缺乏必要的安全保障。因此，党的十八大以来，中央文件多次提出要"深化农村土地制度改革""全面开展农村土地确权登记颁证工作""完善承包地所有权、承包权和经营权'三权'分置制度"，目的是明确农民对农村土地资产的权利，促进农村土地资产"资本化"，使农村土地既发挥其作为抵押物的金融功能，也为金融服务乡村提供必要的基础性条件。而党的十九大提出"保持土地承包关系稳定并长久不变，第二轮土地承包到期后再延长三十年"的农村土地产权改革，② 必然是新时期推动金融支农的最利好政策。为落实党中央精神，有的地方积极探索农村土地产权改革，尤其是农村土地使用权改革，赋予其农村土地使用权以使其具有流转、入股、抵押担保等功能，取得了一些不错的效果。同时，有的地方还加强农村"林权"改革、农村宅基地的确权改革，也都取得积极的效果。

而且，从试点情况看，由于农村土地所有权和性质的特殊性，无论是需要贷款的农户，还是提供贷款的银行都缺乏积极性，即农地抵押贷款的内生机制还没有形成。对于农户来说，利用农村土地使用权抵押贷

---

① 董彦岭编著《产业振兴：绿色安全、优质高效的乡村产业体系建设》，中原农民出版社、红旗出版社，2019，第 2 页。

② 《习近平谈治国理政》（第三卷），外文出版社，2020，第 25 页。

款面临土地评估价值低、贷款期限短、手续烦琐而不想贷的问题；对于银行来说，接受农户的土地使用权抵押贷款面临着土地经营权抵押贷款金额小、成本高、处理难度大、风险高的问题。[①] 在这种情况下，要赋予农村土地金融属性的功能，就必须进一步深化土地产权改革，不断完善农村土地产权的权能及其相关制度设计，包括建立农村土地收储制度、农村土地抵押贷款风险共担机制等，同时还要构建农村产权信息化服务平台，积极发展农村产权交易市场，盘活农村存量资产，为城乡金融支农提供必要的基础性条件。

二　积极引导、规范内生于农村经济的非正规金融发展，加强城市金融、农村正规金融与农村非正规金融的纵向合作

（一）进一步完善农村金融市场，统筹农村正规金融与农村非正规金融发展

改革开放以来，我国城市金融发展取得了很大的成就，不仅形成了较完善的金融市场，而且城市金融的现代化水平也日益提高。相比之下，我国农村金融长期受到抑制，虽然近年来农村金融市场有了很大的发展，但是农村金融市场还处于发展的初期阶段；而且，长期以来农村非正规金融的作用没有得到应有的重视，其发展受到限制，因不能得到正常发展而积聚了很高的风险，农村金融"供给型抑制"还没有根本改变。因此，完善农村金融市场，必须统筹农村正规金融与非正规金融发展。一是要完善农村正规金融市场的竞争机制，引导农村正规金融机构有效地服务农村经济发展；二是要放宽对农村非正规金融的限制，完善农村非正规金融市场。非正规金融及其市场在农村存在的历史悠久，与农村具有内在的一致性和相容性，在解决农村正规金融市场普遍存在的信息不对称、抵押物缺乏、风险高等难题时，其与农村正规金融相比具有天然的优势。实际上，农村金融市场的发展水平最终还要取决于农

[①]　林一民、林巧文、关旭：《我国农地经营权抵押的现实困境与制度创新》，《改革》2020 年第 1 期。

村非正规金融市场的发展程度。而在以往的农村金融市场改革中，农村正规金融（合法）与农村非正规金融（非法）不在一个水平上竞争，不利于农村金融市场的有序发展与良性竞争。农村非正规金融贴近农民，目前我国民间借贷占很大比例的农贷格局具有很强的内生性、路径依赖性和合理性。[①] 相较而言，国外建立起互助型城乡金融关系的工业化国家，其农村金融市场特别是农村非正规金融市场比较完善，在发展农村经济中起到重要作用。所以，完善农村金融市场，必须赋予农村非正规金融合法地位，且鼓励、支持和引导其健康发展而不是抑制其发展。

（二）进一步加强城市金融、农村正规金融与农村非正规金融的纵向合作，建立可持续的农村资金内循环机制

首先，进一步加强城市金融与农村正规金融之间的纵向合作，建立城乡资金双向流动机制。目前，城市金融流动性过剩与农村正规金融供给不足仍然是当前我国城乡金融发展存在的一个普遍问题，这要求加强城市金融与农村正规金融的纵向合作，把城市金融的过剩资金引入农村，有利于城市金融拓展新的利润增长点。这种合作就是在不断放开农村金融准入标准的前提下，城市金融通过入股、参股、控股农村正规金融机构或独资建立新型农村金融机构（农村正规金融机构）的方式，为农村金融注入资金，实现城乡金融资金双向流动（见图5-1）；并为农村金融机构（包括新型农村金融机构）提供技术、培训、网络清算及其他服务，以改善农村金融供给不足与农村金融落后的状况，实现城市金融与农村金融互联互通互助，帮助农村金融机构获得发展的机遇，最终使城乡金融融合发展。可见，通过城市金融与农村正规金融的纵向合作，为农村正规金融机构带来资金，促进农村金融现代化发展，实现城市金融"反哺"农村金融，这对"三农"问题的解决和城乡经济一体化发展有重要意义。

---

① 张杰：《中国金融改革的制度逻辑》，中国人民大学出版社，2015，第9页。

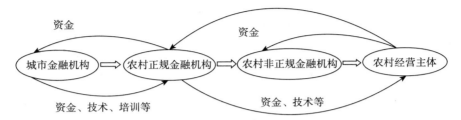

图 5-1　城市金融、农村正规金融与农村非正规金融的纵向合作示意

其次，进一步加强农村正规金融与农村非正规金融的纵向合作，建立可持续的农村资金内循环机制。建立可持续的农村资金内循环机制就是通过制度安排让农村资金回流以支持农村经济发展，实现农村资金"保水于田"。长期的农村金融抑制使农村投资渠道单一，农民把资金存入由国家担保的农村正规金融机构，而这些农村正规金融机构在面对农村金融市场上普遍存在的信息不对称、抵押物缺乏、特质性成本与风险、以非生产性借贷为主①等难题时，把资金投向收益高的城市非农产业便成为理性选择，最终这些农村正规金融机构变成了农村资金外流的渠道。虽然 2006 年以来国家实施城乡金融关系统筹联动发展，建立起集政策性金融、商业性金融与合作性金融于一体的农村金融体系，不断增加农村金融供给；同时，加大农村金融补贴力度，在一定程度上遏制了农村金融资源外流，且引入城市金融资源支持"三农"发展。但是，农村资金可持续的内循环机制并没有完全建立起来。在农村建立农村资金可持续的内循环机制实质上就是吸引农村资金回流，并把农村金融资源留在农村。因此，要在赋予农村非正规金融合法地位的基础上，积极引导、支持农户建立农村非正规金融机构。

由于交易成本高、农村可抵押物不足，农村正规金融机构对农民与农村中小企业等农村经济主体放贷的成本高、风险大。一般情况下，农村正规金融机构不愿对经济规模较小的农村经营主体发放贷款，所以农民和农村中小企业能够从农村正规金融机构获得的贷款有限。如果发展

---

① 周立：《农村金融市场四大问题及其演化逻辑》，《财贸经济》2007 年第 2 期。

农村非正规金融机构，这种情况会发生根本性变化，因为农村非正规金融机构可解决农村正规金融机构面临的而其自身又无法克服的难题。但是农村非正规金融机构资金实力不足，不能从根本上解决农村资金不足的问题，需要农村正规金融的资金支持，这要求加强农村正规金融与农村非正规金融的纵向合作。如图 5-1 所示，除了传统的农村正规金融机构向农村经营主体直接放贷外，这种纵向合作要求农村正规金融机构把资金贷给农村非正规金融机构，再由农村非正规金融机构把资金转贷给需要资金的农民和中小企业等农村经营主体。

这样，农村非正规金融机构就成为农村正规金融机构与需要资金的农村经营主体之间纵向合作的纽带。农村正规金融机构与众多农户的债权债务关系变成了农村正规金融机构与农村非正规金融机构之间的关系，农村正规金融机构不仅克服了进入农村金融市场的信息不对称，降低了金融风险，减少了交易成本，提高了放款的积极性，而且能吸引农村金融资源回流，从而有利于形成可持续的农村资金内循环机制，有效缓解农村金融供给不足问题，实现农村正规金融与农村非正规金融之间的"双赢"。

总之，不仅要进一步加强城市金融与农村正规金融的纵向合作，而且要进一步加强城市金融、农村正规金融与农村非正规金融三者之间的纵向合作，畅通城市金融支农的渠道。这不仅有利于建立城乡资金双向流动的循环机制，也有利于建立可持续的农村资金内循环机制，促进城市金融与农村金融的协调发展。

三　加快农村金融创新，以互联网金融与金融科技发展为契机，发展农村数字普惠金融，不断缩小城乡金融差距

近年来，随着移动互联网、云计算、大数据、人工智能等网络信息技术在金融领域的应用，我国金融科技迅猛发展，它能有效降低金融服务门槛和成本，消除物理网点和营业时间的限制，破解普惠金融服务"最后一公里"难题，使欠发达地区、农村地区、小微企业和低收入人

群等能够获取价格合理、安全便捷的金融服务。[①] 所以，农村金融改革必须坚持创新发展理念，利用互联网金融、金融科技的优势，积极发展数字普惠金融，加快农村金融的现代化发展，不断缩小城乡金融差距。

首先，大力发展农村互联网金融。起源于国外、兴起于城市的互联网金融，2013 年以来在我国广泛发展，对城乡金融机构具有巨大的冲击，互联网金融不需要设立金融网点，直接在手机上就可以办理金融业务，具有交易成本较低的优势，且手机银行能使农村熟人社会的边界得以拓展，促进农村金融功能的发挥，进而实现普惠金融。[②] 其次，以金融科技武装农村金融。互联网、大数据等金融科技的迅速发展，使得以移动互联为基础的金融服务，突破和替代了过去以信贷为主的存款、贷款、汇兑等传统的"老三样"服务。这为农村金融创新发展提供了机遇。以金融科技武装农村金融，可以促进农村金融的现代化发展，使农村金融彻底改变落后的局面。再次，发展农村数字普惠金融，将数字技术与农村金融深度融合。要利用金融科技手段，降低农村金融服务成本，降低信息不对称，将金融部门信用信息平台与农业部门数字农业平台对接共享，提高对涉农金融风险的识别、监控、预警和处置水平。同时，加强数字普惠金融领域标准化、规范化建设。在数字化转型中高度重视传统金融机构，特别是农村中小金融机构。鼓励商业银行合理规划、优化布局，统筹实体和数字两种方式下沉服务，[③] 不断促进农村数字普惠金融发展。最后，创新农村金融产品与农村金融运行机制，特别要发展适合"三农"实际的金融产品，包括各种农业债券、股权众筹、"贷款（基金、理财等）+保险"等，推动农业信贷担保服务网络向乡村覆盖，不断完善农村基础金融服务，促进农村金融充分发展，缩小城

① 中国人民银行农村金融服务研究小组编《中国农村金融服务报告 2018》，中国金融出版社，2019，第 76 页。
② 谢平、刘海二：《手机银行助推农村普惠金融的实现路径》，《西南金融》2016 年第 8 期。
③ 中国人民银行农村金融服务研究小组编《中国农村金融服务报告 2020》，中国金融出版社，2021，第 101 页。

乡金融差距，这对协调城乡金融发展、实现城乡金融融合有极其重大的意义。

四　进一步完善农村金融补贴与配套支持政策，调动城乡金融服务"三农"的积极性

历史上，建立起互助型城乡金融关系的工业化国家，为支持农村金融的发展，皆形成了较完善的农村金融补贴制度，如农业贷款利息补贴、农业保险保费补贴等其他金融补贴支持制度。我国作为一个发展中的农业大国，近年来，为调动金融机构发放涉农贷款的积极性，也初步建立起涉农贷款的补贴支持制度，这种支持包括为涉农贷款提供税收优惠、利息补贴、再贷款支持，为购买农业保险的农户提供保费补贴，为农业保险机构提供税收减免等。当然，为农村金融提供补贴只是一方面，关键还要看补贴的效果，在这方面政府要采取有效的监管措施，让农村金融真正为"三农"服务，既要保障涉农贷款的安全，又要避免农村贷款中的"垒大户"现象，扩大农村金融贷款的覆盖面，增强农村金融补贴的效果。

首先，进一步完善农村金融保障制度，保障涉农信贷资金安全。一是完善农业保险政策，继续推动农业保险"扩面、提标、增品"，不断优化农业生产强制入险制度，积极开发"三农"商业保险品种，进一步完善保费补贴机制和再保险体系。二是不断完善农村担保体系，充分发挥国家融资担保基金的作用，明确省级农担公司政策性业务范围，推动农业信贷担保服务网络向乡村延伸，为涉农贷款提供保障，提高其抵御风险的能力，引导更多城乡金融资源支农、支持乡村振兴。三是继续鼓励地方政府赋予农村土地、房屋、宅基地等更强的金融属性，进一步完善农村产权登记、评估、流转等机制，积极推进农村信用体系建设，优化农村金融生态环境。这样，通过保险、抵押、担保"三位一体"的农村金融保障体系，涉农信贷资金的安全基本可以得到保障，有利于增强城乡涉农金融机构发放"三农"贷款的主动性、积极性。

　　其次，进一步加大对涉农金融的政策支持力度，健全风险补偿机制，不断加强对农村金融的监管。农业是风险高、收益低的弱质部门，商业银行一般是不愿涉足的，这就需要政府的政策支持和引导，不断健全风险补偿机制。今后的任务就是要进一步优化涉农贷款的财税、货币支持政策与差异化监管等正向激励措施，从"补差补机构"转向"奖优奖业务"，引导涉农金融机构把资金投向"三农"和小微企业，特别是要为数量多、分布广的农民开展普惠性金融服务。同时，政府要进一步改进政策设计思路，要加强对农村金融的监管，尤其是要明确中央与地方的监管责任，不断提升监管质量与效率，既要防范农村金融风险，特别要不断监测、识别与防范农村非正规金融的隐蔽性风险，又要在涉农贷款中避免涉农金融机构"垒大户"、走形式，要真正体现农村金融机构服务"三农"的市场定位，落实党在农村的普惠金融政策。这里需要有"量"和"质"的考核标准。所谓"量"就是涉农金融机构对"三农"贷款的总量和增量；"质"是指涉农金融机构的贷款结构中，获得贷款的农民或农村中小企业的比例，即涉农贷款的覆盖面。只有为"三农"提供的贷款数量多、获得贷款的农民或农村中小企业占比大，才能体现出涉农金融机构真正为广大农民服务的本质特征。

参考文献

一 资料类

国家统计局编《奋进的四十年 1949—1989》，中国统计出版社，1989。

国家统计局编《中国统计年鉴》（1980~2020），中国统计出版社，1981~2021。

国家统计局国民经济综合统计司编《新中国六十年统计资料汇编》，中国统计出版社，2010。

卢汉川主编《中国农村金融历史资料（1949~1985）》，湖南省出版事业管理局，1986。

卢汉川主编《中国农村金融历史资料（1949~1985·大事记）》，湖南省出版事业管理局，1986。

尚明、陈立、王成铭主编《中华人民共和国金融大事记》，中国金融出版社，1993。

苏宁主编《1949—2005中国金融统计》（上册、下册），中国金融出版社，2007。

中国金融学会主办《中国金融年鉴》（1986~2020），中国金融年鉴杂志社有限公司，1987~2021。

中国农业银行编《1979—1989中国农村金融统计》，中国统计出版社，1991。

中国人民银行编著《中国金融改革开放大事记 1978—2018》（上、下册），中国金融出版社，2020。

中国人民银行货币政策分析小组编《中国货币政策执行报告》（2001—2019 年各季度），中国金融出版社，2002~2020。

中国社会科学院、中央档案馆编《1949—1952 中华人民共和国经济档案资料选编：金融卷》，中国物资出版社，1996。

中国社会科学院、中央档案馆编《1953—1957 中华人民共和国经济档案资料选编：金融卷》，中国物价出版社，2000。

二 著作类

陈俭：《中国农村信用社研究（1951—2010）》，北京大学出版社，2016。

董彦岭编著《产业振兴：绿色安全、优质高效的乡村产业体系建设》，中原农民出版社、红旗出版社，2019。

高帆：《中国城乡要素交换关系完善的理论研究与实证分析》，上海人民出版社，2016。

巩泽昌、王世英、刘光烈等编《农村金融常识读本》，四川人民出版社，1985。

何德旭：《新中国金融体制变迁与金融业发展》（英文版），陶文译，社会科学文献出版社，2020。

何风隽：《中国转型经济中的金融资源配置研究》，社会科学文献出版社，2010。

姜宏业：《中国金融通史》（第五卷），中国金融出版社，2008。

兰日旭：《中国金融业发展研究》，华中科技大学出版社，2019。

〔美〕雷蒙德·W.戈德史密斯：《金融结构与金融发展》，周朔等译，上海三联书店、上海人民出版社，1994。

李德编著《中国金融改革开放四十年》（上、下卷），中国金融出版社，2022。

李德主编《新中国金融业发展历程》（上、下卷），人民出版社，2015。

李树生：《农村经济发展与金融市场化研究》，中国金融出版社，1999。

李扬等：《新中国金融 60 年》，中国财政经济出版社，2009。

林毅夫、蔡昉、李周：《中国的奇迹：发展战略与经济改革》（增订版），格致出版社、上海三联书店、上海人民出版社，2012。

刘明康主编《中国银行业改革开放 30 年（1978—2008）》（上、下册），中国金融出版社，2009。

卢汉川、王福珍主编《我国银行业务工作四十年》，中国金融出版社，1992。

卢汉川、吴碧霞、李怡农编著《社会主义初级阶段的信用合作》，中国金融出版社，1990。

卢汉川主编《当代中国的信用合作事业》，当代中国出版社，2001。

卢汉川、吴碧霞、蔡济群编著《中国农村金融四十年》，学苑出版社，1991。

鲁钊阳：《中国城乡金融非均衡发展的理论与实证研究》，人民出版社，2015。

路建祥编《新中国信用合作发展简史》，农业出版社，1981。

欧阳卫民：《中国非银行金融业研究》，中国金融出版社，2001。

尚明主编《当代中国的金融事业》，中国社会科学出版社，1989。

尚明主编《新中国金融五十年》，中国财政经济出版社，2000。

石丹林主编《农村金融简史》，中国金融出版社，1992。

宋士云：《中国银行业市场化改革的历史考察（1979—2006）》，人民出版社，2008。

王定祥等：《农村金融市场成长论》，科学出版社，2011。

王绍仪主编《财政与农村金融》，中国农业出版社，1989。

王世英主编《农村金融学》，中国金融出版社，1992。

吴敬琏：《当代中国经济改革：战略与实施》，上海远东出版社，1999。

伍成基主编《中国农业银行史》，经济科学出版社，2000。

武翠芳：《中国农村资金外流研究》，中国社会科学出版社，2009。

徐笑波、邓英淘、薛玉炜等：《中国农村金融的变革与发展（1978—

1990）》，当代中国出版社，1994。

杨希天等编著《中国金融通史》（第六卷），中国金融出版社，2002。

杨小玲：《中国农村金融改革的制度变迁》，中国金融出版社，2011。

姚遂主编《中国金融史》，高等教育出版社，2007。

张贵乐、于左：《合作金融论》，东北财经大学出版社，2001。

张杰：《中国金融改革的制度逻辑》，中国人民大学出版社，2015。

张杰：《中国金融制度的结构与变迁》，中国人民大学出版社，2011。

张杰主编《中国农村金融制度：结构、变迁与政策》，中国人民大学出版社，2003。

赵德馨：《中国近现代经济史：1949—1991》，河南人民出版社，2003。

赵学军：《中国金融业发展研究（1949—1957年）》，福建人民出版社，2008。

中国人民银行编著《中国共产党领导下的金融发展简史》，中国金融出版社，2012。

中国人民银行编著《中国人民银行六十年：1948—2008》，中国金融出版社，2008。

周脉伏：《农村信用社制度变迁与创新》，中国金融出版社，2006。

朱民、蔡金青、〔美〕艾梅霞主编《中国金融业的崛起》，曹建海译，中信出版社，2010。

三　期刊论文类

常明明：《二十世纪五十年代贫农合作基金贷款的历史考察》，《中共党史研究》2010年第12期。

陈刚、尹希果：《中国金融资源城乡配置差异的新政治经济学》，《当代经济科学》2008年第3期。

陈俭：《新中国城乡金融关系演化论纲》，《江汉论坛》2017年第09期。

陈俭：《新中国金融体系演变的历程、经验与展望》，《社会科学动态》2020年第11期。

陈俭：《中国城乡金融关系发展的政治经济学》，《江汉论坛》2018 年第
　　12 期。

陈颖、贺唯唯：《城乡金融非均等化、金融集聚与城市创新发展》，《江
　　汉论坛》2022 年第 4 期。

仇娟东、何风隽：《中国城乡二元经济与二元金融相互关系的实证分
　　析》，《财贸研究》2012 年第 4 期。

范瑞雪：《互联网金融对我商业银行的影响——基于盈利能力及安全性
　　视角》，《北方金融》2021 年第 5 期。

官爱兰、周丽萍：《中国城乡金融非均衡发展的度量与预测》，《南京审
　　计学院学报》2015 年第 2 期。

郭喜才：《互联网金融风险及其监管研究》，《江西社会科学》2015 年第
　　7 期。

郭晓鸣：《农村金融：现实挑战与发展选择》，《经济学家》2005 年第
　　3 期。

韩俊：《中国城乡关系演变 60 年：回顾与展望》，《改革》2009 年第
　　11 期。

韩正清：《中国城乡金融二元结构强度分析》，《农村经济》2009 年第
　　5 期。

何广文：《从农村居民资金借贷行为看农村金融抑制与金融深化》，《中
　　国农村经济》1999 年第 10 期。

何广文：《中国农村金融供求特征及均衡供求的路径选择》，《中国农村
　　经济》2001 年第 10 期。

黄海峰、邱茂宏：《城乡金融非均衡性及其对城乡居民收入差距的影响
　　研究》，《农村经济》2014 年第 11 期。

江源、谢家智：《城乡金融非均衡发展的门槛效应分析——基于二元经济
　　转型的城乡金融互动视角》，《中央财经大学学报》2015 年第 6 期。

蒋昌：《互联网金融视角下商业银行零售业务转型发展路径研究》，《互
　　联网周刊》2023 年第 13 期。

兰日旭：《新中国金融业变迁及其特征：基于金融职能变化的视角》，《河北师范大学学报》（哲学社会科学版）2017 年第 6 期。

李树、鲁钊阳：《中国城乡金融非均衡发展的收敛性分析》，《中国农村经济》2014 年第 3 期。

李万超、马晓宇：《城乡经济金融二元结构研究——基于综合二元反差指数》，《金融理论与实践》2016 年第 8 期。

李雪：《浅析我国城乡金融关系的现状及其影响因素》，《时代经贸》2015 年第 19 期。

林一民、林巧文、关旭：《我国农地经营权抵押的现实困境与制度创新》，《改革》2020 年第 1 期。

林毅夫、孙希芳、姜烨：《经济发展中的最优金融结构理论初探》，《经济研究》2009 年第 8 期。

刘志仁、黎翠梅：《金融非均衡性发展与城乡居民消费差距研究》，《消费经济》2007 年第 6 期。

鲁钊阳：《中国城乡金融发展非均衡化的测度及发展趋势——基于国家层面城乡金融发展的视角》，《经济问题探索》2012 年第 11 期。

罗静：《论社会主义初级阶段的金融国情》，《经济经纬》1998 年第 3 期。

农村金融研究课题组：《农民金融需求及金融服务供给》，《中国农村经济》2000 年第 7 期。

彭景、卓武扬：《我国互联网金融系统性风险的特征、成因及监管》，《西南金融》2016 年第 10 期。

钱水土、程建生：《金融非均衡发展对城乡收入差距影响的实证研究》，《浙江金融》2011 年第 8 期。

邱兆祥、王修华：《城乡统筹视野下金融协调发展对策研究》，《教学与研究》2011 年第 8 期。

苏少之、常明明：《建国前后人民政府对农村私人借贷政策演变的考察》，《中国经济史研究》2005 年第 3 期。

孙君、张前程：《中国城乡金融不平衡发展与城乡收入差距的经验分析》，《世界经济文汇》2012 年第 3 期。

田杰：《新型农村金融机构、资金外流与乡村振兴》，《财经科学》2020 年第 1 期。

田霖：《我国金融排斥的城乡二元性研究》，《中国工业经济》2011 年第 2 期。

庹国柱：《从 40 年政策变化喜看我国农业保险蓬勃发展》，《保险研究》2018 年第 12 期。

王丰、张鑫：《城乡二元金融结构对财产性收入差距的影响及对策》，《农村经济》2016 年第 1 期。

王国刚：《从金融功能看融资、普惠和服务"三农"》，《中国农村经济》2018 年第 3 期。

王倩、逄亚男：《数字普惠金融对省域经济均衡发展的影响》，《浙江学刊》2023 年第 4 期。

王永龙：《城乡金融的非均衡性及其后续效应》，《改革》2009 年第 10 期。

武翠芳、赵其有、王向东：《我国农村资金供求缺口分析》，《金融理论与实践》2007 年第 5 期。

武力：《1949—2006 年城乡关系演变的历史分析》，《中国经济史研究》2007 年第 1 期。

谢平、刘海二：《手机银行助推农村普惠金融的实现路径》，《西南金融》2016 年第 8 期。

谢平：《中国农村信用合作社体制改革的争论》，《金融研究》2001 年第 1 期。

谢平、邹传伟：《互联网金融模式研究》，《金融研究》2012 年第 12 期。

谢平、邹传伟、刘海二：《互联网金融监管的必要性与核心原则》，《国际金融研究》2014 年第 8 期。

许月丽、张忠根：《农村正规金融发展与经济二元转型：促进抑或抑制?》，《财经研究》2013 年第 4 期。

闫瑞增、王雄、岳意定等：《城乡金融非均衡发展对城乡经济增长差距影响的实证研究——基于湖南省 1978～2017 数据》，《系统工程》2019 年第 1 期。

燕红忠：《财政转变、金融发展与经济转型——兼论中西方长期金融发展中的"分流"与"合流"》，《浙江社会科学》2017 年第 12 期。

杨德勇、初晓宁：《我国城乡金融发展不平衡与城乡收入差距拉大的实证研究》，《经济与管理研究》2009 年第 11 期。

姚会元、陈俭：《农村信用社制度异化问题探析》，《学术交流》2008 年第 11 期。

易棉阳、陈俭：《中国农村信用社的发展路径与制度反思》，《中国经济史研究》2011 年第 2 期。

尹晨、严法善、王明栋：《从低水平非均衡走向高水平均衡——论中国农村金融改革与发展》，《复旦学报》（社会科学版）2012 年第 3 期。

曾康霖：《推进农村金融改革中值得思考的几个问题》，《财经科学》2006 年第 12 期。

张国强：《农村资金外流对农村经济的影响》，《经济研究参考》2006 年第 55 期。

张永升、冉霞、谷彬等：《二元金融体制金融资源配置的定量分析》，《金融理论与实践》2014 年第 4 期。

赵建群：《我国金融发展与城乡差距问题分析》，《全国商情（经济理论研究）》2014 年第 12 期。

周立：《农村金融市场四大问题及其演化逻辑》，《财贸经济》2007 年第 2 期。

周立、周向阳：《中国农村金融体系的形成与发展逻辑》，《经济学家》2009 年第 8 期。

周脉伏、嵇景涛、左臣明：《解决"三农"问题的根本出路：农村市场化改革》，《农业经济问题》2004 年第 5 期。

周小川：《金融改革发展及其内在逻辑》，《中国金融》2015 年第 19 期。

周振、伍振军、孔祥智：《中国农村资金净流出的机理、规模与趋势：
　　1978～2012 年》，《管理世界》2015 年第 1 期。

朱盛华、杨森：《城乡资金流动对农村金融改革的负面效应》，《边疆经
　　济与文化》2009 年第 11 期。

四　报告类

杜晓山主编《中国村镇银行发展报告（2017）》，中国社会科学出版
　　社，2017。

张承惠、潘光伟、朱进元主编《中国农村金融发展报告 2018—2019》，
　　中国发展出版社，2020。

张承惠、潘光伟、朱进元主编《中国农村金融发展报告 2019—2020》，
　　中国发展出版社，2021。

张承惠、潘光伟等编著《中国农村金融发展报告 2016》，中国发展出版
　　社，2017。

张承惠、潘光伟等编著《中国农村金融发展报告 2017—2018》，中国发
　　展出版社，2019。

张承惠、郑醒尘等编著《中国农村金融发展报告 2014》，中国发展出版
　　社，2014。

张承惠、郑醒尘等编著《中国农村金融发展报告 2015》，中国发展出版
　　社，2016。

中国人民银行农村金融服务研究小组编《中国农村金融服务报告
　　2008》，中国金融出版社，2008。

中国人民银行农村金融服务研究小组编《中国农村金融服务报告
　　2010》，中国金融出版社，2011。

中国人民银行农村金融服务研究小组编《中国农村金融服务报告
　　2012》，中国金融出版社，2013。

中国人民银行农村金融服务研究小组编《中国农村金融服务报告 2014》，中国金融出版社，2015。

中国人民银行农村金融服务研究小组编《中国农村金融服务报告 2016》，中国金融出版社，2017。

中国人民银行农村金融服务研究小组编《中国农村金融服务报告 2018》，中国金融出版社，2019。

中国人民银行农村金融服务研究小组编《中国农村金融服务报告 2020》，中国金融出版社，2021。

中国银行保险监督管理委员会编《中国普惠金融发展报告》，中国金融出版社，2018。

中国银行业协会编《中国银行业服务报告 2016》，中国金融出版社，2017。

中国银行业协会编《中国银行业服务报告 2017》，中国金融出版社，2018。

中国银行业协会编《中国银行业服务报告 2018》，中国金融出版社，2019。

中国银行业协会编《中国银行业服务报告 2019》，中国金融出版社，2020。

中国银行业协会编《中国银行业服务报告 2020》，中国金融出版社，2021。

中国银行业协会村镇银行工作委员会编《村镇银行十年发展报告（2006—2016）》，中国金融出版社，2017。

中国银行业协会村镇银行工作委员会编著《中国村镇银行行业发展报告2018》，中国金融出版社，2019。

中国银行业协会村镇银行工作委员会编著《中国村镇银行行业发展报告2019—2020》，中国金融出版社，2020。

五　外文资料

E. S. Shaw, *Financial Deepening in Economic Development*（New York：Oxford University Press，1973）．

H. T. Patrick，"Financial Development and Economic Growth in Undeveloped Countries，" *Economic Development and Cultural Change* 34（1966）．

J. Huang，S. Rozelle，H. Wang，"Fostering or Stripping Rural China：Modernizing Agriculture and Rural to Urban Capital Flows，" *Developing Economics* 44（2006）．

M. Klein，C. Mayer，"Mobile Banking and Financial Inclusion：The Regulatory Lessons，" Working Paper Series，No. 166，2011．

R. I. Mckinnon，*Money and Capital in Economic Development*（Washington，DC：Brooking Institution，1973）．

R. I. McKinnon，*The Order of Economic Liberalization：Financial Control in the Transition to a Market Economy*，*Second Edition*（Baltimore：Johns Hopkins University Press，1993）．

图书在版编目（CIP）数据

中国城乡金融关系发展史：1949~2019 年 / 陈俭著 .
北京：社会科学文献出版社，2025.1. -- ISBN 978-7-
5228-4869-3

Ⅰ . F832.9

中国国家版本馆 CIP 数据核字第 2024Y1D856 号

中国城乡金融关系发展史（1949~2019 年）

著　　者 / 陈　俭

出 版 人 / 冀祥德
组稿编辑 / 陈凤玲
责任编辑 / 田　康
文稿编辑 / 陈丽丽
责任印制 / 王京美

出　　版 / 社会科学文献出版社 · 经济与管理分社（010）59367226
　　　　　地址：北京市北三环中路甲 29 号院华龙大厦　邮编：100029
　　　　　网址：www.ssap.com.cn
发　　行 / 社会科学文献出版社（010）59367028
印　　装 / 三河市尚艺印装有限公司

规　　格 / 开本：787mm×1092mm　1/16
　　　　　印张：22.5　字数：320 千字
版　　次 / 2025 年 1 月第 1 版　2025 年 1 月第 1 次印刷
书　　号 / ISBN 978-7-5228-4869-3
定　　价 / 99.00 元

读者服务电话：4008918866